Preis- und Konditionenmanagement

Werner Pepels

Preis- und Konditionenmanagement

Höhere Gewinne durch optimales Pricing

3. Auflage

BWV · BERLINER WISSENSCHAFTS-VERLAG

Bibliografische Information der Deutschen Nationalbibliothek

Die Deutsche Nationalbibliothek verzeichnet diese Publikation in der Deutschen Nationalbibliografie; detaillierte bibliografische Daten sind im Internet über http://dnb.d-nb.de abrufbar.

ISBN 978-3-8305-3523-2

© 2015 BWV • BERLINER WISSENSCHAFTS-VERLAG GmbH,
Markgrafenstraße 12–14, 10969 Berlin
E-Mail: bwv@bwv-verlag.de, Internet: http://www.bwv-verlag.de
Printed in Germany. Alle Rechte, auch die des Nachdrucks von Auszügen, der photomechanischen Wiedergabe und der Übersetzung, vorbehalten.

Vorwort

„Preis- und Konditionenmanagement" liegt nunmehr in der dritten Auflage vor (erste Auflage: „Einführung in das Preismanagement", Oldenbourg-Verlag 1998; zweite Auflage: „Einführung in das Preis- und Konditionenmanagement", BWV 2011). Gegenüber der Vorauflage wurden alle Kapitel durchgesehen und korrigiert. Die Konzeption des Buches wurde im Übrigen beibehalten.

Mein Dank für die Realisierung geht erneut an den Berliner Wissenschafts-Verlag (BWV) für die hilfreiche Unterstützung.

Zur Ergänzung sei das ebenfalls im Berliner Wissenschafts-Verlag erschienene Buch „Preiswert statt billig" empfohlen, das die Wertsicherung durch fundiertes Preis-Leistungs-Management behandelt und damit die Gegenleistungssicht einbringt.

Krefeld, im Mai 2015   Werner Pepels

Inhaltsübersicht

I.	Grundlegende Überlegungen zur Preisbildung	5
	1. Preisstrategischer Basisentscheid: Das Preisniveau	6
	2. Preiswert heißt nicht billig: Der Nutzengegenwert	27
	3. Preisorientierung an der Konkurrenz	53
	4. „Differentiate or Die": Marktsegmentierung durch Preisbildung	69
	5. Preis-Leistungs-Bereitschaften abgreifen durch dynamische Preisbildung	83
II.	Sektorale Ausprägungen der Preisbildung	91
	6. Dienstleistungsgesellschaft: Das Preismanagement bei Services	92
	7. Preise haben viele Namen: Das Preismanagement bei Non-Profit-Organisationen	105
	8. Preishoheit: Das Preismanagement im Handel	113
	9. Think global, Price local: Das Preismanagement im internationalen Geschäft	127
	10. Unter Profis: Das Preismanagement mit Firmenkunden	135
III.	Spezielle Ansatzpunkte für die Preisbildung	161
	11. „Nichts ist so praktisch wie eine gute Theorie"	162
	12. Marktmechanik ins Abseits gedrängt: Die reglementierte Preissetzung	179
	13. Kopf vor Bauch: Das Preiscontrolling	187
	14. Konditionen tanken bei der Effektivpreisbildung	221
	15. Reine Verhandlungssache: Zahlungs- und Lieferungsbedingungen	239
	16. Ausgabebereitschaft steigern durch Absatzfinanzierung	253

Inhaltsverzeichnis

Vorwort	V
Abbildungsverzeichnis	XIII
Abkürzungsverzeichnis	XV
Einleitung	1

I.	**Grundlegende Überlegungen zur Preisbildung**	**5**
	1. Preisstrategischer Basisentscheid: Das Preisniveau	6
	1.1 Bestehendes Marktangebot	7
	1.1.1 Premium Pricing	7
	1.1.2 Discount Pricing	10
	1.2 Neues Marktangebot	11
	1.2.1 Skimming Pricing	12
	1.2.2 Penetration Pricing	14
	1.3 Erstmalige Preisfestlegung	16
	1.4 Nutzenmessung zur Preisfindung	20
	2. Preiswert heißt nicht billig: Der Nutzengegenwert	27
	2.1 Preis-Leistungs-Verhältnis	28
	2.1.1 Inhalt	28
	2.1.2 Maßnahmen	32
	2.2 Preisinteresse bei Konsumenten	33
	2.2.1 Intrapersonale aktivierende Determinanten	33
	2.2.2 Intrapersonale individuelle Determinanten	35
	2.2.3 Intrapersonale kognitive Determinanten	37
	2.2.4 Interpersonelle Erklärungsansätze	40
	2.2.5 Prozessuale Erklärungsansätze	43
	2.3 Hybrider Verbraucher	43
	2.4 Kaufkraft	47
	2.5 Nachfrageeffekte	49
	2.6 Einkommenselastizität	50
	3. Preisorientierung an der Konkurrenz	53
	3.1 Preiselastizitäten	53
	3.1.1 Preiselastizität der Nachfrage	54
	3.1.2 Kreuzpreiselastizität der Nachfrage	55
	3.2 Preisführerschaft	57
	3.3 Preisruhephänomen	60

3.4 Präferenzspielraum 62
3.5 Rechtsgrenzen 66
4. „Differentiate or Die": Marktsegmentierung durch Preisbildung 69
   4.1 Preisdifferenzierung 69
      4.1.1 Preisdifferenzierung 1. Grades 71
      4.1.2 Preisdifferenzierung 2. Grades 71
      4.1.3 Preisdifferenzierung 3. Grades 72
   4.2 Marktsegmentierung 76
   4.3 Markterwartungen 77
      4.3.1 Diagnose 77
      4.3.2 Prognose 79
5. Preis-Leistungs-Bereitschaften abgreifen durch dynamische Preisbildung 83
   5.1 Reale Marktveranstaltungen 83
      5.1.1 Versteigerung 83
      5.1.2 Einschreibung 85
      5.1.3 Lizitation 86
      5.1.4 Submission 86
   5.2 Virtuelle Marktveranstaltungen 86
      5.2.1 Auktionen 87
      5.2.2 Börse 88

II. Sektorale Ausprägungen der Preisbildung 91

6. Dienstleistungsgesellschaft: Das Preismanagement bei Services 92
   6.1 Charakteristika von Services 92
      6.1.1 Immaterialität 92
      6.1.2 Kundenintegration 94
   6.2 Preisbaukasten 95
   6.3 Preisbündelung 98
   6.4 Yield Management 101
7. Preise haben viele Namen: Das Preismanagement bei Non-Profit-Organisationen 105
   7.1 Charakteristika des Non-Profit-Geschäfts 105
   7.2 Preisermittlungsvorschriften 107
      7.2.1 Kalkulation 107
      7.2.2 Prioritäten 109
8. Preishoheit: Das Preismanagement im Handel 113
   8.1 Charakteristika des Handelsgeschäfts 113
   8.2 Aktionspreissetzung 115

	8.3 Preispolitischer Ausgleich	118
	8.4 Direkte Produkt-Profitabilität	121
9.	Think global, Price local: Das Preismanagement im internationalen Geschäft	127
	9.1 Verrechnungspreise	127
	9.2 Transferpreise	129
	9.3 Marktstörungen	130
	9.4 Preis- und Kurssicherungen	131
10.	Unter Profis: Das Preismanagement mit Firmenkunden	135
	10.1 Charakteristika des Firmenkundengeschäfts	136
	10.1.1 Geschäftsarten	136
	10.1.2 Kaufverhalten	137
	10.2 Preisgleitklauseln	139
	10.3 Preisverhandlungen	141
	10.5 Kaufmännisches Angebot	150
	10.6 Leistungsstörungen	155

III. Spezielle Ansatzpunkte für die Preisbildung   161

11.	„Nichts ist so praktisch wie eine gute Theorie"	162
	11.1 Markt und Preis	162
	11.2 Marktordnung und -formen	171
12.	Marktmechanik ins Abseits gedrängt: Die reglementierte Preissetzung	179
	12.1 Betroffene Marktbereiche	179
	12.2 Preisbindung der zweiten Hand	182
	12.3 Unverbindliche Preisempfehlung	183
13.	Kopf vor Bauch: Das Preiscontrolling	187
	13.1 Verständnis des Preiscontrolling	188
	13.2 Prüfung der Preisuntergrenze	190
	13.2.1 Zuschlagskalkulation	190
	13.2.2 Deckungsbeitragsrechnung	192
	13.3 Break Even-Analyse	198
	13.4 Prüfung der Preisobergrenze	200
	13.4.1 Zielkostenrechnung	201
	13.4.2 Prozesskostenrechnung	208
	13.4.3 Lebenszykluskostenrechnung	212
	13.5 Kostendegression	215
	13.5.1 Operative Effekte	215
	13.5.2 Strategische Effekte	217
14.	Konditionen tanken bei der Effektivpreisbildung	221
	14.1 Rabattierung	222

14.2 Erlösschmälerungen	226
14.3 Konditionensystem	229
14.4 Preiszuschläge	236
15. Reine Verhandlungssache: Zahlungs- und Lieferungsbedingungen	239
15.1 Kassageschäft	239
15.2 Sukzessivgeschäft	244
15.3 Lieferklauseln	246
15.4 Incoterms	247
16. Ausgabebereitschaft steigern durch Absatzfinanzierung	253
16.1 Kreditformen	253
16.2 Finanzierungsformen	255
16.2.1 Alleinfinanzierung	255
16.2.2 Refinanzierung	258
16.2.3 Drittfinanzierung	262
Literaturhinweise	267
Stichwortverzeichnis	269
Über den Autor	273

Abbildungsverzeichnis

Abbildung 1:	Preisvariation (I)	7
Abbildung 2:	Preisvariation (II)	8
Abbildung 3:	Premium Pricing / Discount Pricing	9
Abbildung 4:	Skimming Pricing / Penetration Pricing	13
Abbildung 5:	Preis-Leistungs-Relation	29
Abbildung 6:	Preis-Leistungs-Matrix	30
Abbildung 7:	Verhaltensmuster hybrider Verbraucher	45
Abbildung 8:	Preiselastizität und Nachfrage	55
Abbildung 9:	Preis- und Mengeneffekte zweier Preiserhöhungen	56
Abbildung 10:	Einfach-geknickte Preisabsatzfunktion	61
Abbildung 11:	Doppelt-geknickte Preisabsatzfunktion	63
Abbildung 12:	Produkt-Preis-Kombination	70
Abbildung 13:	Deglomerative / horizontale Preisdifferenzierung	75
Abbildung 14:	Agglomerative / vertikale Preisdifferenzierung	76
Abbildung 15:	Marktveranstaltungen	84
Abbildung 16:	Preisbaukästen	97
Abbildung 17:	Kalkulationsschema nach LSP	108
Abbildung 18:	Hierarchie der Preisermittlung bei öffentlichen Aufträgen	110
Abbildung 19:	Aktionspreissetzung	116
Abbildung 20:	Sensitivitätsanalyse Preiserhöhung / Preissenkung	119
Abbildung 21:	Beispiel für Mischkalkulation	120
Abbildung 22:	Ermittlung von DPP und DPR	123
Abbildung 23:	DPP-Matrix (Maßnahmenempfehlungen)	124
Abbildung 24:	Preisgebot (Competitive Bidding)	141
Abbildung 25:	Ausschreibungsmuster	150
Abbildung 26:	Preisveränderung nach Entscheidungsbaumverfahren	151
Abbildung 27:	Wettbewerbsformen	163
Abbildung 28:	Marktgleichgewicht	164
Abbildung 29:	Preisgleichgewicht auf funktionsfähigem Markt (Cobweb)	165
Abbildung 30:	Nachfragerrente / Anbieterrente	167

Abbildung 31:	Marktmorphologie-Schema	171
Abbildung 32:	Marktform und Verhaltensweise	175
Abbildung 33:	Schema der klassischen Vollkostenrechnung	190
Abbildung 34:	Angebotsentscheid bei Vollkostenrechnung	192
Abbildung 35:	Angebotsentscheid bei Teilkostenrechnung	193
Abbildung 36:	Engpassorientierter Angebotsentscheid	194
Abbildung 37:	Preisbestimmung bei Engpass	194
Abbildung 38:	Mehrstufige Deckungsbeitragsrechnung (Zeitbetrachtung)	195
Abbildung 39:	Mehrstufige Deckungsbeitragsrechnung (Stückbetrachtung)	196
Abbildung 40:	Break Even-Analyse	200
Abbildung 41:	Break Even-Sensitivitätsanalyse (in Bezug auf variable Kosten)	201
Abbildung 42:	Break Even-Sensitivitätsanalyse (in Bezug auf Fixkosten)	202
Abbildung 43:	Break Even-Sensitivitätsanalyse (in Bezug auf Umsatz)	203
Abbildung 44:	Reduzierung der Drifting Costs	204
Abbildung 45:	Rabattstaffel	225
Abbildung 46:	Ermittlung des Nettoerlöses	229
Abbildung 47:	Preistreppe	235
Abbildung 48:	Gewinntreiber	237
Abbildung 49:	Progressives Kalkulationsschema im Außenhandel	250
Abbildung 50:	Retrogrades Kalkulationsschema im Außenhandel	251

Abkürzungsverzeichnis

AGB	Allgemeine Geschäftsbedingungen
AGBG	Gesetz zur Regelung des Rechts der Allgemeinen Geschäftsbedingungen
AMA	American Marketing Association
BDSG	Bundesdatenschutzgesetz
BGB	Bürgerliches Gesetzbuch
BIP	Bruttoinlandsprodukt
DB	Deckungsbeitrag
DPK	Direkte Produkt-Kosten
DPP	Direkte Produkt-Profitabilität
DPR	Direkte Produkt-Rentabilität
DSD	Duales System Deutschland
EVP	Endverbraucherpreis
EVU	Elektrizitäts-Versorgungs-Unternehmen
FAQ	Fair Average Quality
FuE	Forschung und Entwicklung
GWB	Gesetz gegen Wettbewerbsbeschränkungen
HGB	Handelsgesetzbuch
KVGA	Kosten-Volumen-Gewinn-Analyse
LEH	Lebensmitteleinzelhandel
LSP	Leitsätze für die Preisermittlung aufgrund von Selbstkosten
PAngVO	Preisangabenverordnung
PIMS	Profit Impact of Market Strategies
PIN	Persönliche Identifikations-Nummer
POS	Point of Sale
PUG	Preisuntergrenze
ROI	Return on Investment
StGB	Strafgesetzbuch
TabStG	Tabaksteuergesetz
UPE	Unverbindliche Preis-Empfehlung
UWG	Gesetz gegen unlauteren Wettbewerb
VOB	Verdingungsordnung für Bauleistungen

VOL Verdingungsordnung für Leistungen
VPöA Verordnung über die Preise bei öffentlichen Aufträgen
WKZ Werbekostenzuschuss

Einleitung

Nach vielfachen Rationalisierungsdurchgängen in den Unternehmen sind heute Potenziale zur Verbesserung der Rentabilität im Einzel- und auch im Gemeinkostenbereich kaum mehr vorhanden. Weitere Kosteneinsparungen sind nurmehr durch überproportionalen Aufwand realisierbar. Dabei stoßen Unternehmen zunehmend an gesetzliche, aber auch ethisch-moralische Grenzen. Beides lässt es nicht opportun erscheinen, alle Möglichkeiten wirklich auszureizen. Außerdem wird die Leistungserstellung immer komplexer und zugleich störanfälliger, so dass Opportunitätskosten Einsparungen zu kompensieren drohen. Angesichts dessen scheint es weitaus effektiver, Rentabilitätspotenziale bei den Erlösen zu suchen, mithin beim Preis, vorausgesetzt, man weiß wie.

Vielfach formulieren Unternehmen anspruchsvolle Marktanteilsziele, an deren Erreichung sich das Management dann messen lassen muss. Vor allem wird die Position des Marktführers angestrebt, also des Anbieters mit dem größten Marktanteil. Dies lässt sich mit niedrigen Preisen am Besten erreichen. Zugleich formulieren Unternehmen jedoch anspruchsvolle Rentabilitätsziele, die hohe absolute und/oder relative Gewinne erfordern. Beide Ziele stehen daher zumeist in Konflikt zueinander. Häufig wird dem Absatz Priorität eingeräumt. Es lässt sich jedoch leicht nachweisen, dass die aus den damit verbundenen niedrigen Preisen resultierenden Margeneinbußen unrealistisch hohe Absatzsteigerungen zum Ausgleich erfordern. Insofern scheint es sinnvoller, auf Gewinn statt Menge zu setzen.

Die Erkenntnisse über die Preisbildung sind innerhalb der marktorientierten Managementlehre immer noch weniger ausgeprägt als die anderer Instrumentalbereiche in der BWL. Dies macht schon eine Sichtung der einschlägigen Literatur deutlich. Während sich zahlreiche Veröffentlichungen zu den Bereichen Produktpolitik, Kommunikationspolitik/Werbung, Distributionspolitik/ Vertrieb/Handel finden, bleiben Veröffentlichungen zum Thema Preismanagement schon rein quantitativ dahinter zurück. Dies ist umso erstaunlicher, als gerade die Preisbildung wie kein anderer absatzpolitischer Aktionsparameter auf die Gewinn- und damit die Rentabilitätssituation jedes Unternehmens einwirkt.

Wenn man Erkenntnisse zur Preisbildung genauer untersucht, stellt sich heraus, dass diese meist entweder auf theoretischen, aus der Mikroökonomie abgeleiteten Erkenntnissen basieren oder auf Erkenntnissen aus Kostenrechnung und Rechnungswesen. Erstere sind in praktischer Hinsicht wenig ergiebig, gelten sie doch nur unter eng umrissenen Voraussetzungen, den ceteris paribus-Bedingungen. Letztere sind ebenso wenig ergiebig, weil sie die interne

Unternehmenssicht in den Vordergrund stellen, die durchaus nicht unbedingt als Erfolgsfaktor zu bezeichnen ist.

Der Ausgangspunkt der Kostenrechnung, der in der Praxis weit überwiegend bei der Preisbildung zugrunde gelegt wird, hebt zudem einseitig auf die Preisuntergrenze ab, also den Preis, der mindestens am Markt zu erlösen ist, damit ein Unternehmen beim einzelnen Auftrag oder auch in der Abrechnungsperiode nicht in die Verlustzone gerät. Dies ist aus Risikensicht durchaus nachvollziehbar. Aus Chancensicht jedoch ist nicht die Ermittlung der Preisuntergrenze interessant, sondern ganz im Gegenteil die Ermittlung der Preisobergrenze, also der Preishöhe, bei der gerade noch soviel Nachfrager gewonnen werden können, dass die Unternehmensziele erfüllbar sind. Über diese Preishöhe gibt jedoch die Kostenrechnung keinerlei Anhaltspunkt.

Denn für diese Preisbildung sind die Kosten irrelevant, sie erfolgt vielmehr auf Basis des von Nachfragern empfundenen Werts einer Leistung. Denn was etwas in der Erstellung kostet, ist Nachfragern nicht nur völlig unbekannt, sondern vor allem auch völlig gleichgültig. Allein interessant ist, was etwas wert ist. Und dieser Wert determiniert die Preisbereitschaft. Insofern steht zu vermuten, dass die einseitige Kostenorientierung zu Preisen führt, welche die Preisbereitschaft mehr oder minder unausgeschöpft belassen. So führten etwa die Rationalisierungsanstrengungen der letzten Jahre über sinkende Stückkosten zur Weitergabe in sinkenden Preisen, obgleich die Preisbereitschaft im Zweifel unverändert geblieben ist, also die Realisierung von Zusatzgewinnen (Surplus Profits) erlaubt hätte.

Die Werthaltigkeit einer Leistung wird allerdings interindividuell stark verschiedenartig gesehen, denn was etwas wert ist, ist immer subjektiv in der Sichtweise desjenigen, der die Bewertung vornimmt. Insofern ist Wert keine objektiv bestimmbare Größe, sondern intersubjektiv stark abweichend. Daraus ergibt sich die Herausforderung der Wertmessung. Dies scheitert bislang weitgehend, so dass in der Praxis nur die Möglichkeit bleibt, sich an diesen Wert heranzutasten, was aber gleichwohl wesentlich ertragreicher ist als auf Gewinnpotenzial von vornherein zu verzichten.

Ein weiterer wichtiger Aspekt ist die weithin erhöhte Wettbewerbsintensität. Diese hat mehrere Ursachen, vor allem die stagnierende Umsatzentwicklung der meisten Märkte, die zunehmende Internationalisierung der Vermarktungsbedingungen sowie die oftmals geringe Unterscheidbarkeit der Angebote. Fehlendes Wachstum führt zu aggressivem Pricing, in der Hoffnung, auf diese Weise noch Absatzzuwächse zu erreichen. Internationaler Wettbewerb zwingt zur Preisunterbietung gegenüber generisch standortbegünstigten Konkurrenten. Und dies ist auch die Konsequenz verbreiteter Austauschbarkeit der Angebote. Dies alles rückt den Faktor Preis in den Mittelpunkt der Betrachtung.

Aber auch auf der Nachfrageseite finden sich Veranlassungen für eine erhöhte Preisbedeutung. Denn rezessiven Märkten stehen stagnierende Einkommen und Budgets gegenüber. Diese zwingen private wie gewerbliche Nachfrager dazu, dem Preis bei Kaufentscheidungen erhöhte Bedeutung zuzumessen. Dies führt bis zu Hypertrophierungen wie der aktuellen „Geiz ist geil"-Mentalität weiter Kreise der Bevölkerung. Angesichts solcherart steigenden Preisinteresses gewinnt die geschickte Gestaltung der Preise an Bedeutung.

Hinzu kommt, dass die Preistransparenz in der Nachfragerschaft unweigerlich steigt. Dies hat vor allem mit dem enorm fortschreitenden Informationsstand der Beteiligten zu tun, der wiederum vor allem durch innovative Informations- und Kommunikationstechniken, namentlich das Internet, induziert ist. Aber sicherlich auch durch den gestiegenen Bildungsstand der Nachfrager, der es ihnen erst ermöglicht, diese Informationsquellen kenntnisreich anzuzapfen. Damit entsteht in der Konsequenz eine Vergleichbarkeit der Preise, wie sie zu keiner anderen Zeit in der Geschichte jemals gegeben war.

Während die anderen Aktivitäten eher indirekt auf den monetären Erfolg eines Unternehmens einwirken, hat das Pricing unmittelbaren Einfluss auf die Gewinnsituation jedes Anbieters. Insofern handelt es sich dabei um ein „scharfes" Instrument.

Das Pricing ist auch sehr reagibel Marktveränderungen anzupassen, wohingegen andere Instrumente eines mehr oder minder langen Vorlaufs zur Reaktion bedürfen. Gerade diese Volatilität erlaubt ein rasches und gezieltes Agieren, was angesichts von Zeitdruck und Zeitwettbewerb eine kaum zu überschätzende Eigenschaft darstellt.

Kein anderes Instrument ist auch so direkt in seinen Effekten messbar wie das Pricing. Andere Aktionsparameter sind allenfalls in ihrer Wirkung, aber kaum in ihrem Erfolg zurechenbar. Daher kann man über ihre Setzung auch trefflich streiten. Das Pricing hingegen ist vergleichsweise exakt, zumindest in Bezug auf kurzfristige Effekte, nachweisbar und bietet damit ein genaues Feedback über die Effizienz umgesetzter Maßnahmen.

Preise und Konditionen stehen auch mehr als andere Instrumente im Mittelpunkt des Nachfragerinteresses. Dies hat einerseits mit der allgemeinen Preissensibilisierung weiter Teile der Nachfragerschaft zu tun, andererseits aber auch mit der intersubjektiv einwandfrei nachvollziehbaren Vergleichbarkeit von Preisen.

Preise sind auch deshalb zentral, weil sie als „Gleichmacher" unterschiedlichster Marktangebote dienen, die ansonsten nicht oder nur weitaus aufwändiger einschätzbar wären. Letztlich stehen dabei alle Angebote in Konkurrenz um das zwar vorhandene, aber zusehends knappe Budget der Nachfrager.

Als Treiber der Bedeutung des Preises im Management gilt auch die steigende Preistransparenz (durch Internet etc.), die das Preisbewusstsein ansteigen lässt und dazu führt, dass immer mehr Anbieter mit aggressiven Preisen agieren. Die Folge ist eine erhebliche Wertvernichtung durch falsches Pricing, Verstärkend wirken verbreitete Überkapazitäten, die gefüllt werden müssen (ansonsten Leerkosten), zunehmend austauschbare Produkte (Me too), die kein Preispremium zulassen und weithin geringes Marktwachstum infolge von Sättigung. Ansatzpunkte für höhere Preise können etwa Komfort (Convenience), Risikominderung (Marke), Flexibilität, Reputation, Innovationskraft, Individualität (Maßschneiderung), Qualität, Programmstruktur etc. sein.

Der nachfolgende Text gliedert sich in drei große Abschnitte. Abschnitt I beschäftigt sich mit grundlegenden Überlegungen zur Preisbildung, Dazu gehören die Bestimmung des Preisniveaus, die Gestaltung des Nutzengegenwerts, die Preisorientierung am Wettbewerb, die Marktsegmentierung durch Preisbildung und die dynamische Preisbietung.

Abschnitt II befasst sich mit verschiedenen sektoralen Ausprägungen der Preisbildung. Dazu gehören Aspekte des Preismanagements bei Dienstleistungen, für Non-Profit-Organisationen, im Handel, im internationalen Geschäft und mit Firmenkunden.

In Abschnitt III schließlich geht es um spezielle Ansatzpunkte für die Preisbildung. Dabei handelt es sich um preistheoretische Betrachtungen, die reglementierte Preissetzung, das Preiscontrolling, die Effektivpreisbildung, die Zahlungs- und Lieferungsbedingungen sowie die Absatzfinanzierung.

Aufgrund der Komplexität des gesamten Themas können in diesen Abschnitten immer nur Teilbereiche des gesamten Preismanagements angesprochen werden. Es handelt sich jedoch um wesentliche Teilbereiche, so dass, ganz nach dem Pareto-Prinzip, auf vergleichsweise wenigen Seiten größte Stoffanteile dargestellt werden können. Zur punktuellen Vertiefung kann auf spezialisierte Literatur zurückgegriffen werden, ein fundierter Einstieg in die Thematik ist jedoch an Ort und Stelle möglich.

I. Grundlegende Überlegungen zur Preisbildung

Wer über Preisbildung nachdenkt, unterliegt wahrscheinlich dem Reflex, die Preise anhand der Kosten zu kalkulieren. Damit befindet man sich in Gesellschaft der Mehrzahl der Entscheider. In diesem Abschnitt wird jedoch klar, dass zahlreiche andere Ansatzpunkte für die Preisbildung eine ebenso große, vielleicht sogar größere Berechtigung haben als diese. Nur durch Nutzung dieser Ansätze kann man heute häufig noch entscheidende betriebliche Vorteile in der Vermarktung erzielen. Insofern spielen Kostenüberlegungen für die Preisbildung in diesen Kapiteln grundlegend keine Rolle. Vielmehr geht es um die Bestimmung der Preisniveaus für ein bestehendes oder neues Marktangebot (Kapitel 1.). Entscheidend für die akzeptierte Preishöhe ist zentral der Nutzengegenwert, den ein Angebot Nachfragern als Gegenleistung für ihr Preisopfer bietet. Darum geht es im Kapitel 2. Einen guten Anhaltspunkt liefern auch Preise, welche der Wettbewerb am Markt durchzusetzen in der Lage ist und auf die man einsteigen oder von denen man sich absetzen kann (Kapitel 3.). Wenn es darum geht, Preisbereitschaften abzuschöpfen, ist die preisbezogene Marktsegmentierung von hoher Bedeutung (Kapitel 4.). In Kapitel 5. geht es schließlich um den immer häufiger zu beobachtenden Fall, dass ein Preis nicht einseitig festgesetzt wird, sondern sich aus der Anbieter-Nachfrager-Interaktion heraus erst dynamisch ergibt. Diese Ansätze erweitern allein bereits den Preisradius erheblich.

1. Preisstrategischer Basisentscheid: Das Preisniveau

Die wohl naheliegendste und auch bedeutsamste Entscheidung zum Preis ist die hinsichtlich des Preisniveaus. Dabei ergeben sich zwei Situationen: Die konstante Preissetzung auf einem im Zeitablauf unverändert beibehaltenen Niveau. Dieses Preisniveau kann dauerhaft oberhalb des Marktdurchschnitts angesiedelt sein oder dauerhaft darunter. Ersteres wird als Preissetzung auf Prämienniveau (Premium Pricing) bezeichnet, letzteres als Preissetzung auf Diskontniveau (Discount Pricing). Für beide gibt es gute Gründe, es zu tun oder auch zu lassen.

Eine andere Situation ergibt sich bei einem im Zeitablauf veränderten Preisniveau. Dieses kann im Zeitablauf von einem hohen Niveau sukzessiv auf ein niedrigeres fallen, man bezeichnet dies als Abschöpfungspreispolitik (Skimming Pricing) oder aber von einem niedrigen Niveau sukzessiv auf ein höheres steigen, dies wird als Penetrationspreispolitik (Penetration Pricing) bezeichnet. Für beide Alternativen lassen sich gute Gründe finden.

Vor allem aber gibt es für alle vier Möglichkeiten bewährte praktische Beispiele. So verkaufen Unternehmen mit Edelmarken wie bei Automobilen (Porsche, Jaguar, Bentley etc.) oder Chronometern (Breitling, Rolex, Glashütte etc.) ihre Produkte dauerhaft und mit nachhaltigem Erfolg deutlich über Mediumpreisniveau. Gleiches findet sich bei manchen Unternehmen der Duftwasser-, Bekleidungs- oder Kosmetikbranche. Andererseits sind aber auch Unternehmen auf Niedrigpreisniveau durchgängig erfolgreich. Als Musterbeispiele dienen in Deutschland die LEH-Discounter Aldi, Lidl, Norma, Penny und Netto, die sich unvermindert hoher Attraktivität erfreuen.

Abschöpfungspreise sind vor allem bei Produkten, die rascher Veralterung unterliegen, üblich. Zu denken ist hier an den Bereich Home Electronics, also Audio-Video-UE-Geräte für zuhause, oder den Bereich Mobilfunk. Da erfahrungsgemäß zunächst Innovatoren kaufen, die eine überdurchschnittliche Preisbereitschaft auszeichnet, wäre es auch leichtfertig, deren Konsumentenrente nicht einzufahren. Allerdings birgt dies auch Gefahren, vor allem im Zeitwettbewerb durch eine vergleichsweise langsame Markterschließung und im Signalling (Einladung) zum Markteintritt für potenzielle Konkurrenten.

Daher wird in neuerer Zeit gerade im Bereich technischer Neuerungen auf Penetrationspreise gesetzt, bis hin zum Verschenken von Leistungen. Damit wird die Etablierung von De facto-Standards angestrebt sowie die Aussendung markteintrittsverhindernder Signale an die Konkurrenz, die heute bei entsprechender Kapitalausstattung, die vorhanden oder leicht beschaffbar ist, fast beliebig in neue Märkte einfallen kann. Beispiele finden sich vor allem im Internet-Bereich, so bei Acrobat- oder Firefox-Software. Das Geld soll dann aus anderen Quellen verdient werden, z. B. durch Werbeschaltung auf der Webpräsenz, Upgrading-Angebote, Cross-Verlinkung mit Provisionserzielung oder Data Mining-Ergebnisse.

Für die Preisvariation ergeben sich jedenfalls vier Optionen: jeweils bei starrem oder veränderlichem Preis sowie bei niedrigem oder hohem Preisniveau *(siehe Abbildung 1: Preisvariation I und Abbildung 2: Preisvariation II)*.

	(Starre) Preishöhe	(Veränderliche) Preisdynamik
Niedriges Preisniveau	Discountpreis	Penetrationspreis
Hohes Preisniveau	Premiumpreis	Abschöpfungspreis

Abbildung 1: Preisvariation (I)

1.1 Bestehendes Marktangebot

Konstante Preissetzung bedeutet, dass das Preisniveau eines bestehenden Produkts im Zeitablauf unverändert beibehalten wird. Dieses kann auf Hochpreis- oder Niedrigpreisniveau erfolgen *(siehe Abbildung 3: Premium Pricing/Discount Pricing)*.

1.1.1 Premium Pricing

Hochpreissetzung (Premium Pricing) bedeutet, dass der Preis eines Produkts im Zeitablauf durchgängig über dem durchschnittlichen Preis des Mitbewerbs angesetzt wird. Daraus folgen mehrere **Vorteile**.

Durch Ausreizen der Preisbereitschaft der Nachfrager werden kurzfristige Gewinnmaximierung und hohe Stückspannen möglich. Dies ist eine wichtige Bestimmungsgröße der Betriebsrendite und diese wiederum stellt bei allgemein schmalen Renditen eine wichtige Existenzsicherung dar.

Ein positives Premium-Image bei angestrebter Exklusivität fokussiert den gewünschten Kreis der Nachfrager. Auf diese Weise werden durch das Preisni-

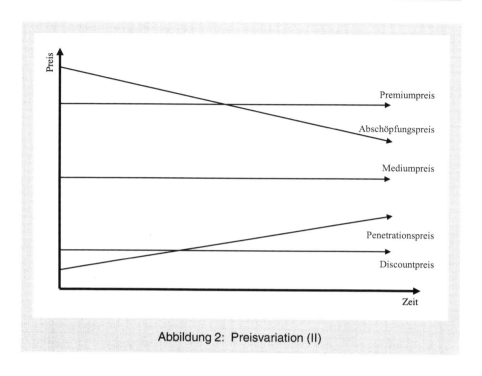

Abbildung 2: Preisvariation (II)

veau genau die Kundenkreise angereizt, deren Preisbereitschaft und Kaufkraft ausreicht, die hohen Preise auch zu bezahlen.

Ein hoher Preis gilt zugleich als Qualitätsindikator, wenn keine profunde Produktkenntnis bei Nachfragern gegeben ist. In Ermangelung anderer Parameter wird so vereinfacht vom Schlüsselreiz Preisniveau auf die im Angebot repräsentierte Leistung geschlossen, wenn diese nicht oder zumindest nicht vorab zu beurteilen ist.

Es werden eine rasche Amortisation des eingesetzten Kapitals und damit weniger Risiko realisiert. Dies bewirkt eine ausreichende Liquidität ebenso wie eine geringe Bindung des eingesetzten Kapitals, wobei allerdings die daraus folgende geringe Umschlaggeschwindigkeit diesem Vorteil zuwiderläuft.

Qualitätsanmutung und Exklusivität einzelner Produkte haben eine Sogwirkung auf das gesamte Programm. Durch Irradiation wird so vom Niveau einzelner wahrgenommener Preise auf das allgemeine Preisniveau des Anbieters geschlossen, was einer Selektionsfunktion nahe kommt.

Nachteile liegen vor allem in Folgendem. Es kommt zu einem Rückgang des eigenen Marktanteils bei aggressiven Mitbewerbern am Markt, die durch

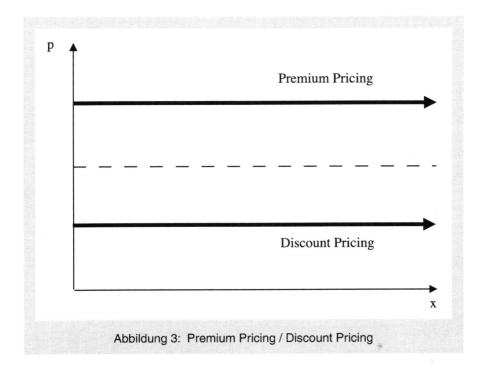

Abbildung 3: Premium Pricing / Discount Pricing

Preisunterbietungen die Hochpreisposition aushöhlen. Dadurch verkleinert sich der potenzielle Kundenkreis und ermöglicht ab einer betriebsindividuellen Untergrenze womöglich keinen Geschäftsbestand mehr.

Negative Nebenwirkungen in Richtung Übervorteilung bei kritischen Abnehmern können nicht ausgeschlossen werden. Dies gilt vor allem, wenn angemessene Angebotsmerkmale nicht offensichtlich sind, der Preisforderung also vermeintlich keine gleichwertige Nutzenleistung gegenübersteht.

Es besteht die Notwendigkeit zum verstärkten kompensatorischen Einsatz anderer Vermarktungsinstrumente. Diese wiederum sind aber mit Kosten bewehrt, so dass ein Teil des Vorteils erzielbarer höherer Spanne durch die damit verbundenen Aufwendungen wieder aufgezehrt wird.

Der potenzielle Käuferkreis ist auf solche Personen begrenzt, die hohe Preise in Kauf zu nehmen bereit sind. Es ist von der spezifischen Ausgestaltung abhängig, wie groß das dabei verbleibende Kundenpotenzial sein muss, um einen gewinnbringenden Geschäftsbetrieb zu erlauben.

Meist besteht eine mangelnde Durchsetzbarkeit am Markt, so dass eine Flankierung über Zusatzleistungen nötig ist, welche die Rentabilität trotz Hochpreisniveau mindern. Letztlich kommt es dann auf eine Abwägung der zusätzlichen Aufwendungen gegen die zusätzlichen Erträge einer Prämienpreissetzung an.

1.1.2 Discount Pricing

Niedrigpreissetzung (Discount Pricing) bedeutet, dass der Preis eines Produkts im Zeitablauf durchgängig unter dem durchschnittlichen Preis des Mitbewerbs angesetzt wird. Daraus folgen mehrere **Vorteile**.

Die Verdrängung vorhandener unliebsamer Konkurrenz durch aggressives Pricing ist möglich, denn der Preis ist die wirksamste Wettbewerbswaffe. Dabei ist allerdings eine sorgfältige Abwägung ratsam, da es durchaus wahrscheinlich ist, dass Konkurrenten bei der Preissenkung nachziehen (in Deutschland z. B. Wal-Mart vs. andere Discounter Ende der 1990er Jahre).

Der Markteintritt potenzieller Mitbewerber, die von parallelem Angebot nachhaltig abgeschreckt werden, kann auf diese Weise verhindert werden. Denn niedrige Preise signalisieren jedem externen Beobachter, dass es zumindest nicht leicht sein wird, als weiterer Anbieter unter diesen Bedingungen zu reüssieren.

Es kommt zur Erzielung großer Mengen mit der Folge der Kostendegression im Einkauf. Diese Einkaufsvorteile wiederum werden als wesentlicher Bestandteil in Preisvorteil für Abnehmer umgesetzt, wodurch die Auftragsverpflichtungen gegenüber Lieferanten auch eingelöst werden können.

Es entsteht eine hohe Werbewirksamkeit durch Goodwill für und Sympathie mit dem Preisbrecher. Dies gilt für die mediale Berichterstattung ebenso wie für die Mund zu Mund-Propaganda („Robin Hood-Syndrom").

Ein durchgängiges Niedrigpreisimage ist durch Abstrahlung des Diskontpreises einzelner Produkte auf alle Programmbestandteile erreichbar. Wiederum greift die Irradiation, die von der einzelnen Preiswahrnehmung mangels ausreichender Informationsverarbeitungskapazitäten auf das allgemeine Preisniveau des Anbieters schließen lässt.

Nachteile liegen vor allem in Folgendem. Für Nischenmärkte ist dieser Ansatz ungeeignet, da dort Rationalisierungseffekte kaum zum Tragen kommen. Die abgesetzten Mengen reichen in aller Regel nicht aus, spürbare Mengennachlässe in der Beschaffung auszuhandeln, die wiederum wichtige Voraussetzungen für Preisvorteile sind.

Es kommt zu einem langsamen Rückfluss des eingesetzten Kapitals mit starker Mittelbindung und hohem Risiko. Dies erfordert gute Nerven und widerspricht dem kaufmännischen Vorsichtsprinzip, das die langfristige Erhaltung des Geschäftsbetriebs über kurzfristige Markterfolgseffekte stellt.

Das Programm hat geringeren Prestigewert, da das Ansehen des Anbieters oft mit dem wahrgenommenen Preisniveau steigt. Dies kann bis zur Abstufung des sozialen Ansehens von Käufern gehen, die in Diskontpreis-Outlets einkaufen, weil daraus auf deren mindere finanzielle Leistungsfähigkeit geschlossen wird.

Eine Negativwirkung des Niedrigpreisimages durch Suggestion mangelnder Qualität kann eintreten. Es entspricht einer altbekannten Erfahrungstatsache, dass gute Leistung nun einmal ihren Preis hat bzw. umgekehrt, absolut niedrige Preise die Vermutung von Leistungseinbußen nahe legen.

Es besteht kein Spielraum nach unten mehr im Falle ökonomischer Probleme im Betrieb. Diese können etwa aus vorübergehender Nachfrageschwäche („Saure Gurken-Zeit") resultieren, die auf die Kreditfähigkeit durchschlägt, weil Zahlungsziele der Lieferanten fällig werden, bevor deren Ware monetarisiert ist.

Mediumpreissetzung erfolgt auf dem konventionellen Niveau des Durchschnittspreises des Mitbewerbs. Die Vor- und Nachteile ergeben sich analog aus den oben genannten. Darin liegt eine nicht geringe Gefahr der Profillosigkeit, es sei denn, sie wird mit ausgeprägtem Nebenleistungs-Wettbewerb verbunden, dabei ist vor allem an Kundendienstleistungen zu denken.

Um festzustellen, welches Preisniveau ein Anbieter einnimmt, dient der **Preisniveau-Koeffizient** (PnK). Er ermittelt sich wie folgt:

$$PnK = \frac{\text{wertmäßiger Marktanteil}}{\text{mengenmäßiger Marktanteil}}$$

Ist der Koeffizient eines Anbieters > 1, handelt es sich bei ihm um ein Premium Pricing, denn das eigene Preisniveau liegt über dem Marktdurchschnitt, ist er < 1, um ein Discount Pricing, denn das eigene Preisniveau liegt unter dem des Marktdurchschnitts.

1.2 Neues Marktangebot

Flexible Preissetzung bedeutet, dass das Preisniveau eines Produkts in Abhängigkeit vom Zeitablauf verändert wird. Dies kann als Abschöpfungspreis oder als Durchdringungspreis erfolgen *(siehe Abbildung 4: Skimming Pricing/Penetration Pricing).*

1.2.1 Skimming Pricing

Abschöpfungspreissetzung (Skimming Pricing) bedeutet, dass der Preis eines Produkts im Zeitablauf seiner Marktpräsenz sukzessiv gesenkt wird. Daraus folgen mehrere **Vorteile**.

Es kommt durch Nutzung der niedrigeren Preiselastizität der Nachfrage bei Angebotsbeginn zur Abschöpfung der Konsumentenrente. Inwieweit dies im späteren Verlauf des Marktzyklus bei neu hinzukommenden Konkurrenzangeboten noch gewährleistet werden kann, scheint fraglich.

Der hohe Neuheitsgrad von Produkten kann durch größere Preisakzeptanz genutzt werden. Zu Beginn der Marktpräsenz kaufen vor allem Innovatoren und Neophile, die mit fast schon pathologisch anmutendem Aktionismus immer das Neueste haben müssen, beinahe unabhängig davon, wie hoch der Preis ist, um dieses zu erstehen.

Reaktionen der Wettbewerber sind nur gefährlich, wenn für diese freier Angebotszugang besteht. Dabei ist zu beachten, dass in weiten Marktbereichen tatsächlich Markteintrittsbarrieren erheblicher Höhe existieren, die nur noch bedingt, und wenn, dann nur von Großunternehmen, überwunden werden können.

Spätere Preissenkungen haben eine nachhaltige Nachfragewirkung, vor allem wenn das Produkt durch hohe Einführungspreise eine gewisse Exklusivität erlangt hat. Allerdings ist zu beachten, dass damit keine unnötige Popularisierung erfolgt, unter der die Wertanmutung des Produkts leidet.

Die Unterstützung der Produktpositionierung im Exklusivsegment durch Prestige- und Qualitätsindikation des Preises wird erreicht. Entsprechend der Preis-Qualitäts-Vermutung wird, mangels anderer Indikatoren der Beurteilung bei zunehmend hoher Angebotskomplexität, oftmals vom Preisniveau auf das damit repräsentierte Qualitätsniveau geschlossen.

Dem Preisdruck aggressiver Handelsanbieter kann im indirekten Vertrieb mit mehr Spielraum zur Anpassung nachgegeben werden. Allerdings hat der Hersteller für gewöhnlich keinen Einfluss auf die Preisstellung der (selbstständigen) Handelsstufen, so dass Preissenkungen von diesen durchaus auch als zusätzliche Spanne bei konstantem Preis einbehalten werden können.

Es kommt zur Realisierung hoher, kurzfristiger Gewinne, damit zu schnellerer Amortisation des gebundenen Kapitals und weniger Risiko. Wie dieser Effekt tatsächlich einzuschätzen ist, hängt von der Preiselastizität der Nachfrage ab, denn der Preiseffekt höherer Preise kann durchaus vom Mengeneffekt niedrigerer Absatzmengen überkompensiert werden.

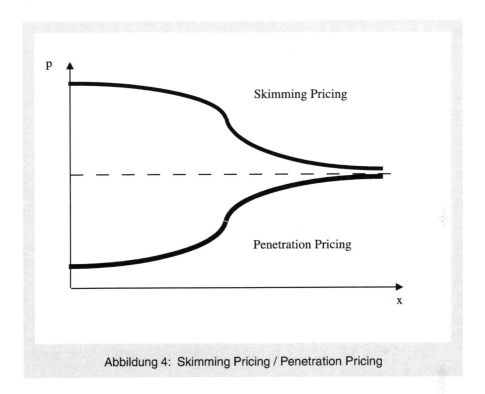

Abbildung 4: Skimming Pricing / Penetration Pricing

Es sind nur geringe Ansprüche an finanzielle Ressourcen gegeben, so dass ein nachfolgender Angebotsausbau möglich wird. Dies setzt freilich die angebotstreue Reinvestition zurückfließender Mittel voraus.

Die **Nachteile** der Abschöpfungspreissetzung sind folgende. Ein sinkender Preis wird leicht als Indikator für sinkende Qualität, Anerkennung und Exklusivität interpretiert. Dies gilt vor allem für Sozialkaufprodukte, die sich für viele angestammte Nachfrager angesichts gesunkenen Preisniveaus verbieten und so zur Erosion der Kernzielgruppe führen (z. B. Lacoste).

Infolge geringerer Absatzmengen entstehen nur begrenzte Rationalisierungseffekte. Damit entfallen die statischen Effekte der Größendegression weitgehend, was Kostensenkungen vereitelt, die wiederum Voraussetzung für eine kontinuierliche Preissenkung bei konstanter Marge sind.

Zunächst hohe Preise ermutigen potenzielle Konkurrenten zum Markteintritt. Damit wird nicht selten ein Wettrennen um Preissenkungen entfacht (z. B. Digitalkameras), das die Vorteile der Preisabschöpfung vermissen lässt, dafür aber das Preisinteresse der Nachfrage provoziert.

Wegen des höheren Obsoleszenzrisikos besteht nur eine eingeschränkte Probierneigung. Dies ist vor allem dann fatal, wenn ein Angebot einer gewissen Mindestverbreitung bedarf (Kritische Masse-Systeme), um seine Marktberechtigung zu erhalten (z. B. Scheitern von Betamax und Video 2000 gegen VHS oder Scheitern von Mac-OS und Linux gegen MS-DOS, beides trotz technischer Überlegenheit dieser Systeme).

Es ergibt sich eine erhöhte Floppgefahr, da anfänglich hohe Preise vom Kauf abschrecken. Denn angesichts sinkender Preise wird der Kauf „bestraft" und der Kaufverzicht mit Aufschub auf einen späteren Zeitpunkt „belohnt". Damit bleibt die Mindestabsatzmenge außer Sicht, die für eine nachhaltige Kapazitätsauslastung erforderlich ist.

Es kommt nur zum langsamen Aufbau eines Käuferstamms und damit zu geringer Käuferreichweite in der Zielgruppe. Allerdings ist dies verschmerzbar, wenn es gelingt, die Meinungsbildner als Multiplikatoren zu gewinnen (daher erfolgt oft ein Angebot an diese zu Vorzugspreisen, etwa für Beta-User).

Bei einer Abschöpfungspreissetzung vor allem für innovative Angebote sollte bedacht werden, dass hohe Preise eine Signalling-Wirkung für potenzielle Konkurrenten haben, d. h. diese anreizen, einen Markteinstieg zu prüfen. Denn hohe Preise lassen hohe Gewinne vermuten und diese wirken immer verlockend.

1.2.2 Penetration Pricing

Durchdringungspreissetzung (Penetration Pricing) bedeutet, dass der Preis eines Produkts nach seiner Einführung sukzessiv angehoben wird. Daraus folgen mehrere **Vorteile.**

Niedrige Einführungspreise führen schnell zu Mengenkumulation und hohen Gesamtdeckungsbeiträgen trotz niedriger Deckungsspannen. Die rasche Nutzung der Kostendegression beim Einkauf großer Mengen infolge hohen Absatzpotenzials ist möglich. Damit können Bulk Buying-Effekte kurzfristig realisiert werden, für die Konkurrenten längere Fristen benötigen.

Ein Marktvorsprung ist trotz geringer Leistungsüberlegenheit erzielbar. Denn die Zeit ist als wesentlicher Wettbewerbsfaktor entdeckt (Time Based Management) und zeitliche Vorsprünge bedürfen einer langen Frist des Aufholens, ehe sie selbst von leistungsüberlegenen Konkurrenten kumuliert übertroffen werden können.

Die abschreckende Wirkung auf potenzielle Wettbewerber verhindert deren Markteintritt. Denn niedrige Preise signalisieren harte Konkurrenzbedingungen mit erhöhtem Risiko und ungewissem Return on Investment, die Eintrittsüberlegungen eher kritisch überprüfen lassen.

Bei preisbewusster Qualitätsbeurteilung durch Konsumenten wird mit steigendem Preis auch steigende Qualität suggeriert. Diese ist angesichts des Trends zum Qualitätskonsum immer bedeutsamer, führt also durchweg zu erhöhter Kaufneigung trotz der absolut forcierten Preisforderung.

Es besteht ein geringeres Risiko der Veralterung des Kaufs bei kurzen Produktlebenszyklen und eine Motivierung zu Probierkäufen. Damit wird ein Markt initiativ für nennenswerte Einheitenzahlen geöffnet und vom penetrierenden Anbieter zumindest bis auf Weiteres besetzt.

Es gibt eine geringere Floppgefahr durch größere Akzeptanz bei niedrigem Preisniveau. Gerade bei unbekannten Angeboten ist das Sicherheitsbedürfnis seitens der Nachfrager ausgeprägt. Dem wird eher Rechnung getragen, wenn das Anlagerisiko bei Transaktion begrenzt bleibt.

Eine hohe Verkettungswirkung ist gegeben, wenn man unterstellt, dass der Absatzerfolg eines Produkts in der Gegenwart vom Absatz in der Vergangenheit abhängig ist. Dem liegt die dynamische Sichtweise des Lifetime Value eines Kunden zugrunde, bei dem Minderabsatz im Zeitablauf kaum kompensiert werden kann.

Es ist eine Follow the Free-Taktik möglich, d. h. zunächst Verschenken des Produkts zur Schaffung eines De facto-Standards und später Verkaufen von verbesserten Versionen (Upgrades) oder von Komplementärprodukten. Dies ist etwa bei neuen elektronischen Produkten üblich (z. B. Internet-Browser).

Die **Nachteile** der Penetrationspreissetzung sind folgende. Es ist keine Abschöpfung der Konsumentenrente möglich. Zu Beginn der Marktpräsenz fühlen sich Innovatoren und Induktoren angesprochen, die eine geringere Risikoaversion für ein eher ungewisses Angebot kennzeichnet. Deren höhere Preisbereitschaft wird jedoch nicht monetarisiert.

Die vergleichsweise geringere Preiselastizität der Nachfrage bei Angebotseinführung wird nicht genutzt. Denn von der Neuigkeit selbst geht eine über das Produkt hinausgehende Attraktivität aus, die zu höherer Preisbereitschaft führt.

Bei hohen Markteintrittsschranken wird die Möglichkeit zur Erzielung einer Monopolrente vergeben. Ein wesentlicher Anreiz des kompetitiven Vorstoßes ist jedoch gerade die temporäre Liquidierung höherer Preise als Ausgleich für eingegangenes Risiko bzw. getätigte Investitionen.

Das Preis-Leistungs-Verhältnis verschlechtert sich im Zeitablauf. Das heißt, der für eine bestimmte Leistung aufzuwendende Geldbetrag steigt und bedingt damit eine niedrigere Einstufung im Einkaufsprogramm großer Teile der Nachfragerschaft.

Bei steigender Wettbewerbsintensität verbleibt nur ein geringes Reaktionspotenzial. Gelingt es infolge verschärfter Konkurrenz nicht mehr, Preiserhöhungen im Zeitablauf am Markt durchzusetzen, fehlt die notwendige Kompensation von geringen Deckungsspannen oder gar Stückverlusten.

Es kommt zu einer langen Amortisationszeitdauer für Investitionen. Da der Mittelrückfluss zu Beginn der Marktpräsenz eher gering ist, dauert es länger, bis ein Return on Investment erreicht wird. Dies erhöht das Geschäftsrisiko und verteuert die Betriebsfinanzierung.

Die Liquiditätssituation fällt angesichts langsamer Finanzmittelrückflüsse ungünstig aus. Auch die flüssigen Mittel, die für die Aufrechterhaltung der Geschäftstätigkeit unerlässlich sind, bedürfen aufgrund des begrenzten Umsatzes der steten Beobachtung und Absicherung.

Stetige Preisanhebung führt zu negativen Carry Over-Effekten. Denn die frühen niedrigen Preise etablieren eine Preisvorstellung im Gedächtnis der Abnehmer, die spätere Aufwärtsbewegungen sehr deutlich als Preissteigerung wahrnehmen lässt, welche die Absatzchancen beeinträchtigen.

Eine Durchdringungspreissetzung ist jedoch gerade bei innovativen technischen Angeboten zu erwägen, wenn es darum geht, einen faktischen Marktstandard für das eigene Produkt durchzusetzen. Auf vielen Märkten bestimmen nicht De jure-, sondern De facto-Standards das Geschehen. Bei konkurrierenden Angeboten hat derjenige Anbieter die größte Chance, zu einem solchen De facto-Standard zu werden, der am schnellsten die größte Verbreitung erlangt. Und dies wiederum ist mit niedrigen Einführungspreisen am wahrscheinlichsten.

1.3 Erstmalige Preisfestlegung

Für die Preisinnovation ergeben sich mehrere Phasen. Allgemein ist zunächst eine Schätzung der Nachfragefunktion erforderlich. Hierbei geht es um die wahrscheinliche Reaktion der Nachfrager zur näherungsweisen Fixierung der Preisobergrenze. Daraus ergibt sich eine grobe Vorstellung der Nachfragefunktion (Prohibitivpreis). Dies erlaubt wiederum die Schätzung der Absatzchancen eines Produkts. Hinzu kommt die Berücksichtigung der Kosten- und Budgetsituation. So engt sich der Preissetzungsspielraum realistisch ein. Daraus wird der voraussichtliche Umsatz bei alternativen Preisen bestimmt. Dieser basiert auf einer groben Projektion der Absatzentwicklung des neuen Produkts, die sich durch die Rahmenbedingungen ergibt. Zudem erfolgt eine Kostenschätzung auf Vollkostenbasis zur Bestimmung der langfristigen Preisuntergrenze. Diese wird ergänzt durch eine Schätzung des vermutlichen Konkurrenzverhaltens nach Reaktionsart, -zeit und -wirksamkeit. Bedeutsam ist auch die Schätzung der mutmaßlichen Kosten der Konkurrenz, daraus ergibt sich dann die Preisuntergrenze der Konkurrenz. So kommt es zur eigentlichen Preisentscheidung. Dafür kommen nur Preisalternativen zwischen Preisunter- und -obergrenze in Betracht. Der optimale Preis ergibt sich dann durch Ableitung alternativer Umsätze und des dabei verbleibenden Gewinns.

Außerdem gibt es verschiedene Ansätze zur **direkten** Ermittlung erstmaliger Preise, im Einzelnen statisch-explorative, dynanisch-spielerische und empirisch-experimentelle.

- Statisch-explorative Erhebungsverfahren

Bei einer **Expertenbefragung** stellt sich das Problem, wer als Experte für eine erstmalige Preisfestlegung zu gelten hat. Letztlich wird damit die Unsicherheit über den Preis nur ersetzt durch die Unsicherheit über die Experteneigenschaft. Marktexperten ordnen bei diesem Verfahren variierenden Preisen ihrer Erfahrung nach zu, zu welchen verschiedenen Absätzen sie führen. Aus mehreren Schätzungen wird die Preis-Absatz-Funktion errechnet. Fraglich ist allerdings, ob diese Schätzungen realistisch belastbar sind. Der Einsatz ist wohl nur bei völlig neuartigen Produkten, bei Geheimhaltung, bei Spezialprodukten o.Ä. sinnvoll. Näherungsweise wird dieses Verfahren beim Bookbuilding genutzt, etwa anlässlich eines Initial Public Offering.

Nach der **van Westendorp-Methode** (Preisbarometer/Price Sensitivity Barometer) werden Zielpersonen in Bezug auf ihre Preisreaktion nach vier Dimensionen offen befragt:

- dem Preis, der von ihnen für ein Produkt gerade noch als günstig wahrgenommen wird („Welchen Preis würden Sie als günstig bezeichnen, so dass Ihnen ein guter Gegenwert für Ihr Geld geboten wird?"),
- dem Preis, der von ihnen gerade noch als vertretbar hoch bewertet wird („Zu welchem Preis würden Sie das Produkt als teuer bezeichnen, aber dennoch geneigt sein, es zu kaufen?"),
- dem Preis, ab dem der Betrag von ihnen als unangemessen hoch angesehen wird („Zu welchem Preis wäre das Produkt zu teuer, so dass Sie es nicht kaufen würden?") sowie
- dem Preis, ab dem der Betrag bei ihnen Zweifel an der Qualität aufkommen lässt („Welcher Preis wäre so niedrig, dass Sie eine mangelnde Qualität erwarten und das Produkt nicht kaufen würden?").

Die Preisuntergrenze liegt grafisch dann im Schnittpunkt der Kurven „zu billig" und „nicht günstig" (Point of Marginal Cheapness), die Preisobergrenze liegt im Schnittpunkt der Kurven „zu teuer" und „nicht teuer" (Point of Marginal Expensiveness), der optimale Preis liegt dort, wo gleich viel Probanden das Produkt als „zu teuer" und „zu billig" bewerten (geringster Kaufwiderstand). Problematisch sind dabei jedoch die künstliche Entscheidungssituation und die monadische Testanlage (ohne Konkurrenzprodukte).

Bei der **BDM-Methode** (Preisobergrenze) haben Testpersonen die Möglichkeit, für ein vordefiniertes Neuprodukt ein bindendes individuelles Gebot abzugeben, das ihrer maximalen Preisbereitschaft entspricht. Dann wird ein zufälliger Kaufpreis zum Start bestimmt. Liegt dieser höher als die individuelle Nennung, kann der Kauf abgelehnt werden, liegt er niedriger als oder gleich der Nennung, besteht eine Kaufverpflichtung. Dadurch wird die Ernsthaftigkeit der Preisnennung unterstrichen. Verzerrungen können allerdings durch einen ungünstigen Startpreis entstehen.

Bei der **Upgrading-Methode** erhalten Testpersonen ein Basisprodukt, zu dem sie Upgrades erwerben können, indem sie ihre Preisbereitschaft dafür benennen. Das weitere Procedere ist dann wie bei der BDM-Methode. Auf diese Weise können Preisideen für verschiedene Produktkonfigurationen gewonnen werden.

Bei **Preiskarten** wird Probanden eine Reihe von Karten zur Auswahl übergeben, die mit abgestuften Preisen bedruckt sind. Dann wird ihnen ein im Preis zu bestimmendes Neuprodukt präsentiert. Die Probanden wählen aus ihrem Kartensatz dazu denjenigen Preis aus, den sie im Einzelfall für angemessen erachten. Wird dieser Test über eine größere Anzahl von Probanden durchgeführt, lässt sich daraus die mittlere Preisbereitschaft in der jeweiligen Zielgruppe ermitteln. Auch hierbei ist es erforderlich, dass die Leistung des Neuprodukts offensichtlich ist. Die Spannbreite der alternativen Preise wirkt jedoch suggestiv auf die Beurteilung, ebenso wie die Abstufung zwischen den Preisalternativen.

Auch sind direkte Kundenbefragungen hinsichtlich der subjektiven Preisvorstellungen eines vermuteten Nutzens möglich. Dabei wird ein Produkt möglichst eingehend beschrieben und erhoben, welche **Preisschätzung** (Perceived Value) Zielpersonen dazu abgeben.

Im **Preisklassentest** werden die akzeptierten Preisober- und vor allem -untergrenzen erhoben (Gabor-Granger). Jedem Probanden werden dazu mehrere Preise in zufälliger Reihenfolge genannt, um daran anschließend die Bandbreite für ein Testprodukt, dessen Preis zu finden ist, zu ermitteln (randomisierte Variante). Bei der monadischen Variante wird jeweils nur ein Preis genannt und dafür die Kaufbereitschaft abgefragt. Die Erhebung erfolgt auf Basis geschlossener Fragen, von Interesse ist vor allem das untere Preislimit.

Problematisch ist bei diesen Verfahren, dass zwischen einer abstrakt genannten Preisbereitschaft und der tatsächlichen Geldausgabe bei konkreter Konfrontation mit dem Neuprodukt im Markt erhebliche Abweichungen zu erwarten sind.

- **Dynamisch-spielerische Erhebungsverfahren**
Hierbei bietet sich die Form der **Vickrey-Auktion** an (Second Price Sealed Bid). Dabei geben Zielpersonen ein bindendes Höchstgebot für ein Produkt in Konkurrenz zu, aber verdeckt für alle anderen Bieter ab. Dieses Gebot kann nicht mehr verändert werden. Der Höchstbietende muss das Produkt kaufen, allerdings braucht er dafür nur den Preis des Zweithöchstbietenden zu bezahlen. Insofern kann die eigene maximale Preisbereitschaft, der Reservationspreis, vollständig ausgeschöpft werden. Dem liegt die Erfahrungstatsache zugrunde, dass eine Transaktion subjektiv dann als vorteilhaft angesehen wird, wenn eine positive Differenz zwischen tatsächlichem Preisopfer und eigenem Höchstpreis verbleibt. Daher antizipiert das eigene Gebot für gewöhnlich diese Preisdifferenz, das Gebot bleibt bei Ersthöchstpreisverfahren daher unter dem persönlichen Reservationspreis.

Beim **Bietspiel** präsentiert ein Versuchsleiter ein neues Produkt mit einem zugeordneten Preis. Die Teilnehmer können diesem Preis zustimmen oder ihn ablehnen. Solange Zustimmung gegeben ist, wird der abgefragte Preis schrittweise erhöht, bis Ablehnung für eine weitere Preiserhöhung erfolgt. Wird der Startpreis abgelehnt, wird der Preis schrittweise gesenkt, solange, bis er Zustimmung erfährt. Der entstehende Preis signalisiert dann die vorzufindende Preisbereitschaft. Dabei ergeben sich jedoch mehrere Probleme. So muss die Leistung des im Preis zu beurteilenden Neuprodukts offensichtlich sein. Der Startpreis wirkt zudem suggestiv auf die Preisbereitschaft (Starting Price Bias). Auch dürfen keine Verzerrungen aus der Auswahl der Teilnehmer und der Interaktion mit dem Versuchsleiter entstehen.

Ein Verzicht auf eine Preisfestlegung erfolgt im **Pay what you want**-Verfahren (pwyw). Dabei zahlen Kunden denjenigen Preis, der ihnen angesichts der gebotenen Leistung angemessen erscheint. Beispiele finden sich bei Hotels, Restaurants, Kinos, Freizeitparks etc. Dieses Verfahren kann mit oder ohne vorherige Bekanntmachung bei Kunden eingesetzt werden. Es kann sich auf alle oder nur auf ausgewählte Produkte beziehen. Die Laufzeit kann dauerhaft oder zeitlich begrenzt sein. Der Zahlbetrag kann offen oder verdeckt entrichtet werden. Zur Sicherheit kann auch eine Preisuntergrenze eingezogen werden. Zugleich kann eine Aufforderung zur Preisfairness erfolgen. Häufig wird das Verfahren für Charity-Zwecke eingesetzt. Denkbar ist dann auch eine Vorabentrichtung des Zahlbetrags. Die Effektivität dieses Verfahrens ist allerdings zweifelhaft.

Problematisch ist bei diesem Verfahren vor allem die unrealistische, spielerische Situation, die sich nur begrenzt auf die härtere tatsächliche Kaufsituation übertragen lässt.

- **Empirische und experimentelle Verfahren**
Die Preis-Absatz-Funktion kann durch Auswertung von **Marktdaten** abgeleitet werden, d. h., im Längsschnittvergleich werden sich historisch ergebende Preis-Mengen-Kombinationen erfasst und daraus ein funktionaler Zusammenhang abgeleitet. Voraussetzung ist dabei, dass sich die Absatzbedingungen seither nicht verändert haben (Ceteris paribus), was in einem dynamischen Umfeld durchaus fraglich ist. Nur dann können alle realistischen Preis-Mengen-Kombinationen einer Regressionsanalyse mit Kleinstquadratabweichung des Funktionsverlaufs unterzogen werden. Aus dem Produkt von Preis und Menge ergibt sich die Umsatzkurve. Der Gewinn ist am höchsten bei derjenigen Preis-Mengen-Kombination, bei welcher der Abstand zwischen Umsatz- und Gesamtkostenkurve am größten ist.

Eine weitere Quelle sind Ergebnisse von **Preisexperimenten**, d. h., man initiiert Testmärkte mit abweichenden Preisen und stellt die sich jeweils ergebende Absatzmenge fest, daraus lässt sich ein funktionaler Zusammenhang ableiten. Voraussetzung ist freilich, dass die Absatzbedingungen auf den Testmärkten vergleichbar sind (Isomorphie), dies ist schwierig zu bewerkstelligen. Dabei kann es sich um reale Testmärkte oder, häufiger, um Testmarktersatzverfahren handeln (vor allem Preissimulationen und Store-Tests bzw. Paneldaten). Auf diese Weise können auch Anhaltspunkte über die Preiselastizität der Nachfrage gewonnen werden, die für die Preisfindung zentral sind.

Problematisch ist hierbei, dass es sich um extrapolierte Daten handelt. Von diesen kann jedoch nur eingeschränkt auf den Untersuchungsgegenstand geschlossen werden.

1.4 Nutzenmessung zur Preisfindung

Eine **indirekte** Ermittlung ist durch Conjoint Measurement möglich. Dazu werden experimentelle Designs genutzt. Bei einem Testfaktor ist ein einfaktorieller Plan gegeben, bei zwei und mehr Testfaktoren ein mehrfaktorieller. Bei letzterem kann es sich um einen vollständigen Zufallsplan handeln, d. h. Störeinflüsse werden durch verschiedene Treatments in wiederholten Messungen berücksichtigt, um einen vollständigen Blockplan durch Zusammenfassung der Störvariablen zu Blöcken, die intern eine geringere Variabilität haben als extern oder um ein Lateinisches Quadrat unter Berücksichtigung einer zweiten Störgröße, jedes Treatment wird je einmal in jeder Spalte und Zeile einer neunzelligen Matrix dargestellt. Bei mehr als drei Größen spricht man von griechisch-lateinischen bzw. hyperlateinischen Quadraten. Weiterhin kann es sich, auf einer anderen Ebene, um einen faktoriellen Plan (mit Berücksichtigung von mind. zwei Störgrößen plus Interaktionen zwischen ihnen) oder einen unvollständigen (fraktionellen) Plan handeln.

Beispiel

Ein Produkt kann vier alternative Preise haben, dabei unterscheiden sich die Produktalternativen durch je zwei verschiedene Designs, Größen und Formen. Das macht als vollständiges Design (4x2x2x2=) 32 Alternativen, als unvollständiges Design 8 Konzepte, und zwar wie folgt:

Preis 1 für Design 1, Größe 1 und Form 1

Preis 1 für Design 2, Größe 2 und Form 2

Preis 2 für Design 1, Größe 1 und Form 2

Preis 2 für Design 2, Größe 2 und Form 1

Preis 3 für Design 1, Größe 2 und Form 1

Preis 3 für Design 2, Größe 1 und Form 2

Preis 4 für Design 1, Größe 2 und Form 2

Preis 4 für Design 2, Größe 1 und Form 1

Die Conjoint-Analyse basiert auf der Annahme, dass sich aus den Teilpräferenzen einzelner Merkmale die Gesamtpräferenz und damit implizit auch die Preisbereitschaft ermitteln lässt. Wichtig ist, solche Produktmerkmale zu wählen, die relevant und in ihrer Anzahl überschaubar sind, durch den Anbieter beeinflusst werden können, unabhängig und als Ausprägungen auch realisierbar sind, sich dabei nicht ausschließen und einander nicht kompensieren. Ziel ist es allgemein, gemeinsame oder verbundene Effekte von zwei oder mehr Variablen auf die Ordnung einer abhängigen Variablen zu ermitteln und sodann die Gesamturteile über Merkmalskombinationen auf einer disaggregierten Ebene so zu zerlegen, dass auf das Gewicht oder den Nutzen jeder einzelnen Merkmalsausprägung geschlossen werden kann. Die Inputdaten sind globale Urteile oder Präferenzen bzw. eine Anzahl von Stimuli. Die Outputdaten geben Aufschluss über die die Variante konstituierenden Merkmale. Ordinalskalierte Präferenzurteile können so in intervallskalierte Teilpräferenzwerte für einzelne Merkmalsausprägungen dekomponiert werden. Die Verfahrensschritte sind im Einzelnen folgende.

Am Anfang steht die **Auswahl des Samples** (meist durch Befragung erhoben). Es folgt die Bestimmung der Anzahl der **Eigenschaften** und deren Ausprägungen, diese sollen relevant, diskriminierungsfähig und wichtig sein. Dann kommt es zur Festlegung der **Anzahl und Konstruktion der Stimuli,** d. h., wie viele Stimuli, wie viele Merkmale konstituieren einen Stimulus, wie viele und welche Ausprägungen der Merkmale werden gewählt, welche Korrelationen bestehen zwischen den Merkmalen?

- Präferenzmodell

Die Annahme eines Präferenzmodells besteht aus einer Präferenzfunktion zur Charakterisierung der Beziehungen zwischen den Merkmalsausprägungen und den Präferenzen der Befragten sowie einer Verknüpfungsfunktion, die angibt, wie diese Teilpräferenzen der einzelnen Merkmalsausprägungen aggregiert werden.

Als Präferenzmodell kommen drei Modelle in Betracht. Das Vektorenmodell ermittelt den Nutzen, den ein Merkmal für einen Abnehmer stiftet, wobei vorausgesetzt wird, dass dieser mit zunehmender Ausprägung dieses Merkmals monoton steigt/sinkt. Das Idealpunktmodell unterstellt für jedes Merkmal eine genau optimale Ausprägung, der Nutzen steigt daher mit zunehmender Ausprägung bis zu diesem Punkt und sinkt danach wieder ab. Das Teilnutzenmodell unterstellt, dass es je Ausprägung eines Merkmals genau einen Nutzwert gibt.

Das **Vektorenmodell** unterstellt also eine kontinuierliche Präferenzrangordnung derart, dass die Präferenz auf einem Fahrstrahl als Richtung und Bedeutung angegeben ist. Dabei wird ein linearer Zusammenhang zwischen der Ausprägung einer Leistungsdimension und ihrem Partialnutzen angenommen. Verwender schätzen daher die Leistungsdimension als umso besser ein, je höher diese Dimension ausgeprägt ist, und umgekehrt. Je weiter eine Position auf dem Vektor grafisch gesehen vom Ursprung entfernt ist (genauer: je näher das gefällte Lot des Objekts an der Spitze des Vektors liegt), desto größer ist die Präferenz des beurteilten Objekts hinsichtlich der zugrunde liegenden Attribute.

Das **Idealpunktmodell** unterstellt hingegen, dass es nur eine einzige, gedachte ideale Eigenschaftsausprägung eines Beurteilungsobjekts gibt und mit zunehmender Abweichung einer realen Eigenschaftsausprägung von diesem Idealpunkt deren Präferenzwert für das Kaufverhalten (hier Preisbereitschaft) abnimmt, grafisch gesehen als parabolähnliche Kurve. Es wird also unterstellt, dass eine Leistungsdimension nur eine optimale Ausprägung aufweisen kann, d. h., die Präferenz für ein Beurteilungsobjekt ist umso größer, je näher es diesem Idealpunkt liegt.

Das **Teilpräferenzmodell** nimmt schließlich an, dass beliebigen Eigenschaftsausprägungen eines Beurteilungsobjekts beliebige Nutzen zukommen können, die präferenzbildend für das Kaufverhalten wirken. Die höchste Summe aller Teilpräferenzen bestimmt dann den Kauf. Es kommt also für das Kaufverhalten nicht auf die Gesamtpräferenz an, sondern auf addierte Teilpräferenzen. Dies erfordert die Bestimmung einer Verknüpfungsfunktion für die Eigenschaftsausprägungen. Dabei kann es sich um kompensatorische und nicht-kompensatorische Modelle handeln.

Kompensatorische Modelle unterstellen, dass Nachteile bei einer zur Auswahl stehenden Alternative hinsichtlich einzelner Eigenschaften durch Vorteile bei anderen Eigenschaften dieser Alternative ausgeglichen werden können. Dazu gehören Beurteilungsmodelle und Auswahlmodelle. Im Einzelnen handelt es sich um das linear kompensatorische Modell, das nicht linear kompensatorische Modell, das attributweise Differenzmodell und das additive Differenzmodell.

Bei den Beurteilungsmodellen werden alle zur Auswahl stehenden Alternativen einzeln hinsichtlich aller relevanten Eigenschaften bewertet. Diese Einzelbewertungen werden dann additiv verknüpft. Die Alternative mit dem höchsten Wert stellt insofern die absolut beste Alternative dar (linear-kompensatorisch).

Werden die Merkmale zudem subjektiv gewichtet, entsteht daraus ein nicht linear kompensatorisches Modell. Die Auswahlmodelle führen zur Wahl der relativ besten Alternative unter vorgegebenen. Die einzelnen Merkmale können dabei gewichtet oder ungewichtet in das attributweise Differenzmodell eingehen.

Werden Paarvergleiche von Alternativen derart durchgeführt, dass jedes Paar hinsichtlich relevanter Eigenschaften verglichen wird und die jeweils überlegenen Paare solange gegenübergestellt werden, bis die beste Alternative übrigbleibt, handelt es sich um das additive Differenzmodell.

Unter **nicht-kompensatorischen** Modellen versteht man Entscheidungsregeln, bei denen Nachteile bei einer zur Auswahl stehenden Alternative hinsichtlich einzelner Eigenschaften bereits zum Ausschluss der Kaufentscheidung führen. Ein schlechter Einzeleindruck verdirbt dabei also den Gesamteindruck. Man unterscheidet die Konjunktionsregel, Disjunktionsregel, Lexikographieregel und Eliminationsregel.

Bei der Konjunktionsregel wird für jede Eigenschaft ein gerade noch akzeptables Minimalniveau bestimmt. Objekte, die diese Mindestanforderungen nicht erfüllen, scheiden aus. Allerdings kann es sein, dass keine akzeptable Lösung übrigbleibt.

Bei der Disjunktionsregel werden im Weiteren nur Alternativen näher untersucht, die hoch angesetzten Ausschlusskriterien genügen. Allerdings kann keine akzeptable Lösung übrigbleiben.

Nach der Lexikographieregel werden alle relevanten Eigenschaften gerangreiht. Dazu wird jede Alternative hinsichtlich des wichtigsten Merkmals bewertet. Diejenige Alternative wird gewählt, die dabei, unabhängig von allen anderen Eigenschaften, am besten abschneidet. Erfüllen mehrere Alternativen diese gleich gut, wird das nächstwichtigere Merkmal zur Bewertung herangezogen.

Nach der Eliminationsregel werden für alle gerangreihten Eigenschaften Mindestniveaus bestimmt und nacheinander die Alternativen verdrängt, die diese nicht erfüllen. Dabei kann auch eine Gewichtung der Merkmale vorgenommen werden (aspektweise Elimination), ansonsten ist eine sequenzielle Elimination gegeben.

Die Wahl der **Präsentationsform** der Teststimuli kann verbal erfolgen, etwa durch Konzeptkarten o. Ä., bildhaft, etwa durch Foto, Illustration, Video o. Ä., physisch, etwa durch Prototyp, Dummy, Originalprodukt o. Ä., sowie durch jede beliebige Kombination daraus. Die Durchführung der Erhebung erfolgt durch persönliches, schriftliches, telefonisches, computergestütztes oder mediagestütztes Interview mit Probanden.

Die Bestimmung der Skalierung bezieht sich auf die abhängige Variable (metrisch oder nicht-metrisch).

- **Datenerhebungsverfahren**

Bei der Auswahl des Datenerhebungsverfahrens kann zwischen traditionellen und modernen CJM-Ansätzen unterschieden werden. Traditionelle Ansätze sind der Trade off-Ansatz oder der Profil-Ansatz, moderne Ansätze sind die Adaptive Conjoint-Analyse, die Choice-based Conjoint-Analyse oder die Hybride Conjoint-Analyse.

Beim traditionellen **Trade off-Ansatz** werden alle möglichen Ausprägungen von jeweils zwei miteinander konkurrierenden Konzeptmerkmalen eines Beurteilungsobjekts unter Konstanthaltung aller übrigen Merkmale systematisch miteinander kombiniert durch Paarvergleiche bewertet. Eine Versuchsperson soll dabei die verschiedenen Kombinationen von jedem Paar von Merkmalsausprägungen ordnen, und zwar von „am meisten" bis „am wenigsten" präferiert. Bei m-Merkmalen sind $(m - 1) + (m - 2) + \ldots + 2 + 1$ Matrizen zu bewerten (z. B. bei 6 Merkmalen 15 Matrizen). Diese Paare von Merkmalsausprägungen werden dann nach ihrer Einordnung durch Probanden in eine Präferenzrangreihe gebracht. Dies ist zwar recht übersichtlich, aber mit einer großen Anzahl von Vergleichen (Ermüdung der Probanden) verbunden. Außerdem erfolgt eine unrealistische Reduktion der Konzepte auf nur zwei Merkmale und Interaktionen zwischen den Merkmalen bleiben verborgen.

Beim **Vollprofil-Ansatz** werden vollständig beschriebene Kombinationen der Merkmalsausprägungen, d. h. Produktkonzepte unter Einbeziehung aller Produkteigenschaften, durch ganzheitliche simultane Vorlage bewertet und in Reihenfolge gebracht. Zum vollständigen Abgleich sind n (Ausprägungen) hoch m (Merkmale) Kombinationen erforderlich, bei 4 Merkmalen mit je 3 Ausprägungen also 81 Kombinationen für Vollprofile. Jede Alternative besteht aus einer bestimmten Ausprägungskombination aller Merkmale. Dies ist damit zwar recht realitätsnah, jedoch nur sinnvoll nutzbar, wenn die Anzahl der Merkmale gering bleibt, weil ansonsten eine Überforderung der Auskunftspersonen eintritt.

Die häufige Form der **Adaptive Conjoint-Analyse** arbeitet computergestützt und interaktiv. Im kompositionellen Teil werden zunächst aus allen Merkmalen die für Probanden bedeutsamen ausgewählt, im dekompositionellen Teil sind dann Paarvergleiche mit sowohl hoch erwünschten als auch weniger erwünschten Eigenschaften enthalten, so dass Kompromisse unumgänglich sind. Allerdings sind derzeit überwiegend noch nur verbale Statements darstellbar.

Bei der **Choice-based Conjoint-Analyse** wird eine (kategoriale) Entscheidung zwischen Konzepten herbeigeführt, die jeweils mehrere Ausprägungen enthalten. Dabei kann die Wahl auch verweigert werden, wenn keines der Konzepte überzeugt. Es gibt also nicht unbedingt eine erzwungene Wahl (Forced Choice).

Beim **Hybride Conjoint Measurement** geben Auskunftspersonen zunächst direkte Urteile über alle Merkmale und deren Ausprägungen ab (kompositioneller Teil) und bewerten anschließend ausgewählte Merkmalskombinationen ganzheitlich (dekompositioneller Teil). Dadurch wird die Anzahl der von jedem Probanden zu bewertenden Konzepte drastisch reduziert, damit die Versuchsanlage übersichtlicher gehalten und eine Informationsüberlastung vermieden werden. Zugleich sind jedoch dennoch alle relevanten Merkmale erfassbar. Dazu erfolgt eine Aufteilung der Gesamtstichprobe auf Teilstichproben, allerdings sind dazu größere Fallzahlen (Samples) erforderlich.

Für die Auswahl eines **Schätzverfahrens** stehen verschiedene Algorithmen sowohl für ordinalskalierte abhängige Variable als auch für metrischskalierte Variablen zur Verfügung.

Probleme der Verfahren liegen in den einschränkenden Prämissen, so der Additivität und Unabhängigkeit der Merkmale, in der mangelnden Stabilität der

Präferenzstruktur der Probanden im Zeitablauf, in der nicht vollkommenen verbalen/visuellen Darstellung der Merkmale und in der fraglichen Auswahl kaufentscheidender Merkmale.

Wie bei allen strategischen Entscheidungen ist es auch bei der Bestimmung des Preisniveaus angezeigt, vorab gründlich alle Bedingungsfaktoren zu prüfen und die dann getroffene Wahl langfristig beizubehalten. Denn eine Änderung ist im Nachhinein kaum mehr möglich, weil sowohl ein „Hochziehen" des Preises sich als schwierig darstellt und angesichts meist harten Verdrängungswettbewerbs kaum durchsetzbar ist als auch ein „Herunterfahren" des Preises, was unweigerlich zu Image- und damit Akzeptanzproblemen führen dürfte. Insofern stellt die Einführung eines neuen Produkts eine historische Chance dar, die sich so nicht mehr wiederholt.

2. Preiswert heißt nicht billig: Der Nutzengegenwert

Jede Preissetzung wird von Abnehmern einer Leistung als Preisopfer empfunden. Damit dieses erbracht wird, muss ihm ein angemessener, im Zweifel möglichst hoher Nutzengegenwert gegenüber stehen. Dieser Gegenwert wird aus mehreren Quellen gespeist.

Sie lassen sich zusammenfassen im Konstrukt des Preis-Leistungs-Verhältnisses. Es leitet bei allen Entscheiden an, ohne dass man sich dessen immer bewusst wird. Doch kaum ein wirtschaftlicher Begriff taucht im alltäglichen Preisgebrauch so häufig auf wie der der Preiswürdigkeit. Wer sich diese Mechanik aufgrund der nachfolgenden Ausführungen vor Augen führt, kann sie gezielt zu seinen Gunsten beeinflussen.

Solange freilich Menschen entscheiden, werden die Einschätzungen zum Nutzengegenwert eines Preises von Person zu Person abweichen. Diese Abweichungen scheinen oft willkürlich, lassen sich aber dezidert auf Einflussfaktoren zurückführen, die unter dem begrifflichen Dach des Preisinteresses zusammengefasst werden können. Dabei handelt es sich im Wesentlichen um psychologische (intrapersonale) Elemente sowie um soziologische (interpersonale) und prozessuale Elemente. Diese sind von immenser Bedeutung für die Preisbildung und finden auch im Geschäftskundenbereich statt, denn dort sind es ebenso wie im Privatkundengeschäft Menschen, die Kauf- oder eben auch Nichtkaufentscheide treffen und dies anhand oft irrationaler Maßstäbe vollziehen.

Von wesentlichem Einfluss ist auch die Kaufkraft der Nachfrager. Denn bei aller betriebswirtschaftlichen Preisüberlegung kann von Abnehmern nur der Preis erlöst werden, den diese aufgrund ihrer Kaufkraftsituation aufzubringen imstande sind. Dabei weicht die Kaufkraft aber von Gebiet zu Gebiet, allerdings nicht nur über Ländergrenzen hinweg, mehr oder minder erheblich voneinander ab und erfordert daher auch entsprechende Justierungen.

Haupteinflussfaktor der Kaufkraft ist das Einkommen. Für die Absatzplanung ist es daher wichtig, wie die Nachfrage nach einem Produkt sich aufgrund einer Einkommensänderung verändert. Diesen Zusammenhang bezeichnet man als Einkommenselastizität der Nachfrage. Darum geht es im nachfolgenden Kapitel.

2.1 Preis-Leistungs-Verhältnis

2.1.1 Inhalt

Im Mittelpunkt jedes Kaufentscheids steht ein gedanklicher Quotient aus Preis (im Zähler) und Leistung (im Nenner). Der Wert dieses Quotienten schwankt zwischen den Grenzwerten 0 und ∞. Den Wert 0 nimmt der Quotient etwa bei Geschenken an, d. h., der Preiszähler ist 0 (da kostenlose Zurverfügungstellung des Guts), der Nenner > 0 (es wird unterstellt, dass dem Geschenk ein Leistungsnutzen zukommt). Ein weiteres Beispiel sind bestimmte beitragsfreie Sozialleistungen (daraus folgt das Free Rider-Problem).

Der Quotient bewegt sich umgekehrt gegen ∞, wenn diese Leistung von einem Gut in keiner Weise erbracht wird, dafür jedoch ein Preis zu zahlen ist (Zähler > 0, Nenner = 0). Das ist bei bestimmten Formen der Verschwendung, aber auch bei völlig überzogenen Luxusgütern gegeben. Sofern eine Leistung nicht positiv, sondern negativ zu bewerten ist (z. B. Schadstoffemission), kann der Quotient ausnahmsweise sogar negativ werden (< 0). Dann spricht der Preisentscheid klar für eine Unterdrückung des Angebots.

Relevant ist jedoch der Wertebereich zwischen > 0 und = 1. An der oberen Grenze ist ein Kauf wirtschaftlich gerade eben noch sinnvoll, denn dort entspricht die gebotene Leistung genau dem geforderten Preis. Für Werte >1 fehlt diese Äquivalenz, und da die gebotene Leistung niedriger als der dafür geforderte Preis eingeschätzt wird, unterbleibt folgerichtig ein Kauf *(siehe Abbildung 5: Preis-Leistungs-Relation und Abbildung 6: Preis-Leistungs-Matrix)*.

Die Werte in Zähler und Nenner des Preis-Leistungs-Quotienten unterliegen erheblichen Einflüssen. Der Wert des **Preiszählers** bewegt sich seinerseits zwischen einem unteren und einem oberen Grenzwert. Die untere Grenze (Mindestpreis) wird aufgrund des Phänomens der Überstrahlung des Preises eines Angebots auf dessen Leistungsnutzen dort erreicht, wo von einem erstaunlich niedrigen Preis auf mangelnde Leistung (z. B. Qualität) eines Guts geschlossen wird.

Eine obere Grenze (Höchstpreis) ergibt sich aus dem Limit für die allgemeine Preisbereitschaft, d. h. der Unwilligkeit, einen bestimmten, subjektiv vorab fixierten Preis, der etwa auf Erfahrung oder Vergleich beruht, bei der Anschaffung eines Guts zu überschreiten.

Ebenso unterliegt der **Leistungsnenner** oberen und unteren Grenzwerten. Ein unterer Grenzwert (Mindestleistung) wird dort erreicht, wo bestimmte, als unverzichtbar angesehene Funktionsanforderungen nicht mehr erfüllt werden (z. B. elementare Komfortfeatures bei technischen Gebrauchsgütern). Ein

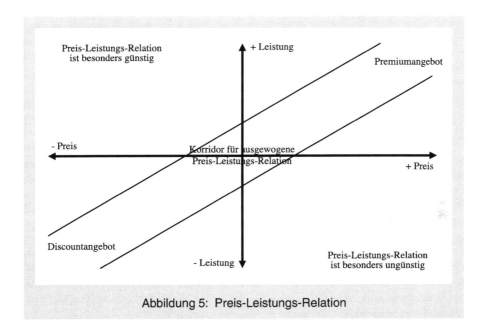

Abbildung 5: Preis-Leistungs-Relation

oberer Grenzwert wird dort erreicht, wo die zusätzlich angebotene Leistung für den Käufer nicht mehr sinnvoll nutzbar ist, der gebotene Mehrwert vielleicht sogar irritierend wirkt und keinen Mehrnutzen repräsentiert, der die hohe Geldausgabe zu rechtfertigen vermag.

Innerhalb der angegebenen Grenzwerte für Preis und Leistung ergibt sich für jede zur Kaufentscheidung anstehende Ware ein individueller Quotient, der über deren Preis-Leistungs-Relation und damit über das Ausmaß der individuellen Kaufattraktivität Aufschluss gibt.

Diese Preis-Leistungs-Relation unterliegt jedoch mannigfachen Schwankungen. So weicht der Quotient im Konsumgüterbereich für ein und dasselbe Gut interpersonell womöglich erheblich voneinander ab. Als Einflussgröße sei nur die persönliche Konsumneigung genannt, also das Konsumausmaß, das zur subjektiven Lebensführung als angemessen betrachtet wird. Hier gibt es eher sparsam veranlagte Personen (Zukunftskonsum) und eher hedonistisch veranlagte (Yuppies). Geradezu groteske Ausmaße können Abweichungen im Bereich der Hobbys annehmen, wo das persönliche Engagement zur irrationalen Übersteigerung normaler Marktwerte führt.

Ebenso sind bei ein und derselben Person Schwankungen zu verzeichnen, etwa in Abhängigkeit vom jeweiligen Preisentscheidungsumfeld. So mag die animierende Atmosphäre im Erlebnishandel ebenso zu einer günstigeren Wertung (niedriger Quotient) führen wie der Einfluss kaufbegleitender Personen (Prestige) oder die Zweckbestimmung für einen besonderen Anlass (Festlichkeit).

Zudem unterliegt die Wertung Änderungen im Zeitablauf, so etwa in den unterschiedlichen Phasen des Familienlebenszyklusses. Ebenso führen saisonale Faktoren (z. B. Urlaub) zu temporären Änderungen in der Preis-Leistungs-Bewertung.

Weiterhin schwankt die Bewertung mit den regionalen Umfeldgegebenheiten. Allein innerhalb eines Kulturbereichs sind hierzulande z. B. die Schwaben für ihre hohe Spareignung bekannt, d. h., sie stellen höhere Anforderungen an den Schwellenwert des Quotienten zugunsten eines Kaufentscheids, während viele Großstädter eine hohe Konsumneigung an den Tag legen, d. h., sie sind unkritischer und ausgabenfreudiger.

Außerdem verändert sich die Einordnung des Preis-Leistungs-Verhältnisses mit der Dringlichkeit einer Bedarfsdeckung. Lebensnotwendige Anschaffungen unterliegen demnach geringeren Anforderungen an den Schwellenwert als leicht verzichtbare.

Leistungsausprägung			
Leistungsführerschaft	Preis-Leistungsbasiert	Champion
Problem (Kostenreduktion)	Patt	Preis-Leistungsbasiert
Loser	Problem (Leistungssteigerung)	Preisführerschaft

Preisausprägung

Abbildung 6: Preis-Leistungs-Matrix

Neben diesem objektiven kann sich aber auch ein subjektiver Kaufdruck aufbauen. Ein Beispiel für solchen internalen Kaufdruck stellt der Wunsch nach Selbstbelohnung durch den Bezug attraktiver Güter dar, deren Preis-Leistungs-Quotient unter diesem Aspekt positiv beeinflusst wird. Ein Beispiel für externalen Kaufdruck liegt etwa dann vor, wenn von einer Anschaffung in hohem Maße Signalwirkung auf das soziale Umfeld ausgeht.

Weiterhin ist das frei verfügbare Einkommen relevant für die Preis-Leistungs-Entscheidung, da der Anteil fixer, zumindest kurzfristig nicht beeinflussbarer Ausgabepositionen und des dabei verbleibenden Resteinkommens bedeutsam ist.

Jedes Individuum trifft unter Berücksichtigung dieser Einflussgrößen seine subjektive Entscheidung über Preis und Leistung, und damit über den Quotienten. Theoretisch werden diese Quotienten in aufsteigender Reihenfolge (d. h. absteigender Folge ihres Preis-Leistungs-Verhältnisses) aufgelistet. Da nun die Anzahl der gewünschten Kaufobjekte erfahrungsgemäß die der realisierbaren überschreitet, ergibt sich eine praktische Beschränkung durch die Budgetlinie des Haushalts bzw. der zahlenden Person. Alle Güterkäufe, die kumuliert diese Budgetgrenze nicht überschreiten, werden danach realisiert. Da das Budget periodenbezogen ist, bleibt die Möglichkeit, die derzeit nicht realisierbaren Kaufprojekte auf die nächste Budgetperiode zu verschieben, die betreffenden Kaufprojekte mangels Attraktivität ganz aus dem subjektiven Einkaufsprogramm zu eliminieren oder zumindest so lange zurückzustellen, bis eine Bezugsquelle mit niedrigerem Preis und/oder höherer Leistung ausfindig gemacht werden kann, wodurch sich das betreffende Produkt in der Prioritätenliste weiter vorn platziert. Ist man dazu nicht bereit, kann durch Kreditinanspruchnahme der Budgetrahmen auch kurzfristig erweitert werden, wobei allerdings die Gefahr des Overbuying besteht.

Diese Budgetlinie i.S.d. diskretionären Einkommens impliziert bereits alle subjektiven Einflussfaktoren. Die idealtypische Abfolge gilt allenfalls nicht für Spontankäufe, die planerisch nicht im subjektiven Kaufprogramm berücksichtigt werden können. Für diese Fälle wird in der Haushaltspraxis ein Teilbudget reserviert, das unabhängig von den ohnehin geplanten Kaufprojekten ausgeschöpft oder, falls nicht erforderlich, dem Budgetspielraum der nächsten Periode zugeschlagen bzw. gespart werden kann.

Alle Käufe innerhalb der **Budgetlinie** werden sodann planmäßig realisiert. Das Ziel jedes Anbieters muss natürlich darin liegen, dass seine angebotenen Produkte zu den Kaufprojekten gehören, die von einer möglichst großen Vielzahl von Zielpersonen präferiert werden. Dabei befindet sich jeder Anbieter in starkem, totalen Wettbewerb zu allen anderen am Markt um den Vollzug des Kaufentscheids.

2.1.2 Maßnahmen

Der Anbieterseite stehen verschiedene Maßnahmen zur Verfügung, um die Wahrscheinlichkeit der Berücksichtigung des eigenen Angebots zu erhöhen. Dazu gehört:

- die **Verbesserung der Leistung bei gleichem Preis.** Dies wird z. B. von Automobilherstellern bei Produktaufwertungen oder Facelifts praktiziert. Die Leistung wird, allerdings oft nur unwesentlich, erhöht, während der Preis unverändert bleibt.
- die **Senkung des Preises bei unveränderter Leistung.** Dies erfolgt z. B. regelmäßig beim Sonderangebot, wobei es sich sowohl um planmäßige Preissenkungen als auch um solche handelt, die fremdinduziert sind (etwa bei Auslaufmodellen nach Modellgenerationswechsel).
- die **Verbesserung der Leistung bei sinkendem Preis.** Dies wird z. B. durch Ausnutzung von Skaleneffekten aus Größendegression, Technologievorsprung oder Erfahrungskurve dort realisiert, wo Kostenermäßigungen im Preis weitergegeben werden. In der Einführungsphase ist dies zudem eine wirksame (Penetrations-)Strategie zum Aufbau von Marktvolumen und zur Abwehr potenzieller Konkurrenten.
- die **überproportionale Verbesserung der Leistung im Vergleich zur vorgenommenen Preiserhöhung.** Dies findet sich etwa bei technischen Gebrauchsgütern. Der Hersteller spekuliert darauf, dass möglichst große Teile der Zielgruppe die angebotene Mehrleistung höher werten als die damit verbundene Preisanhebung, die Kaufwahrscheinlichkeit also steigt.
- die **überproportionale Senkung des Preises im Vergleich zur erfolgten Leistungsverringerung.** Dies ist etwa in der Automobilindustrie bei Einsteigermodellen anzutreffen, die zur Abrundung der Typenreihe nach unten lanciert werden und dort Eroberungen bewirken, die im Zuge einer Produktkarriere zur Markenloyalität bei steigenden Kaufwerten im Zeitablauf führen.

Das Ziel für die Preispolitik lässt sich damit als Schaffung (subjektiven) Kaufdrucks und (emotionalen) Zusatznutzens definieren. Durch eine hohe Intensität der Ansprache mag eine entsprechende Überzeugungswirkung sowie die Profilierung eines Angebots über die Grundnutzenstiftung hinaus erreicht werden. Marketing setzt bei der Aufwertung der Leistung an, um den dadurch geschaffenen Spielraum für angemessene Preise nutzen zu können. Und je mehr die Leistung „aufgepumpt" werden kann, desto größer ist der Preisspielraum, der sich bei einem günstigen Preis-Leistungs-Quotienten ergibt.

2.2 Preisinteresse bei Konsumenten

Das Preisinteresse betrifft die relative Bedeutung des Preises beim Wahlentscheid für ein Produkt. Es unterliegt zahlreichen, verhaltensbezogenen Einflussgrößen, die im Folgenden kurz dargestellt werden (Behaviorial Pricing).

2.2.1 Intrapersonale aktivierende Determinanten

Diese können in drei Gruppen eingeteilt werden: die Erklärung durch aktivierende, individuelle oder kognitive Determinanten. Aktivierende Determinanten beschreiben innere Erregungszustände, welche den Organismus mit Energie versorgen und in einen Zustand der Leistungsbereitschaft und -fähigkeit versetzen. Man unterscheidet im Einzelnen nach dem Aktivierungsniveau (tonisch) und Aktivierungsschwankungen (phasisch). Die Leistung ist dabei bei mittlerer Erregung (Arousal Level) am höchsten. Zu geringe Erregung führt zur Lethargie, zu hohe Erregung zu Hektik. Beides ist der Leistung (Zielverfolgung) nicht dienlich. Vielmehr muss ein mittlerer Erregungsgrad angepeilt werden. Dem Preis kommt ein hohes Erregungsmoment zu. Bei den aktivierenden Determinanten handelt es sich im Einzelnen um Emotion, Motivation und Einstellung.

Emotion ist eine psychische Erregung, die subjektiv wahrgenommen wird (durch Interesse, Freude, Überraschung, Kummer, Zorn, Ehre, Geringschätzung, Furcht, Scham, Schuldgefühl). Die Erregung bestimmt dabei die physiologische Aktivierung, die Richtung die Art der Aktivierung (steigend oder fallend), die Qualität das Erlebnis der Aktivierung (angenehm oder unangenehm) und das Bewusstsein den Wahrnehmungsgrad der Aktivierung. Auslöser für Emotionen sind Schlüsselreize, also Reize, die genetisch codiert sind und „automatisch" wirken. Von Preisen geht eine hohe emotionale Wirkung aus, sowohl von hohen wie von niedrigen als auch von Preisveränderungen.

Motivation gilt als mit Antrieb versehener und auf Behebung ausgerichteter Bedarf. Je dringlicher dieser Bedarf ist, desto eher soll er befriedigt werden. Mit der Befriedigung eines Bedürfnisses erhält automatisch das nächstfolgende Priorität. Es gibt primäre Motive, die angeboren sind (z. B. Versorgung, Arterhaltung, Nachteilsvermeidung) und sekundäre Motive, die erworben sind (z. B. Prestige, Macht, Lebensqualität). Weiterhin intrinsische Motive, die eine Selbstbelohnung/Vermeidung von Bestrafung zum Inhalt haben, und extrinsische Motive, die außengeleitet sind, sowie unbewusste Motive, die unterhalb der Wahrnehmungsschwelle liegen, und bewusste Motive, die sich oberhalb befinden. Ob Motivation tatsächlich in Kauf umgesetzt wird, hängt wesentlich vom Preis ab.

Sind die Antriebe widersprüchlich, entstehen **Motivkonflikte**. Ein Appetenz-Appetenz-Konflikt liegt vor, wenn ein Käufer zwei oder mehr Motive positiv wahrnimmt (z. B. Sonderangebot), sich aber für eines von ihnen entscheiden muss (Qual der Wahl). Ein Appetenz-Aversions-Konflikt liegt vor, wenn ein identisches Ziel sowohl positive (z. B. Prestige) als auch negative Wahrnehmungen (z. B. Preishöhe) auslöst, die gegeneinander abzuwägen sind (hin- und hergerissen sein). Ein Aversions-Aversions-Konflikt liegt vor, wenn ein Käufer sich zwischen zwei oder mehr, von ihm sämtlich als negativ wahrgenommenen Alternativen, z. B. subjektiv als zu hoch empfundenen Preisen für lebensnotwendige Produkte, entscheiden muss (das geringere Übel).

Es sind verschiedene Modelle zur Motivationseinordnung entwickelt worden, am bekanntesten ist wohl das Modell von Maslow. Es geht von Grund- und Zusatzbedürfnissen aus, bei den Zusatzbedürfnissen handelt es sich um Sozialkontakt, Hervorhebung und Selbstachtung. Hier wird ein hoher Preis leicht durch die hohe Motivation durchsetzbar. Bei den Grundbedürfnissen handelt es sich um Lebenserhalt und Sicherheit. Diese sind, von Ausnahmen abgesehen, in weiten Teilen der Bevölkerung abgedeckt und führen zu keiner sonderlichen Preisbereitschaft mehr.

Einstellung ist die relativ stabile innere Bereitschaft (Prädisposition) eines Käufers, auf bestimmte Stimuli konsistent positiv oder negativ zu reagieren. Mehrdimensionale Einstellungen werden Images genannt. Einstellungen führen als hypothetische Konstrukte zu organisierten Überzeugungen, Vorurteilen, Meinungen etc. Positive Einstellungen erhöhen die Kaufchance, negative vermindern sie. Einstellungen haben die Merkmale des Objektbezugs, d. h., sie sind auf ein Bezugsobjekt (Sache, Person, Thema, Angebot) gerichtet, der Erworbenheit, d. h., sie entspringen dem Sozialisationsprozess (Lernen aus Erfahrung), und des Systemcharakters, d. h., sie unterteilen sich in eine **affektive** Komponente, welche die gefühlsmäßige Einschätzung betrifft (also die Preiswahrnehmung), eine **kognitive** Komponente, welche die verstandesmäßige Bewertung betrifft (also die Preisbeurteilung) und eine **konative** Komponente, welche die handlungsmäßige Konsequenz betrifft (etwa Preis als Kaufhürde). Es ist strittig, ob eine Einstellungsänderung Voraussetzung für neues Verhalten ist oder nicht. Der Involvement-Ansatz geht davon aus, dass es ohne Einstellungsänderung keine Verhaltensänderung gibt (E-V-Hypothese), der Dissonanz-Ansatz geht hingegen davon aus, dass neues Verhalten Voraussetzung für eine Einstellungsänderung ist. Zwischen Kaufabsicht und Kaufakt liegen jeweils situative Faktoren, die für Divergenzen sorgen.

2.2.2 Intrapersonale individuelle Determinanten

Individuelle Determinanten unterteilen sich in die Elemente Involvement, Risikoempfinden und Lebensstil. Unter **Involvement** versteht man einen inneren Zustand der Aktivierung, der die Informationsaufnahme, -speicherung und -verarbeitung beeinflusst. Diese Aktivierung ist personen-, situations- und reizabhängig. **High Involvement**-Situationen sind solche, die für den Käufer wichtig sind, weil sie ein persönliches (Selbsteinschätzung), finanzielles (Geldmitteleinsatz), soziales (Fremdeinschätzung) oder psychologisches Risiko (Dissonanzen) bergen, dabei tritt die Preisbedeutung meist zurück. **Low Involvement**-Situationen sind hingegen weniger wichtig und risikoreich, so dass es nicht sinnvoll erscheint, sich mit sorgfältiger Abwägung, Vergleich vieler Alternativen und Verwendung umfangreicher Informationen auseinander zu setzen. Dafür rückt der Preis nach vorn. Die Low Involvement-Hierarchie unterstellt, dass es zu Verhalten ohne vorherige kognitive Auseinandersetzung kommen kann. Die High Involvement-Hierarchie unterstellt hingegen, dass ohne Einstellungsbildung kein Verhalten erfolgen kann.

Das **Risikoempfinden** beschreibt die als nachteilig empfundenen Folgen des Kaufs (oder Nichtkaufs), die nicht vorhersehbar sind. Diese Unsicherheit kann vor dem Kauf (**Vorkaufdissonanz**) oder vor allem nach dem Kauf (**Nachkaufdissonanz**) auftreten. Dissonanzen sind meist kognitiv bedingt. Der Grad des wahrgenommenen Risikos ist von der individuellen Risikobereitschaft abhängig und hat neben dem hier relevanten finanziellen auch einen funktionalen, sozialen und psychologischen Aspekt. Zweifel an der Richtigkeit einer Entscheidung wollen vom Menschen zur Konsonanz ausgeglichen werden. Insofern ist eine Dissonanzreduktion erforderlich. Diese erfolgt z. B. durch Änderung im Umfang der Preisbedeutung, durch Hinzufügung neuer oder Ausschaltung dissonanter Preisinformationen, durch Änderung von Inhalten der Preisbedeutung, nachträgliche Aufwertung der gewählten Kaufalternative bzw. nachträgliche Abwertung der verworfenen Kaufalternativen als Preisrechtfertigung sowie Unterstellung der Gleichartigkeit der gewählten zu der/den verworfenen Alternative(n).

Meist wird eine Kaufvereinfachung angestrebt, wenn das empfundene Kaufrisiko gering bleibt. Dies geschieht durch:

- Informationsaufnahme nicht schon zur Vorbereitung, sondern erst bei Durchführung des Kaufs, also knappe, konzentrierte Recherche, überwiegend aus medialen und persönlichen Quellen am Ort des Verkaufs,
- passive Aufnahme von Preisinformationen, vor allem unter Zeitdruck beim Einkauf, bei komplexer Kaufaufgabe, geringer Preistransparenz und hohem Anbietervertrauen,

- Kauf gemäß Händlerempfehlung bei entsprechendem Zutrauen in die Einkaufsstätte und den Verkaufsberater (Kompetenznutzung), auf eine eigene Meinungsbildung wird hierbei weitgehend verzichtet,
- generalisierende Kaufregeln und Normverhalten, die zu Wiederholungshandeln führen, indem sie das Universum des Marktangebots subjektiv auf einen relativ kleinen Ausschnitt akzeptabler Angebote reduzieren,
- Absicherung über von der Hersteller- oder Handelsstufe beigegebene Angebotsattribute (wie Testergebnis, Garantiezusage, Anzahlung etc.),
- preisabhängige Qualitätsbeurteilung, vor allem, wenn Markenartikel keine große Rolle spielen, Erfahrungen nicht vorhanden oder zugänglich sind, die objektive Qualität schwer abschätzbar ist, erhebliche Qualitätsabweichungen erlebt werden oder der Preis ein relevantes Produktmerkmal ist.

Das Element **Lebensstil** wird durch Werte und Typologien gebildet. **Werte** sind allgemein Auffassungen über Wünschenswertes. Sie unterliegen einem stetigen, manchmal auch sprunghaften, Wandel (Wertewandel/Paradigmenwechsel). Wertestrukturen kommen in Lebensstilen zum Ausdruck, die neben beobachtbaren Aktivitäten auch emotionale Interessen und kognitive Meinungen enthalten (AIO). Solche Lebensstile lassen sich, um den Preis einer gewissen Vergröberung, zu repräsentativen Merkmalskombinationen zusammen fassen, die hinsichtlich ihrer Werthaltungen hinreichend homogen zu charakterisieren sind und als **Typologien** ausgewiesen werden. Bekannte Typologien sind die Lifestyle-Typologie (MC&LB) und die Typologie Sozialer Milieus (Sinus). Letztere unterteilen sich nach Werthaltung/Grundorientierung und Lebensstandard/Sozialer Lage, was wiederum die Preisbereitschaft indiziert. Derzeit werden folgende unterschieden:

- Konservativ-etabliertes Milieu (10 % der erwachsenen Deutschen): Klassisches Establishment mit Exklusivitäts- und Führungsanspruch, zeigt aber auch Tendenz zum Rückzug,
- Liberal-Intellektuelles Milieu (7 %): Aufgeklärte Bildungselite mit liberaler Grundhaltung und postmateriellen Wurzeln, hat starken Wunsch nach Selbstbestimmung,
- Milieu der Performer (7 %): Effizienz-orientierte Leistungselite, denkt global, hohe IT-Kompetenz, sieht sich als stilistische Avantgarde,
- Expeditives Milieu (6 %): Unkonventionelle, kreative Avantgarde, individualistisch, sehr mobil, digital vernetzt, sucht nach Grenzen,

- Bürgerliche Mitte (14%): Leistungs- und anpassungsbereiter Mainstream, bejaht die gesellschaftliche Ordnung, strebt nach beruflicher und sozialer Etablierung sowie nach Sicherheit und Harmonie,
- Adaptiv-pragmatisches Milieu (9%): Zielstrebige, junge Mitte der Gesellschaft mit ausgeprägtem Lebenspragmatismus und Nutzenkalkül,
- Sozialökologisches Milieu (7%): Idealistisch, konsumkritisch, globalisierungsskeptisch, besitzt ausgeprägtes ökologisches und soziales Gewissen,
- Traditionelles Milieu (15%): Ordnungsliebende Kriegs- und Nachkriegsgeneration, kleinbürgerlich oder der Arbeiterwelt verhaftet,
- Prekäres Milieu (9%): Um Teilhabe bemühte Unterschicht, Zukunftsangst und Ressentiments,
- Hedonistisches Milieu (15%): Spaß- und erlebnisorientiert, verweigert sich den Konventionen und Leistungserwartungen der Gesellschaft.

2.2.3 Intrapersonale kognitive Determinanten

Kognitive Determinanten betreffen die gedankliche Organisation des Käufers in seinem Umfeld und bestehen aus den Elementen Wahrnehmung, Lernen und Gedächtnis. **Wahrnehmung** umfasst den Prozess der Aufnahme und Selektion von (hier Preis-)Informationen sowie deren Organisation und Interpretation durch den Käufer über Aktivität, Subjektivität und Selektivität. Aktiv meint, dass Preiswahrnehmung ein vom Käufer initiativ ausgehender Prozess ist, subjektiv, dass gleiche Objekte individuell abweichend in ihrer Preisrechtfertigung wahrgenommen werden können, und selektiv, dass infolge der Wahrnehmungsbeschränkung einzelne Informationen der Leistung oder Gegenleistung (Preis) herausgefiltert werden. Wahrnehmung ist nur oberhalb einer minimalen Reizschwelle möglich. Reize darunter können nur noch unterschwellig wahrgenommen werden (subliminal) und führen zur unkontrollierten Verhaltenssteuerung, über deren absichtliche Herbeiführung ein eindeutiges moralisches Unwerturteil besteht. Eine relative Reizschwelle ist der Unterschied zwischen zwei Reizen, der gerade noch wahrgenommen werden kann.

Dabei spielt auch die **Preisoptik** eine große Rolle:
- Preisschwellen ergeben sich jeweils vor runden Zahlen und führen daher zu gebrochenen Preisen unmittelbar unterhalb der Preisschwelle (Odd Pricing). Ein Preis wird damit von Nachfragern gefühlsmäßig eher der Preiskategorie unterhalb der Preisschwelle zugeordnet, die freilich schon bei einem niedrigeren Preis beginnt, als dem sachlich viel näheren, darüber liegenden, glatten Preis.

- Preisbandbreiten ergeben sich als (absolute) Preislage zwischen Preisschwellen. Der Preis wird dabei innerhalb eines Intervalls als angemessen betrachtet, bei dessen Über- oder Unterschreiten jedoch als unangemessen. Preisunterschiede innerhalb eines Intervalls haben damit geringere Bedeutung als zwischen benachbarten Intervallen.
- Das Preisgefüge ergibt sich (relativ) innerhalb eines Programms über mehrere Produkte hinweg als Mischung aus Zugartikeln und Ausgleichsträgern. Erstere signalisieren Nachfragern eine pauschale Preiseinschätzung (hoch oder niedrig), die auf letztere ausstrahlt.
- Preisfiguren sind auffallende Ziffernkombinationen (wie etwa 5,55 €, 7,89 € oder 5,79 €).

Die **Preiswahrnehmung** von Angeboten erfolgt nach mehreren Dimensionen, so als:
- bewusste Preiskenntnis. Dabei wird die eigene Preiserfahrung zu Rate gezogen. Dem liegt die Annahme zugrunde, dass es hinzunehmende Standardpreislagen gibt, die als gültige und zuverlässige Beurteilungsreferenz dienen.
- mittleres Preisempfinden. Dem liegt die Annahme einer allgemein akzeptierten Preisnorm zugrunde, die zur höchsten Nachfrage führt. Wird diese Preiszone nach oben oder unten verlassen, steigt der Grad der Angebotszurückweisung. Es handelt sich also um eine hinzunehmende Standardpreislage, die als gültige und zuverlässige Beurteilungsreferenz dient.

Bei der Preiswahrnehmung spielen zahlreiche **Wahrnehmungseffekte** eine Rolle:
- Der Ankereffekt besagt, dass die subjektive Preiswahrnehmung durch aktuelle Umgebungsinformationen beeinflusst wird.
- Der Aufmerksamkeitseffekt besagt, dass eine selektive Wahrnehmung nur für bestimmte Preisreize (Sonderangebote) besteht.
- Der Bestätigungsfehler besagt, dass eine selektive Wahrnehmung nur für den Kauf bestätigende Informationen besteht.
- Der Einrahmungseffekt besagt, dass eine Präferenzänderung durch Wahrnehmung weiterer Angebote entsteht.
- Der Stückelungseffekt besagt, dass Ratenzahlungspreise als niedriger wahrgenommen werden als Sofortpreise (Geldsummenirrtum).
- Der Kontrastierungseffekt besagt, dass Preisunterschiede durch Side by Side-Vergleich verstärkt wahrgenommen werden.

- Der **Besitzeffekt** besagt, dass der subjektiv wahrgenommene Wert von Gütern mit deren Eigentumsübergang steigt.
- Der **Gegenwartseffekt** besagt, dass Preisvorteile, über die man sofort verfügen kann, als höher bewertet werden.
- Der **Verlusteffekt** besagt, dass die negativen Aspekte der Geldausgabe für ein Gut verstärkt gewahr werden (Zahlungsschmerz).
- Der **Geldillusionseffekt** besagt, dass nominale Werte (Einkommen) gegenüber realen (Kaufkraft) bevorzugt werden.
- Der **Entkopplungseffekt** besagt, dass bei zeitlicher Trennung von Zahlung und Warenübergabe der Preis als geringer wahrgenommen wird.
- Der **Entwertungseffekt** besagt, dass Geldausgaben der Vergangenheit mental negiert oder rationalisiert werden.
- Der **Zahlungsmitteleffekt** besagt, dass unbare Zahlungen gegenüber baren als niedriger wahrgenommen werden.
- Der **Sunk Costs-Effekt** besagt, dass Käufe der Vergangenheit solche der Gegenwart positiv wie negativ beeinflussen.

Das (kognitive) **Lernen** beinhaltet die systematische Änderung des Verhaltens aufgrund erworbener Erfahrungen. Das Lernen **durch Einsicht**/Verstehen beruht auf der strukturierten Umweltwahrnehmung und Identifikation. Dieses erlaubt es, Lösungskonzepte nicht nur auf gleiche, sondern auch auf ähnliche Situationen anzuwenden. Das Lernen **am Modell**/Leitbild beruht auf der Nachbildung vorbildlicher Leitfiguren. Das Ausmaß des Lernens ist hierbei vom Beobachter, von der beobachteten Situation und von der beobachteten Person abhängig.

Bei der **Preisgeneralisierung** wird außerdem induktiv von einzelnen Produktpreisen auf das gesamte Preisniveau des Anbieterprogramms geschlossen (im Handel als Zeigerwaren bekannt), bei **Preisdiskriminierung** hingegen werden einzelne Produkte aufgrund des Preisimages des gesamten Programms deduktiv eingeordnet (d. h. Preisattributierungen).

Das **Gedächtnis** ermöglicht Informationsverarbeitungsprozesse, indem zwischen Stimuli und Reaktionen darauf verstandesmäßig gesteuerte Prozesse angenommen und erklärt werden. Im **Ultrakurzzeitgedächtnis** (sensorischer Speicher) werden (Preis-)Reize nur sehr kurzzeitig zwischengespeichert und zu Reizkonstellationen kombiniert. Die Speicherkapazität ist dort sehr hoch, die Zugriffsgeschwindigkeit hoch, die Behaltensdauer aber nur sehr kurz. Im **Kurzzeitspeicher** werden die (Preis-)Reize zu Informationen umgewandelt, indem auf Erfahrungen zurückgegriffen wird. Irrelevante Reize werden bereits gelöscht. Im **Langzeitspeicher** werden die verarbeiteten Reize als

(Preis-)Informationen langfristig gesichert. Allerdings kommt es zum Absinken von Preisinformation (als Funktion der Zeit) oder zur Überlagerung impact-schwächerer Informationen durch impact-stärkere (infolge Interferenz), so dass diese im Entscheidungszeitpunkt nicht mehr verfügbar sind. Im ersten Fall (autonomer Verfall) wird angenommen, dass sich die zeitlich am Weitesten zurück liegenden Informationen löschen, insofern kommt es auf eine hohe Penetration von Botschaften an. Im zweiten Fall entsteht eine proaktive Hemmung der Speicherung durch frühere Informationen, gegen den sich ein Preis durchsetzen muss, und eine retroaktive Hemmung durch spätere Informationen, gegen den ein Preis bestehen muss. Bei beiden kommt es auf hohe relative Eindrucksstärke an.

Gespeicherte **Preisanker** erlauben eine referenzielle Preisbeurteilung, so durch:

- Gegenüberstellung des aktuellen Preises zum regulären Preis, z. B. bei Hauspreisen, Sonderangeboten, „Schlussverkäufen",
- kognitiven Vergleich des aktuellen Preises mit der Preiserfahrung der Vergangenheit (mittlere Preiseinstufung, subjektives Preisempfinden),
- Suggestion von Preisgünstigkeit über zeitliche/räumliche Limitation des Angebots oder „färbende" Preisauslobungszusätze (vokal wie „nur", „Schnäppchen", „Knüller" etc. oder kontextuell wie Stern, Fanfare etc.).

2.2.4 Interpersonelle Erklärungsansätze

Diese gehen nicht von der einzelnen Person, sondern vom Zusammenleben der Personen als Erklärungsgröße aus. Dabei handelt es sich im Einzelnen um die Elemente Kultur, Gruppenstruktur, Familie, Rollenbeziehungen und Meinungsführerschaft.

Unter **Kultur** versteht man ein kollektives Wertesystem, das durch **Normen** Toleranzgrenzen für konformes Verhalten innerhalb der Gesellschaft festlegt. Bei Muss-Normen handelt es sich um Ge- oder Verbote (z. B. Preiswucher), bei Soll-Normen um erwünschtes, jedoch noch nicht negativ sanktioniertes Verhalten (z. B. Preistransparenz), und bei Kann-Normen um Verhaltensalternativen, die allesamt akzeptiert sind und dem Individuum einen gewissen Ermessensspielraum lassen. Die Sanktionierung erfolgt durch gesellschaftliche Belohnung bzw. Vermeidung von Bestrafung bei Normeneinhaltung sowie Entzug von gesellschaftlicher Belohnung bzw. Bestrafung bei Normenverstoß. Preise zeigen solche Toleranzgrenzen nummerisch auf.

Subkulturen sind in sich relativ geschlossene Gruppen der Gesellschaft, die sich z. B. nach ethnischen (wie abweichendes Preisverhalten bei Migranten), altersmäßigen (z. B. größere Preisakzeptanz bei Best Agers) oder räumlichen Gesichtspunkten (wie höhere Preisbereitschaft bei Großstädtern) bilden. Sie gliedern die Gesellschaft horizontal und werden von spezifischen, von der allgemeinen Wertestruktur teilweise abweichenden Normen geeint.

Eine **Soziale Schicht** ist durch die Gleichartigkeit ihrer Lebensumstände charakterisiert. Sie führt zu einer vertikalen Gliederung der Gesellschaft. Dazu werden meist demografische Kriterien herangezogen. Der Preis tritt mit fortgeschrittener Sozialer Schicht oft in den Hintergrund. Diese Sicht verliert allerdings angesichts eines Wandels von der Schichten- zu einer Lebensstilgesellschaft an Bedeutung. Zielgruppen eint nicht mehr eine ähnliche Demografie, sondern ein gleicher Lebensstil bei heterogener Demografie. So sind es gerade gehobene Soziale Schichten, die als Smart Shopper ein hohes Preisinteresse zeigen.

Bei **Gruppen** unterscheidet man Kleingruppen mit direktem Kontakt und Großgruppen, weiterhin temporäre und dauerhafte Gruppen sowie (familiäre) Primär- und (außerfamiliäre) Sekundärgruppen. Das Ausmaß des Gruppeneinflusses auf Kaufentscheidungen hängt mit der Identifikation des Individuums mit der Gruppe zusammen. Informelle Gruppen sind nur durch Kommunikationsbeziehungen untereinander gekennzeichnet, formelle Gruppen stehen in einem rechtlich begründeten Verhältnis zueinander. Weiterhin unterscheidet man **Mitgliedschaftsgruppen**, die durch bloße Teilnahme am Gruppenleben entstehen oder nominell durch Aufnahme und Teilhabe begründet werden. Sowie **Bezugsgruppen**, in denen keine Mitgliedschaft besteht, mit denen eine Person sich aber identifiziert bzw. von der sie sich absetzen will. Diese Referenzgruppen werden häufig zum Vergleich mit der eigenen Lebenssituation herangezogen. Zur Konfliktvermeidung werden Nachahmung und Konformität bzw. bewusste Absetzung betrieben. Bei positiven Bezugsgruppen (Peer Groups) sind das Verhalten und die Wertungen dieser komparativen Gruppe normierend, die für gewöhnlich eine halbe Klasse über der eigenen sozialen Klasse liegt. Insofern werden größere Preisanstrengungen unternommen. Der Abstand hat jedoch nach unten eine Toleranzgrenze, wird er zu groß (relative Deprivation), ohne dass dafür plausible Erklärungen gegeben sind, wird dies als ungerecht betrachtet. Produkte, welche die Bezugsgruppe nutzt oder empfiehlt, haben beinahe unabhängig vom Preis eine besondere Attraktivität, weil sie helfen, zumindest konsumptiv deren Mitglied zu werden (demonstrativer Konsum).

Die wohl am intensivsten erlebte Gruppe ist die **Familie.** Nach dem relativen Anteil an der Kaufentscheidung durch Familienmitglieder unterscheidet man Kaufobjekte, die primär männlich dominiert sind (im Bereich Technik, Geldanlage etc.), primär weiblich dominiert (im Bereich von Kinderbedarf, Haushaltswaren etc.), die partizipativ entschieden werden (im Bereich Urlaub, Möblierung etc.) oder automon (im Bereich Kleidung, Hobbyausstattung etc.). Die traditionelle Rollenverteilung gerät allerdings angesichts gesellschaftlicher Veränderungen ins Wanken, zumal auch Kinder verstärkt an (nicht nur sie betreffenden) Entscheidungen beteiligt sind. Im **Familienlebenszyklus** werden verschiedene Phasen in Abhängigkeit nach Alter, Familienstand, Haushaltsgröße, Berufstätigkeit, Kaufkraft und Besitz unterschieden, die zu jeweils spezifischer prozessualer Preisbedeutung beim Kauf führen.

Hinsichtlich der Interaktion in Gruppen (Rollenbeziehungen) können Positions-, Kommunikations- und Machtbeziehungen unterschieden werden. Dabei treten Inter-Rollenkonflikte auf, wenn durch die gleichzeitige Zugehörigkeit zu unterschiedlichen Bezugsgruppen abweichende gesellschaftliche Erwartungen von außen an eine Person herangetragen werden (z. B. als Manager gewinnorientiert, als Verbraucher preiskritisch eingestellt), sowie Intra-Rollenkonflikte, wenn unterschiedliche Motive in einer Person vorliegen, die sie abweichende Ziele verfolgen lassen müsste (z. B. als Haushaltsführer sparsam sein, aber der Familie auch etwas gönnen).

Bei **Meinungsführern** wird davon ausgegangen, dass sich die Kommunikation zwischen Botschaftsabsender und Rezipienten nicht nur direkt und diffus, sondern auch zweistufig vollzieht. Nämlich vom Botschaftsabsender an bestimmte Meinungsbildner (Opinion Leaders) in der Gesellschaft und von diesen an weitere Personengruppen. Die Meinungsführer nehmen die Botschaft auf und versuchen, etwaige Informationsdefizite durch Kontaktsuche zu Promotoren (professionelle Experten) zu füllen. Gleichzeitig suchen weitere Personengruppen Kontakt zu diesen Meinungsbildnern, die auf sie dann in der zweiten Stufe ihren Einfluss ausüben. Dies macht sie aufnahmefähig für Anbieternachrichten mit Niveau und Gehalt, die sie bei Gelegenheit ihrerseits an ihr soziales Umfeld weitergeben. Diese Eigenschaft beruht auf informeller Kompetenz, selten auch auf Macht, und wechselt interpersonell je nach Themenstellung. Denkbar ist auch ein Informationsfluss zu Meinungsfolgern sowohl direkt vom Anbieter aus als auch indirekt über zwischengeschaltete Meinungsbildner. Diese sind in allen Sozialen Schichten anzutreffen, kommunikationsfreudiger als der Durchschnitt, inhaltlich vorwiegend auf ein bestimmtes Thema spezialisiert, häufig Nutzer von Fachmedien, an ein höheres Ansprachenniveau gewöhnt und mit informeller Kompetenz ausgestattet (zudem sind sie meist Heavy Users). Sie geben kostenlose Akquisitionsanstöße, die sogar glaubwürdiger und effizienter sind als Werbeaussagen, weil man unterstellt, dass die Person aus ihrer Empfehlung keinen Vorteil zieht.

2.2.5 Prozessuale Erklärungsansätze

Sie untersuchen nicht das Ergebnis des Kaufentscheids, sondern dessen Zustandekommen. Der Entscheidungsnetz-Ansatz arbeitet mit **Kaufprotokollen** (Think Aloud Technique), welche die Entscheidungsfindung des Individuums, u. a. in Bezug auf den Preis, offenlegen sollen. Der **Informationsansatz** setzt beim Auswahlprozess an und unterscheidet ein Vorgehen nach verschiedenen Kaufalternativen oder nach verschiedenen Produkteigenschaften.

Der **Adoption** liegt eine Differenzierung nach dem Grad/der Schnelligkeit der Übernahme bzw. Durchsetzung von Neuerungen zugrunde. Dafür sind personen-, umwelt- sowie produktbedingte Einflüsse von Bedeutung. Dabei kommt es kumulativ zu den Stufen von Neuheitserkennung, -interesse, -bewertung, -versuch und -umsetzung. Auf jeder dieser Stufen kann es zu Ablehnung und Abbruch, oder Zustimmung und Fortsetzung, bis hin zum Wiederholungskauf, kommen. Der Preis stellt dabei eine wesentliche Übernahmehürde dar. Allgemein adoptionsfördernd wirken eine hohe Glaubwürdigkeit des Botschaftsabsenders, eine leichte Überprüfbarkeit der behaupteten Werbeaussage, ein gering eingeschätztes endogenes und exogenes Risiko wie es sich aus Preisgünstigkeit ergibt, ein hohes Ego-Involvement bei erfolgter Übernahme, eine Profilierung durch Übernahme des Produkts im sozialen Umfeld und eine hohe Übereinstimmung mit dem eigenen Anforderungsprofil.

Die **Diffusion** stellt das aggregierte Ergebnis der individuellen Übernahmeentscheidung dar. Unterstellt man dafür modellhaft eine Normalverteilung innerhalb der Gesamtpopulation, so können die Klassen der Innovatoren (idealtypisch 2,5 % aller Bedarfsträger), der frühen Übernehmer (13,5 %), der frühen Mehrheit (34 %), der späten Mehrheit (34 %), der späten Übernehmer (13, 5 %) und der Nachzügler (2,5 %) unterschieden werden. Im Zeitablauf erfordern diese verschiedenen Klassen unterschiedliche Maßnahmen zur Aktivierung, wobei eine sinkende Preisakzeptanz vorliegt.

2.3 Hybrider Verbraucher

Die Dominanz von Grund- oder Zusatznutzen führt zum Phänomen des hybriden Verbrauchers. Denn angesichts zunehmend restriktiver Umwelt- und insb. Wirtschaftsbedingungen mit anhaltend stagnierenden oder gar rückläufigen Realeinkommen sehen sich Verbraucher zu selektiver Reaktion hinsichtlich ihrer Kaufentscheidungen gezwungen, wollen sie ihren gewohnten und lieb gewonnenen Lebensstandard halten, der bekanntlich äußerst schwer aufzugeben ist (Sperrklinkeneffekt). Deshalb unterscheiden Verbraucher bei Anschaffungen in solche der Kategorie des Grundbedarfs einerseits und solche der Kategorie des Zusatzbedarfs andererseits. Für beide Gruppen entwickeln sie unterschiedliche Handlungsmuster, handeln also nicht mehr konsistent, sondern gespalten (man sagt auch hybrid) *(siehe Abbildung 7: Verhaltensmuster hybrider Verbraucher)*. Von Intragruppen-Hybridität ist die Rede bei hybridem Verhalten nur innerhalb einer Produktgruppe (Category), von Intergruppen-Hybridität bei hybridem Verhalten zwischen verschiedenen Produktgruppen.

Im Bereich des Grundbedarfs wird dabei weit überwiegend nach dem Kriterium absoluter Preisgünstigkeit gekauft. Dafür kommen generell wenig erklärungsbedürftige (Low Interest-)Produkte in Betracht. Da hier meist keine gravierenden, objektiv nachvollziehbaren Leistungsunterschiede unterstellt bzw. diese, falls doch vorhanden, relativ leicht nachgeprüft und Nachteile daraus vermieden werden können, wird der Kauf von Markenartikeln dort leicht verzichtbar. Diese gewinnen erst wieder an Boden, wenn es um objektiv oder subjektiv höherwertige Produktgattungen geht. Oder um besondere Nutzungsanlässe. Low Interest-Produkte werden unter Preisprimat gekauft, dabei kann man viel Geld sparen.

Diesem Grundbedarfsbereich mit seinem eher rational geprägten Kaufverhalten steht der Erlebnisbedarfsbereich gegenüber. Hier geht es um Produkte, die ein hohes Ego-Involvement und damit emotionale Wertigkeit beinhalten, also affektiv geführte Entscheidungen hervorrufen. Deren Bedeutung kann sowohl in der Eignung des betreffenden Produkts zur differenzierten Selbstdarstellung liegen als auch im vordergründigen Statuszweck. Der High Interest-Bereich umfasst meist Produkte mit Außenwirkung und solche aus dem Hobbybereich. Außenwirkung kommt persönlichen Accessoires wie Brillen, Uhren, auch Schmuck, Kleidung, Automobil etc. zu, zum Hobbybereich gehören individuell „wichtige" Produkte, für die jeder unvernünftig viel Geld auszugeben bereit ist.

Bei gegebenem, weitgehend konstanten Haushaltsbudget ergibt sich eine Lösungsmöglichkeit nur derart, dass die Finanzierung des begehrten, an sich aber überflüssigen Zusatznutzen-Angebots durch Einsparung im ungeliebten, jedoch notwendigen Basisnutzen-Angebot umsetzbar wird. Daraus folgt ein „hybrides Verhalten" derart, dass beim Basisbedarf der problemlosen Güter No Names/Gattungswaren bevorzugt werden, um die dabei eingesparten Geldmittel für profilierende Güter mit Statuscharakter zu investieren. Cleverness beim Einkauf von Grundnutzengütern wird damit emotional belohnt. Ziel muss es sein, Produkte aus dem weitgehend austauschbaren Gattungswarenbereich heraus zu Markenartikeln zu stilisieren, die zur Profilierung ihres Anwenders/Besitzers in seinem sozialen Umfeld beitragen (Außenwirkung) und zur Identifizierung mit den Markeninhalten führen (Innenwirkung), damit also letztlich zur Selbstverwirklichung der Nachfrager. Das Preisniveau tritt

Abbildung 7: Verhaltensmuster hybrider Verbraucher

dann bei der Kaufentscheidung in den Hintergrund, sofern hinreichende Produktqualität gegeben ist, was vorausgesetzt werden muss. Folglich dominiert beim Basisbedarf die Preisorientierung mit ökonomisch-rationalen Argumenten, insb. der absoluten Preishöhe, beim Zusatzbedarf jedoch die Erlebnisorientierung mit sozial-emotionalen Argumenten, insb. der relativen Erlebnisleistung.

Eine Steigerung des hybriden Verbraucherverhaltens findet sich im Smart Shopping. Dabei sind Nachfrager nicht mehr bereit, ihr Kaufprogramm in einen Low Interest-Bereich mit geringer Preis- und Leistungsakzeptanz und einen High Interest-Bereich mit hoher Preis- und Leistungsakzeptanz zu unterscheiden. Vielmehr verlangen sie die Leistungsmerkmale aus dem High Interest-Bereich zu den Preisen des Low Interest-Bereichs. Man nennt sie deshalb auch System Beaters. Und dies gelingt erstaunlicherweise.

Etwa durch Kauf in Factory Outlets (ehemalige Betriebsangehörigen- oder Demonstrations-Läden). Dort werden Auslaufmodelle, Zweite-Wahl-Produkte, Retouren etc. mit Preisvorteil vermarktet. Eine Weiterentwicklung stellen Factory Outlet Center dar.

Weitere Beispiele sind folgende:
- **Treuesystem-Anbieter** (wie Payback.de). Dies ist ein Bonussystem auf Basis einer Kundenkarte zur Registrierung bei jeder Transaktion. Die dabei gesammelten Punkte können gegen Prämien eingetauscht werden.

Payback identifiziert Kundennummer, Datum, akzeptierende Filiale, Umsatz, Warengruppencode und Produkte bei jedem Einkauf. Der Rabatt entspricht 0,5–4% der Kaufsumme. Die Payback-Karten sind i.d.R. Partnerkarten (individuell auf die Handelspartner gestaltet). Partner sind Alice, Apollo-Optik, Aral, bol.de, Dänisches Bettenlager, Depot, Price Line, dm-Drogeriemarkt, Europcar, Galeria Kaufhof, Linda Apotheken, Pit-Stop, real, RTK Reisebüros, Runners Point, Signal Iduna, Vattenfall, Vodafone D2, WMF, Amazon.de, Asstel, Conrad Electronic, Dell, Deutsche Post, Eventim, Heine Versand, Mexx, neckermann.de, Schwab-Versand, S.Oliver, Yves Rocher. Probleme können aus der Datentransparenz (Big Data) entstehen.

- **Co-Shopping-Anbieter** (wie Dailydeal.de, groupon.de). Beim Co-Shopping führen gebündelte Aufträge zu Mengenrabatten, die von den Anbietern teilweise oder ganz gegen Provision an die Nachfrager weiter gegeben werden.

Die Plattform bietet vergünstigte Angebote, die zeitlich limitiert sind (meist 24 h) und übermittelt diese per e-Mail an registrierte Mitglieder, immer auf lokaler Basis. Es muss eine Mindestzahl von Teilnehmern mitmachen, damit ein Deal zustande kommt. Gleichzeitig besteht keine Obergrenze. Auch gibt es keine zusätzlichen Rabatte. Bei Zustandekommen wird der Betrag vom Veranstalterkonto abgebucht und die Kunden erhalten einen Gutschein. Diesen können sie dann bei der Akzeptanzstelle einlösen. Ziele der Anbieter sind Neukundengewinnung, Folgekaufinitiierung, Kapazitätsauslastung, Werbung etc.

Das originäre Power Shopping verstößt hingegen gegen § 1 UWG unter dem Aspekt des übertriebenen Anlockens, der Störung des Leistungswettbewerbs durch aleatorische Anreize und verbotener Laienwerbung. Dies nutzt die Spielleidenschaft der angesprochenen Verkehrskreise aus und verkoppelt sie mit der Preisgestaltung derart, dass es zu einer unsachlichen Beeinflussung der Kaufentscheidung des Verbrauchers kommt.

- **Preisvergleichs-Anbieter** (wie günstiger.de). Diese Mittler sammeln Preisinformationen und stellen diese Interessenten zum Vergleich zur Verfügung, sie finanzieren sich durch Abschlussprovision, Listungsgebühr (Preisagenturen) oder Werbeschaltung. Sie sind als Metasuchmaschinen aufgebaut. Alternativ beziehen sich Produktsuchmaschinen auf Angebote im traditionellen Handel.

Ein weiteres Mittel ist das Feilschen. Smart Shoppers sind meist besser ausgebildet als der Durchschnitt, sie verdienen mehr Geld und haben eine höhere

Markttransparenz. Sie können daher besser argumentieren als andere und setzen damit Preisnachlässe durch. Sie sind Smart Shopper nicht aus finanzieller Not, sondern aus Spaß. Dies hat übrigens sozialpolitisch die umstrittene Konsequenz, dass einkommensschwächere Schichten, die geringer angesehene Berufe mit schlechterer Ausbildung ausüben, weniger Argumentationsfähigkeit und mangelnde Markttransparenz besitzen, die höheren Preise hinnehmen müssen (Poor pay more-Hypothese).

2.4 Kaufkraft

Eine wichtige Bedeutung für die Preisbildung kommt auch der Kaufkraft zu. Ausgangspunkt dafür ist das **Bruttoeinkommen** eines Haushalts oder einer Person, also Lohn/Gehalt plus sonstige Einkünfte. Das **Nettoeinkommen** ergibt sich daraus nach Abzug von Steuern, Solidaritätszuschlag, Renten-, Kranken-, Arbeitslosen-, Pflegeversicherung etc. sowie Zuschlag von Transferleistungen wie Kindergeld, Behindertenrente etc. und Sonderleistungen wie Alimentation durch Leibrente Versicherungsrente etc. Hinzu kommen Vermögensverzehr und Kreditaufnahmen.

Werden davon die Sparbeträge und die Kreditabtragungen abgezogen, die freilich nur geschätzt werden können, ergibt sich die **disponible** Kaufkraft. Werden davon noch die festen Ausgabebeträge für elementare Bedarfe wie Miete, Unterhalt, Risikovorsorge, Energieverbrauch, Abfallentsorgung etc. abgezogen, sowie feste Zusatzeinnahmen wie Nebentätigkeiten, Untervermietung etc. hinzugezogen, ergibt sich schließlich die für Konsumzwecke frei zur Verfügung stehende **diskretionäre** Kaufkraft. Dies ist der Geldbetrag, der je Haushalt oder Person für konsumtive Zwecke pro Periode zur Verfügung steht. Die Kaufkraft variiert räumlich stark (Süd-Nord-Gefälle, West-Ost-Gefälle, Stadt-Land-Gefälle) und wird statistisch anhand des Einkommensteueraufkommens differenziert erhoben. Kaufkraftkennziffern weisen die Kaufkraft je Region aus, Kaufkraftströme zeigen den Fluss der Kaufkraft zwischen Regionen auf. Dabei ergeben sich allerdings erhebliche zu vermutende Verzerrungen aufgrund der mangelnden Steuerehrlichkeit und der verschiedenen, nicht für Konsumzwecke abfließenden Geldbeträge. Von realer Kaufkraft spricht man, wenn die effektive, inflationsbereinigte Kaufkraft gemeint ist.

Die Datenerfassung erfolgt durch ca. 600 Beobachter, die in ca. 30.000 Geschäften jeden Monat die Preise für 700 Sach- und Dienstleistungen, die ein realistisches Bild der durchschnittlichen Lebenshaltung bieten sollen, aus Waren-Wirtschafts-Systemen erfassen, die in einem repräsentativen **Warenkorb** enthalten sind. Die Zusammensetzung des Warenkorbs variiert je nach zugrunde gelegter Haushaltsstruktur (vier Personen/mittleres Einkommen, zwei

48 Grundlegende Überlegungen zur Preisbildung

Personen/Rentner etc.). Er wird alle fünf Jahre neu zusammengesetzt, um ihn Konsumveränderungen anzupassen, so sind u. a. neu Energiesparlampen, Handys, Mikrofaserjacken aufgenommen und dafür Leuchtstoffröhren, Einweg-Blitzwürfel und Mofas herausgenommen worden.

Die Standardaufteilung sieht folgende gewichtete Sach- und Dienstleistungen vor:

- Verkehr: 13,19 % Anteil am Warenkorb, Freizeit/Unterhaltung/Kultur: 11,57 %, Nahrungsmittel: 10,36 %, andere Waren und Dienste: 7,45 %, Einrichtungsgegenstände: 5,59 %, Bekleidung/Schuhe: 4,89 %, Wohnung/Wasser/Strom/Gas: 30,9 %, Bildungswesen: 0,8 %, Nachrichtenübermittlung: 31 %, Alkohol/Tabak: 3,9 %, Gesundheitspflege: 4,03 %, Beherbergung/Gaststätten: 4,4 %.

Dabei ist zwischen dem tatsächlichen und dem gefühlten Preisanstieg zu unterscheiden. Beide können auseinanderfallen, wenn sich die Preise von häufig gekauften Produkten anders entwickeln als die von selten gekauften. Dies war anlässlich der Euro-Einführung zu beobachten. Während die tatsächliche Geldentwertung in geringem Rahmen blieb, war das Erleben der Konsumenten durch hohen Preisanstieg geprägt. Der Grund lag darin, dass Produkte des täglichen Bedarfs (Lebensmittel, Energieversorgung etc.) bei der Währungsumstellung von den Anbietern (Handel) verteuert wurden, wohingegen sich Produkte des aperiodischen Bedarfs (wie Elektrogeräte, Unterhaltungselektronik, Computer etc.) verbilligten. Beide Effekte kompensierten sich auf eine tatsächlich niedrige Inflationsrate, gefühlt war jedoch von erheblicher Geldentwertung die Rede.

Eine weitere Verzerrung entsteht durch den Qualitätseffekt. Denn höhere Preise für Produkte sind häufig mit deren verbesserter Leistungsfähigkeit verbunden. Es geht bei der Messung der Kaufkraft aber um qualitätsneutrale Preise. Die Leistungssteigerung ist in den Produktbereichen jedoch höchst unterschiedlich. Dennoch besteht die Notwendigkeit, den Qualitätseffekt aus der Kaufkraftentwicklung als fiktive Preissenkung herauszurechnen. Gleiches gilt für vormalige Zusatzausstattungen, die nunmehr serienmäßig angeboten werden (hedonisch berechnete Inflation).

Es ist möglich, die Kaufkraft auf Bundesländer, Stadt- und Landkreise umzulegen. Stellt man diesen Werten die durchschnittliche Kaufkraft in Deutschland gegenüber, ergeben sich spezifische Kaufkraft-Kennziffern. Absolut ist die Kaufkraft in NRW am größten, relativ ist der Index in Hamburg am höchsten. Stellt man der Kaufkraft je Gebiet zudem die dort getätigten Umsätze gegenüber, so sind Kaufkraftwanderungen im Einzelhandel ersichtlich (vagabundierende Kaufkraft). Hier kommt es zur Agglomerationswirkung von Zentren. Allerdings entsteht eine immer größere Verzerrung durch E-Commerce, der bereits gut 10 % des B-t-C-Volumens ausmacht, in einigen Branchen auch mehr wie Bekleidung/Textilien/Schuhe, Computer, Unterhaltungselektronik, Handys, Zubehör, Accessoires (ohne Schmuck), Software, Musik, Videos, Games, Möbel, Dekorationsartikel, Bücher, CD's, DVD's, Software, Hobby-, Sammel- und Freizeitartikel, Medikamente, Spielwaren, Babyartikel, Sportartikel, Auto, Motorrad, Zubehör, Do it yourself-, Bastelbedarf, Bürobedarf, Foto, Druck, Book on Demand, Outdoor-Artikel, Lebensmittel, Tierbedarf, Drogerieartikel, Kosmetik.

So steht die Wohnbevölkerung des Stadtkreises Düsseldorfs für 0,01378 Anteile der gesamten Kaufkraft Deutschlands, die Handelsumsätze dort aber stehen für 0,01769 Anteile aller Umsätze, der Index von 128 zeigt einen Zufluss von Kaufkraft aus dem Umland an. Der Landkreis Dinslaken hingegen steht mit seiner Wohnbevölkerung für 0,00211 Anteile der gesamten Kaufkraft Deutschlands, die Handelsumsätze betragen aber nur 0,00180 Anteile aller Umsätze, der Index von 85 steht für einen Abfluss an Kaufkraft in das Umland bzw. die nächstgelegenen Großstädte. Erstellt man daraus eine Kaufkraft-Landkarte, ergeben sich ein gemäßigtes Süd-Nord- und ein starkes West-Ost-Gefälle. Die durchschnittliche diskretionäre Kaufkraft beträgt in Deutschland ca. 750 € p.M. und Person.

Vereinfachend können auch der Lippenstift-Index oder der Big Mac-Index als Indikatoren für die Kaufkraft zugrunde gelegt werden. Der Lippenstift-Index unterstellt, dass die Zunahme des Lippenstift-Absatzes auf eine Kaufkraftabschwächung hindeutet (Kauf anstelle höherwertigerer Produkte wie Mode, Schmuck, Schuhe etc.). Der Big Mac-Index dient dem internationalen Vergleich von Kaufkräften (Kaufkraftparität). Dazu bedarf es eines weithin standardisierten Produkts, wie Burger es darstellen.

2.5 Nachfrageeffekte

Nachfrageeffekte beschreiben eine anomale Reaktion der Nachfrage auf eine Preisveränderung. Dabei ist an den Bandwagon-, den Snob- und den Veblen-Effekt zu denken.

Der **Bandwagon-Effekt** beschreibt das Phänomen, dass bestimmte Produkte von Personen gekauft werden, weil andere Personen sie kaufen. Dies gilt besonders dann, wenn Personen der Referenzgruppe diese Produkte besitzen. Denn man kann sich dieser Referenz subjektiv ein gutes Stück annähern, indem man sich der gleichen Produkte bedient. So wurden z.B. Lacoste-T-Shirts vor Jahren durch ihren hohen Preis von sozial besser gestellten Personen bevorzugt. Das kleine Krokodil auf dem Stoff signalisierte Zugehörigkeit zu diesem exklusiven Kreis. Eben deshalb kauften auch Personen, die aufgrund ihrer Einkommenslage ursächlich nicht diesem Kreis angehörten, Produkte der Marke Lacoste und spiegelten damit ihrem sozialen Umfeld arrivierten Wohlstand vor.

Der **Snob-Effekt** bedeutet genau das Gegenteil. Produkte werden von bestimmten Personenkreisen nicht mehr gekauft, weil andere sie kaufen. Um beim vorangestellten Beispiel Lacoste zu bleiben, verlor die Marke in dem Maße an Exklusivität, wie sie von beinahe jedermann getragen wurde. Sie differenzierte damit nicht mehr in willkommener Weise, sondern setzte sogar subjektiv als falsch empfundene Signale. Die ursprünglichen Käufergruppen stiegen daher auf andere Marken um, die nunmehr zur gewünschten Profilierung beitrugen. Der Fehler der Preispolitik lag wohl darin, den Preisabstand zu den Konsummarken nicht in notwendigem Maße gehalten zu haben. Nur drastische Preiserhöhungen hätten die nötige Alleinstellung sichern können.

Der **Veblen-Effekt** besagt, dass es Produkte gibt, die eine positive Preiselastizität der Nachfrage aufweisen, also mit höherem Preis verstärkt statt vermindert nachgefragt werden. Dies ist typischerweise nur bei höchstwertigen Angeboten gegeben. Als Beispiel mag die Übernachfrage nach profilierenden, technischen Gebrauchsgütern gelten (z. B. Porsche Cayenne). Sie bieten durch demonstrativen Konsum die willkommene Chance zur Absetzung vom Durchschnitt und sind damit meist das höhere Preisopfer allemal wert (dies gilt jedoch als nicht mehr zeitgemäß). Der Veblen-Effekt entspricht auch einer allgemeinen Qualitätsorientierung in der Nachfragerschaft.

2.6 Einkommenselastizität

Die Einkommenselastizität gibt an, wie sich die Nachfrage nach einem Produkt bei Änderung des Einkommens der Nachfrager darstellt. Das heißt, die relative Mengenänderung eines Produkts wird der dies bewirkenden relativen Einkommensänderung gegenübergestellt. Und diese hat als Kaufkraftänderung wiederum direkte Auswirkungen auf den Preis. Reagiert die Nachfrage nach einem Produkt gleichlaufend zur Einkommensänderung, führt eine Einkommenserhöhung also zu verstärkter Nachfrage und umgekehrt, handelt es sich dabei um ein Produkt des gehobenen (superioren) Bedarfs. Reagiert die Nachfrage nach einem Produkt gegenläufig zur Einkommensänderung, führt eine Einkommenserhöhung also zu verminderter Nachfrage und umgekehrt, handelt es sich dabei um ein Produkt des minderen (inferioren) Bedarfs. Im Grenzfall ist die Nachfrage nach einem Produkt völlig einkommensunabhängig.

Der **Giffen-Effekt** besagt originär eine negative Absatzelastizität, abgeleitet aber, dass der Anteil höherwertigerer Produkte mit steigendem Einkommen zunimmt, oder umgekehrt, dass der Anteil geringwertigerer Produkte (z. B. Grundnahrungsmittel) sinkt. Dies ist einfach erklärbar, da zuvörderst in die Grundbedürfnisse investiert wird. Ist das Einkommen niedrig, bleibt deshalb kaum Geld für Zusatzbedürfnisse. Umgekehrt bleibt das Volumen der Grundbedürfnisse absolut begrenzt, so dass bei steigendem Einkommen darin nicht weiter investiert wird. Stattdessen wird entweder Geld für Zusatzbedürfnisse ausgegeben, oder es wird gespart.

Der **Engel-Effekt** besagt, dass der Anteil der konsumtiven Ausgaben mit steigendem Einkommen abnimmt, da Sättigungsniveaus erreicht werden. Dies vermögen auch Preissenkungen nicht zu verhindern. Dieser Effekt ist gesamtwirtschaftlich von Bedeutung, wenn es gilt, die Konjunktur zu beleben, indem das verfügbare Einkommen der Arbeitnehmer (etwa durch Steuervergünstigungen bei Geringverdienenden) erhöht wird, das sich dann in kaufkräftiger Nachfrage manifestiert. Wohingegen entsprechende Maßnahmen bei Besserverdienenden eher in Sparbeträgen versickern denn marktwirksam werden. Dies ist eine Begünstigung für die Vermögensbildung bei Besserverdienenden, deren Konsumniveau bei Einkommenssteigerungen gesättigt bleibt.

Rechenbeispiel Einkommenselastizität (EL):

Formel: EL = (Mengenveränderung : Ausgangsmenge) : (Einkommensveränderung : Ausgangseinkommen)

- *Bei einem gegebenen Einkommen werden von einem Produkt 1.000 Einheiten nachgefragt. Das Einkommen steigt um 5%, die Nachfrage nach dem Produkt um 8%. Wie hoch ist die Einkommenselastizität?*

  (0,08 : 0,05=) + 1,6, d. h. eine Einkommenssteigerung führt zu einer überproportionalen Nachfrageerhöhung.

- *Bei einem gegebenen Einkommen werden von einem Produkt 1.000 Einheiten nachgefragt. Das Einkommen steigt um 5%, die Nachfrage nach dem Produkt um 3%. Wie hoch ist die Einkommenselastizität?*

  (0,03 : 0,05=) + 0,6, d. h. eine Einkommenssteigerung führt zu einer unterproportionalen Nachfrageerhöhung (Engel-Effekt, z. B. Konsumgut).

- *Bei einem gegebenen Einkommen werden von einem Produkt 1.000 Einheiten nachgefragt. Das Einkommen steigt um 5%, die Nachfrage nach dem Produkt geht um 8% zurück. Wie hoch ist die Einkommenselastizität?*

(-0,08 : 0,05=) − 1,6, d.h. eine Einkommenssteigerung führt zu einer Nachfragesenkung (Giffen-Effekt, inferiores Gut).

Es ist von zentraler Bedeutung, bei der Preisfindung zu berücksichtigen, dass Kaufentscheide von Nachfragern nur selten anhand absoluter Preisgünstigkeit, dafür im Regelfall aber anhand relativer Preiswürdigkeit getroffen werden. Der Preishöhe werden dabei reale und auch „virtuelle" Leistungen gegenübergestellt, die nach individueller Abwägung bewertet werden. Und was dem einen Nachfrager unangemessen teuer vorkommt, erscheint einem anderen ausgesprochen preisgünstig. Insofern gilt es, sich immer die bekannte oder vermutete Disposition der Nachfrager vor Augen zu führen. Diese wiederum ist von vielfachen Einflussfaktoren abhängig wie Preisinteresse, Kaufkraft bzw. Einkommen etc.

3. Preisorientierung an der Konkurrenz

In den vorausgegangenen Kapiteln wurde dargestellt, welche Einflussfaktoren bei einer an der Nachfrage ausgerichteten Preispolitik berücksichtigt werden sollten, um am Markt erfolgreich zu sein. Aber die Preispolitik kann sich auch an gänzlich anderen Größen ausrichten, vor allem an den Preisen der Konkurrenz. Diese bieten einerseits die Gewähr der Durchsetzbarkeit am Markt, andererseits geben sie eine Orientierung für die eigene wettbewerbliche Differenzierung. Eine unspezifizierte Auseinandersetzung mit Konkurrenzpreisen kann jedoch fehlleiten.

Eine zentrale Rolle spielt das Wissen um die Reaktion der Nachfrage nach einem Produkt angesichts einer Preisänderung bei unveränderten Konkurrenzpreisen bzw. einer Preisveränderung durch die Konkurrenz. Je nach Wettbewerbsintensität hat dies mehr oder minder ausgeprägte Konsequenzen. Diese drücken sich durch die Werte der Preiselastizität bzw. der Kreuzpreiselastizität der Nachfrage aus.

Ebenso handelt es sich bei der Preisführerschaft um ein praktisches Phänomen, das durchaus Aufmerksamkeit verdient. Allerdings ist hier die Grenze zu wettbewerbsbeschränkendem Verhalten zu beachten.

Verbreiteter als das Monopol sind in der Realität Marktformen, bei denen die Angebotsseite durch überschaubar wenige oder aber besonders viele Anbieter gekennzeichnet ist. Erstere Situation wird als oligopolistisch bezeichnet, letztere als polypolistisch. Oligopolen wohnt eine Ambivalenz zwischen scharfen Preiskämpfen einerseits und verdächtiger Preisruhe andererseits inne. Verdächtig deshalb, weil dahinter wettbewerbsbeschränkendes Verhalten vermutet wird. Es kann jedoch gezeigt werden, dass dem durchaus nicht so sein muss.

Gerade im Umfeld sehr vieler Anbieter (Polypol) stellt sich für den einzelnen Anbieter die Frage, welche preislichen Aktionsmöglichkeiten ihm überhaupt noch verbleiben. Denn eine Preisunterbietung führt zur Zuwanderung der Nachfrage von allen anderen Anbietern, was die eigenen Kapazitäten hoffnungslos überfordert, und eine Preisüberbietung zum Abwandern der Nachfrage zu diesen anderen, was die betriebliche Existenz gefährdet. Dennoch ist in begrenztem Umfang eine aktive Preispolitik möglich, nämlich durch die Herausbildung eines akquisitorischen Potenzials.

3.1 Preiselastizitäten

Die Preiselastizität beschreibt das Ausmaß der Auswirkungen einer relativen Preisänderung auf andere Größen, vor allem Nachfrage (hier näher beleuchtet), Angebot und Einkommen. Dabei bildet die Nachfrageveränderung die abhängige Variable, die aufgrund einer Preisveränderung als unabhängige Variable zustande kommt, die Ursache steht also immer im Nenner des Quotienten, die Folge in dessen Zähler.

3.1.1 Preiselastizität der Nachfrage

Die (direkte) Preiselastizität der Nachfrage gibt an, wie sich die Nachfrage nach einem Produkt bei Anhebung oder Senkung dessen Preises verändert, d.h., die relative Mengenänderung wird der diese verursachenden relativen Preisänderung gegenübergestellt. Die Nachfrage ist sehr elastisch, wenn eine kleine Preiserhöhung bereits zu überproportionalem Nachfragerückgang führt (und umgekehrt). Die Nachfrage ist weitgehend starr, wenn selbst eine große Preiserhöhung zu unterproportionalem Nachfragerückgang führt (und umgekehrt). Im Grenzfall ist die Preiselastizität der Nachfrage völlig starr (0) oder voll flexibel (∞) *(siehe Abbildung 8: Preiselastizität der Nachfrage und Abbildung 9: Preis- und Mengeneffekte zweier Preiserhöhungen)*. Als **Elastizitätsdeterminanten** sind jeweils zu berücksichtigen:

- die Verfügbarkeit von Substitutionsgütern, um auf ein anderes Angebot auszuweichen. Je leichter Ersatzangebote zu finden sind, desto größer ist die Elastizität.
- die Leichtigkeit der Nachfragebefriedigung durch ein konstantes, weit verbreitetes Angebot. Je problemloser ein Angebot verfügbar scheint, desto größer ist dessen Elastizität.
- die Dauerhaftigkeit des Guts, wobei die Elastizität umso größer wird, als je länger die Bindungsdauer an ein Gut einzuschätzen ist.
- die Dringlichkeit des Bedarfs, die letztlich die Aufschiebbarkeit bestimmt. Je weniger dringlich ein Bedarf ist, desto größer ist die Elastizität.

Beispiel Preiselastizität der Nachfrage (PN):

Formel: PN = (Mengenveränderung : Ausgangsmenge) : (Preisveränderung : Ausgangspreis)

- *Der Preis für ein Produkt beträgt 10 €. Er wird um 1 € erhöht. Die Nachfrage nach dem Produkt betrug vorher 1.000 Stück, sie geht nunmehr auf 960 Stück zurück. Wie hoch ist die Preiselastizität?*
  (- 40 : 1.000) : (+ 1 : 10) = – 0,4 (starr).
- *Der Preis für ein Produkt beträgt 10 €. Er wird um 1 € erhöht. Die Nachfrage nach dem Produkt betrug vorher 1.000 Stück, sie geht nunmehr auf 840 Stück zurück. Wie hoch ist die Preiselastizität?*
  (- 160 : 1.000) : (+1 : 100) = – 1,6 (elastisch).

	Preiselastizität der Nachfrage > -1 (< /1/)	Preiselastizität der Nachfrage < - 1 (> /1/)
Preissenkung	negativer Preiseffekt > positiver Mengeneffekt (Umsatzsenkung)	positiver Mengeneffekt > negativer Preiseffekt (Umsatzsteigerung)
Preiserhöhung	positiver Preiseffekt > negativer Mengeneffekt (Umsatzsteigerung)	negativer Mengeneffekt > positiver Preiseffekt (Umsatzsenkung)

Abbildung 8: Preiselastizität und Nachfrage

- *Der Preis für ein Produkt beträgt 10 €. Er wird um 1 € erhöht. Die Nachfrage nach dem Produkt steigt von vorher 1.000 Stück auf nunmehr 1.020 Stück. Wie hoch ist die Preiselastizität?*

  (+ 20 : 1.000) : (+1 : 100) = + 0,2 (invers).

3.1.2 Kreuzpreiselastizität der Nachfrage

Die Kreuzpreiselastizität der Nachfrage gibt an, wie sich die Nachfrage nach einem Produkt bei Anhebung oder Senkung des Preises eines anderen verändert, d. h., die relative Mengenänderung eines Produkts wird der diese verursachenden relativen Preisänderung eines anderen gegenübergestellt. Werden Produkte von der Nachfrage als gegeneinander austauschbar angesehen (substitutiv, Preiselastizität > 0), so führt die Preisänderung eines Produkts zu einer gleichlaufenden Mengenänderung des anderen. Das heißt, wird der Preis für Produkt A angehoben, und werden die Produkte A und B als gegeneinander austauschbar angesehen, so wandert Nachfrage, die vordem Produkt A gewählt hat, wegen der Preiserhöhung zu Produkt B über, so dass sich dort die abgesetzte Menge erhöht (und umgekehrt). Werden Produkte von der Nachfrage als zueinander gehörig angesehen (komplementär, Preiselastizität < 0), so führt die Preisänderung eines Produkts zu einer gegenläufigen Mengenänderung des anderen. Das heißt, wird der Preis für Produkt A angehoben, und werden die Produkte A und B als zusammengehörig angesehen, so vermindert sich die Nachfrage aufgrund der Preiserhöhung des Produkts A parallel auch für das Produkt B (und umgekehrt). Im Grenzfall stehen Produkte in einem völlig unverbundenen Verhältnis zueinander, d. h. die Preisänderung eines Produkts bewirkt keinerlei Mengenänderung eines anderen (Isolated Selling, Preiselastizität = 0).

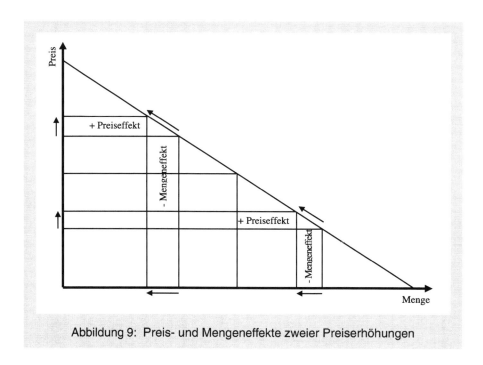

Abbildung 9: Preis- und Mengeneffekte zweier Preiserhöhungen

Beispiel Kreuzpreiselastizität der Nachfrage (KPN):

Formel: (Mengenveränderung A : Ausgangsmenge A) : (Preisveränderung B : Ausgangsmenge B)

- *Der Preis für ein Produkt A wird von 10 € auf 11 € erhöht. Die Nachfrage nach einem Produkt B steigt daraufhin von 1.000 Stück auf 1.200 Stück. Wie hoch ist die Kreuzpreiselastizität?*
  (200 : 1.000) : (1 : 10) = 2 (substitutiv).
- *Der Preis für ein Produkt A wird von 10 € auf 11 € erhöht. Die Nachfrage nach einem Produkt B sinkt daraufhin von 1.000 Stück auf 920 Stück. Wie hoch ist die Kreuzpreiselastizität?*
  (- 80 : 1.000) : (1 : 10) = − 0,8 (komplementär).
- *Der Preis für ein Produkt A wird von 10 € auf 11 € erhöht. Die Nachfrage nach einem Produkt B bleibt unverändert. Wie hoch ist die Kreuzpreiselastizität?*
  (0 : ((1 : 10)) = 0 (unverbunden).

Die Elastizität ist in der Praxis von einer Reihe von Determinanten abhängig. Eine niedrige Elastizität wird begünstigt durch eine geringe Verfügbarkeit von Substitutionsgütern, hohe Schwierigkeit der Nachfragebefriedigung, hohe Dauerhaftigkeit des Guts und große Dringlichkeit des Bedarfs.

3.2 Preisführerschaft

Die Preisführerschaft gehört zu den praktischen Phänomenen der Marktrealität. Dabei lassen sich drei verschiedene Varianten unterscheiden.

Dominante Preisführerschaft bedeutet, dass ein Anbieter aufgrund seiner Marktstellung die Möglichkeit hat, die Mitbewerber hinsichtlich ihrer Angebotspreise dahingehend zu beeinflussen, dass sie sich seinem Preis anschließen. Ein Beispiel war lange Jahre IBM im Computermarkt. Allerdings bezieht sich die Preisführerschaft hier vor allem auf Signale zur Preissenkung. So hat die Branche regelmäßig Preisanpassungen von IBM aufgrund technischen Fortschritts zum Anlass genommen, zu folgen oder, was häufiger gegeben war, den alten Preisabstand nach unten zu IBM wieder herzustellen.

Barometrische Preisführerschaft impliziert, dass mehrere, in etwa gleich bedeutende Anbieter am Markt vorhanden sind, die gemeinsam gegenüber unbedeutenderen Mitbewerbern den Marktpreis vorgeben. Dies ist etwa in der Zigarettenbranche der Fall, wo fünf große Anbieter knapp 90 % des Marktes okkupieren. Sie wirken preisbestimmend für Handelsmarken, Importe und selbst für Drehtabake, was den Preisabstand anbelangt. Ähnliches gilt für die Allfinanzmärkte, wo wenige Großanbieter (Banken, Versicherungen, Bausparkassen) das Preisniveau für alle anderen scheinbar vorgeben.

Kolludierende Preisführerschaft unterstellt eine stillschweigende Abstimmung mehrerer Anbieter am Markt derart, dass wechselweise einer von ihnen die Preisführerschaftsposition wahrnimmt und die anderen ihm folgen. Dies ist auffällig in der Mineralölbranche zu beobachten. Bei den regelmäßigen Preiserhöhungsrunden geht jeweils turnusmäßig ein Anbieter voran (meist ARAL) und nimmt die publizitätsschädigende Rolle des Preisvorreiters auf sich, in dessen Windschatten die anderen Anbieter dann folgen.

Preisführer halten zumeist einen **Preisschirm** aufrecht, d. h. einen Preis, der es auch weniger wettbewerbsfähigen Anbietern erlaubt, zu existieren und damit eine Mindestwettbewerbsintensität zu erhalten, die ein Einschreiten der Kartellbehörde unwahrscheinlicher macht.

Der/die Preisführer braucht(en) eine Machtbasis zur Durchsetzung seiner/ihrer Interessen. Diese leitet sich her als:
- Marktlagenmacht infolge einer starken Käufer- oder Verkäufermarktsituation,
- Marktformenmacht aus Konzentrationserscheinungen am Markt,

- Marktverbandsmacht aus einem kooperativen Zusammenschluss (z. B. Konsortium, Interessengemeinschaft, Kartell),
- Marktklassenmacht als informelle Macht durch Achtung und Respekt Anderer.

Die Durchsetzbarkeit einer Preisführerschaft ist von der Wettbewerbsintensität abhängig und bei funktionsfähigem Wettbewerb kaum möglich. Andernfalls sind auch die Grundwerte der Freiheit, des Wohlstands und der Gerechtigkeit in Gefahr, die der Wettbewerb besser schützt als jeder andere Steuerungsmechanismus, wie zwischenzeitlich hinlänglich empirisch bewiesen, aber offensichtlich in Teilen der Gesellschaft immer noch nicht genügend realisiert ist.

Die **Preisfolgerschaft** ist im Gegensatz dazu dadurch gekennzeichnet, dass keine aktive, sondern nur eine adaptive Preissetzung erfolgt, die sich am Preisführer ausrichtet. Weiterhin kann das Preisverhalten der Anbieter wie folgt charakterisiert werden:

- Wirtschaftsfriedliches Verhalten als Anpassung durch Mengenjustierung an der Kapazitätsgrenze oder Optionsfixierung durch Preis-Mengen-Kombination,
- Strategisches Verhalten und zwar isoliert-autonom, d.h. ohne Berücksichtigung des Mitbewerbs, autonom, d.h. mit Berücksichtigung des Mitbewerbs, aber dennoch davon unabhängig, konjektural, d.h. nur unter Berücksichtigung des Mitbewerbs, oder superior, d.h. unter Berücksichtigung des Mitbewerbs, aber diesem überlegen,
- Kämpferisches Verhalten, vor allem in ambivalenten Marktsituationen, wie sie für Oligopole typisch sein können,
- Koalierendes Verhalten, vor allem bei Ähnlichkeit der Marktteilnehmer.

Die **abgestimmte Verhaltensweise** ist als Wettbewerbsbeschränkung durch das Kartellgesetz verboten. Zuwiderhandlungen stellen eine Ordnungswidrigkeit dar. Jedoch ergibt sich dabei das Problem des Nachweises. So ist es durchaus wettbewerbsimmanent, dass Anbieter auf einem Markt sich entsprechend den dort vorgefundenen Umfeldbedingungen gleichartig verhalten, ohne dass dem eine Abstimmung zugrunde liegen muss. Allerdings ist auch die stillschweigende Abstimmung verbreitet, bei der Anbieter auf eine ausdrückliche Vereinbarung aus Gründen der Strafvereitelung verzichten, aber informell darin übereinkommen, sich gleichartig am Markt zu verhalten.

Kartelle sind nach § 1 GWB grundsätzlich verboten, dazu gehören:
- Preiskartelle, Quotenkartelle (zugewiesene Produktions-/Absatzmengen), Submissionskartelle (bei öffentlichen Ausschreibungen), Syndika-

te (gemeinsame Vermarktungsstellen), Gewinnverteilungskartelle (Poolbildung), Markenschutzkartelle (einheitliche Preise im Absatzkanal), Gebietskartelle.

Allerdings gibt es eine Reihe von Ausnahmen. Diese sind an positive (Beteiligung der Nachfrager am entstehenden Zusatzgewinn, gesamtwirtschaftlicher Nutzen überwiegt) und negative Voraussetzungen (keine Ausschaltung des Wettbewerbs, Unerlässlichkeit für die Durchführung) gebunden:

- Normen- und Typenkartelle, Kalkulationsverfahrenskartelle, Exportkartelle, Konditionenkartelle (Geschäfts-, Liefer-, Zahlungsbedingungen), Rabattkartelle, Spezialisierungskartelle (überbetriebliche Arbeitsteilung), Kooperationskartelle, Rationalisierungskartelle, Strukturkrisenkartelle (bei branchenweiten Problemen), Importkartelle (zur Beschaffung), Sonderkartelle.

Preiskartelle sind in jedem Fall verboten, da sie die Funktionen sich frei bildender Marktpreise und eines unbeschränkten Leistungswettbewerbs außer Kraft setzen. Dies resultiert in einer Ausbeutung der Marktgegenseite durch kollektive Monopolisierung. Leistungsschwache Anbieter werden dauerhaft am Markt gehalten, der Anreiz zur Innovation entfällt und die Anpassungsflexibilität wird vermindert. Dies wirkt marktwirtschaftlich kontraproduktiv.

Es werden erhebliche Kartellstrafen (tatsächlich Bußgelder bzw. Vorteilsabschöpfung) ausgesprochen. Beispiele sind folgende:

- *Interbankenzinssätze (Libor/Euribor/Yen): 1.71 Mrd. € (betroffene Unternehmen: Barclays, Royal Bank of Scotland, Deutsche Bank, Citigroup, Société Générale, JP Morgan, PR Martin),*
- *PC-/TV-Monitore: 1,47 Mrd. € (Philips, LG Electronics, Samsung, Panasonic, Toshiba, Technicolor),*
- *Autoglas: 1,38 Mrd. € (Saint Gobain, Asahi, Pilkington, Soliver),*
- *Kugellager: 953 Mio. € (SKF, Schaeffler, JTEKT, NSK, NFC, NTN),*
- *Zement: 877 Mio. € (Schwenk, Heidelberg, Dyckerhoff, Lafarge, Alsen, Readymix),*
- *Fahrstühle/Rolltreppen: 830 Mio. € (ThyssenKrupp, Otis, KONE, Schindler),*
- *Luftfracht: 799 Mio. € (Air France, British Airways),*
- *Vitamine: 791 Mio. € (Hoffmann-La Roche, BASF, Aventis, Solvay, Merck, Dalichi, Eisai, Takeda),*
- *Schaltanlagen: 680 Mio. € (Siemens, ABB, Alstom, Areva, Fuji, Hitachi, Mitsubishi, Toshiba),*

- *Erdgas: 640 Mio. € (E.On, GdF),*
- *Kautschuk: 510 Mio. € (ENI, Bayer, Shell, Dow, Unipetrol, Trade-Stomil),*
- *Schienen, Schotter, Weichen, Schwellen (ThyssenKrupp, Voestalpine, Vossloh),*
- *Transformatoren (Alstom, Siemens, ABB),*
- *weitere wie Paraffinwachs: 676 Mio. €, Flüssiggaskristalle: 650 Mio. €., Stahl: 520 Mio. €, Rohstoffe für Vollwaschmittel: 315 Mio. €, Acrylglas: 219 Mio. €.*

Hinzu kommen privatrechtliche Schadenersatzforderungen der Geschädigten und ein Unterlassungsanspruch bzw. Entzug der Freistellung durch das Kartellamt. Zur Aufdeckung von Kartellvereinbarungen wird eine Kronzeugenregelung genutzt (Whistleblower). Wer proaktiv seine Teilnahme an einem Kartell beim Kartellamt meldet, geht dabei straffrei aus, zweite, dritte und vierte Melder erhalten einen „Strafnachlass" von bis zu 50%. Alle anderen werden mit der vollen Strafe belastet. Die Höhe kann bis 10% des Gesamtumsatzes der jeweiligen Unternehmen betragen (Basisschaden, je Jahr der Kartelldauer plus Malus für Anführer und Wiederholungstäter plus Zinsen von 5% p.a.). Waren früher Kartelle auf homogene Produkte (Mehl, Zucker, Papier o.Ä.) begrenzt, betreffen sie heute also vielfältige Branchen.

3.3 Preisruhephänomen

Das praktisch verbreitete Phänomen der Preisruhe muss nicht unbedingt auf Preisabsprachen beruhen, sondern kann sich auch allein aus der Marktmechanik heraus ergeben. Dies wird durch das Modell einer einfach-geknickten Preis-Absatz-Funktion erklärbar *(siehe Abbildung 10: Einfach-geknickte Preis-Absatz-Funktion).*

Die einfach-geknickte Preisabsatzfunktion stellt grafisch eine Zusammenfassung zweier unabhängiger Preisabsatzfunktionen dar, von denen jeweils eine für Preiserhöhungen und eine für Preissenkungen gilt. Die Preisabsatzfunktion für Preissenkungen verläuft steiler, weil sie Reaktionen der anderen Unternehmen auf die eigene Preissenkung voraussetzt. Es ergibt sich eine lineare Kurve, deren negative Neigung umso höher ist, je ausgeprägtere Reaktionen des Mitbewerbs unterstellt werden. Die Preisabsatzfunktion für Preiserhöhungen verläuft flacher, weil sie keine Reaktionen anderer Anbieter auf die eigene Preiserhöhung voraussetzt. Sie verläuft ebenfalls linear-negativ geneigt, fällt jedoch umso geringer, je weniger ausgeprägte Nachfragerbindungen bestehen.

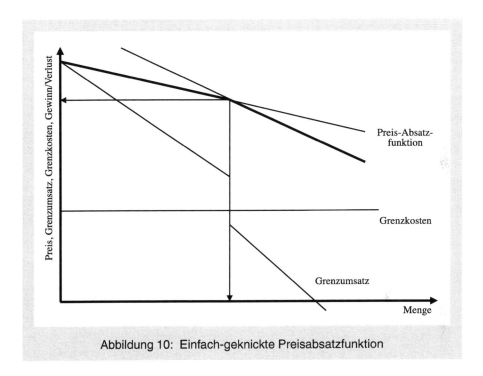

Abbildung 10: Einfach-geknickte Preisabsatzfunktion

Im Schnittpunkt beider Kurven ergibt sich die Knickstelle. Die flacher verlaufende Kurve gilt für alle Preise, die oberhalb des Knickstellenpreises liegen, die steiler verlaufende für alle Preise unterhalb der Knickstelle. Aufgrund dieser Konstellation ist es für alle Betriebe sinnvoll, genau die Preis-Mengen-Kombination der Knickstelle anzubieten. Denn nach der Cournot'schen Anforderung der Gleichheit von Grenzumsatz und Grenzkosten führt eine Vielzahl unterschiedlicher Grenzkostenniveaus dort zu einem Schnittpunkt in der breiten Unstetigkeitsstelle des Grenzerlöses und damit zum gewinnmaximierenden Angebot. Dadurch lässt sich vor allem die weit verbreitet zu beobachtende Preisruhe auf oligopolistischen Märkten erklären.

Denn für den einzelnen Oligopolisten ist es nicht sinnvoll, autonom seinen Preis über dieses Niveau hinaus anzuheben, weil er davon ausgehen muss, dass die übrigen Oligopolisten ihm darin nicht folgen werden. Deshalb bewegt er sich dann auf der flach verlaufenden Kurve ohne Wettbewerbsreaktion, die durch eine hohe Preiselastizität der Nachfrage gekennzeichnet ist. Bereits geringe Preisanhebungen haben dort allerdings hohe Absatzverluste zur Folge, weil Nachfrager in großem Ausmaß zu anderen, gleichartigen Anbietern abwandern. Von daher bewirkt eine Preisanhebung nur einen Mengenrückgang, der diese Anhebung überkompensiert und zu niedrigeren Erlösen führt, insofern also bei gleich bleibenden variablen Kosten zu einem Gewinnrückgang.

Umgekehrt ist es für den einzelnen Oligopolisten aber auch nicht sinnvoll, autonom seinen Preis unter den Marktpreis zu senken, denn er muss davon ausgehen, dass die übrigen Oligopolisten ihm darin folgen werden. Deshalb bewegt er sich auf der steil verlaufenden Kurve mit Wettbewerbsreaktion, die durch eine niedrige Preiselastizität der Nachfrage gekennzeichnet ist. Dabei sind hohe Preissenkungen erforderlich, um noch merkliche Absatzsteigerungen zu erzielen, weil kaum Nachfrager von anderen gleichartigen Anbietern zuwandern. Denn diese anderen Anbieter senken ebenfalls die Preise, um ihren Nachfragebestand gegen den aggressiven Mitbewerb zu sichern. Die Preisabschmelzung ist daher größer als der Mengenzuwachs, und per Saldo sinken die Erlöse und damit auch die Gewinne.

Als Beispiel für diese Marktmechanik kann der Mineralölmarkt gelten. Steigen Kostenbestandteile, vor allem Rohölpreise oder Steuern, werden diese von allen Anbietern über den Abgabepreis jeweils an die Autofahrer weitergewälzt. Verzichtete ein Anbieter darauf, käme es bei der praktischen Austauschbarkeit der Ware zu einem Nachfrage-Run auf ihn, den er bei seinen gegebenen Kapazitäten gar nicht bewältigen könnte oder der nur zu einem verringerten Ertragsniveau führte, weil seine Konkurrenten ihm in der Preisunterbietung folgten. Erhöhe ein Anbieter hingegen den Preis mehr als es der Kostensteigerung entspricht, verlöre er drastisch an Nachfrage, die sich auf seine Konkurrenten verteilte. Ziehen aber alle Oligopolisten parallel auf den neuen Preis an, so bewegt sich dadurch am Marktanteil des einzelnen Anbieters wenig. Da gleichzeitig auch der Verbrauch an Mineralöl kaum sinken dürfte, erreichen alle ihr vorheriges Ertragsniveau. Grafisch gesehen entspricht dies einer Parallelverschiebung der Preisabsatzfunktion nach oben.

3.4 Präferenzspielraum

Die doppelt-geknickte Preis-Absatz-Funktion stellt grafisch eine Kombination aus der linear-negativ geneigten Preisabsatzfunktion des Monopols und der vollelastischen Gerade des Polypols dar und führt damit zu einem Verlauf, der, negativ geneigt, in drei Abschnitte unterteilt werden kann:
- einen Abschnitt mit relativ geringer Neigung ähnlich dem Polypol,

- einen Abschnitt mit großer negativer Neigung ähnlich dem Monopol,
- einen weiteren Abschnitt mit relativ geringer Neigung *(siehe Abbildung 11: Zweifach geknickte Preis-Absatz-Funktion).*

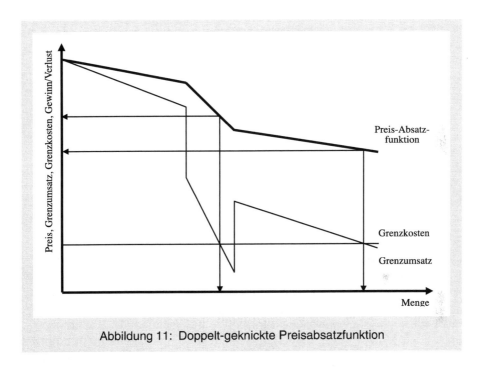

Abbildung 11: Doppelt-geknickte Preisabsatzfunktion

Dadurch entstehen zwei Knickstellen in der Preisabsatzfunktion, innerhalb derer ein monopolistischer Bereich liegt, der von zwei polypolistischen Bereichen begrenzt wird. Diesem Modell liegt eine Hypothese zugrunde, die durchaus realitätsnah ist. Typisch für viele Märkte ist nämlich eine große Anzahl von Anbietern bei hoher Unvollkommenheit jedes Markts. Diese fehlende Homogenität führt trotz der objektiv vorliegenden Marktmorphologie des Polypols dazu, dass jeder dieser vielen Anbieter in bestimmten Grenzen eine quasimonopolistische Stellung einnimmt. Diese Grenzen werden durch einen oberen und einen unteren Grenzpreis markiert. Innerhalb dieser Grenzen ist jeder Anbieter relativ frei in der Setzung seiner Preis-Mengen-Kombination. Er kann sich de facto ähnlich wie ein Monopolist verhalten. Dies rührt daher, dass aufgrund der Marktunvollkommenheiten Präferenzen bestehen, die Nachfrager dazu veranlassen, einen bestimmten Anbieter anderen vorzuziehen. Der Betrieb ist damit nur einem eingeschränkten Wettbewerb ausgesetzt.

Die Preisabsatzfunktion, der er sich gegenübersieht, hat deshalb eine große negative Neigung.

Überschreitet das Unternehmen jedoch im Zuge seiner Preisanhebung einen oberen Grenzpreis, so weichen Nachfrager in großem Ausmaß auf andere verfügbare Anbieter aus. Die Preisabsatzfunktion wird mit einem Mal sehr flach. Diese Abwanderung rührt daher, dass zunehmend Nachfrager das Preisopfer, das ihnen bei steigendem Preis abverlangt wird, höher einschätzen als den zuwachsenden Nutzen aus der Wahrnehmung eines bestimmten Angebots. Der Betrieb verliert in der Folge schnell an Absatz.

Umgekehrt ist der Effekt bei fortschreitender Preissenkung. Dann wandern wegen der komparativen Vorteilhaftigkeit des Angebots in großem Maße Nachfrager von anderen Betrieben ab und wenden sich dem preisgünstigen Betrieb zu. Die Preisabsatzfunktion verläuft dann wiederum sehr flach. Das Ausmaß des akquisitorischen Potenzials ist dabei umso höher, je stärker die Käuferbindung durch Präferenzen, je geringer die Substituierbarkeit durch andere Anbieter, je niedriger deren akquisitorisches Potenzial und je geringer die Reaktionsgeschwindigkeit durch Marktintransparenz ist.

Die Betriebsführung verfolgt nun zwei Ziele. Zum einen, den monopolistischen Bereich der Preisabsatzfunktion möglichst steil zu gestalten, und zum anderen, die Grenzpreise so weit wie möglich zu spreizen. Denn je steiler der Verlauf der Kurve, desto geringer fällt ein Nachfragerückgang bei Preisanhebung aus und desto höher ist der preispolitische Spielraum des quasimonopolistischen Anbieters. Die Steilheit im Verlauf der Kurve ist unmittelbar abhängig vom Ausmaß der Präferenzen. Je größer diese sind, umso inflexibler reagiert die Nachfrage. Zum Aufbau solcher Präferenzen sind im weitesten Sinne Marketingmaßnahmen geeignet. Damit sinkt die Preiselastizität der Nachfrage, d.h. die Reaktion im Absatzrückgang auf eine Preisanhebung. Andererseits führen Preissenkungen nur zu geringem Mengenzuwachs, so dass sie für einen Anbieter wenig sinnvoll erscheinen.

Der obere Grenzpreis beschränkt gleichzeitig den Preissetzungsspielraum des Betriebs, d.h., eine inflexible Reaktion der Nachfrage ist nur bis zu dessen Erreichen gegeben. Darüber hinaus führen weitere Preiserhöhungen zu einem umfangreichen Absatzrückgang, weil dann die Preisbereitschaft der Nachfrager überstrapaziert wird. Beim unteren Grenzpreis wächst zwar eine umfangreiche Nachfrage zu, so dass dies eigentlich wünschenswert wäre, jedoch ist die Erlössituation aufgrund des dort bereits erreichten niedrigen Preisniveaus eher unbefriedigend, so dass ein Preisgebot in diesem Bereich wenig attraktiv erscheint. Vielmehr soll der monopolistische Bereich möglichst weit nach unten reichen, um Spielraum für Preisunterbietungen zu geben.

Als Beispiel für das Vorhandensein solcher monopolistischen Bereiche mag das Angebot der einheimischen Automobilhersteller gelten. Weit verbreitet ist in der Kundschaft eine Präferenz zugunsten der nationalen Kfz-Marken vorhanden, sei es aus Tradition, Patriotismus oder einfach Überzeugung. Diese haben daher einen gewissen Preissetzungsspielraum, d. h., trotz kontinuierlicher Preiserhöhungen in der Vergangenheit wandert nur ein kleiner Anteil der Käufer zu Importmarken ab. Allerdings gibt es für diese Preiseinstellung einen oberen Grenzwert. Wird dieser im Zuge von Preiserhöhungen überschritten, so wird der Preisvorteil ausländischer Anbieter bald höher gewichtet als der Markenvorteil deutscher Hersteller. Autokäufer wandern also ab, weil das von ihnen eigentlich präferierte Angebot aus ihrem Preiserwartungshorizont herauswächst. Daher haben praktisch alle deutschen Anbieter Einsteigermodelle an der unteren Skala vorhandener Typenreihen installiert, um die Markenloyalität zu steigern. Denn viele Käufer steigen von Importfabrikaten rasch wieder auf einheimische um, sofern diese nur im Preis erschwinglich bleiben (unterer Grenzwert).

Beispiel:

Verlauf der Preisabsatzfunktion im 1. Abschnitt:
$x = 450 - 50\,p$ *für* $8 < p < 9$

Verlauf der Preisabsatzfunktion im 2. Abschnitt:
$x = 130 - 10\,p$ *für* $5 < p < 8$

Verlauf der Preisabsatzfunktion im 3. Abschnitt:
$x = 280 - 40\,p$ *für* $0 < p < 5$

Kostenfunktion: $K = 10 + 2\,x$

- *Maximierung im 1. Abschnitt:*
  $G = 450\,p - 50\,p^2 - 10 - 2\,(450 - 50\,p)$,
  $0 = 450 - 100\,p + 100$, $p = 5{,}5$, *ungültig*,
  bei $p = 8$ *und* $x = 50$: $G = 290$,
- *Maximierung im 2. Abschnitt:*
  $G = 130\,p - 10\,p^2 - 10 - 2\,(130 - 10\,p)$,
  $0 = 130 - 20\,p + 20$, $p = 7{,}5$, $x = 55$,
  $G = 292{,}5$, $G_{max}!$,
- *Maximierung im 3. Abschnitt:*
  $G = 280\,p - 40\,p^2 - 10 - 2\,(280 - 40\,p)$,
  $0 = 280 - 80\,p + 80$, $p = 4{,}5$, $x = 100$,
  $G = 240$.

Die gewinnmaximale Preis-Mengen-Kombination liegt im monopolistischen Abschnitt und erbringt bei einem Preis von 7,5 Geldeinheiten und einer resultierenden Absatzmenge von 55 Stückeinheiten einen Gewinn von 292,5 Einheiten.

3.5 Rechtsgrenzen

Als ordnungspolitisches Ideal hat die Auffassung des Wettbewerbs als Parallelkampf zu gelten. Davon ergeben sich jedoch, vor allem in der Marktform des Oligopols, die heute weit verbreitet ist, Abweichungen. Solche Abweichungen in Richtung verstärkten Miteinanders der Teilnehmer einer Marktseite soll vornehmlich das Gesetz gegen Wettbewerbsbeschränkungen (**GWB**) sanktionieren. Dazu gehören in abgestufter Form:

- die rotierende Preisführerschaft durch eingespieltes Parallelverhalten der Teilnehmer am Markt,
- die Preisführerschaft eines dominierenden Anbieters durch seine bloße Marktposition,
- das Gentlemen's Agreement als stillschweigende Übereinkunft („Frühstückskartell"),
- die Preismeldestellen und andere Marktinformationssysteme für Anbieter,
- die Konzentration als Verlust der rechtlichen und/oder wirtschaftlichen Selbstständigkeit eines Anbieters (Fusion/Merger).

Umgekehrt soll Abweichungen in Richtung überzogenen Gegeneinanders der Teilnehmer auf einer Marktseite vornehmlich durch das Gesetz gegen unlauteren Wettbewerb (**UWG**) begegnet werden. Zu den verbotenen Formen gehören in abgestufter Form:

- der Behinderungswettbewerb durch Diskriminierung als Ungleichbehandlung Gleichartiger ohne sachlich gerechtfertigten Grund,
- der Verdrängungswettbewerb (Boykott als Aufruf an Marktpartner, Geschäftsbeziehungen mit Dritten einzustellen),
- der Vernichtungswettbewerb über ruinöse Konkurrenz, systematische Untereinstandspreisverkäufe und gezielte Preisunterbietungen.

Unlautere Verhaltensweisen im Wettbewerb lassen sich in mehrere Fallgruppen unterteilen. Eine **unsachliche Beeinflussung** der Willensentscheidung von Lieferungen und/oder Abnehmern liegt vor durch

- Irreführung der Kunden, so über die eigenen geschäftlichen Verhältnisse (Warenpreis, -herkunft, -beschaffenheit etc.), über geschäftliche Ver-

hältnisse von Mitbewerbern sowie die Tarnung von Werbemaßnahmen (z. B. bestimmten Placements in Medien),
- Ausübung von Zwang, so rechtlichem oder psychologischem Kaufzwang, sowie dem Autoritätsmissbrauch für eigene Zwecke,
- Belästigung mittels anreißerischer Praktiken vor allem in der Werbung (aufdringliches Ansprechen, Telefonwerbung, ungebetene Vertreterbesuche, Zusendung unbestellter Ware etc.),
- missbräuchliche Ausnutzung menschlicher Vorzüge und Schwächen (z. B. Spielleidenschaft) sowie die Werbung mit Angst, Gesundheitsargumenten, Mitleid, Sex etc.,
- Bestechung mittels Vergünstigungen, so etwa Geschenke, bestimmte Kopplungsangebote, Werbefahrten.

Denkbar ist auch die **Behinderung** bestimmter einzelner Mitbewerber durch
- Beeinträchtigung der freien Betätigung dieser Mitbewerber, z. B. über einen exzessiven Preiskampf, Abwerbung von Mitarbeitern, Anschwärzung bei Marktpartnern, Betriebs- und Absatzbehinderung, Vereitelung von und unlauteren Vergleich von Werbung,
- Ausbeutung fremder Leistungsergebnisse, z. B. über anlehnende Werbung, Herkunftstäuschung, Schmarotzertum, sklavische Nachahmung.

Schließlich ist auch die Behinderung aller Mitbewerber durch **Rechtsbruch** bei Ausnutzung deren Gesetzes- oder Vertragstreue verboten durch
- Verletzung außervertraglicher Bindungen als Übertretung gesetzlicher Vorschriften oder Standesbestimmungen,
- Verletzung vertraglicher Bindungen.

Alle Produkte treten letztlich in Konkurrenz um die gleiche Kaufkraft, daher empfiehlt sich bei häufig stagnierenden Märkten, austauschbaren Produkten und aggressiv auftretenden Mitbewerbern immer ein Blick auf die Konkurrenz und deren Preise. Was nicht heißt, dass man sich zwangsläufig an diesen ausrichten soll. Es wäre nur fahrlässig, diesen Umstand nicht zu prüfen. Dies gilt vor allem für Preisveränderungen, aber auch in Bezug auf bestimmte Marktformen bzw. Marktseitenverhältnisse. Daher gehört die genaue Kenntnis der Markt- und Konkurrenzumfelder, wie sie im Rahmen der Competitive Intelligence Untersuchungsgegenstand ist, zur Pflichtübung jedes verantwortlichen Preismanagers.

4. „Differentiate or Die": Marktsegmentierung durch Preisbildung

Bei den ausgesprochen eng besetzten Märkten der Gegenwart und infolge der geringen Unterscheidungsfähigkeit der Angebote ist es unerlässlich, für jedes Produkt ein passendes Marktsegment zu identifizieren und dieses auch gezielt anzusteuern. Produkte suchen sich heute ihre Nachfrager nicht mehr selbst. Ein zentrales Mittel zur Marktsegmentierung ist der Preis. Dazu können nicht nur unterschiedliche Marktsegmente mit verschiedenen eigenen Produkten attrahiert werden, sondern die Kundschaft kann zusätzlich analog zu ihrer Preisbereitschaft unterteilt werden. Dies erfolgt im Einzelnen durch eine Preisdifferenzierung, und zwar nachfragerindividuell (1. Grades), durch Preisalternativen (2. Grades) oder durch Preiszuweisung (3. Grades). Jeweils sind entsprechende Kriterien dafür zugrunde zu legen. Ziel ist es dabei, von einzelnen oder mehreren Nachfragern höhere Preise zu erlösen als dies dem Marktdurchschnitt entspricht bzw. einzelne oder mehrere Nachfrager zu gewinnen, die zum Marktdurchschnittspreis nicht bereit sind zu kaufen.

Die Preisbildung beinhaltet immer ein hohes Risiko, so dass es unbedingt angezeigt erscheint, sie abzusichern. Dazu stehen verschiedene Instrumente der Marktdiagnose und -prognose zur Verfügung. Vor allem ist dabei an Experimente zu denken, welche die generelle Marktgängigkeit eines Preises testen. Außerdem aber auch an die Abschätzung von Markterwartungen, also Umsatz-/Absatzpotenziale/-volumina beim ins Auge gefassten Preis. Aufgrund des funktionalen Zusammenhangs zwischen Menge und Preis erhärtet sich dann eine für die Unternehmensziele und Gewinnsituation optimale Kombination.

4.1 Preisdifferenzierung

Preisdifferenzierung bedeutet die Kunst, ein und dasselbe Produkt zu planmäßig unterschiedlichen Preisen zu verkaufen, und zwar zu dem jeweils für höchstmöglich gehaltenen, indem es sich in mindestens einer der Dimensionen Raum, Zeit, Leistung, Person oder Menge unterscheidet und dadurch kein neues Produkt entsteht. Der Unterschied zur Rabattierung liegt darin, dass bei dieser von einem einheitlichen Listenpreis ausgehend verschiedene Rabatte differenziert werden (Nettopreisbildung), während hier unterschiedliche Grundpreise vorliegen (Bruttopreisbildung).

Die Differenzierung kann sich auf eine gleiche Leistung zu unterschiedlichem Preis oder eine unterschiedliche Leistung zu gleichem Preis beziehen *(siehe Abbildung 12: Produkt-Preis-Kombinationen)*. Fraglich ist, ob unterschiedliche Preise aus unterschiedlichen Kosten differenzierter Produkte Preisdifferenzierung darstellen oder nicht, wenn also die Preisdifferenzen zwischen Produkten größer oder kleiner sind als die jeweils entsprechenden Kostendifferenzen.

Beispiele für Preisdifferenzierungen bietet die Deutsche Bahn AG. So gibt es als räumliche Preisdifferenzierung etwa das Loco-Preissystem, als zeitliche Preisdifferenzierung etwa das Guten Abend-Ticket, als persönliche Preisdifferenzierung etwa den Senioren-Pass oder das Twen-Ticket und als mengenorientierte Preisdifferenzierung etwa die BahnCard, das Großkundenabo oder die NetzCard. Zugleich wird dabei der Nachteil der Preisdifferenzierungen deutlich, nämlich die drastische Intransparenz des günstigsten Preises für eine gegebene Leistung.

Ein weiteres Beispiel für eine zeitliche Preisdifferenzierung sind die Tankstellenpreise für Markenkraftstoffe, die teils mehrmals im Tagesablauf verändert werden, nämlich zu Rushhour-Zeiten höher liegen als zu anderen Zeiten, die darüber hinaus im Wochenablauf verändert werden, nämlich am Wochenende höher liegen als zu anderen Zeiten, und im Jahreszeitenablauf verändert werden, nämlich zur Urlaubszeit oder an Feiertagen höher liegen als zu anderen Zeiten.

In diesem Zusammenhang spielt das „Framing" eine Rolle. Danach präferieren Kunden von mehreren Preisen eines Anbieters das mittelpreisige, also weder so billig als dass Qualitätszweifel aufkommen könnten, noch so teuer, als dass Übervorteilung zu befürchten wäre. Wenn nun durch differenzierte Preise die Anzahl der Preisangebote nach oben ausgeweitet wird, verschiebt sich diese Mitte in Richtung eines höheren Preises. Dadurch kann bei gleicher Nachfragemenge das Erlösniveau erhöht werden.

		Preis	
		einheitlich	differenziert
Produkt	einheitlich	Angebotsunifizierung	Preisdifferenzierung
Produkt	differenziert	Produktdifferenzierung	Angebotsdifferenzierung

Abbildung 12: Produkt-Preis-Kombination

4.1.1 Preisdifferenzierung 1. Grades

Bei der Preisdifferenzierung 1. Grades fordert der Anbieter von jedem Kunden einen individuellen Preis, wodurch idealerweise die gesamte Konsumentenrente abgeschöpft werden kann. Dies ist etwa im Segment of One-Marketing der Fall, wie es bei Dienstleistungen üblich ist. Dabei ist jedoch auch notwendigerweise die Leistungserstellung individuell (Produktdifferenzierung). Dies führt zu Verfahren der Preisbietung oder Preisverhandlung.

4.1.2 Preisdifferenzierung 2. Grades

Bei der Preisdifferenzierung 2. Grades wird die Nachfragerschaft in Segmente zerlegt, wobei je nach Zugehörigkeit ein segmentspezifischer Preis zugrunde gelegt wird. Allerdings können Nachfrager zwischen den Segmenten wählen (Self Selection Scheme). Es handelt sich um eine horizontale/deglomerative Differenzierung. Denkbare Kriterien sind leistungs- und mengenbezogene. Zu den **leistungsbezogenen** Kriterien gehören vor allem die beiden folgenden.

Die **Produktartenwahl** bezieht sich z.B. auf den Kauf bzw. Nichtkauf bestimmter Produktgruppen. So werden Cabrios naturgemäß von anderen Käufern bevorzugt als Jeeps oder Großraumlimousinen. Vergleichbare Unterschiede ergeben sich zwischen Rauchern von Light- oder Full Flavour-Zigaretten. Dazu müssen also differenzierte Produkte angeboten werden. Die **Verwendungsart** bezieht sich z.B. auf den Preisunterschied für Strom zwischen Licht-(Haushalts-) und Kraft-(Industrie-)Strom oder zwischen Dieselkraftstoff und Heizöl oder zwischen Streu-, Speise- und Viehsalz. Hierbei ist auf eine entsprechende Abschottung der Teilmärkte zu achten (wobei Viehsalz in der Herstellung teurer ist als Speisesalz, da Vitamine zugesetzt werden).

Zu den **mengenbezogenen** Kriterien gehört das **Produktvolumen.** Es bezieht sich z.B. auf das Kauf- und Verbrauchsvolumen. So werden Großpackungen vorwiegend von Intensivverwendern und Großverbrauchern, Kleinpackungen hingegen von Extensivverwendern gekauft. Größere Packungseinheiten suggerieren zumeist eine höhere Preisgünstigkeit, was jedoch bei ausreichender Nachfragerpräferenz nicht zwangsweise sein muss (z.B. 0,75 l-Flasche Champagner mit Preis/l von 16 € und 3 l Magnum-Flasche Champagner mit Preis/l von 50 €), zumal Gebindegrößen gesetzlich so zu wählen sind, dass Preise zu anderen Größen vergleichbar bleiben. Vielfach werden für den Preisvorteil von Nachfragern sogar Unbequemlichkeiten in Kauf genommen wie leichtere Verderblichkeit, größerer Transportaufwand oder höhere Verbrauchsintensität.

4.1.3 Preisdifferenzierung 3. Grades

Bei der Preisdifferenzierung 3. Grades wird die Nachfragerschaft in Segmente zerlegt, jedoch ist ein Wechsel zwischen den Segmenten nicht möglich. Es handelt sich um eine vertikale/agglomerative Differenzierung. Dies gelingt nur, wenn keine Arbitragemöglichkeiten bestehen oder diese mit derart hohen Kosten bewehrt sind, dass ein Wechsel unattraktiv erscheint. Denkbare Kriterien sind persönliche, räumliche und zeitliche (mehrdimensionale Preisdifferenzierung). Zu den **persönlichen** Kriterien gehören vor allem folgende.

Nach dem **Geschlecht** wird z.B. bei Krankenversicherungen differenziert, hier zahlen Frauen regelmäßig höhere Beiträge, denn sie konsultieren häufiger den Arzt. Das Gegenteil gilt für Kfz-Haftpflichtversicherungen, weil Frauen relativ weniger Unfälle verursachen als Männer.

Nach dem **Alter** wird z.B. bei vielen öffentlichen Einrichtungen differenziert. Das gilt sowohl für Seniorenangebote als auch für Jugendangebote. Dem liegen vor allem soziale Erwägungen zugrunde, um die bevorzugten Altersklassen zu fördern.

Nach dem **Familienstand** wird z.B. bei Steuertarifen differenziert. Dort gelten für Verheiratete niedrigere Steuersätze als für Alleinstehende (Splitting-Tarif), wobei wiederum moralische Erwägungen zur Förderung der Ehe als gesellschaftliche Stütze zugrunde liegen.

Nach der **Kinderzahl/Haushaltsgröße** wird z.B. bei Freizeiteinrichtungen differenziert (Sportclub, Fitnesscenter, Kino etc.), um die Attraktivität der Nutzung, meist durch Vorzugsangebote für Kinderreiche, zu steigern.

Nach der **Ausbildung** wird z.B. bei der Anschaffung studiennaher Gegenstände differenziert. Zu denken ist an Vorzugsangebote bei Computerkauf oder Zeitschriftenabonnement. Dahinter stehen die Gewöhnung an das Produkt und der wahrscheinliche Wiederholungskauf nach Berufseintritt.

Nach dem **Einkommen** wird z.B. im sozialen Wohnungsbau differenziert. Dort haben Bezieher niedrigerer Einkommen Zugriff auf besondere Wohnflächen, die durch staatliche Zuschüsse subventioniert werden.

Nach dem **Beruf** wird z.B. bei Beamten differenziert. Sie profitieren von günstigeren Tarifen etwa bei der Kfz-Haftpflichtversicherung, weil sie mutmaßlich vorsichtiger fahren und damit weniger Unfälle verursachen.

Zu den **räumlichen** Kriterien gehören vor allem folgende. Nach dem (intra-) **nationalen Wirtschaftsgebiet** wird z.B. bei der Haftpflichtversicherung differenziert, wo in Ballungszentren höhere Tarife verlangt werden als außerhalb, weil dort die Unfallneigung aufgrund der höheren Verkehrsdichte größer ist.

Nach dem **internationalen Wirtschaftsgebiet** wird z. B. von Automobilherstellern differenziert. Dabei liegen die Verkaufspreise in verschiedenen Ländern je nach Kaufkraft und Wettbewerbssituation unterschiedlich hoch (Dumping ist derjenige Spezialfall, bei dem Waren im Ausland unter ihrem vergleichbaren Inlandspreis angeboten werden).

Nach der **Wohnortgröße** wird z. B. von den Energieversorgern differenziert. Hier liegen die Konditionen in ländlichen Gebieten unter denen der Großstädte, weil dort die Kaufkraft geringer ist, ein lebenswichtiges Gut wie Energie sich aber jeder leisten können muss.

Die **Einkaufsstättenwahl** bezieht sich z. B. auf die Präferenz für bestimmte Betriebsformen des Handels oder einzelne Geschäftsstätten. Dabei kann zwischen Versorgungs- und Erlebnishandel unterschieden werden. Beim Ersteren steht deutlich das Preisinteresse im Vordergrund, beim letzteren die Leistungsqualität, wobei sich außerdem auch eine Trennung nach der Art der nachgefragten Produkte in Grund- und Zusatznutzen ergibt. Insofern besteht im Handel eine starke Tendenz in Richtung Erlebnishandel.

Zu den **zeitlichen** Kriterien gehören vor allem folgende. Der **Einkaufszeitpunkt** bezieht sich z. B. auf die Wahl der Vorsaison für Urlaubsreisen oder Subskriptionen bei Verlagsprodukten. Diese Form der Segmentierung wird weit verbreitet angewendet, so durch Verreisen in den Vor- oder Nachsaisons oder durch Einkauf auf dem Wochenmarkt kurz vor Abbau der Stände. Damit sind zwar zugleich gewisse Nachteile verbunden (z. B. weniger Auswahl), die jedoch von bestimmten Nachfragergruppen geringer gewichtet werden als die dadurch erzielbaren Preisvorteile.

Die Angebotsdifferenzierung kombiniert Preis- und Produktdifferenzierung. Beispiele sind der Senioren- oder Kinderteller in der Gastronomie (nach dem Alter), die Ladies Night in Discos (nach dem Geschlecht), der Beamtentarif bei Versicherungen (nach dem Beruf), die Kindergartengebühr (nach dem Einkommen), der Sonderpreis für Großabnehmer (nach der Menge), der Lokaltarif bei Zeitungen (nach dem Wohnort), der Familienpreis in Freizeitparks (nach dem Familienstand) etc. Differenzierungen sind oft sehr feinteilig. So erfolgt diese zwischen First Class, Business Class und Economy Class bei staatlichen Fluggesellschaften etwa nach den Kriterien Sitzabstand (in cm), Mahlzeiten, Unterhaltungsangebot, Servicestandards, Lounge (am Boden), Freigepäck (in kg), Check in-Priorität, Boarding-Priorität und Ausstiegs-Priorität. Aber auch bei Low Cost Carriers werden zunehmend Differenzierungen eingeführt, so durch die Kofferanlieferung nach Hause, Gourmet-Menü oder

Kinder-Menü nach Wahl, Hotspots am Flughafen, schnellere Pass-/Sicherheitskontrollen, Serviceclub, Duty Free-Shop an Bord, Schlafset (Kissen/Decke), Schmerz-/Schlaftabletten etc.

Beispiel:

Der Gleichgewichtspreis für ein Produkt an einem Markt beträgt 20 €. Zu diesem Preis werden 1.000 Einheiten abgesetzt bzw. nachgefragt. Es gibt am Markt jedoch Nachfrager, die bereit wären, zu höheren Preisen geringere Mengen abzunehmen, und zwar zu 22 € 800 Einheiten, zu 24 € 600 Einheiten, zu 26 € 400 Einheiten und zu 28 € 200 Einheiten. Diese kommen jedoch zum niedrigeren Marktpreis an das Produkt.

Der Umsatz am Markt beträgt 20.000 €. Gegeben sei ein Fixkostenblock von 10.000 € sowie variable Kosten von 8 €, so dass die Gesamtkosten 18.000 € betragen und ein Gewinn von 2.000 € verbleibt.

Es wird unterstellt, dass eine Preisdifferenzierung praktikabel ist und daraus 1 € zusätzliche Kosten je zusätzlich differenzierter Kategorie entstehen. Lohnt sich eine Preisdifferenzierung?

Zu 28 € können 200 Einheiten abgesetzt werden (Umsatz: 5.600 €), zu 26 € weitere 200 Einheiten (Umsatz: 5.200 €), zu 24 € 200 Einheiten (Umsatz: 4.800 €), zu 22 € 200 Einheiten (Umsatz: 4.400 €) und zu 20 € die restlichen 200 Einheiten (Umsatz: 4.000 €). In der Summe entstehen 24.000 € Umsatz (= + 20%).

An variablen Kosten entstehen zum Preis von 20 € unverändert 8 € (= 1.600 €), zu 22 € 9 € (= 1.800 €), zu 24 € 10 € (= 2.000 €), zu 26 € 11 € (= 2.200 €) und zu 28 € 12 € (= 2.400 €), zusammen also 10.000 €. Hinzu kommen die Fixkosten (10.000 €), so dass sich Gesamtkosten von 20.000 € ergeben, es verbleibt ein Gewinn von 4.000 € (= + 50%).

Die Preisdifferenzierung lohnt sich also trotz zusätzlicher Kosten.

Der Umsatz (und bei unveränderten Produkten damit auch der Gewinn) bei Preisdifferenzierung liegt erheblich höher als bei unifizierter Preissetzung. Dies wird erreicht, indem diejenigen Käufer, die bereit sind, einen höheren als den sich bei unifizierter Preissetzung ergebenden Gleichgewichtspreis zu zahlen, durch einen oder mehrere höhere Preise abgeschöpft werden. Denn die Konsumentenrente entspricht genau der Differenz zwischen der individuellen Preisbereitschaft und dem (niedrigeren) generellen Marktpreis. Der Grad der Abschöpfung hängt vom Ausmaß der Preisdifferenzierung ab. Eine vollständige Abschöpfung bedingt (rein theoretisch) eine unendliche Preisdifferenzierung, d.h., von jedem Kunden wird ein anderer Preis gefordert. Das andere Extrem ist die völlige Preisgabe der Konsumentenrente bei unifizierter Preissetzung, d.h., alle Kunden zahlen den gleichen (Einheits-)Preis. Dazwischen kann die Konsumentenrente umso vollständiger abgeschöpft werden, desto mehr differenzierte Preise am Markt durchgesetzt werden können.

Die Differenzierung kann ihrer Richtung nach durch künstliche Aufspaltung eines natürlichen Gesamtmarkts durch Einsatz von Marketinginstrumenten in Teilmärkte erfolgen, die dann zu unterschiedlichen Preisen bedient werden. Man spricht dabei von horizontaler, **deglomerativer** Preisdifferenzierung *(siehe Abbildung 13: Deglomerative/horizontale Preisdifferenzierung)*. Oder durch abweichende Preise auf originär gegebenen Einzelmärkten, die also bereits ohne Einsatz von Marketinginstrumenten so vorhanden sind. Man spricht dann von vertikaler, **agglomerativer** Preisdifferenzierung *(siehe Abbildung 14: Agglomerative/vertikale Preisdifferenzierung). In beiden Fällen ist eine Marktsegmentierung Voraussetzung dafür.*

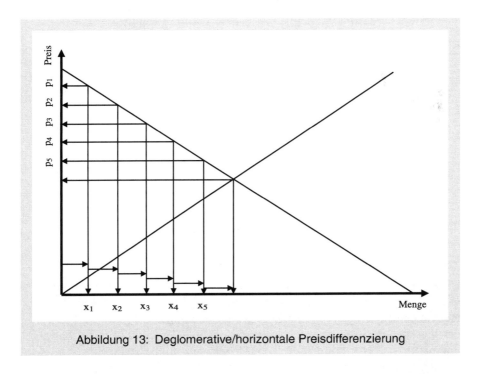

Abbildung 13: Deglomerative/horizontale Preisdifferenzierung

Eine einzige Preislinie (**Preisunifizierung**) als Gegensatz zur Preisdifferenzierung bedeutet, dass für verschiedene Produkte ein gleicher Preis gesetzt wird. Dies kommt überhaupt nur in Betracht, wenn eine homogene Kundschaft, ein hohes Preisbewusstsein, ein periodischer Bedarf, wenig Mitbewerber und anonyme Produkte gegeben sind. Beispiele finden sich im Handel bei Einheitspreisgeschäften (EHP wie Woolworth, Nickel or Dime, T€DI, Inferno), heute als Partievermarkter geführt.

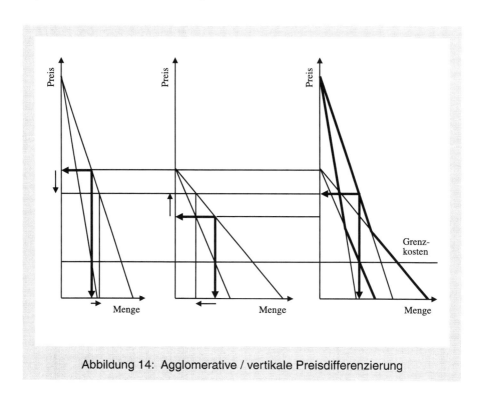

Abbildung 14: Agglomerative / vertikale Preisdifferenzierung

4.2 Marktsegmentierung

Unter Marktsegmentierung versteht man die Aufteilung eines Gesamtmarkts in hinsichtlich ihrer Marktreaktion intern weitgehend homogene und extern weitgehend heterogene Teilmärkte. Die größtmögliche Segmentzahl liegt bei der Gesamtzahl aller Nachfrager am Markt, die Untergrenze liegt bei zwei Teilmärkten. Das Optimum liegt zwischen der Mindestzahl von Marktsegmenten, die erforderlich ist, um in jedem Teilmarkt eine möglichst hohe Übereinstimmung von Anforderungs- und Leistungsprofil zu erreichen, sowie der Höchstzahl von Teilmärkten, die eine Realisierung bei vertretbaren Mehrkosten der Segmentierung gerade noch erlaubt. Theoretisch ist dies dort der

Fall, wo die Nachfrageelastizität der (mit Kosten bewerteten) Marketinginstrumente für jedes Segment gleich groß ist.

Für eine erfolgreiche Marktsegmentierung müssen kumulativ mindestens die folgenden **Voraussetzungen** erfüllt sein. Als Basis müssen Abweichungen des Angebots auf den verschiedenen Teilmärkten vorhanden sein, die objektiv so gegeben sind oder subjektiv von Nachfragern so empfunden werden (**Reaktion**). Der Gesamtmarkt muss sich in mindestens zwei Teilmärkte ohne Arbitrage aufteilen lassen, d. h., es müssen Marktunvollkommenheiten herrschen, damit keine Trittbrettfahrer- oder Austauschgeschäfte möglich sind (**Fencing**). Die Marktspaltung muss durchsetzbar sein (**Trennfähigkeit**). Dazu gehören eine unterschiedliche Reaktion der Nachfrager auf marketingpolitische Maßnahmen und eine abweichende Konkurrenzsituation. Die Differenzierung muss **ökonomisch** sinnvoll sein, d. h., die Kosten der Aufspaltung des Gesamtmarkts in Segmente dürfen nicht die zusätzlichen Erlöse aus einer damit verbundenen Preisdifferenzierung egalisieren. Die einzelnen Segmente müssen erreichbar sein, damit die Segmentierung am Markt überhaupt greifen kann (**Zugänglichkeit**).

Bei der Marktparzellierung geht es erweiternd darum, welcher Markt durch ein Unternehmen bearbeitet werden soll und ob ein Unternehmen in diesen gewünschten Teilmarkt tatsächlich eintreten kann oder aus einem vorhandenen Teilmarkt zur Übertragung der Ressourcen austreten kann. Dies ist nicht selbstverständlich, denn es bestehen sowohl Markteintrittsschranken für migrierende Anbieter als auch Marktaustrittsschranken für residente Anbieter. **Markteintrittsschranken** werden etwa gebildet durch erforderliche Mindestinvestitionsvolumina, notwendige Betriebsgrößenvorteile, marktgewünschte Programmbreite, restringierende Käuferloyalität, hohe Umstellungskosten, Standortlimitationen, fehlenden Zugang zu Vertriebskanälen, hoheitliche Beschränkungen oder das Vorhandensein Gewerblicher Schutzrechte. **Marktaustrittsschranken** werden etwa gebildet durch technisch-wirtschaftliche, gesellschaftlich-institutionelle und sozial-emotionale Restriktionen, remanente Kosten, drohende Konventionalstrafen, abfolgende Imageprobleme oder zu vereinbarende Sozialleistungen.

4.3 Markterwartungen

4.3.1 Diagnose

Wesentliches Instrument der Diagnose ist das Experiment. Es soll Ursache-Wirkungs-Beziehungen aufdecken. Jedes Experiment hat fünf Variable: die **Testelemente** (an denen gemessen werden soll, z. B. Produkte), die **unabhängige Variable** (deren Einfluss gemessen werden soll, hier der Preis), die **abhängige Variable** (deren Wirkung gemessen werden soll, z. B. Absatz), **kon-**

trollierte Variable (die Einfluss auf das Ergebnis nehmen, jedoch konstant gehalten werden können, z. B. Werbung) und **Störgrößen** (die ebenfalls Einfluss nehmen, jedoch nicht konstant gehalten werden können, z. B. Konkurrenzaktionen).

Die Vorgehensweise kann als Feldexperimente (in natürlicher Umgebung) oder Laborexperimente (im Studio) sowie als Simultanexperimente (mit testbegleitender Veränderung) und Sukzessivexperimente (mit nachträglicher Ableitung von Abhängigkeiten) erfolgen.

Informale Experimente betrachten nur einen Faktor, den der Zeit. Dabei lassen sich verschiedene Anlagen unterscheiden: solche nur mit einer Experimentalgruppe (E), welche dem Preiseffekt ausgesetzt ist, oder solche mit sowohl Experimental- als auch Kontrollgruppe (C), welche dem Preiseffekt nicht ausgesetzt ist, sowie solche mit Messung nur nach dem Einsatz des Experimentalfaktors (A für afterwards) oder sowohl vor (B für before) als auch nach dessen Einsatz. Entsprechend entstehen verschiedene Testdesigns (z. B. EBA, EA-CA, EB-CA, EA-CA, EBA-CBA). Informale Experimente sind allerdings durch verschiedene Verzerrungseffekte in ihrer Aussagefähigkeit gefährdet.

Formale Experimente wollen daher nicht nur einen Faktor, sondern mehrere/alle Einflussfaktoren in das Design einbeziehen und ausweisen. Dadurch entstehen faktorielle Testdesigns, die allerdings rasch ausufernd viele Kombinationen ergeben, so dass in der Praxis häufig fraktionelle Testdesigns eingesetzt werden, die in der Zahl ihrer Kombinationen reduziert sind, dafür aber auch keine Interaktionseffekte ausweisen.

Experimente sind allgemein angelegt als Kausalexperimente, Vergleichsexperimente, Suchexperimente oder **Messexperimente.** Letztere werden auch (Markt-)Tests genannt.

Solche **Markttests** können als regionale Testmärkte oder Testmarktersatzverfahren angelegt sein. **Regionale Testmärkte** beinhalten den probeweisen Verkauf auf einem räumlich abgegrenzten Markt mit dem Ziel der Gewinnung von Erkenntnissen über die mutmaßliche Marktgängigkeit eines Produkts bzw. die Wirksamkeit von Preismaßnahmen vor deren großflächiger Einführung. Regionale Testmärkte stoßen aufgrund ihrer restriktiven Voraussetzungen (Isomorphiebedingung) jedoch rasch an reale Grenzen. Daher werden zunehmend **Testmarktersatzverfahren** eingesetzt.

Bei diesen handelt es sich um die **Testmarktsimulation** (mehrstufige Durchführung im Studio), den **Storetest** (in realer Umgebung, aber nur mit Betrachtung der Abverkaufsseite), den **Mini-Markttest** (in realer Umgebung mit Betrachtung sowohl der Abverkaufs- als auch der Nachfrageseite) und den **Mikromarkttest** (mit elektronischer Unterstützung auf einem isolierten realen Markt/Haßloch).

Eine Sonderform der Erhebung ist die **Kohortenanalyse.** Deren häufigste Form wiederum ist die Panelerhebung. Darunter versteht man die Erhebung bei einem bestimmten, gleich bleibenden Kreis von Untersuchungseinheiten in regelmäßigen, zeitlichen Abständen zum selben Thema. Panelerhebungen finden neben Spezialpanels vor allem bei Verbrauchern (Einzelperson/Haushalt) und Händlern statt, bei beiden zunehmend durch computergestützte Hilfsmittel (Scanner).

Verbraucherpanels bieten Herstellern eine Transparenz über Kauf- und Konsumgewohnheiten auf der Endabnehmerstufe. Ergebnisverzerrungen entstehen vor allem durch die Panelsterblichkeit, die Panelroutine und Paneleffekte (Over-/Underreporting). Dabei kann der Preiseffekt als wesentlicher Entscheidungsfaktor im Zeitablauf beobachtet werden.

Händlerpanels bieten Herstellern eine Transparenz im Absatzkanal und sind daher ein eminent wichtiges Controllinginstrument. Ergebnisverzerrungen entstehen hier allerdings vor allem durch eine mangelnde Marktabdeckung.

4.3.2 Prognose

Ziel ist die Ableitung von Maßnahmenempfehlungen aus diesen Tests, die zukünftig tragfähig sind. Dies führt zu Absatzprognosen als systematische und auf Empirie begründete Vorhersagen über das zukünftige Eintreffen von Situationen am Markt. Prognosen können nach vielfältigen Kriterien eingeteilt werden. Vor allem können qualitative (intuitive) und quantitative (systematische) Prognoseverfahren unterschieden werden. Zu den **qualitativen** Prognoseverfahren gehören folgende.

Die **prognostische Befragung** erfolgt meist unter Experten, also Geschäftsleitungsmitgliedern, Mitarbeitern, Wissenschaftlern etc. Sie unterliegt allerdings zahlreichen subjektiven Verzerrungen und ist erheblich von Intentionen und Auswahl der Teilnehmer abhängig.

Die **Delphi-Methode** ist eine schriftliche Befragung mehrerer Informanten, die untereinander anonym bleiben, selbst nach Abschluss des Verfahrens. Die Abfrage erfolgt durch Fragebögen mit geschlossenen Fragen in mehreren aufeinander folgenden Runden. Befragt werden 20–100 Experten. Die Koordination erfolgt durch einen Moderator. Nach jeder Runde werden allen Teilnehmern die zurückgeflossenen Ergebnisse der Vorrunde mitgeteilt und sie aufgefordert, ihre eigene Einschätzung gemäß dem neuen, nunmehr verbesserten Informationsstand zu überprüfen bzw. zu korrigieren. Nach drei bis vier Runden konvergieren die Einzelstellungnahmen im Allgemeinen so zu einem gemeinsamen Prognoseergebnis.

Die **Szenario-Technik** ermittelt alle denkbaren Entwicklungen und Einflussgrößen auf dem Prognosegebiet und projiziert diese in die Zukunft. Auf Basis in sich konsistenter Annahmebündel über die Zukunft entstehen so anschauliche Szenarien (meist als Best Case- bzw. Worst Case-Szenarien). Diese werden vor allem auf mögliche Störereignisse hin untersucht, die zu Strukturbrüchen führen können, welche das Prognoseergebnis fundamental verändern. Auf Basis dieser Ergebnisse werden praktische Handlungsanweisungen (oft in Form von Eventualplänen) ausgearbeitet, um die prospektive Situation bestmöglich meistern zu können.

Auf einfacherer Ebene gibt es außerdem die **Analogieschätzung.** Dabei wird die zukünftige Entwicklung aus einer als analog angesehenen anderen, vergangenen Situation abgeleitet.

Ziel der **Hochrechnung** ist die Projektion von gegebenen Daten auf Ergebnisse, über die Aussagen getroffen werden sollen. Dazu sind verschiedene Ansätze tauglich. Jeder Prognose sind jedoch enge Grenzen hinsichtlich ihrer Aussagefähigkeit gesetzt, so dass deren Tragfähigkeit nicht überschätzt werden darf.

Daten, über die Aussagen getroffen werden sollen, betreffen vor allem die Marktkapazität (theoretische Obergrenze des Markts), das Marktpotenzial (realistische Obergrenze), das Marktvolumen (aktuelle Marktgröße nach Wert), das Absatz-/Umsatzpotenzial (realistische Obergrenze der eigenen Bedeutung am Markt) und das Absatz-/Umsatzvolumen (aktuelle Bedeutung am Markt). Daraus lassen sich Maßzahlen in Form von Marktanteil, Marktsättigung, Marktdurchdringung und Marktausschöpfung ableiten.

Jede Preisdifferenzierung ist nur so gut wie die Abschottung zwischen den Marktsegmenten. Gelingt es nicht, Segmente mit geringer Preisbereitschaft und abgestrippten Produkten von Segmenten mit höherer Preisbereitschaft und aufgestylten Produkten abzutrennen („Fencing"), bricht jede Preisdifferenzierung zusammen. Denn die sparsameren Segmente mit niedrigerem zugewiesenen Preis werden die besseren Angebote mit höherem zugewiesenen Preis nutzen, wodurch diese für die eigentlich gedachte ausgabefreudigere Zielgruppe unattraktiv werden.

Es gibt einen generellen Trend in der Marktbearbeitung weg davon. alle Nachfrager „über einen Kamm zu scheren", hin zu einer kunden- bzw. interessentenindividuellen Ausrichtung. Bis hin dazu, dass jeder Nachfrager sein eigenes Marktsegment bildet (Segment of One). Dies gilt für alle Marktbearbeitungsinstrumente und so auch für den Preis. Dabei ist freilich eine Abwägung vorzunehmen zwischen den mit einer solchen Differenzierung wohl unvermeidlich verbundenen organisatorischen Mehrkosten und dem daraus resultierenden Gewinnzuwachs. Folglich kann die Spannbreite zwischen einem einheitlichen Preis für alle potenziellen Kunden und spezifischen Preisen für jeden einzelnen der potenziellen Kunden liegen sowie dazwischen bei einer mehr oder minder großen Anzahl von Marktsegmenten.

5. Preis-Leistungs-Bereitschaften abgreifen durch dynamische Preisbildung

Bislang wurde implizit von einer statischen Preisbildung ausgegangen, d. h. der Anbieter setzt einen Preis für sein Produkt fest und überlässt es der Nachfrage, diesen zu akzeptieren oder nicht. Dies bietet eine feste Planungsbasis für beide Seiten. Jedoch entwickeln sich die Zeiten zunehmend volatil, so dass aus dieser Starre häufig vergebene Chancen für beide Seiten resultieren. Insofern ist verbreitet eine dynamische Preisbildung zu beobachten. Dabei bildet sich ein Preis erst im Zuge des Abgleichs von Angebot und Nachfrage, steht also nicht im Vorhinein fest, sondern ist flexibles Entdeckungsergebnis. Eine solche dynamische Preisbildung kommt durch mehr oder minder formelle Marktveranstaltungen zustande.

Marktveranstaltungen bringen immer in organisierter (also durch einen Veranstalter geleiteter) oder aber in freier (informeller) Weise Angebot und Nachfrage zusammen. Dabei kann die Initiative von der Angebotsseite des Markts ausgehen, dann handelt es sich in realer Form um Versteigerungen oder Einschreibungen als offene oder verdeckte Nachfragekonkurrenz, oder von der Nachfrageseite des Markts, dann handelt es sich um Lizitationen oder Ausschreibungen als offene oder verdeckte Anbieterkonkurrenz.

Zunehmend finden solche Marktveranstaltungen jedoch in virtueller Form statt. Je nachdem, ob nur eine Marktseite aktiv wird oder beide, handelt es sich dann um Auktionen verschiedener Art oder um Börsen.

Der wesentliche Anreiz dynamischer Preisbildung liegt für Anbieter in der besseren Abschöpfung der Konsumentenrente und für Nachfrager im Einfahren einer Produzentenrente, also der Gewinnsteigerung bzw. Kostenersparnis.

5.1 Reale Marktveranstaltungen

Die Preisbildung auf Marktveranstaltungen erfolgt real in mehreren Formen von Abschlussmärkten (außer Messen), vor allem Versteigerung und Einschreibung bei Nachfragerkonkurrenz sowie Lizitation und Submission bei Anbieterkonkurrenz *(siehe Abbildung 15: Marktveranstaltungen)*.

5.1.1 Versteigerung

Die Versteigerung ist ein öffentliches Bieteverfahren mit Zuschlag für das Höchstgebot und Barzahlungspflicht für physisch vorhandene Güter, die nicht standardisierbar sind (§ 156 BGB). Die Preisgebote der Nachfrager gehen von unten nach oben. Stellt der Anbieter hingegen eine Preisforderung, geht diese von oben nach unten (Veiling). Es handelt sich damit um die Organisation eines Marktes für ein bestimmtes Angebot durch Anziehung einer Mehrzahl von Kaufinteressenten zu einem bestimmten Zeitpunkt an einem bestimmten Ort. Die Präsenz der Auktionsobjekte am Ort bzw. in dessen Nähe ist gegeben. Deren Inaugenscheinnahme durch den Kaufinteressenten kann erfolgen. Die Abgabe von Preisgeboten vollzieht sich durch verschiedene Kaufinteressenten, wobei eine Tendenz zum gegenseitigen Überbieten ausgelöst wird. Den Zuschlag erhält jeweils das Höchstgebot bzw. die Höchstannahme. Auktionen sind zu bevorzugen, wenn es auf sicheren und schnellen Absatz ankommt, für den sich ein adäquater Preis erst noch bilden muss, wie dies bei nicht fungiblen Waren gegeben ist. Die Verkäufer ordnen dem ihr Preisinteresse unter, worin wiederum die Attraktivität für potenzielle Käufer liegt.

	offene Gebotsabgabe	verdeckte Gebotsabgabe
Nachfragerkonkurrenz	Versteigerung	Einschreibung
Anbieterkonkurrenz	Lizitation	Ausschreibung

Abbildung 15: Marktveranstaltungen

Versteigerungen nehmen damit mehrere Funktionen wahr:
- die Koordinationsfunktion besagt, dass Auktionen markträumende Preise ermitteln, die das Angebot und die Nachfrage so koordinieren, dass alle Produkte abgesetzt werden,
- die Preisbildungsfunktion besagt, dass Auktionen auch für kaum oder selten gehandelte Güter wie Antiquitäten Preise ermitteln können, ohne auf Schätzungen zurückgreifen zu müssen,
- die Allokationsfunktion besagt, dass Auktionen auch als Zuweisungsmechanismus für schwer zu vermarktende Produkte wie Restplätze auf einem Linienflug dienen können,
- die Distributionsfunktion besagt, dass Auktionen geeignet sind, eine große Zahl von Bietern anzuziehen und damit einen separaten Absatzkanal darstellen, der zum Teil neue Kundenschichten erreicht.

Vorteile des Verkäufers sind die Konzentration der Nachfrage, ein großer Umsatz in kurzer Zeit, ein besserer Preis durch gegenseitiges Überbieten und die Einschaltmöglichkeit von Absatzhelfern. Nachteile des Verkäufers sind der Preisdruck bei geringer Nachfrage und ein schwieriger Absatz bei geringer Qualität der Lose. Vorteile der Käufer sind der gute Überblick über die Marktlage, bei Überangebot ein günstiger Einkauf auch kleiner Mengen und die vorherige Besichtigungsmöglichkeit. Nachteile der Käufer sind der oft zu hohe Preis durch Überbieten sowie die meist erforderliche Übernahme der Makelungsgebühren und Lagerspesen.

5.1.2 Einschreibung

Bei der Einschreibung geben potenzielle Käufer nach öffentlich verbreiteter Ankündigung ihr Gebot für jedes Einzelobjekt/-los bis zu einem bestimmten Zeitpunkt schriftlich in einem verschlossenen Umschlag beim Anbieter ab. Es handelt sich also um eine verdeckte Bieterkonkurrenz. Dadurch sollen Preisabsprachen (Ringbildung) verhindert werden. Den Zuschlag erhält der am höchsten bietende Nachfrager. Die Höhe der Gebote aller Nachfrager ist nur dem Auktionator bekannt, der die Angebote erst nach Ablauf der Bieterfrist öffnet. Ein nachträgliches Überbieten ist nicht möglich. Es besteht kein Zwang zur Angebotsannahme gegenüber Kaufwilligen. Vorteile des Verkäufers sind die Meidung eines zu starken Preisdrucks bei geringer Nachfrage, durch die fehlende Teilung in Lose auch der Mitverkauf von Nebenware und die Möglichkeit, ein Angebot abzulehnen. Nachteile des Verkäufers sind die Gefahr der Absprache unter den Käufern und die Unmöglichkeit eines nachträglichen Überbietens. Vorteile des Käufers sind die Präsenz nur weniger Großabnehmer bei überschaubarer Konkurrenz. Nachteile des Käufers sind die Unsicherheit, wie hoch die Konkurrenz bietet, somit die Notwendigkeit eines hohen Gebots, wenn die Ware gebraucht wird und der begrenzte Abnehmerkreis mangels Losteilung.

Beim **Tender** geben Nachfrager ihre Annahme eines Angebots zu fest stehenden Konditionen ab und erhalten den Zuschlag in der zeitlichen Reihenfolge deren Abgabe. Man spricht hier auch oft von einer Vergabe im Windhundverfahren (First come, first served). Meist werden dazu Kaufbegehren gesammelt, bis die Tendergrenze erreicht ist. Dabei kommt es je nach Attraktivität des Angebots zu Überzeichnungen. Überschüssige Nachfrage wird dann nicht mehr akzeptiert, Angebot für fehlende Nachfrage wird beim Anbieter „geparkt". Bei Repartierungen wird das Angebot hingegen gemäß der überschüssigen, insgesamt angemeldeten Nachfrage anteilig zugeteilt.

Beim **Bookbuilding** wird zunächst eine Preisspanne angegeben, innerhalb derer ein Anbieter bereit ist, einen Abschluss zu tätigen. Je nach der Reaktion der Nachfrager wird dann der tatsächliche Abschlusspreis eher am oberen Ende dieser Spanne (Verkäufermarktsituation) oder eher an deren unterem Ende (Käufermarktsituation) vereinbart. Auf diese Weise kann man sich an die Marktverhältnisse herantasten (wird z. B. bei Aktienemissionen/IPO angewendet, wenn ein adäquater Marktpreis erst noch gefunden werden muss).

5.1.3 Lizitation

Die Lizitation ist eine offene Bieterkonkurrenz, bei der sich Anbieter einem Nachfrager gegenüber im Preis ihrer Leistung gegenseitig solange unterbieten, bis der Anbieter mit dem niedrigsten Preis den Zuschlag erhält. Voraussetzung ist hier eine extreme Käufermarktsituation, d. h. hoher Angebotsüberschuss. Da dies für entwickelte Volkswirtschaften eher untypisch ist, kommt die Lizitation recht selten vor (z. B. in der Schiffsraumvercharterung).

5.1.4 Submission

Die Submission (Ausschreibung) ist eine von einem Nachfrager (Submissionar) zum Zwecke eines Vertragsabschlusses an potenzielle Anbieter (Submittenten) gerichtete Aufforderung, für bestimmte, durch eine Beschreibung präzisierte Leistungen schriftliche Angebote abzugeben. Diese werden unter Einhaltung genauer Verfahrensregeln geöffnet, wobei das unter Einbeziehung aller Umstände günstigste Angebot den Zuschlag erhält. Eine Nachbesserungsmöglichkeit besteht dabei nicht. Ein von dem vorgelegten Lastenheft abweichendes Angebot kann nur zusätzlich abgegeben werden. Ein Gebot kann vor Ausschlussende zurückgezogen und gegen ein neues Gebot getauscht werden, ein Rückzug nach Ausschlussende ist hingegen nicht möglich.

Dieses rivalisierende Bewerben von einer Mehrzahl von Anbietern um den Auftrag eines Nachfragers ist typisch für die Beschaffung der Öffentlichen Hand, um die Auftragsvergabe möglichst kostengünstig und präferenzfrei zu gestalten. Problematisch sind die Gefahr informeller oder auch organisierter (verbotener) Absprachen der Anbieter und die Einschränkung deren Dispositionsfreiheit bis zum Ende der Zuschlagsfrist, bis zu dem sie an ihr Angebot gebunden sind.

5.2 Virtuelle Marktveranstaltungen

Virtuelle Marktveranstaltungen agieren im Einzelnen in Form von Auktionen und Börsen (ohne Elektronische Kataloge).

5.2.1 Auktionen

Bei elektronischen Auktionen handelt es sich um Plattformen zur Versteigerung von Produkten auf Basis einer dynamischen, also aus der Interaktion von Nachfrager und Anbieter resultierenden, Preisfindung, die abhängig von der konkreten Form ist:

- **Traditionelle** (englische) Auktionen verfahren im Internet analog zu Offline-Marktveranstaltungen, d.h. der Anbieter nennt einen von ihm gewünschten Mindestpreis für ein Produkt und fordert potenzielle Nachfrager auf, dafür ihre individuellen Preisgebote zu nennen, wobei der Nachfrager mit dem höchsten Preisgebot den Zuschlag erhält.
- **Holländische** Auktionen verfahren im Internet analog zum Veiling bei Offline-Marktveranstaltungen, d.h. der Anbieter gibt einen Höchstpreis vor, der, falls kein Nachfrager diesen zu akzeptieren bereit ist, sukzessiv soweit gesenkt wird, bis der/die Nachfrager mit der höchsten Preisbereitschaft das Angebot abgenommen hat/haben.
- **Inverse** Auktionen verfahren im Internet analog zur Ausschreibung bei Offline-Marktveranstaltungen, d.h. Anbieter unterbieten sich gegenseitig gegenüber Nachfragern in ihrer Preisforderung solange, bis der Anbieter mit der niedrigsten Preisforderung durch einen/mehrere Nachfrager den Zuschlag erhält.
- **Vickrey**-Auktionen verfahren derart, dass zwar nach geheimer Auktionierung verfahren wird, der Zuschlag jedoch an den höchstbietenden Nachfrager zum Preis des zweithöchsten Gebots vergeben wird (Zweitpreisauktion). Das Gebot kann nachträglich nicht mehr verändert werden. Eine verwandte Form ist die ebay-Auktion. Dabei wird vom Bieter ein individueller Höchstpreis (Reservationspreis) vorgegeben, bis zu dem ein Bietassistent automatisch mit festem Inkrement Bietungen zum Höchstgebot abgibt. Die Preisobergrenze bleibt zwar verdeckt, kann jedoch beliebig im Zuge des Auktionsablaufs verändert werden.
- **Sonderformen** von Auktionen sind vor allem im Internet verbreitet: Scratch-Auktionen (verdecktes Veiling) starten mit einem Höchstpreis. Der Preis sinkt verdeckt, jeder Bieter kann jedoch durch Zahlung einer Scratch-Gebühr (Credit) den aktuellen Preis sehen und sich zum Kauf entschließen, dann ist die Auktion beendet. Wird nicht gekauft, verfällt die Scratch-Gebühr zugunsten des Anbieters, der Preis sinkt weiter und ein anderer Bieter kann diesen einsehen. Dadurch können Nachfrager sehr niedrige Endpreise realisieren, bei zugleich hohen Einnahmen für den Verkäufer (z.B. Hammerdeal.de).

Bei Niedrigstpreis-Auktionen erhält das niedrigste, nur einmal abgegebene Gebot den Zuschlag. Für die Gebotsabgaben müssen die Bietbeträge eingezahlt werden, die im Misserfolgsfall nicht erstattet werden. Es gibt keinen Startpreis, die Bietdauer ist begrenzt.

Bei amerikanischen (Höchstpreis-)Auktionen zahlt jeder Bieter nur die Differenz zwischen dem alten und seinem neuen Gebot. Der Verkäufer erhält dadurch kumuliert den vollen Kaufpreis von mehreren Bietern, der letzte Bieter erhält den vollen Wert gegen Einzahlung nur seines Inkrements (z. B. Swoopo.de).

Bei japanischen Auktionen sind die Bietschritte zudem fest vorgegeben. Andere Auktionsformen haben Glückspielcharakter und sind in Deutschland verboten.

Der Auktionsprozess verläuft jeweils gleichartig. Zunächst lassen sich alle Teilnehmer registrieren, bevor die eigentliche Auktion aufgesetzt wird. Dann beginnt das Versteigerungsprocedere mit der Bewertung der Gebote. Danach erfolgt der Geschäftsabschluss nach den in der Auktionsform festgelegten Regeln. Dabei sind beide Seiten rechtlich an ihre Anträge und Annahmen gebunden. Die Zahlung erfolgt dann entweder traditionell offline, also gegen Vorkasse, per Nachnahme, per Lastschrift, durch Kreditkarte etc., oder online, also durch Cyber Coins (im Voraus), Paybox (Zug-um-Zug), SSL-Kreditkarte (im Nachhinein) etc.

5.2.2 Börse

Bei elektronischen Börsen handelt es sich um von Intermediären organisierte Marktplätze, die potenzielle Anbieter und potenzielle Nachfrager attrahieren und damit, analog zu Maklern, Abschlüsse anbahnen, an denen sie durch Vermittlungsprovision partizipieren. Der Intermediär (häufig Händler, Software-Anbieter o. Ä.) fungiert als Sammelstelle oder auch als Zwischenhändler, wobei die Preisfindung in der Regel dynamisch von der Relation von Angebot und Nachfrage abhängt. Ausnahmsweise kann auch eine statische Preisfindung durch Kataloge gegeben sein, in die sich sowohl Anbieter wie Nachfrager einloggen.

Formen der dynamischen Preisbildung halten auch in private Lebensbereiche Einzug, von denen dies bis vor kurzem noch undenkbar war. Dynamische Preisbildungen sind also keineswegs mehr exotisch, dazu nur zwei Beispiele:

- So werden häufig Immobilien versteigert, wobei es sich nicht um die hinlänglich bekannten Zwangsversteigerungen handelt, sondern um „freiwillige" Versteigerungen, die den im gegebenen Kontext erreichbaren Höchstpreis erzielen sollen.
- Zu den wenigen erfolgreichen Geschäftsmodellen im Internet gehört Ebay, das im Wesentlichen auf der Versteigerung von neuen oder ge-

brauchten Gebrauchsgütern basiert und eine innovative Form deren Vermarktung darstellt.

Die Grundüberlegungen zur Preisbildung umfassen vor allem die Elemente der Bestimmung des Preiniveaus, der Gestaltung des Nutzengegenwerts, der Preisorientierung am Wettbewerb, der Marktsegmentierung durch Preisbildung und der dynamischen Preisbietung. Diese Elemente sind konstitutiv für preispolitische Aktivitäten. Es ist erstaunlich, dass immer wieder ganz andere Größen dafür herangezogen werden. Wer hier geschickt vorgeht, kann seinem Unternehmen entscheidende Wettbewerbsvorteile verschaffen und die Gewinnsituation nachhaltiger verbessern als bei vielen anderen Ansatzpunkten im Betrieb.

II. Sektorale Ausprägungen der Preisbildung

Naturgemäß gibt es in Abhängigkeit von marktspezifischen Gegebenheiten durchaus abweichende Aspekte in der Preisbildung. Je nachdem, um welchem Sektor es geht, wird der eine oder andere dieser Aspekte relevant sein. Den gesamtwirtschaftlich mit weitem Abstand größten Sektor bilden Dienstleistungen. Ihre Bepreisung ist aus verschiedenen Gründen nennenswerten Besonderheiten unterworfen (Kapitel 6).

Auch in Nonprofit-Organisationen gibt es Preise, nur dass diese oft, verbrämt, anders bezeichnet werden. Für ihre Gestaltung sind weniger betriebswirtschaftliche als vielmehr außerökonomische Maßstäbe gültig (Kapitel 7).

Verbreitet findet die Preisgestaltung gegenüber gewerblichen und erst recht privaten Endabnehmern nicht durch den Hersteller einer Ware oder Dienstleistung statt, sondern durch zwischengeschaltete Absatzmittler auf der Handelsstufe. Aufgrund des gegenüber der Herstellerstufe gänzlich anderen Geschäftsmodells finden auch abweichende Parameter zur Preisbildung Anwendung (Kapitel 8).

Kaum ein Unternehmen, auch im Mittelstand, kann es sich mehr leisten, rein oder auch nur überwiegend national tätig zu sein. Im internationalen Kontext stellen sich jedoch vielfältige Herausforderungen an das Preismanagement, die durch ein mehr oder minder andersartiges Vermarktungsumfeld bedingt sind (Kapitel 9).

Schließlich wird die Preisgestaltung im Rahmen des Firmenkundengeschäfts beleuchtet. Auch hierbei ergeben sich aufgrund des spezifischen Zeit- (Episoden und Transaktionsperiode) und Organisationsdesigns (beteiligte Stellen und Personen) vielfältige Besonderheiten (Kapitel 10).

6. Dienstleistungsgesellschaft: Das Preismanagement bei Services

Zwischenzeitlich realisieren Services den weitaus größten Teil des Bruttoinlandsprodukts. Man spricht geradezu von einem „Marsch in die Dienstleistungsgesellschaft". Dabei gehört Deutschland sogar eher zu den Nachzüglern dieser Entwicklung, was vielfältige politische und kulturelle Ursachen hat. Wie dem auch sei, problematisch ist, dass Dienstleistungen zahlreiche Besonderheiten gegenüber Sachleistungen aufweisen, die eine einfache Übertragung bewährter Erkenntnisse aus dem Sachleistungs-Preismanagement nicht zulassen. Auf dieses sind jedoch die Erkenntnisse weit verbreitet ausgerichtet. Besonderheiten resultieren vor allem aus der konstitutiven Immaterialität und Kundenintegration von Dienstleistungen.

Dies hat zahlreiche betriebswirtschaftliche, vor allem produktions- und kostenbezogene Konsequenzen, die zu beachten sind. So folgt aus der verbreiteten Fixkostenlastigkeit der Dienstleistungserstellung der Wunsch, dem mehr oder minder fixe, also nachfrageunabhängige Preisbestandteile gegenüber zu stellen. Dieses Bestreben kommt in Preisbaukästen zum Ausdruck. Dabei wird der Preis nicht „komplett" dargestellt, sondern setzt sich aus fixen und variablen Bestandteilen zusammen, die je nach Inanspruchnahme zu unterschiedlichen Komplettpreisen führen.

Häufig werden auch Dienstleistungen nicht isoliert, sondern verschieden verbunden angeboten und sind entsprechend zu bepreisen. Dann handelt es sich um Preisbaukästen. Eine Besonderheit bei Dienstleistungen stellt das Yield Management dar.

6.1 Charakteristika von Services

6.1.1 Immaterialität

Allen Dienstleistungen sind ihre Immaterialität und ihre Notwendigkeit zur Kundenintegration als kennzeichnende Merkmale gemein. Das Merkmal der Immaterialität ergibt sich aus der Nichtfassbarkeit (**Intangibilität**) von Dienstleistungen. Dies wirkt insofern erschwerend, als eine Honorierung meist durch Tangibilisierung der Leistung vereinfacht wird, sie wird dadurch kundenwahrnehmbar und „anfassbar" (z. B. Blick in die Autowerkstatt). Denn Kunden sind normalerweise nur für das zu zahlen bereit, was für sie nachweisbar erlebbar ist. Ist dies nicht möglich, sind Surrogate zu schaffen, die stellvertretend für die intangible Leistung wahrnehmbar sind (z. B. gefaltetes Toilettenpapierblatt im Hotelzimmer als Indikator für die „unsichtbar" erfolgte Badreinigung). Daraus folgt dann auch eine Preisbereitschaft. Für diese Tangibilisierung bieten sich neben der physischen Umgebung des Anbieters auch die Arbeitsmittel (z. B. durch Aufdruck), die Mitarbeiter (z. B. durch Firmenkleidung) oder der Externe Faktor (z. B. Tragetasche im Handel) an.

Als weitere Konsequenz aus der Immaterialität folgen die Nichtlagerfähigkeit (Zeitdisparität zwischen Angebot und Nachfrage) und die Nichttransportfähigkeit von Dienstleistungen (Raumdisparität zwischen Angebot und Nachfrage). Marktfähige Leistungen können nur dort und dann erbracht werden, wo und wann interne Produktionsfaktoren (Betriebsmittel, Personal, Werkstoffe) und Externer Faktor (Kunde bzw. Kundenobjekt) zusammentreffen. Lagerung und/oder Transport immaterieller Leistungen sind (weitgehend) ausgeschlossen. Aus der **Nichtlagerfähigkeit** ergibt sich unmittelbar das Problem der stetigen Kapazitätsvorhaltung interner Faktoren. Ist diese nicht möglich oder wirtschaftlich nicht vertretbar, müssen zur Gestaltung der Dienstleistungsverfügbarkeit zeitliche Friktionen bei den internen Faktoren (durch Pausenzeiten) oder beim Externen Faktor (durch Wartezeiten) überbrückt oder gemeinsame Zeitfenster für beide geschaffen werden. Pausenzeiten implizieren aber eine Leerkostenproblematik, Wartezeiten bedeuten die Gefahr der Kundenunzufriedenheit. Aufgrund der typischerweise hohen Fixkostenlastigkeit der Dienstleistungsproduktion bedeuten ungedeckte Fixkosten somit eine erhebliche Existenzgefährdung. Aufgrund der hohen Ansprüche von Kunden an die Dienstleistungsqualität, hoher Markttransparenz und vielfacher Angebotsalternativen drohen Unzufriedenheiten durch Abwanderung zum Verlust des Kundenwerts zu führen.

Aus der **Nichttransportfähigkeit** ergibt sich das Problem der Standortwahl. Für die Gestaltung der Dienstleistungsverfügbarkeit muss es daher gelingen, entweder den Externen Faktor an den Ort der internen Faktoren zu verbringen (z. B. der Pkw des Kunden zur Reparatur in die Kfz-Werkstatt), oder die internen Faktoren an den Ort des Externen Faktors (z. B. der Hausbesuch des Arztes beim Patienten) oder beide an einem gemeinsamen, dritten Ort zusammen zu bringen (z. B. Messeveranstaltung). Die Standortwahl hängt dementsprechend von der Mobilität der eigenen Produktionsfaktoren und der Mobilität des Externen Faktors ab. Daraus folgt, dass Dienstleistungen trotz ihrer Immaterialität in erheblichem Maße logistischen Überlegungen zugänglich sind.

Als **Veredelung** von Dienstleistungen bezeichnet man die Speicherung der Leistung zur Überwindung ihrer Nichtlagerfähigkeit oder die Übertragung der Leistung zur Überwindung ihrer Nichttransportfähigkeit. Eine Speicherung kann etwa auf Datenträger erfolgen (z. B. CD mit Live-Konzert einer Pop-Gruppe). Allerdings ist zweifelhaft, ob es sich dann noch um eine Dienstleistung handelt (wegen der fehlenden Immaterialität und Kundenintegration) oder daraus eine Sachleistung (CD) entstanden ist. Eine Übertragung ist etwa über Datenleitungen möglich (z. B. Fernsehübertragung eines Fußball-Länderspiels), und zwar auch zwischengespeichert. Digitale Dienstleistungen (wie Suchmaschinen, Internet-Auktionen, eBook-Handel etc.) sind nur durch eine solche Veredelung marktfähig möglich, da erst dadurch der honorierungsfähige Kontakt zum Kunden darstellbar ist.

6.1.2 Kundenintegration

Das Merkmal der Kundenintegration impliziert ebenfalls bedeutende betriebswirtschaftliche Konsequenzen. Dienstleistungen werden nur für und unter Beteiligung jedes einzelnen Kunden/Kundenobjekts erbracht. Während Sachleistungen zuerst erstellt, dann gelagert bzw. transportiert und erst danach verkauft werden, werden Dienstleistungen zuerst verkauft und dann, grundsätzlich zeit- und raumgleich (Uno actu) erbracht. Der Kunde ist dabei Co-Produzent, man sagt auch Prosumer (Kunstwort aus Producer und Consumer). Daraus folgt, dass jede Dienstleistung notwendigerweise so individuell ist wie der darin integrierte Externe Faktor. Nun liegt aber gerade in der hinreichenden **Standardisierung** von Leistungen ein betriebswirtschaftliches Produktionserfordernis. Auch im Falle von Dienstleistungen ergeben sich dafür Ansatzpunkte. Eine Standardisierung des Potenzials zielt auf die Sicherung gleich bleibender Serviceerstellungsvoraussetzungen ab. Dies bezieht sich auf Betriebsmittel und Werkstoffe ebenso wie auf den Faktor Personal. Bei letzterem ist vor allem die Leistungsfähigkeit (Qualifikation) und -willigkeit (Motivation) sicherzustellen. Eine Standardisierung der Prozesse hebt auf stabile Verrichtungen ab, wie sie weit verbreitet durch Qualitätszertifizierung oder straffe ablauforganisatorische Auslegung bestätigt werden. Eine Standardisierung der Ergebnisse ist möglich, wenn gewünschte Leistungen durch ein Lastenheft (Service-Level-Agreement) dokumentiert und eingehalten werden. Es ist aber auch eine Standardisierung des Externen Faktors möglich. Dabei werden Märkte derart segmentiert, dass Nachfragergruppen entstehen, deren Kundenerwartungen untereinander relativ homogen und von Gruppe zu Gruppe zugleich heterogen sind und die daher mit relativ unveränderten Leistungen gleichermaßen erfolgreich bedient werden können (z. B. Fastfood-Restaurant).

Wo dies nicht möglich ist, entstehen aufgrund der **Individualität** der Leistungserstellung allerdings erhebliche Problematiken. So mangelt es an der Stückkostendegression großer Auflagen, stattdessen fallen in jedem Einzelfall hohe „Rüstkosten" an, die sich nur ungenügend auf eine kleine Losgröße umlegen, wobei diese typischerweise sogar nur „1" beträgt. Abhilfe kann hier praktisch nur durch maßgeschneiderte Lösungen geschaffen werden, die modularisiert zustande kommen (Mass Customization). Das heißt, das Gesamtangebot wird in eine Vielzahl von Teilleistungen zerlegt, die jede für sich weitgehend standardisierbar, jedoch zugleich harmonisch so aufeinander abgestimmt sind, dass sie sich zu Angebotsbaukästen kombinieren lassen, die eine große Bandbreite von Problemlösungen repräsentieren, so dass auf kundenindividuelle Wünsche zwar weitestmöglich, aber ohne Einbuße an Effizienz eingegangen werden kann. So ist etwa die Speisekarte von China-Restaurants aufgebaut, die Unzahl von Menüs entsteht dabei durch immer wieder andere Kombination der stets gleichen Zutaten.

Das Dienstleistungsmanagement weist vielfältige Besonderheiten gegenüber dem Management von Sachleistungen auf. Herausfordernd ist ganz offensichtlich die zweistufige (interne und externe) Vor- und End-Kombination der Produktionsfaktoren. Die Vorkombination ergibt sich aus der internen Bereitstellung des Leistungspotenzials, das aber selbst noch nicht marktfähig ist, sondern erst bei tatsächlicher Inanspruchnahme des Potenzials durch Kunden marktfähig wird. Da Dienstleistungen aber nicht auf Vorrat produziert werden können, ist der Arbeitsanfall damit letztlich fremdbestimmt. Im Zweifel muss eine stete Leistungsbereitschaft vorgehalten werden, wodurch eine gefährliche Fixkostenbelastung entsteht. Zumal der Flexibilität der Kapazitätsplanung vor allem hierzulande, großenteils berechtigterweise, juristisch enge Grenzen gesetzt sind (z. B. durch Tarifvertrag). Daher ist eine Gratwanderung zwischen einer knapp dimensionierten Leistungskapazität, um Leerkosten (ungedeckte Fixkosten) zu vermeiden, und einer großzügig dimensionierten Leistungskapazität, um einen vorbildlichen Service anzubieten, erforderlich. Ein Ausgleich ist über zeitliches Vorziehen oder Verschieben der Nachfrage (durch Terminmanagement), über intensitätsmäßige, quantitative oder zeitliche Anpassung der internen Produktionsfaktoren (durch Kapazitätsmanagement) sowie über Marktsegmentierung und Angebotsmodularisierung (durch Effizienzmanagement) möglich.

6.2 Preisbaukasten

Der Preisbaukasten bezieht sich auf die Zusammensetzung, Aufteilung oder Splittung fixer und variabler Preisbestandteile zu einem kombinierten Preis (nicht-linearer Preis). Durch den Preisbaukasten ergeben sich eine Reihe von Gestaltungsmöglichkeiten von überwiegend fixen und nur restlich variablen bis zu überwiegend variablen und nur restlich fixen Preisen. Grenzfälle sind Festpreise (100 % fix) und lineare Preise (100 % variabel) *(siehe Abbildung 16: Preisbaukästen).*

Zunächst kann hinsichtlich der Aufteilung zwischen **fixen** und **variablen** Preisbestandteilen unterschieden werden. Wenn Leistungen in hohem Maße fixkostenlastig sind, besteht ein wesentliches Interesse von Anbietern daran, feste Einnahmen von Kunden zu erlangen. Dies wird dadurch zu erreichen gesucht, dass Kunden, die sich zur festen Abnahme einer bereitgestellten Leistung verpflichten, diese je Einheit preisgünstiger erhalten als Kunden, die nur fallweise Leistungen abnehmen. So bieten Sportveranstalter Eintrittskarten zu günstigen Preisen im Abonnement an, da damit ein fester Einnahmesockel gewährleistet werden kann. Zudem ergibt sich dadurch eine bessere Planbarkeit der Kapazitätsauslastung. Der fixe Betrag kann sich dabei auf eine im Vorhinein genau festgelegte Anzahl von Leistungseinheiten (Zeit, Menge, Qualität etc.) beziehen (z. B. 17 Bundesliga-Heimspiele je Fußballsaison) oder eine beliebig häufige Nutzung des Angebots offen lassen (z. B. Pay per Channel wie beim Bezahlfernsehen).

Weiterhin ist eine Kombination aus fixen und variablen Preisbestandteilen zu beobachten. Keiner der beiden Preisanteile gewährt dabei allein die Inanspruchnahme einer Leistung. Die Entrichtung des fixen Preisanteils ist vielmehr regelmäßig Voraussetzung, fallweise Angebote zu niedrigeren Preisen je Leistungseinheit in Anspruch nehmen zu können. Durch den variablen Preisanteil steigen die Einnahmen jedoch in dem Maße wie Leistungen abgefordert werden. So erlaubt der Kauf einer DB-Bahn-Card gegen Entrichtung einer einmaligen (hohen) Gebühr (derzeit 114 € bzw. 469 € bzw. 6.700 €) den verbilligten Kauf von DB-Tickets in unbegrenzter Zahl (25 % Nachlass bzw. 50 % Nachlass bzw. 100 % Nachlass). Ob dies für Kunden kostengünstiger ist als Einzel-Tickets zu lösen, ergibt sich für diese aus einer einfachen Break Even-Rechnung. Wiederum erhält der Anbieter auf diese Weise einen festen Einnahmesockel, zusätzlich aber auch eine Abdeckung der aus der Leistungsinanspruchnahme resultierenden variablen Kosten.

Eine weitere Kombination sieht einen geringen anteiligen Fixbetrag vor, mit dem neben der Leistungsbereitschaft eine im Vorhinein bestimmte Anzahl von Leistungseinheiten abgegolten wird. Werden darüber hinausgehend von Kunden Leistungseinheiten abgefordert, sind dafür „normale" Preise zu entrichten, die neben den variablen Kosten der Leistungserstellung auch die durch die Pauschale noch ungedeckten Fixkosten abdecken. Dies ist z. B. beim Pricing der Banken zu beobachten, wo fixe Kontoführungsgebühren einen definierten Mindestumfang von Transaktionen abdecken und weitere Transaktionen von Kunden einzeln zu entgelten sind. Oder bei der Telekom, wo die Grundgebühr eine begrenzte Anzahl von Gesprächseinheiten abdeckt und weitere Einheiten nach Tarif zusätzlich belastet werden.

Schließlich kann in der häufigsten Zahl der Fälle auf einen fixen Preisanteil auch ganz verzichtet und der Preis ausschließlich einzelleistungsbezogen erhoben werden. Dies ist immer dort notwendig, wo keine dauerhaften, meist vertraglichen Kundenbeziehungen vorhanden sind. Denn dann ist die Not-

Dienstleistungsgesellschaft: Das Preismanagement bei Services

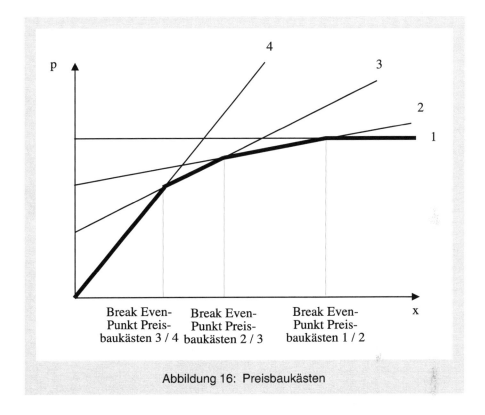

Abbildung 16: Preisbaukästen

wendigkeit einer nutzungsunabhängigen Preisentrichtung für Kunden uneinsichtig. Dies impliziert allerdings für Anbieter das große Risiko, dass ihrem weitgehend fixen Kostenblock ausschließlich variable Erlöse gegenüberstehen. Ist absehbar, dass Leerkosten entstehen, ist es daher sinnvoll, vorübergehend auf Vollkostendeckung zu verzichten und stattdessen wenigstens noch anteilige Deckungsbeiträge zu erwirtschaften.

Denkbar ist auch die Kombination eines fixen mit einer Mindesthöhe des variablen Preisanteils plus „normalem" Preis je Leistungseinheit (z. B. Telefonie bei Mobilfunkanbietern). Ebenso ist die Berechnung einer gesonderten Gebühr zur Inspruchnahme der Offerte bzw. einer Gebühr nach Ende der Vertragslaufzeit bei Rahmenverträgen möglich.

Ein Beispiel zum Preisbaukasten könnte folgende Werte annehmen:
- *1. Baukasten: 0 € Fixpreisanteil, variabler Anteil je Einheit: 0,4 €,*
- *2. Baukasten: 1 € Fixpreisanteil, variabler Anteil je Einheit: 0,3 €,*
- *3. Baukasten: 5 € Fixpreisanteil, variabler Anteil je Einheit: 0,1 €,*

– 4. Baukasten: 10 € Fixpreisanteil, variabler Anteil je Einheit: 0 €.

Für diese vier Preisbaukästen ergeben sich Break Even-Mengen wie folgt:
- zwischen dem 1. und dem 2. Baukasten ($0 + 0,4x = 1 + 0,3x$): 10 Einheiten,
- zwischen dem 2. und dem 3. Baukasten ($1 + 0,3x = 5 + 0,1x$): 20 Einheiten,
- zwischen dem 3. und dem 4. Baukasten ($5 + 0,1x = 10 + 0x$): 50 Einheiten.

Das heißt, bei Abnahme von bis zu 9 Einheiten ist Baukasten 1 der preisgünstigste, zwischen 11 und 19 Einheiten ist Baukasten 2 der günstigste, zwischen 21 und 49 Einheiten Preisbaukasten 3 und ab 51 Einheiten Preisbaukasten 4. Diese einseitige Betrachtung muss anbieterseits jedoch unbedingt um die Kostensicht ergänzt werden.

Gegeben seien Fixkosten von 6 € und variable Kosten von 0,01 €. Daraus ergeben sich folgende Kosten in den Break Even-Mengen:
- bei 10 Einheiten entstehen 4 € Umsatz, dem stehen aber 6,60 € Kosten gegenüber, der Verlust beträgt 2,60 €,
- bei 20 Einheiten entstehen 7 € Umsatz, dem stehen 6,20 € Kosten gegenüber, der Gewinn beträgt 0,80 €,
- bei 50 Einheiten entstehen 10 € Umsatz, dem stehen 6,50 € Kosten gegenüber, der Gewinn beträgt 4,50 €.

Bei der Kalkulation der Preisbaukästen sind daher unbedingt Kombinationen auszuschließen, die nicht gewinnbringend darstellbar sind, wenn sich Nachfrager „clever" verhalten.

6.3 Preisbündelung

Die Preisbündelung (Bundling) bezieht sich auf die Zusammenfassung mehrerer, ansonsten auch getrennt marktfähiger Leistungen zu einem Angebotsbündel, das gegen einen gemeinsamen, meist günstigeren, Preis abgegeben wird. Bei diesem Bündel kann es sich um die Kombination mehrerer Sachleistungen, mehrerer Dienstleistungen oder eine Kombination aus Sachleistung und Dienstleistung handeln (z. B. Handy mit zeitlich begrenzt freigeschalteter SIM-Karte bei Mobilfunkanbietern, Modem-Router mit Gebührenerstattung bei DSL-Anschluss im Telecom-Bereich). Im Bereich der Investitionsgüter werden sogar komplette Industrieanlagen oder Infrastrukturprojekte erstellt und dem Auftraggeber schlüsselfertig übergeben (Turnkey Projects). Dabei sind Abstufungen von der bloßen betriebsfertigen Erstellung der technologischen Anlage bis zur umfassenden Schulung der Mitarbeiter und laufenden Projektbetreuung denkbar.

Weiterhin kann das Bundle wahlweise durch zusätzliche Einzelleistungen ergänzt werden. Dann wird für das Bundle ein Paketpreis vereinbart und die zusätzlichen Einzelleistungen sind gemäß einer Preisliste zu honorieren. Dies kennt jeder z. B. vom Frisör. Das Bundle besteht dabei aus Haare waschen, schneiden und föhnen, etwaig zusätzlich gewünschte Leistungen, wie Tönung, Kopfhautmassage etc. sind dann getrennt zu bezahlen.

Ein Bundle kann schließlich aus zwei bzw. mehr Kernleistungen bestehen oder aus einer oder mehreren Kernleistungen und einer oder mehreren Randleistungen. Denkbar ist zudem der Tausch einzelner Randleistungen gegen andere, und zwar ohne Berechnung, mit Zuzahlung/Erstattung oder gegen zusätzliche Berechnung. Sowie die Vereinbarung einer Mindestabnahmemenge im Bundle (z.B. Handy mit Mindesttelefonie-Einheiten). Ziele der Preisbündelung sind vornehmlich Cross Selling, Neukundenakquisition und Kundenbindung. Probleme bei der Beurteilung entstehen vor allem durch die aufwändige Messung der Maximalpreise für verschiedene Marktsegmente und die Berücksichtigung wettbewerbsrechtlicher Bedenken (Kopplungsangebot).

Ist das Bundle nicht aufzuknüpfen, spricht man von einem Pure Bundle, ist es hingegen möglich, selektiv nur Teilleistungen aus dem Bundle in Anspruch zu nehmen, ohne auch die nicht in Anspruch genommenen Teilleistungen bezahlen zu müssen, spricht man von einem Mixed Bundle. **Pure Bundles** bieten vor allem den Vorteil der vereinheitlichten Leistungserstellung (Standardisierung), die angesichts der ansonsten vorherrschenden Heterogenität des Angebots betriebswirtschaftliche Vorteile bietet (Kapazitätsplanung, Leerkostenvermeidung, Mengendegression etc.).

Mixed Bundles schränken diesen Vorteil zwar ein, ermöglichen dafür aber ein individuelleres Eingehen auf die Bedürfnisse der Nachfrager, indem Teilleistungen in Grenzen so kombinierbar sind, wie es den jeweiligen Bedürfnissen entspricht, ohne dass dadurch der Preisvorteil eines Bundles gegenüber den addierten Preisen der Teilleistungen verloren geht (Cafeteria-System). Meist ist dies an bestimmte Vorgaben gebunden, etwa Einhaltung von Mindestumsatzgrenzen oder Berücksichtigung von Pflichtangebotsbestandteilen, die Berechnung erfolgt dann nach Punktsystemen o.Ä. Wird ein Preisnachlass auf die zweite/weitere Leistung gewährt, spricht man von Mixed Leader Bundling, ohne Preisnachlass auf die zweite/weitere Leistung von Mixed Joint Bundling.

Wichtig ist jeweils, bei Bundles die dabei eingeschlossenen Leistungen deutlich zu machen, um den Preis zu rechtfertigen. Außerdem kann ein Anbieter damit einer direkten Preisvergleichbarkeit entkommen. Mit welchem Preisanteil die Teilleistungen in den Gesamtpreis eingehen, bleibt seiner Ausgleichskalkulation überlassen, solange dabei nur in der Summe die addierten Einzelkosten mindestens gedeckt sind.

Ebenso wie die Schnürung von Bundles möglich ist, ist auch die bewusste Entkopplung seither nur verbunden angebotener Teilleistungen möglich, man spricht von **Unbundling**. Unbundling ist dann lukrativ, wenn eine geringe individuelle Attraktivität einzelner Teilleistungen im gesamten Bundle Nachfrager davon abhält, dieses in Anspruch zu nehmen und damit auch die Verkäuflichkeit von ansonsten attraktiven Teilleistungen unterbleibt, weil sie nicht einzeln zugänglich sind. Durch das Aufknüpfen des Pakets können solche Teilleistungen nunmehr auch getrennt in Anspruch genommen werden. Problematisch ist dies, wenn dadurch zwangsläufig anfallende (verbundene), wenig attraktive Teilleistungen nicht mehr oder vermindert gekauft werden. Dann müssen deren Kosten überwälzt werden, wodurch an sich attraktive Teilleistungen nicht selten so teuer werden, dass ihre Nachfragewirkung leidet. Sinnvoll ist dies aber nur angesichts heterogener Präferenzen der Nachfrager, die zu stark abweichender Akzeptanz von Teilleistungen führen. Das Unbundling kann sich (horizontal) auf die Anzahl der Leistungsmodule beziehen oder (vertikal) auf das Niveau einzelner Leistungsmodule. Beispiele für das Unbundling von Produkten finden sich bei Mobiltelefonen (z. B. Handy ohne Grundgebühr, Handy ohne SIM-Karte bzw. Netzgebühr ohne Handy).

Preisbündel bieten Umsatzerhöhungspotenziale. Dazu ein Beispiel. Für Produkt A seien Preisbereitschaften der Nachfrager von 4, 5, 6, 7, 8, 9 und 10 € gegeben. Am Markt bietet ein Anbieter dieses Produkt für 7,50 €, mit 1,50 € Gewinn, an. Es wird von drei Nachfragern angenommen, nämlich mit den Preisbereitschaften von 8, 9 und 10 €. Der Umsatz beträgt (3 x 7,50 =) 22,50 €, der Gewinn entsprechend (3 x 1,50 =) 4,50 €. Ein anderes Produkt B bietet derselbe Anbieter, bei gleichen Preisbereitschaften der Nachfrager, für 6,50 € mit 0,50 € Gewinn an. Dieses Produkt wird von vier Nachfragern angenommen, nämlich mit den Preisbereitschaften 7, 8, 9 und 10 €. Der Umsatz beträgt (4 x 6,50 =) 26 €, der Gewinn entsprechend (4 x 0,50 =) 2 €. Der kumulierte Umsatz der beiden getrennten Produkte beträgt also 48,50 €, der kumulierte Gewinn 6,50 €.

Nun wird unterstellt, es wird ein Preisbündel aus beiden Produkten A + B zum addierten Preis von 14 € bei einem addierten Gewinn von 2 € am Markt angeboten. Die entsprechenden Preisbereitschaften der Nachfrager betragen 8, 10, 12, 14, 16, 18 und 20 €. Beide gebündelten Produkte werden von vier Nachfragern angenommen, nämlich mit den Preisbereitschaften 14, 16, 18 und 20. Der Umsatz beträgt demnach (4 x 14 =) 56 €, der Gewinn (4 x 2 =) 8 €. Der Umsatz steigt also im Beispiel um 7,50 € (+15 %), der Gewinn um 1,50 € (+23 %). Und dies ohne dass ein Preisnachlass auf beide Produkte gewährt worden wäre.

6.4 Yield Management

Unter Yield Management versteht man die Summe von Verfahrensweisen, die an dem Grundsatz der gezielten Steuerung der Kapazitäten zur Maximierung des Gesamtumsatzes eines Unternehmens ausgerichtet sind. Als kritische Größen sind dafür Preis, Nachfrage und Kapazität anzusehen. Ziel ist es, unter Berücksichtigung der Nachfragestruktur ein optimales Gleichgewicht zwischen dem Auslastungsgrad einer Betriebseinheit und dem Durchschnittspreis je verkaufter Leistung zu realisieren, um den Umsatz dieser Betriebseinheit zu maximieren. Mittel ist eine Segmentierung der Nachfrager durch zeitliche Preisdifferenzierung. Yield Management findet sich vor allem bei Dienstleistungen.

Dabei gelten folgende Voraussetzungen für die Anwendung. Die Leistungspotenziale verfallen bei Nichtinanspruchnahme der Leistung. Eine Kontrahierung kann bereits vor Inanspruchnahme der Leistung erfolgen (fungibles Leistungsversprechen/Anrecht). Die Nachfrage unterliegt hohen Schwankungen, die a priori weitgehend unbekannt sind. Die Nachfrager sind hinsichtlich ihrer Preisbereitschaft segmentierbar. Eine Stimulierung der Nachfrager durch Variation der Preisgestaltung ist grundsätzlich möglich (preisreagible Nachfrage). Der Anbieter sieht sich (unflexibel) mit einem hohen Fixkostenblock konfrontiert, und er verfügt über eine bestimmte Größe, so dass sich der Einsatz von IT lohnt. Die gezielte Steuerung zur Kapazitätsauslastung erfolgt durch Kontingentierung. Dabei sind zwei Alternativen nutzbar, die Kontingentierung (statisch/dynamisch) und die Schachtelung (Nesting, und zwar standardisiert, geschützt, virtuell).

Ein computergestütztes Yield Management-System besteht aus drei Bausteinen: der internen Datenbank (hinsichtlich der bestehenden Kapazitätsauslastung), dem Prognosemodell (hinsichtlich der Schätzung der zu erwartenden Nachfrage) und dem Optimierungsmodell (mit Überbuchungs- und Preis-Mengensteuerungs-Modul). Ziel ist es dabei, mit Priorität die Nachfrage mit der höchsten Preisbereitschaft zu befriedigen, indem das bereitgestellte Angebot stufenweise der kontinuierlichen Nachfrageänderung angeglichen wird, um das Preispotenzial maximal auszunutzen (preisgesteuerte Kapazitätsbereitstellung). Dies gelingt umso besser, je geringer die Abweichung zwischen tatsächlicher und erwarteter Nachfrage ist. Liegt die tatsächliche Nachfrage über der erwarteten, wird Gewinnpotenzial verschenkt, liegt sie unter der erwarteten, entsteht Nachfrageverdrängung. Die Abweichung wird mit wachsender Yield Management-Erfahrung beim Anbieter jedoch immer geringer. Bei erwarteter Kapazitätsüberlast führt dies zu höheren Preisforderungen (Peak Load Pricing bis hin zur Versteigerung), bei Kapazitätsunterlast zu mehr oder minder großen Preiszugeständnissen (bis an die Grenzkosten). Insofern handelt es sich um einen Sonderfall der zeitlichen Preisdifferenzierung.

Lösungen zur Optimierung können verschieden aussehen:

- Man kann getrennte Kontingente je Ertragsklasse bilden. Problematisch ist dabei, dass diese Kontingente in sich über- oder unterbucht bleiben können, also keine Gesamtoptimierung erfolgt, sondern nur eine Optimierung je Kontingent.
- Man kann geschachtelte Kontingente aufbauen (Nesting). Diese verringern automatisch das Kontingent mit der niedrigeren Ertragsklasse, wenn in einem höheren Tarif gebucht wird.
- Beim Bid Pricing werden die Kontingente nach verschiedenen Kriterien, im Luftverkehr etwa bei Drehkreuzverbindungen nach Reiseweg, Preisklasse, Kundendaten etc., unterschieden, um Anschlussverbindungen zu optimieren.

Ein Beispiel für Ticketpreise veranschaulicht die Differenzierung (im Zeitablauf steigende Preise):

- *Buchung 15 Tage im Voraus, Flugticket ist nicht änderbar, zwischen Hin- und Rückflug muss ein Samstag liegen, keine Flugpreisrückerstattung bei Nichtantritt: 60% Ermäßigung auf den Regelpreis,*
- *Buchung 7 Tage im Voraus, zwischen Hin- und Rückflug muss ein Samstag liegen: 40% Ermäßigung,*
- *Buchung 7 Tage im Voraus: 20% Ermäßigung,*
- *Normaltarif Business Class und First Class (keine Einschränkungen): Regelpreis.*

Neben freibleibenden Kapazitäten sind vor allem Überbuchungen problematisch, im Luftverkehr also Passagiere (Paxe) mit Reservierung, aber ohne Sitzplatz. Auswege ergeben sich durch Auf- oder Abstufungen, durch Übertragung von Anrechtsbelegen von Paxen mit Geldpräferenz auf solche mit Zeitpräferenz oder eine Auswahl nach Kundenwert (Vielflieger). Im Falle der verschuldeten Nichtbeförderung werden dann innerhalb der EU entfernungsabhängige Entschädigungszahlungen fällig.

Das Pricing für Dienstleistungen stellt eine große Herausforderung dar, da aus der Produktion und Vermarktung besondere Risiken erwachsen, welche der Preis vorrangig abdecken soll. Um ein angemessenes Erlösniveau zu erreichen, ist vor allem Folgendes wichtig: Service bieten und Service sichtbar machen. Die Preisbereitschaft und die Akzeptanz des wahrgenommenen Preis-Leistungs-Verhältnisses steigen, wenn Dienstleistungsbestandteile, die ansonsten unsichtbar bleiben oder als selbstverständlich erbracht und erhalten angenommen werden, gesondert ausgelobt und damit Kunden gegenüber akzentuiert werden. Denn eine Vielzahl von kostenbewehrten Services wird ohne weitere Inszenierung erbracht und generiert daher bei Kunden auch kaum eine Preisbereitschaft.

7. Preise haben viele Namen: Das Preismanagement bei Non-Profit-Organisationen

Preise bilden sich nicht nur bei Gewinnorientierung, wie sie im Fall einzelwirtschaftlicher Tätigkeit unterstellt wird, sondern auch im Rahmen nichtgewinnwirtschaftlicher Tätigkeit. Diese finden sich bei öffentlichen Betrieben und Organisationen zur Förderung gesellschaftlicher Anliegen. Häufig nennen sich die Preise dann allerdings nicht so, sondern werden durch andere Begriffe umschrieben wie Steuern, Gebühren und Beiträge. **Steuern** sind Geldleistungen, die nicht eine konkrete Gegenleistung für eine besondere Leistung darstellen und die von einem öffentlich-rechtlichen Gemeinwesen allen auferlegt werden, auf die der Tatbestand zutrifft, an den das Gesetz die Leistungspflicht knüpft. Die Erzielung von Einnahmen kann dabei Nebenzweck sein.

Gebühren sind Geldleistungen, die als Gegenleistung für eine besondere Leistung der Verwaltung (Amtshandlung) oder für die Inanspruchnahme öffentlicher Einrichtungen und Anlagen (Infrastruktur) erhoben werden.

Beiträge sind Geldleistungen, welche dem Ersatz von Aufwand für die Herstellung, Anschaffung und Erweiterung öffentlicher Einrichtungen und Anlagen dienen. Sie werden als Gegenleistung dafür erhoben, dass den Beitragspflichtigen durch die Möglichkeit der Inanspruchnahme der Einrichtungen und Anlagen wirtschaftliche Vorteile zufallen.

7.1 Charakteristika des Non-Profit-Geschäfts

Im Non-Profit-Geschäft sind öffentliche Betriebe mit gemeinwirtschaftlicher, versorgungswirtschaftlicher oder auch unternehmerischer Organisation tätig. Diese stellen der Gesellschaft Individualgüter zum Erwerb zu marktüblichen oder subventionierten Preisen sowie Kollektivgüter, an denen kein individuelles Eigentum erworben werden kann, zur Verfügung. Darüber hinaus sind ideelle Institutionen tätig, die nicht gewerbliche (Non Business), sondern religiöse, kulturelle, akademische, karitative, politische oder visionäre Anliegen verfolgen, die aber gleichwohl Preisüberlegungen zugänglich sind. Für diese Bereiche wurde lange Zeit eine Marktorientierung ihrer Aktivitäten für nicht erforderlich gehalten. Dies ändert sich aber drastisch.

Versorgungswirtschaftliche Betriebe dienen der Erfüllung öffentlicher Aufgaben vor allem im Rahmen des Haushalts- und Kommunalrechts. Sie werden daher vollständig von den Öffentlichen Händen getragen und stellen Wirtschaftssubjekte dar, bei denen Entscheidungen bzw. Verfügungen gemäß öffentlicher Ziele auf der Grundlage öffentlichen oder halböffentlichen Eigentums getroffen werden.

Öffentliche Verwaltungen stellen Institutionen dar, die mit ihren Einnahmen und Ausgaben in den öffentlichen Haushalt einer Gebietskörperschaft vollständig eingebunden sind und Allgemeinbedürfnisse decken. Sie bieten nichtkostendeckende Kollektivdienste an, rechnen häufig noch nach Einnahmeüberschussrechnung ab und werden steuerfinanziert. Sie erfüllen demokratisch festgelegte, öffentliche Aufgaben auf Bundes-, Landes- und Kommunalebene. Hier dominiert eindeutig der Behördencharakter (z. B. Ministerien, Rechnungshöfe, Stadtverwaltungen). Eine Dienstleistungsmentalität setzt sich dort erst ganz allmählich durch. Öffentliche Vereinigungen sind Wirtschaftssubjekte in öffentlich-rechtlicher Rechtsform, die mittels Beiträgen, Abgaben oder Umlagen ihrer Mitglieder primär deren Grundbedürfnisse befriedigen. Sie finden sich ebenfalls auf Bundes-, Landes- und Kommunalebene und bieten nicht-kostendeckend Kollektivdienste an. Sie werden auch als Genossenschaften oder Stiftungen geführt. Management wird hier nicht selten skeptisch betrachtet (z. B. Versicherungsanstalten, Lastenausgleichsfonds, Landschaftsverbände), zumal es an Sanktionsmöglichkeiten hapert.

Öffentliche Non Business-Betriebe erfüllen als Wirtschaftseinheiten öffentliche Aufgaben vor allem im Rahmen des Haushalts- und Kommunalrechts und stehen ganz oder überwiegend im Eigentum einer Gebietskörperschaft. Es handelt sich um jeweils öffentlich-rechtliche Körperschaften (wie IHKen, HWKen, Krankenkassen etc.), Anstalten (wie Sparkassen, Rundfunksender, Landesbanken etc.) und Stiftungen (wie Stiftung Warentest etc.). Sie erzeugen sowohl Dienstleistungen mit Kollektivcharakter als auch, zu markt- oder marktüblichem Preis, solche mit Individualcharakter. Kollektivleistungen stehen der Allgemeinheit zur Verfügung, an ihnen können also keine individuellen Eigentumsrechte erworben werden. Sie sind durch die Prinzipien des Nicht-Ausschlusses und der Nicht-Rivalität gekennzeichnet.

Öffentliche Unternehmen sind selbstständige Unternehmen, die sich ganz oder teilweise in Öffentlicher Hand befinden und die Bedürfnisse Dritter gegen Entgelt abdecken. Sie sind nur durch den (anteilig) abzuführenden Gewinn oder den zu alimentierenden Verlust mit dem betreffenden öffentlichen Haushalt verbunden (Nettoetatisierung). Das Entgelt ist marktüblich oder wird aus übergeordneten Interessen bewusst nicht kostendeckend kalkuliert (öffentliche Individualdienste). Man unterscheidet rein öffentliche Unternehmen (zu 100 % im Staatseigentum wie Deutsche Bahn, öffentliche Nahverkehrsbetriebe, öffentliche Krankenhäuser etc.) und gemischt-öffentliche Unternehmen (anteilig in Staatseigentum befindlich wie Telekom, Lufthansa etc.). Sie erbringen nicht nur, aber auch Dienstleistungen. Je höher im Zuge der Deregulierung der Anteil privater Anteilseigner wird, desto eher tritt der gewinnwirtschaftliche Charakter hervor.

7.2 Preisermittlungsvorschriften

7.2.1 Kalkulation

Auch die Preisermittlung durch Kalkulation ist teilweise reglementiert. So bestehen für die Vergabe von Aufträgen des Bundes, der Länder, der Gemeinden, der Kreise sowie bei sonstigen juristischen Personen des öffentlichen Rechts hoheitliche Preisermittlungsvorschriften zum Schutz vor Übervorteilung des Steuerzahlers (auch für mittelbare Leistungen/Unterauftraggeber geltend). Dies betrifft auch Einzelwirtschaften, die sich ganz oder mehrheitlich oder mit Sperrminorität im Eigentum der Öffentlichen Hand befinden.

Grundlage für Beschaffungsvorgänge sind das Haushaltsgrundsätzegesetz und die Bundeshaushaltsordnung. Bei der Vergabe öffentlicher Aufträge hat grundsätzlich eine öffentliche (unbeschränkte) Ausschreibung zu erfolgen, zumindest aber eine beschränkte Ausschreibung (mind. drei Angebote umfassend). Zuschlagskriterium ist jeweils das günstigste Angebot, also weder zu teuer noch zu billig (Gefahr von Qualitätseinbußen bzw. ruinöser Konkurrenz) kalkuliert.

Eine öffentliche Ausschreibung stellt die an eine unbegrenzte Zahl von Anbietern gerichtete Aufforderung zur Abgabe eines Angebots dar, eine beschränkte Ausschreibung ist hingegen die direkte Aufforderung an eine begrenzte Anzahl von Anbietern zur Abgabe eines Angebots (etwa aus strukturpolitischen Gründen wie Mittelstand, deutsche Firma etc.).

Die freihändige Vergabe erfolgt nach freiem Ermessen des öffentlichen Nachfragers an einen bestimmten Anbieter und ist nur als Ausnahmefall dann erlaubt, wenn eine Ausschreibung erfolglos geblieben ist, eine technische Neuentwicklung vorliegt, eine besondere Dringlichkeit vorherrscht, Geheimhaltung erforderlich ist oder es sich nur um Kleinaufträge handelt. Die Preisermittlung wird dann nachvollzogen.

Die Preisfindung hat zwingend auf Grundlage der **Verordnung über die Preise bei öffentlichen Aufträgen** (VPöA), bzw. vor allem bei **Bauleistungen** (VPöA-Bau) zu erfolgen, der als Anlage die **Leitsätze für die Preisermittlung aufgrund von Selbstkosten** (LSP) bzw. vor allem bei **Bauleistungen** (LSP-Bau) beigefügt sind. Basis sind dabei die Stückkosten (Vollkostenrechnung) *(siehe Abbildung 17: Kalkulationsschema nach LSP)*. Die Öffentliche Hand hat weitgehende Kontrollrechte bei der Beschaffung. Oft ist sie der einzige Nachfrager (z. B. Bundeswehr). Teilweise spielen auch politische, leistungsfremde Gründe wegen der Vorbildfunktion eine Rolle bei der Lieferantenauswahl (z. B. Lehrstellenangebot, Behindertenarbeitsplätze). Dem deutschen Preisrecht unterliegen alle Aufträge des Bundes, der Länder, der Gemeinden, der Gemeindeverbände und sonstiger juristischer Personen des öffentlichen Rechts. Der Auftragnehmer muss das Zustandekommen seines Preises dabei den zuständigen Behörden nachweisen können. Eine Ausschreibung erfolgt im Regelfall unbeschränkt, sie muss veröffentlicht werden (bund.de, vergabe24.de, Amtsblatt der EU, Tageszeitung etc.). Nur ausnahmsweise sind eine beschränkte Ausschreibung oder auch freihändige Vergabe möglich. Ab niedrigen Auftragsgrenzen (5 Mio. € bei Bauleistungen, 130.000 € bei Telekommunikationsprojekten, 200.000 € bei Forschungsarbeiten) ist eine EU-weite Ausschreibung zwingend erforderlich.

Die Vergabemodalitäten bei öffentlichen Aufträgen werden in der **Verdingungsordnung für Leistungen** Teil A (VOL A) geregelt, bei Bauleistungen durch die **Verdingungsordnung für Bauleistungen** (VOB). Dies sind Grundsätze zur Preisbildung bei öffentlichen Aufträgen, für zulässige Preisarten und ein geordnetes Rechnungswesen. Sie gelten auch für mittelbare Leistungen (Unterauftraggeber). Ihnen liegt ein Schema zur Selbstkostenermittlung zugrunde, wobei im Gegensatz zum Marktprinzip, Kostendeckung und angemessene Gewinnerzielung großzügigerweise gesichert werden. Die Öffentliche Hand fürchtet bei Teilkostenangeboten ansonsten wohl um Qualität, Marktruhe und Arbeitsplätze.

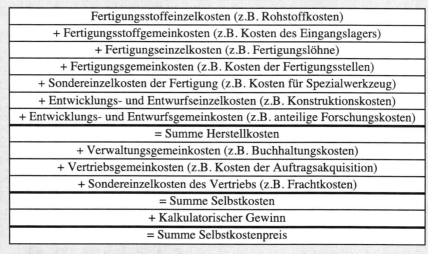

Abbildung 17: Kalkulationsschema nach LSP

Typische Inhalte einer VOB/A-Ausschreibung sind etwa folgende:

- *Leistungsumfang, z. B. Trockenausbau,*
- *Ausführungszeitraum,*
- *Anforderungsadresse für Unterlagen (u. a. Leistungsverzeichnis),*
- *Zahlungen: Schutzgebühr für Unterlagen,*
- *Schlusstermin für die Anforderung des Leistungsverzeichnisses,*
- *Einreichungsfrist für Angebote,*
- *Angebotssprache (deutsch),*
- *zur Angebotsöffnung zugelassene Personen (z. B. Bieter und ihre Bevollmächtigten),*
- *geforderte Sicherheiten (z. B. Vertragserfüllungsbürgschaft 5 % der Auftragssumme und Gewährleistungsbürgschaft 2 % der Abschlusssumme),*
- *Mindestbedingungen (z. B. Bieter müssen den Nachweis erbringen, dass sie in den letzten zwei Jahren Objekte vergleichbarer Art und Größe durchgeführt haben),*
- *Bindefrist an das Angebot (z. B. zwei Monate),*
- *Zuschlagskriterien, in der Regel das unter Berücksichtigung aller technischen und wirtschaftlichen Gesichtspunkte annehmbarste Angebot,*
- *Änderungsvorschläge und Nebenangebote, können in der Regel separat zu den gleichen Bedingungen des Hauptangebots eingereicht werden,*
- *Stelle für weitere Auskünfte.*

7.2.2 Prioritäten

Die Preisbildung erfolgt nach dem Stufenprinzip *(siehe Abbildung 18: Hierarchie der Preisermittlung bei öffentlichen Aufträgen).* Erste Priorität haben Marktpreise (sofern ein Marktpreis vorhanden ist), ansonsten abfallend Selbstkostenfestpreise, Selbstkostenrichtpreise (als Zwischenkalkulation) oder Selbstkostenerstattungspreise. Das heißt, nur wenn es am Markt keine frei gebildeten Preise gibt, wird die Preisbildung durch das öffentliche Preisrecht der Rechtsverordnungen geregelt. Selbstkosten sind die Summe aus für eine Leistung anfallenden Material-, Fertigungs-, Verwaltungs- und Vertriebskosten, der Selbstkostenpreis ergibt sich aus Gewinnaufschlag darauf.

Der **Marktpreis** innerhalb der Preisermittlung ergibt sich für gewöhnlich aus dem allgemeinen Marktpreis einer marktgängigen Leistung (Listenpreis). So diese nicht verfügbar ist, kann ein künstlicher Marktpreis durch Marktveran-

110   Sektorale Ausprägungen der Preisbildung

1. Marktpreis
1.1 als tatsächlicher Marktpreis
1.1.1 bei marktgängiger Leistung
1.1.2 künstlicher Markt (Ausschreibung)
1.2 als abgeleiteter Marktpreis
1.3 als modifizierter Marktpreis
2. Selbstkostenpreis
2.1 Selbstkostenfestpreis (nur Vorkalkulation)
2.2 Selbstkostenrichtpreis (Vor- und Nachkalkulation)
2.3 Selbstkostenerstattungspreis (nur Nachkalkulation)

Abbildung 18: Hierarchie der Preisermittlung bei öffentlichen Aufträgen

staltung ermittelt werden. Alternativ ist auch denkbar, einen grundsätzlich vergleichbaren Marktpreis durch Zu- oder Abschläge auf eine spezifische Leistung abzuleiten. Eine solche Modifikation ergibt sich vor allem bei Bestellung von Leistungen durch den öffentlichen Auftraggeber oder andere Besonderheiten bzw. ungewöhnliche Aufträge. In einer Kostendifferenzrechnung können evtl. Vorteile des Auftragnehmers aus einer Auftragserteilung in der Preisermittlung gegengerechnet werden.

In jedem Fall handelt es sich um einen Festpreis. Nur wenn dieser nicht möglich ist, kommen Erstattungspreise sowie Preisvorbehalts- und -gleitklauseln in Betracht. **Selbstkostenfestpreise** sind dann ab dem Zeitpunkt der Preisvereinbarung fixiert und setzen daher eine hinreichende Kalkulierbarkeit der Kosten voraus. Sie leiten sich aus der Vorkalkulation ab, d. h., der Ermittlung sind Planmengen zugrunde gelegt, die mit Tagespreisen zum Zeitpunkt der Angebotsabgabe bewertet werden. Entscheidend ist daher die Kalkulation zum Zeitpunkt der Angebotsabgabe, selbst wenn die Kosten sich im Zeitablauf verändern. Dies wird etwa für Instandsetzungs- oder Entwicklungsverträge angewandt.

Selbstkostenrichtpreise sind hingegen vorläufige Preise, die erst in einem späteren Zeitpunkt der Umwandlung in einen Selbstkostenfestpreis verbindlich werden. Sie werden vereinbart, wenn bei lang laufenden Vorhaben bei Vertragsabschluss aufgrund von erheblichen Unsicherheiten in Bezug auf die Kostenentwicklung oder den Leistungsumfang noch keine Festpreise bestimmt werden können, aber zu vermuten ist, dass diese Unsicherheiten noch vor Fertigstellung der Leistung behoben werden können. Sobald dann eine hinreichend zuverlässige Kalkulation möglich ist, wird der Richtpreis in einen Festpreis überführt. Basis sind vor- und zwischenkalkulatorische Bestandteile, jeweils anhand der Grundsätze für Festpreise und Erstattungspreise. Die Unsicherheiten können sich auch nur auf Bestandteile der Leistung beziehen, während die Restleistung fest bepreist wird. Dies wird etwa für Dauerbeschaffungsverträge angewandt.

Bei **Selbstkostenerstattungspreisen** werden die Kosten entsprechend der Nachkalkulation ermittelt und im Preis erstattet. Güter und Dienste werden zu Istmengen abgerechnet, und zwar entweder zu Anschaffungspreisen soweit sie für den Auftrag extra beschafft worden sind, oder zu Tagespreisen, wenn sie vorhanden sind und nur vom Lager entnommen werden. Dies wird etwa für Forschungs-, Studien- oder Montageverträge angewandt.

Es gilt also erstens der Primat marktwirtschaftlicher Preisbildung gegenüber Selbstkostenpreisen, zweitens der Primat fester Preisvereinbarungen gegenüber Abrechnung nach Aufwand und drittens der Primat der Höchstpreise als Preisobergrenzen nach VPöA/LSP, die nicht überschritten werden dürfen. Marktpreise können durch Einholung von Vergleichsangeboten ermittelt werden. Selbstkostenpreise sind möglich, wenn nicht marktgängige Leistungen gegeben sind, eine Mangellage besteht oder der Wettbewerb auf der Anbieterseite beschränkt ist. Sind öffentlich nachgefragte Leistungen mit marktgängigen Leistungen vergleichbar, kann aus diesen der Marktpreis „abgeleitet" werden. Dabei sind Mehr- oder Minderleistungen zu berücksichtigen (Wert- oder Nutzungsdifferenzen). Außerdem können Marktpreise „modifiziert" werden, wenn besondere Auftragsverhältnisse vorliegen (z. B. Großauftrag, Gestellung von Leistungen durch den Nachfrager). Grundlage sind dabei angemessene Kosten, also nicht effektive Kosten. Dabei wird jeweils eine wirtschaftliche Betriebsführung (auf Basis eines „guten" Betriebs, kein Idealbetrieb) unterstellt.

Der Auftraggeber muss über ein geordnetes Rechnungswesen verfügen, d. h., die Kosten müssen jederzeit nachweisbar sein. Die Selbstkosten sind dabei auf Vollkostenbasis zu bestimmen, Einzel- und Gemeinkosten sind jedoch getrennt auszuweisen. Es sind nur bestimmte Divisions- und Zuschlagskalkulationsverfahren zulässig. Zur Vorkalkulation sind die Tagespreise zum Zeitpunkt der Angebotsabgabe und der vorhersehbare Mengenbedarf heranzuziehen. Für die Nachkalkulation sind die tatsächlich verbrauchten Mengen und Anschaffungspreise, sofern die Güter für den Auftrag beschafft worden sind, bzw. Tagespreise für Güter, die dem Lager entnommen werden, anzusetzen. Dabei können auch kalkulatorische Kosten berücksichtigt werden.

Problematisch ist, wann ein Wettbewerb ausreichende Gewähr für ein ordnungsgemäßes Zustandekommen der Preise bietet. Auch ist fraglich, wann eine Mangellage gegeben ist. Zudem bestehen nur mangelhafte Leistungsanreize, und es wird auf Vollkostenbasis abgestellt (Zurechnungsproblematik der Gemeinkosten). Auch wird der Beschäftigungsgrad des Anbieters nicht berücksichtigt.

Eine öffentliche Ausschreibung enthält etwa folgende Punkte:
- *Name/Anschrift des Ausschreibenden, für die Ausschreibung gewähltes Vergabeverfahren, Art des zu vergebenden Auftrags, Ort der Ausführung des Auftrags, Art und Umfang der gewünschten Leistung (z. B. allgemeine Merkmale einer baulichen Anlage), Art und Umfang einzelner Lose und die Möglichkeit, Angebote nur für eines oder mehrere Lose einzureichen, Angaben über den Leistungszweck des Auftrags, Frist für die Auftragsausführung, Name/Anschrift der Dienststelle, bei der die Verdingungsunterlagen angefordert werden können sowie Termin bis zur Anforderung, Höhe und Einzelheiten zur Zahlung der Entschädigung für die Übersendung der Unterlagen, Ablauf der Frist für die Einreichung von Angeboten, Anschrift, an welche die Angebote zu richten sind, Sprache, in der die Angebote abgefasst sein müssen, Personen, die bei der Eröffnung der Angebote anwesend sein dürfen, Datum/Uhrzeit/Ort der Angebotseröffnung, geforderte Sicherheiten (z. B. Garantien), Zahlungsbedingungen oder Verweis auf entsprechende Vorschriften, Rechtsform, die eine evtl. Bietergemeinschaft haben muss, verlangte Nachweise für die Beurteilung der Eignung des Bieters, Ablauf der Zuschlags- und Bindefrist, Nichtzulassung von Änderungsvorschlägen oder Nebenangeboten, Angaben zur Stelle, die bei Verstößen gegen die Vergabebestimmungen eintritt.*

Immer stärker geraten Non-Profit-Organisationen unter den Druck von Markt und Kosten. Dies bedeutet, dass auch sie sich verstärkte Gedanken über die Preissetzung machen müssen, weil Finanzierungsquellen aus Subventionen, Steuern, Beiträgen etc. spärlicher fließen. In dieser Situation besinnen sie sich darauf, verstärkt ihre Institution zu „vermarkten". Dies führt dann zu Erlösen aus Mäzenatentum (Fundraising) oder Werbung (Sponsoring). Auch dabei handelt es sich um Preise, zwar nicht von einzelnen Leistungen, wohl aber der Organisation.

8. Preishoheit: Das Preismanagement im Handel

Der Absatz von Waren und Diensten erfolgt vielfach nicht direkt vom Hersteller zum Verwender, sondern über zwischengeschaltete Absatzmittlerstufen, den Handel. Man spricht dann von indirektem Absatz, der Hersteller verkauft seine Ware an die Handelsstufe, die Handelsstufe verkauft diese im Wesentlichen unverändert an Endabnehmer. Institutional ist beim Absatz an private Endabnehmer Einzelhandel, beim Absatz an gewerbliche Endabnehmer oder Wiederverkäufer Großhandel gegeben. Insofern kann die Handelsstufe auch zwischengeschaltet sein, wenn ein Unternehmen im industriellen Sektor tätig ist, z.B. als Produktionsverbindungshandel. Die Handelsstufe übernimmt konkrete Funktionen im Absatzkanal, vor allem die Raum- und Zeitüberbrückung zwischen Produktion und Ge-/Verbrauch, die Kundenakquisition und den Mengenausgleich. Für die Erfüllung dieser Funktionen behält sie eine Handelsspanne ein. Diese geht entweder zu Lasten des Herstellers und schmälert dessen verbleibenden Gewinn oder verteuert das Produkt und belastet entsprechend die Wettbewerbsfähigkeit. Daher geht es letztlich um eine Abwägung der Vorteile der Funktionsübernahme durch den Handel gegen die Nachteile der Abtretung von Handelsspanne an diesen. Verschiedene Unternehmen kommen dabei zu abweichenden Absatzkanalgestaltungen.

Wenn ein Unternehmen über den Handel distribuiert, hat es keinen unmittelbaren Einfluss mehr auf die Preisgestaltung im Handel gegenüber dessen Kunden, denn von ganz wenigen Bereichsausnahmen abgesehen, gilt das Verbot der Preisbindung der zweiten Hand. Für den Handel ist der Preis traditionell der wichtigste Aktionsparameter, und er verfolgt damit zentrale betriebliche Ziele. Diese weichen jedoch wahrscheinlich in einer Vielzahl von Elementen von den Zielen des Herstellers ab, so dass die Preisgestaltung des Handels vielfach nicht der vom Hersteller gewünschten entspricht. Dazu gehört vor allem, dass der Handel sich gegenüber seinen Kunden in seiner Leistungsfähigkeit traditionell zu profilieren sucht, indem er angesehene Marken zu möglichst niedrigen Preisen anbietet.

8.1 Charakteristika des Handelsgeschäfts

Der Handel kann institutional als Handel unter Kaufleuten/Großhandel oder Handel mit Privaten/Einzelhandel betrachtet werden. Oder funktional hinsichtlich der von ihm erfüllten Aufgaben. Dabei handelt es sich sowohl um Warenprozessfunktionen, nämlich die Raumüberbrückung durch Zwischentransport und die Zeitüberbrückung durch Zwischenlagerung, als auch Servicefunktionen, wie die Kundenakquisition und den Mengenausgleich. Raumüberbrückung gleicht die abweichenden Standorte des Herstellers und der Nachfrager aus, die Zeitüberbrückung gleicht die abweichenden Zeitpunkte von Produktion und Konsumption aus. Die Kundenakquisition umfasst Aufgaben wie die Kreditgewährung, die Nachfragegenerierung, die Angebots- und Nachfrageermittlung bzw. -lenkung, die Markterschließung für Hersteller, die flexible Preisgestaltung, die Veredelung angebotener Waren, die Beratung beim Kaufentscheid, den Kundenkontakt und Absatzvollzug, die Kundenkontaktpflege sowie die Vermittlung von Einkaufsbequemlichkeit bzw. -schnelligkeit. Der Mengenausgleich umfasst Aufgaben wie die Aufsplittung großer angelieferter Lose in verbrauchsgerechte Teilmengen, die Warenumgruppierung nach Handels-/Güteklassen, die Preisanpassung nach Tragfähigkeit, die Zusammenstellung von Einzelbedarfen zu rentablen Auftragslosen sowie die Sortimentsgestaltung nach Bedarfsstruktur der Nachfrager.

Im Laufe der Zeit haben sich dabei verschiedene **Einzelhandelsbetriebsformen** herausgebildet. Sie entstehen aus praktisch häufig anzutreffenden Kombinationen der nachfolgenden Merkmale: Sortimentsbreite, Sortimentstiefe, Sortimentsniveau, Preisgestaltung, Standortwahl (von hoher Bedeutung), Betriebsgröße, Einsatz des Beeinflussungs-Mix, Akquisitionsform (Hol-/Bringprinzip), Abgabeprinzip (egalitär/privilegiert), Verkaufspunkt (mobil/immobil), Integration in Konzern, rechtliche Anbindung, Treuorientierung des Sortiments und Güterart.

Gleichfalls haben sich verschiedene **Großhandelsbetriebsformen** herausgebildet. Merkmale zu ihrer Rubrizierung sind der Warenübergang (Hol-/Bringprinzip), die erbrachte Logistikleistung (Lager-/Streckenhandel), der Serviceumfang, die Sortimentsplanung (konstant/fallweise), die rechtliche Organisation, die Ausrichtung am Markt (Aufkauf/Absatz), die Warenart, das Aktionsgebiet (national/international) und die Kundenstruktur (Wiederverkäufer/Großabnehmer/Weiterverarbeiter/Endabnehmer). Allerdings sieht sich die Großhandelsstufe einer zunehmenden Ausschließung aus dem Absatzkanal (Disintermediation) gegenüber, da ihre vornehmlich logistischen Funktionen von Herstellern oder Einzelhändlern übernommen werden können.

Man unterscheidet im Ergebnis nach:
- primären stationären Betriebsformen. Sie sind eigenständige Betriebsformen des Handels, im Einzelhandel etwa Fachgeschäft, Spezialgeschäft, Warenhaus, Kaufhaus, Gemischtwarenladen, Verbrauchermarkt, Supermarkt, SB-Geschäft, Discounter, Fachmarkt, Fachdiscounter etc., und durch bestimmte Ausprägungen von Merkmalen gekennzeichnet.
- sekundären stationären Betriebsformen des Handels, im Einzelhandel etwa Einkaufszentrum (arrondierende Geschäfte), Ladenpassage (agglomerierte Geschäfte/überdacht), Factory Outlet Center. Sie kommen

durch die räumliche Zusammenfassung primärer Betriebsformen zustande.

- primären, nicht-stationären Betriebsformen wie Universalversandhandel, Fachversandhandel, Internet-Versandhandel, mobiler Handel (Wanderhandel, Verkaufswagen) etc. Sie sind eigenständige Betriebsformen, welche die Sonderform des Distanzprinzips nutzen.
- sekundären, nicht-stationären Betriebsformen. Sie kommen durch organisatorische Zusammenfassung primärer Betriebsformen zustande wie Freiwillige Ketten oder Einkaufsverbünde zwischen Groß- und Einzelhandel, Genossenschaften etc.

8.2 Aktionspreissetzung

Aktionspreissetzung bedeutet, dass ein grundsätzlich starrer Preis durch pulsierende Preisänderungen im Zeitablauf flexibel gehalten wird *(siehe Abbildung 19: Aktionspreissetzung)*. Die Variation (allerdings ohne unzulässige Preisschaukelei) erfolgt durch Häufigkeit, Dauer und Ausmaß der Preisänderung, auch in Form von Preisnachlässen. Daraus folgen mehrere **Vorteile**.

Die Überwindung kurzfristiger Liquiditätsengpässe durch vorübergehende Preissenkung mit sprunghaftem Nachfrageanstieg ist möglich. Damit wird zwar das Rentabilitätsziel verpasst, da jedoch Illiquidität ein unbedingter Insolvenzgrund ist, wird zumindest die schlimmere Konsequenz vermieden.

Es entsteht eine Verringerung der Lagerkosten durch schnelleren Warenabfluss. Die Warenumschlaggeschwindigkeit steigt und sorgt für einen erhöhten Lagerdurchsatz. Die in Waren gebundenen Geldmittel werden damit rascher freigesetzt und stehen für eine erneute Vorratsbeschaffung zur Verfügung.

Motivation und Erfolgserlebnisse der Verkaufsberater entstehen durch leichteren Absatz der Produkte. Der Preis ist eine wesentliche Hemmschwelle zum Geschäftsabschluss. Durch Preissenkungen wird diese Hemmung vermindert und der Abschluss damit wahrscheinlicher gemacht.

Eine Verbesserung der Marktdurchdringung ist durch neue Abnehmer über Probierkäufe, Bindung bestehender Abnehmer, Erhöhung der Kaufintensität und Induzierung von Impuls- und Vorratskäufen gegeben. Die daraus bewirkten Kontaktchancen können mehrfach monetarisiert werden.

Die gezielte Unterstützung absatzschwacher Phasen zum Saisonausgleich ist möglich. Diese sorgen ansonsten über niedrigere Umschlaggeschwindigkeit und erhöhte Kapitalbindung für steigende Kosten, die mangels adäquater Absätze die Rentabilität belasten. Dieser Effekt kann durch teilweise Vorwegnahme dieser Einbußen durch Aktionspreise kompensiert werden.

116 Sektorale Ausprägungen der Preisbildung

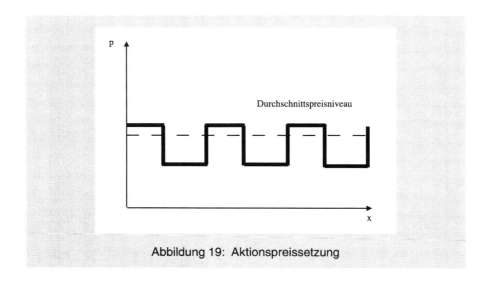

Abbildung 19: Aktionspreissetzung

Die rasche Lagerräumung im Handel bei Auslaufartikeln ist sinnvoll, die Platz und Geld zum Einkauf der nunmehr aktuellen Ware freisetzen. Es ist davon auszugehen, dass der Lagerplatz, so vorhanden, ansonsten der Regalplatz, den Engpasssektor für den Betriebserfolg darstellt.

Nachteile liegen vor allem in Folgendem. Eine negative Verkettungswirkung in der Nachaktionsphase durch Preisanstieg auf das Normalniveau ist gegeben, dies wird im Publikum gern als Preiserhöhung interpretiert und führt daher zur Kaufzurückhaltung. Dadurch werden die positiven Effekte der Preissenkung wieder kompensiert.

Es kommt zur Förderung des Preisinteresses in der Kundschaft mit dem Effekt der preissensitiven Anbieterilloyalität, d.h. zu Vorteils- anstelle von Überzeugungskäufen. Dies entspricht im Übrigen auch dem Streben nach Cleverness im Einkauf bei großen Teilen der Abnehmer (Smart Shopper).

Die Preisbereitschaft in der Kundschaft wird verringert, dies bewirkt Minderakzeptanz des regulären Preisniveaus. Schließlich hat der Anbieter selbst bewiesen, dass er die gewünschte Leistung auch zu geringerem Preis als in der Nachaktionsphase bereitzustellen vermag.

Die Tendenz zu Vorratskäufen zum Aktionspreis führt zur „Marktverstopfung", dadurch wird die Mischkalkulation zum internen Preisausgleich vereitelt. Insofern decken sich Nachfrager mit ausreichendem Warenvorrat ein, der die Frist bis zur erfahrungsgemäß nächsten stattfindenden Preissenkung zu überbrücken vermag.

Das Problem der Imagegefährdung prestigeträchtiger Produkte mit der Folge nachlassender Akzeptanz dieser Programmbestandteile besteht. Denn der Preis ist nach wie vor ein wichtiger Qualitätsindikator, wenn andere Anhaltspunkte zur Angebotsbeurteilung nicht verfügbar sind.

Ein erhöhter Handlingaufwand durch Preisänderungen im Handel mit Umstellung im Price Look up-System und vor allem an der Ware selbst ist gegeben. So sind Umzeichnungen ebenso erforderlich wie Instruktionen an das Kassenpersonal, wobei dennoch immer wieder Missverständnisse entstehen.

Die Berechnung des **Aktionserfolgs** erfordert eine differenziertere Betrachtung wie folgt:

- Der Deckungsbeitrag des Aktionseffekts ergibt sich durch die Differenz aus Mehrumsatz infolge Aktionseffekt und variablen Einzelkosten dieser Menge.
- Der Deckungsbeitrag des Imageeffekts ergibt sich durch die Differenz aus Mehrumsatz infolge Imageeffekt und variablen Einzelkosten dieser Menge.
- Die Deckungsbeitragseinbuße durch den Ankündigungseffekt des Aktionspreises ergibt sich durch die Differenz aus Minderumsatz infolge Ankündigungseffekt und variablen Einzelkosten dieser Menge.
- Die Deckungsbeitragseinbuße durch den Vorratseffekt des Aktionspreises ergibt sich durch die Differenz aus Minderumsatz infolge Vorratseffekt und variablen Einzelkosten dieser Menge.
- Der gesamte Aktionserfolg ergibt sich dann erst aus der Differenz der Summe von Deckungsbeitrag infolge Aktionseffekt und Deckungsbeitrag infolge Imageeffekt einerseits und der Summe von Aktionskosten und Aktionsdeckungsbeitrag andererseits.

Für den Aktionserfolg ist die Kenntnis der direkten Preiselastizität der Nachfrage hilfreich. Regelmäßig besteht nämlich eine Fehleinschätzung hinsichtlich der Ertragswirkung temporärer Preissenkungen. Meist ist der Mengeneffekt einer Preissenkung kleiner als der Preiseffekt, der Umsatz und damit auch der Gewinn sinkt. Dazu ein Beispiel:

Preis des Produkts:	*9 €*
Absatzmenge zu diesem Preis:	*1.000 Stück*
Fixkosten (mengenunabhängig):	*4.000 €*
variable Stückkosten:	*4 €*
Umsatz (9 x 1.000 =)	*9.000 €*

Gesamtkosten (4 x 1.000 + 4.000 =) 8.000 €

resultierender Gewinn: 1.000 €

Nun erfolgt eine Preissenkung um 1 € (11 %). Um nur auf einen unveränderten Gewinn zu kommen, muss die Absatzmenge um mehr als das Doppelte (25 %) steigen. Es ergeben sich folgende Werte:

Preis des Produkts: 8 €

erforderliche Absatzmenge zu diesem Preis: 1.250 Stück

Umsatz (8 x 1.250) 10.000 €

variable Kosten (4 x 1.250 =) 5.000 €

Gesamtkosten (4 x 1.250 + 4.000 =) 9.000 €.

Diese Relation entspricht einer direkten Preiselastizität der Nachfrage von 2,3, d.h. jede Preissenkung muss eine 230%ige Mengensteigerung bewirken, um nur ertragsneutral zu sein. Eine Gewinnverbesserung ergibt sich erst bei einer höheren als dieser Mengensteigerung. Häufig ist die Preiselastizität aber niedriger, dann führen temporäre Preissenkungen zu einem niedrigeren Gewinnniveau, ganz abgesehen von Mitnahmeeffekten, die sich in der Nachaktionszeit als minderer Absatz auswirken (siehe Abbildung 20: Sensitivitätsanalyse Preiserhöhung/Preissenkung).

8.3 Preispolitischer Ausgleich

Kennzeichen des Preispolitischen Ausgleichs, der vor allem im Handel praktiziert wird, ist, dass die Preisfindung nicht mehr für jedes Angebot isoliert, sondern für alle Angebote im Verbund vorgenommen wird, um für das gesamte Sortiment einen maximalen Nutzen zu erreichen. Dafür werden zwei Prinzipien eingesetzt, das Tragfähigkeits- und das Ausgleichsprinzip.

Das **Tragfähigkeitsprinzip** unterscheidet in Produkte, bei denen der für realistisch erachtete Marktpreis unter dem unternehmerisch für erforderlich gehaltenen Zielpreis liegt. Diese werden **Ausgleichsnehmer** genannt. Und solchen Produkten, bei denen es gerade umgekehrt ist, d.h. der realisierbare Marktpreis über dem notwendigen Zielpreis liegt. Diese werden **Ausgleichsgeber** genannt. Ausgleichsgeber kompensieren also im Rahmen des preispolitischen Ausgleichs Ausgleichsnehmer auf das gewünschte Gesamtertragsniveau.

In der Mischkalkulation kann nun die zusätzliche Spanne der Ausgleichsgeber durch Ausnutzung deren Preisspielraums nach oben die fehlende Spanne

Alternativen	-	A	B	C	D
Preisveränderung (in %)	0	- 20	- 10	+ 10	+ 10
Ausgangspreis (€)	40	32	36	44	48
variable Stückkosten = 24 €					
Deckungsbeitrag (€)	16	8	12	20	24
Deckungsrate (in %)	40	25	33	45	50
Fixkosten = 400.000 €					
Plangewinn = 100.000 €					
Zielumsatz (in 1000) (€)	1.250	2.000	1.515	1.111	1.000
Veränderung (in %)	-	+ 60	+ 21	- 11	- 20
Zielabsatz (Stück)	31.250	62.500	42.100	25.250	20.850
Veränderung (in %)	-	+ 100	+ 35	- 19	- 33
Umsatzrendite (in %)	8	5	6,5	9	10

Abbildung 20: Sensitivitätsanalyse Preiserhöhung / Preissenkung

der Ausgleichsnehmer mehr oder minder kompensieren *(siehe Abbildung 21: Beispiel für Mischkalkulation)*. Dabei werden folgende Stufen unterschieden:

- Ausgleichsnehmer 3. Grades haben einen Preisansatz unterhalb der Einstandskosten (UEPV).
- Ausgleichsnehmer 2. Grades haben einen Preisansatz zu Einstandskosten (= Einkaufskosten plus Bezugskosten).
- Ausgleichsnehmer 1. Grades haben einen Preisansatz zu Selbstkosten (Einstandspreis plus Handlingkosten), jedoch ohne Gewinn.
- Ausgleichsgeber 1. Grades haben einen Preisansatz zu Selbstkosten plus unterdurchschnittlichem Gewinnzuschlag.
- Ausgleichsgeber 2. Grades haben einen Preisansatz zu Selbstkosten plus planmäßigem Gewinnzuschlag.
- Ausgleichsgeber 3. Grades haben einen Preisansatz zu Selbstkosten plus überdurchschnittlichem Gewinnzuschlag.

Beispiel:

Die Einstandskosten der Artikel A–E betragen einheitlich 14 €. Die Bezugskosten belaufen sich jeweils auf 2 €, die Handlingkosten auf 4 €. Der durchschnittliche Gewinn beträgt 2 € je Produkt. Die Artikel werden zu folgenden Preisen verkauft:

120 Sektorale Ausprägungen der Preisbildung

- *Artikel C: 18 €,*
- *Artikel E: 20 €,*
- *Artikel A: 12 €,*
- *Artikel F: 21 €.,*
- *Artikel D: 19 €,*
- *Artikel B: 14 €.*

Welche Stufen der Tragfähigkeit sind gegeben?
- *Artikel A: Ausgleichsnehmer 3. Grades (Untereinstandskosten),*
- *Artikel B: Ausgleichsnehmer 2. Grades (Einstandskosten),*
- *Artikel C: Ausgleichsnehmer 1. Grades (Selbstkosten),*
- *Artikel D: Ausgleichsgeber 1. Grades (Unterplangewinn),*
- *Artikel E: Ausgleichsgeber 2. Grades (Plangewinn),*
- *Artikel F: Ausgleichsgeber 3. Grades (Überplangewinn).*

Das **Ausgleichsprinzip** unterscheidet demgegenüber nach der Dimension des Programminhalts und des Zeitablaufs. Der Ausgleich nach dem Programminhalt nutzt die Möglichkeit zum **Simultanausgleich**, bei dem preisliche Über- und Unterdeckungen verschiedener Artikel sich im gleichen Abrechnungszeitraum aufheben. Der Ausgleich nach dem Zeitablauf nutzt den **Sukzessivausgleich**, indem die Erlöse ein und desselben Artikels in mehreren Abrechnungsperioden zur Kompensation dienen. Es ist auch eine Kombination derart möglich, dass ein und derselbe Artikel im gleichen Abrechnungszeitraum zu unterschiedlichen Preisen angeboten wird. Dann handelt es sich um

Produkt	A	B	C
geplanter Absatz	100	400	200
realisierbare Preisobergrenze	10	-	8
realisierter Umsatz	1.000	-	1.600
Stückkosten und Plangewinn	12	8	10
angestrebter Umsatz	1.200	3200	2.000
Unterdeckung	200	-	400
Summe Unterdeckung		600	
Kalkulationsausgleich		3.800	
zu realisierender Preis		9,5	

Abbildung 21: Beispiel für Mischkalkulation

den Spezialfall der Preisdifferenzierung. Die Spekulation besteht jeweils darin, dass sowohl knapp als auch reichlich kalkulierte Artikel gemeinsam abgesetzt werden und so per Saldo die angestrebte Marge erbringen. Die Zugartikel dienen jedoch beim Publikum als Aufreißer, die Kompensationsartikel werden aus Bequemlichkeit im gleichen Vorgang mitgekauft (One Stop Shopping).

Beispiel:

In einer Produktgruppe gibt es vier Artikel im Sortiment des Handels. Ein Artikel fungiert als Traffic Builder und wird zu geringem Deckungsbeitrag (nicht unbedingt Verlust) verkauft. Die anderen Artikel sind weitgehend starr in ihrer Preissetzung, weil sie intensivem Preiswettbewerb unterliegen. Wie viel muss von verbleibenden Artikeln mehr verkauft werden, um den minderen Deckungsbeitrag des Aktionsartikels auszugleichen? Dazu gibt es folgende Ausgangsdaten:

- *Artikel A: Absatzmenge/Zeiteinheit: 1.000 Stück, Deckungsspanne: 2 €,*
- *Artikel B: Absatzmenge/Zeiteinheit: 500 Stück, Deckungsspanne: 1,2 €,*
- *Artikel C: Absatzmenge/Zeiteinheit: 800 Stück, Deckungsspanne: 2,5 €,*
- *Artikel D: Absatzmenge/Zeiteinheit: 1.200 Stück, Deckungsspanne: 2 €, Preissenkung auf 1,20 €.*

Der Deckungsbeitrag für Artikel A beträgt 2.000 € je Zeiteinheit, für Artikel B: 600 €, für Artikel C: 2.000 € und für Artikel D: 2.400 €, in toto: 7.000 €. Die Preissenkung von Artikel D um 0,80 € führt zu einem Deckungsbeitragsausfall von 960 €, daher muss dessen Absatz um 800 auf 2.000 Stück steigen, um insgesamt das gleiche Deckungsbeitragsniveau zu erreichen. Ob das realistisch ist, hängt von der Preiselastizität der Nachfrage für diesen Artikel ab.

8.4 Direkte Produkt-Profitabilität

Direkte Produkt-Profitabilität (DPP) ist eine Vollkostenrechnung ohne Trennung von fixen und variablen Kostenanteilen, sie ist eine Teilkostenrechnung insofern, als nur warenbezogene ausspezifizierte Prozesse erfasst werden. Sie ist eine Nutzkostenrechnung, da keine Leerkosten verrechnet werden, sie ist eine Plankostenrechnung, da Produktivitäts- und Kostenfaktoren als Durchschnittswerte erfasst sind, und sie ist eine prozessorientierte Rechnung durch Kostenerfassung nach Tätigkeitsbereichen. Ihre wesentlichen Ziele sind

- die Aufdeckung von Rationalisierungspotenzialen in der Wertschöpfung des Handels, die Regal- und Platzierungsoptimierung mit Hilfe computergestützter Regaloptimierungsprogramme, Betriebsvergleiche und Benchmarking auf Input- und Outputseite, die Sortimentssteuerung über DPR-Merchandising-Matrizen, über ABC-Analysen und Artikelergebnisrechnungen, die Überprüfung dispositiver Entscheidungen durch Simulation von Warenhandlingprozessen in Kostenauswirkungen und die Nutzung von Kennzahlensystemen zur Waren- und Artikelgruppenanalyse.

Dadurch sollen Hilfen zur

- handlungskostenoptimalen Produkt- und Packungsgestaltung, zur optimalen Zahl der Verkaufspackungen je Versandeinheit, zur optimalen Warenträgerdimensionierung, zur Optimierung der Logistik und durch Berücksichtigung ökologischer Aspekte

gegeben werden. Die Vorgehensweise ist im Groben wie folgt:

- Bestimmung von Tätigkeitsbereichen (Prozessen),
- verursachungsgerechte Ermittlung der Kosten einzelner Tätigkeitsbereiche (Prozesskosten),
- Ermittlung von Produktivitäts- und Kostenfaktoren (Cost Drivers aus Handelsbasisdaten),
- Ermittlung des Mengengerüsts für ein Produkt (produktspezifische Daten),
- Bestimmung der Direkten Produkt-Kosten (DPK) und daraus der Direkten Produkt-Profitabilität.

Dazu werden vom Netto-Verkaufspreis jedes Artikels seine jeweiligen Einstandskosten und die gesamten Handlingkosten (Vollkostenkonzept) abgezogen. Diese Bruttodifferenz (Handelsspanne/Kalkulationsaufschlag) wird dann auf den Engpasssektor im Handel, nämlich die Platzierung, bezogen. Dazu wird dieser Wert zweifach relativiert. Zum einen in Bezug auf die Regalfläche, die der Artikel in Anspruch nimmt. Denn je weniger Fläche ein Artikel einnimmt, desto effizienter kann die vorhandene Platzierung genutzt werden. Zum anderen durch die Umschlaggeschwindigkeit, denn je weniger Zeiteinheiten ein Artikel in der Platzierung verbringt, desto profitabler ist er. Setzt man diesen DPP-Wert in Relation zum eingesetzten Kapital (Umlaufvermögen), ergibt sich die Direkte Produkt-Rentabilität (DPR) *(siehe Abbildung 22: Ermittlung von DPP und DPR).*

Konkret bedeutet das: Zwei Artikel mit gleicher Handelsspanne/gleichem Kalkulationsaufschlag sind nur dann gleich profitabel, wenn sie dieselbe Re-

```
Netto-Verkaufspreis (Brutto-Verkaufspreis nach MwSt)
- Preisnachlässe für Abnehmer
+ Preiszuschläge für Abnehmer
= Netto-Netto-Verkaufspreis

Netto-Einkaufspreis (Brutto-Einkaufspreis nach VSt)
- Preisnachlässe von Lieferanten
+ Preiszuschläge von Lieferanten
= Netto-Netto-Einstandspreis

Netto-Netto-Verkaufspreis
- Netto-Netto-Einstandspreis
= Brutto-Handelsspanne
- direkte Produktkosten (Einzelkosten und geschlüsselte Gemeinkosten)
= **Direkte Produkt-Profitabilität (DPP)**
- indirekte Kosten (Gemeinkosten)
= Netto-Handelsspanne (= Gewinn)

Direkte Produkt-Profitabiltät : Umsatz zu Netto-Netto-Einstandspreis x 100
= Direkte Umsatzrendite

Umsatz zu Netto-Netto-Einstandspreis : ((Lagerendbestand + Lageranfangsbestand, *jeweils zu Netto-Netto-Einstandspreis*) : 2)
= Umschlagshäufigkeit

Direkte Umsatzrendite x Umschlagshäufigkeit
= **Direkte Produkt-Rentabilität (DPR)**
```

Abbildung 22: Ermittlung von DPP und DPR

galfläche beanspruchen und exakt gleich häufig verkauft werden, sie sind nur dann gleich rentabel, wenn sie auch denselben Kapitaleinsatz bedingen. Ansonsten ist jeweils derjenige Artikel der profitablere, der bei gleichem Handelsnutzen weniger Regalfläche bei gleicher Verkäuflichkeit beansprucht bzw. sich bei gleicher Regalflächenbeanspruchung häufiger verkauft. Von zwei Artikeln mit gleicher DPP ist wiederum derjenige der rentablere, der diese DPP bei geringerem Kapitaleinsatz realisiert.

Die dazu erforderlichen Informationen stammen aus Geschlossenen Warenwirtschaftssystemen des Handels. Dabei handelt es sich um computergestützte Daten darüber, welche Ware in welcher Menge zu welcher Zeit mit welchen Konditionen beschafft, zwischengelagert und verkauft worden ist. Dies bedingt eine vollständige Warenerfassung am Eingang, beim Übergang in die Platzierung und beim Verkauf (Scanner-Kasse).

Aus diesen Daten wiederum lässt sich eine Platzierungsoptimierung ableiten für

- hohe DPP-Werte, d. h. Artikel mit überdurchschnittlicher Umschlaggeschwindigkeit bei unterdurchschnittlichem Raumbedarf: Mehr Werbung, Zweit- und Sonderplatzierungen, intensive Regalpflege, maximale Kontaktfrequenz.
- mittlere DPP-Werte, d. h.
  - Artikel mit überdurchschnittlicher Umschlaggeschwindigkeit und überdurchschnittlichem Raumbedarf: Kostensenkung, Einrechnung von Verbundeffekten, engere Platzierung, Preiserhöhung,
  - Artikel mit unterdurchschnittlicher Umschlaggeschwindigkeit und unterdurchschnittlichem Raumbedarf: Aktion, Zweitplatzierung, Verkaufshilfen, Preissenkung,
- niedrige DPP-Werte, d. h. Artikel mit unterdurchschnittlicher Umschlaggeschwindigkeit bei überdurchschnittlichem Raumbedarf: Engere Platzierung, Rack Jobbing, Preiserhöhung, Auslistung *(siehe Abbildung 23: DPP-Matrix (Maßnahmenempfehlungen))*.

Allerdings wird ein hohes Maß an Kritik am DPP-Konzept festgemacht. Unter anderem wird hingewiesen auf die mangelnde Trennung von fixen und variablen Kosten, wodurch eine Eignung für kurzfristige Entscheide nicht gegeben ist. Außerdem entsteht ein erheblicher Erfassungsaufwand. Zudem

	unterdurchschnittlicher Raumbedarf	überdurchschnittlicher Raumbedarf
unterdurchschnittliche Umschlaggeschwindigkeit	Veraktionierung Zweitplatzierung Verkaufshilfen Preissenkung	engere Platzierung Rack jobbing Preiserhöhung Auslistung
überdurchschnittliche Umschlaggeschwindigkeit	mehr Werbung Zweit-/Sonderplatzierg. intensive Regalpflege maximale Kontaktfrequenz	Kostensenkung Einrechnung von Verbundeffekten engere Platzierung Preiserhöhung

Abbildung 23: DPP-Matrix (Maßnahmenempfehlungen)

wird nur ein Teil der Handlungskosten betrachtet. Der Bezug fokussiert auf einzelne Artikel, nicht auf Sortimente, wie es der Handelssicht viel mehr entspricht. Auch besteht nur eine Eignung für schnelldrehende Konsumprodukte.

Als Lieferant zum Handel hin hat man damit zu kämpfen, dass die Absatzmittlerstufe in Deutschland den Preis als zentralen Aktionsparameter auserkoren hat. Dies ist hoch problematisch, wird doch damit eine Preisabwärtsspirale in Gang gesetzt, die letztlich von den Herstellern zu subventionieren ist. Dabei ist die Fokussierung allein darauf ganz und gar unnötig. Ein Blick in das benachbarte Ausland zeigt, dass durchaus andere Aktionsparameter kundenanziehend wirken wie überzeugende Auswahl, qualifizierte Kaufberatung, Einkaufsbequemlichkeit, Erlebnisatmosphäre, begleitende Kundendienste etc. Alle diese Leistungen sind in der Lage, den Preisdruck zu entfernen. Nunmehr allerdings, nachdem das Preisinteresse in weiten Teilen der Bevölkerung über eine Generation hinweg geschürt worden ist, muss viel Aufwand betrieben werden, den Blick dafür zu schärfen.

9. Think global, Price local: Das Preismanagement im internationalen Geschäft

Die Internationalisierung der Märkte ist heute bei fast jedem Unternehmen angekommen. Da viele Unternehmen mehr oder minder große Teile ihres Geschäftsumfangs im Ausland tätigen oder vielleicht ausländischen Ursprungs sind, kommen zusätzliche Anforderungen auf die Preisgestaltung zu.

Zum einen geht es um den Spezialfall grenzüberschreitender, konzerninterner Verrechnungspreise, dem als Transferpreise zentrale Bedeutung in der Leistungsverrechnung zukommt. Hier sind der Preisgestaltung vor allem durch steuerliche Bestimmungen enge Restriktionen gesetzt, da immer auch bilanzielle Gewinngestaltungen damit assoziiert sind. Zum anderen geht es um Marktstörungen, die dadurch auftreten, dass für Inland und Ausland abweichende Preise festgelegt werden, die dazugehörigen Produkte aber im jeweils anderen Land für Nachfrager zugänglich werden. Dies ist angesichts offener Grenzen und digitalisierten Angebots kaum mehr zu verhindern.

9.1 Verrechnungspreise

Bei Konzernen sind konzerninterne Verrechnungspreise zwischen den rechtlich selbstständigen Unter- oder Gleichordnungsgesellschaften üblich, für die ein gewisser Preissetzungsspielraum besteht. Solche Verrechnungspreise sind etwa erforderlich bei

- Außenhandelsfinanzierungen, Hedging von Wechselkurs-/Zinsrisiken, Netting (Risikominderung) von Forderungen, zentralen Serviceleistungen (Shared Service Centers), Produktion von Halbfertig- und Zwischenerzeugnissen, Forschungs- und Entwicklungs-Ergebnissen, Verwaltung von Lizenzen, Patenten, Gebrauchs-/Geschmacksmustern und Urheberrechten, Abwicklung von Logistikprozessen, IT-Services etc.

Die Funktionen von Lenkpreisen liegen

- intern in der Lenkung der Produktionsfaktoren (optimale Allokation), der Koordination von Prozessen, der Erfolgsermittlung in weitverzweigten Unternehmen, der „Motivation" von ergebnisverantwortlichen Einheiten, der Bewertung von Unternehmensleistungen und der Vereinfachung von Investitionsentscheiden.
- extern in der Erfolgsermittlung von Geschäftseinheiten, der Dokumentation innerhalb der Rechnungslegung, der Besteuerung von verbundenen Unternehmen.

Der Verrechnungspreis kann auf unterschiedliche Weise fixiert werden. Verrechnungspreise sind **marktorientiert,** wenn die Bestimmung auf Basis von

Marktpreisen für das gehandelte Zwischenprodukt erfolgt, bereinigt um (problematisch zu quantifizierende) Verbundvorteile. Dies ist als Preisvergleichsmethode denkbar, d. h. Vergleich mit Preisen zwischen unverbundenen Unternehmen, oder als Wiederverkaufspreismethode, d. h. Vergleich mit Preisen im unabhängigen Handel, Voraussetzung ist die Existenz eines externen Marktes mit einheitlichem Marktpreis für die gehandelten Zwischenprodukte, aufgrund dessen die internen Zwischengüter voll substituiert werden können und dass liefernde und abnehmende dezentrale Einheiten Zugang zu diesem Markt haben.

Verrechnungspreise sind **verhandlungsorientiert,** wenn die Bestimmung im Wege der Verhandlungen der beteiligten dezentralen Einheiten erfolgt. Voraussetzung ist die Entscheidungsautonomie dieser Einheiten. Allerdings sind Leistungskriterien von situativen Faktoren abhängig und werden Leistungswirkungen nicht berücksichtigt. Verallgemeinerungsfähige Aussagen über Effizienzwirkungen sind zudem nicht möglich. Denkbar sind hier die Kostenaufschlagsmethode, d. h. ein verhandelter Gewinnaufschlag auf die Herstellungskosten, oder die Gewinnaufteilungsmethode, d. h. die Aufteilung des Gewinns entsprechend der Wertschöpfungsanteile oder durch Vergleich der Nettomargen von analogen Unternehmen.

Verrechnungspreise können **kostenorientiert** gesetzt werden, und zwar vollkostenorientiert, d. h., auf Basis aller Plan- oder Ist-Kosten der gesamten wirtschaftlichen Einheit. Voraussetzung ist, dass die Fixkosten der Zentrale auf die dezentralen Einheiten akzeptabel zurechenbar sind. Allerdings werden damit Kapazitätskosten als disponibel angesehen, die tatsächlich strategisch festgelegt sind (Sunk Costs). Oder teilkostenorientiert, d. h., auf Basis von Grenzkosten nur der dezentralen Einheit (Kosten einer zusätzlich bereitgestellten Leistung). Bei Kapazitätsengpässen sind die Opportunitätskosten der besten verdrängten Alternative zugrunde zu legen. Dies bietet sich nur an, wenn ein externer Markt für das Zwischenprodukt nicht oder für die Beteiligten dazu kein Zugang besteht. Schließlich können auch zweistufige Kostensätze eingesetzt werden, die verschieden hoch für lieferndes und abnehmendes Unternehmen sind.

Zielorientierte Verrechnungspreise machen an der pretialen Lenkung im Unternehmen fest. Dabei geht es vor allem um die optimale Allokation der Produktionsfaktoren, somit um eine Gewinnmaximierung. Allerdings entsteht dabei ein Zirkelschlussproblem, denn wäre die optimale Allokation bekannt, bräuchte es keine Verrechnungspreise mehr. Ist diese aber unbekannt, können auch keine entsprechenden Verrechnungspreise gebildet werden.

Der Verrechnungspreis liegt, wenn eine externe Lieferung bzw. ein externer Bezug möglich sind, in Höhe der Opportunitätskosten (= entgangener Gewinn). Dieser ergibt sich als Marktpreis, d.h. Grenzkosten plus Deckungsbeitrag. Sind eine externe Lieferung bzw. ein externer Bezug nicht möglich und besteht keine Kapazitätsbegrenzung, d.h. sind die Opportunitätskosten gleich Null, liegt er in Höhe der Grenzkosten. Besteht darüber hinaus eine Kapazitätsbegrenzung, d.h. sind die Opportunitätskosten größer Null, liegt er beim Knappheitspreis, d.h. Grenzkosten plus Deckungsbeitrag der nächstbesten verdrängten Leistungseinheit.

9.2 Transferpreise

Lenkpreise spielen vor allem bei grenzüberschreitenden Leistungen als Transferpreise eine große Rolle. Sie entsprechen nur dann vergleichbaren Marktpreisen, wenn sie der konzerninternen Ressourcenallokation und der Motivation der ergebnisverantwortlichen Subsystemleitung dienen sollen. Wenn Transferpreise für Sachgüter, Dienstleistungen, Know-how oder Kapital Entscheidungen über deren Verwendung beeinflussen sollen, sind Allokationsziele gegeben. Sollen lediglich gewünschte Erfolgsaufteilungen erreicht werden, sind Gewinnverlagerungsziele gegeben. Transferpreise unterliegen allerdings systemkritischen Bedenken und restriktiven (steuerlichen) Bestimmungen.

Transferpreise werden möglichst **niedrig** (im Vergleich zum Marktpreis niedriger) angesetzt etwa beim Ziel der:

- Verminderung ausländischer Importzölle, bilanzpolitischen Herabsetzung des Gewinnausweises der inländischen Gesellschaft, Verminderung inländischer Ertrag- und Vermögensteuern, Subventionierung förderungsbedürftiger ausländischer Konzerngesellschaften.

Transferpreise werden möglichst **hoch** (im Vergleich zum Marktpreis höher) angesetzt etwa beim Ziel der:

- Steigerung evtl. Exportsubventionen, partiellen Kompensation des Wechselkursrisikos bei Fremdwährungsforderungen, latenten Kapitalrepatriierung bei Transferbehinderungen, Interessendurchsetzung in der ausländischen Kooperationsgesellschaft.

Probleme entstehen vor allem daraus, dass die auf Basis eines Lenkpreises getroffenen Entscheidungen intern auch andere Bereiche tangieren und damit den unwirtschaftlichen Mitteleinsatz fördern (nicht den Wünschen interner Kunden entsprechend). Diesen Problemen wirken duale Verrechnungspreise entgegen, die den liefernden Bereich zu Marktpreisen, den beziehenden Bereich aber zu Teilkosten abrechnen, was jedoch zu einer Verzerrung des Gewinnausweises führt.

9.3 Marktstörungen

Marktstörungen treten durch die Verbindung internationaler Märkte auf und entstehen vor allem durch den Abstand zwischen dem niedrigsten und dem höchsten Preis für ein Produkt auf einem Auslandsmarkt. Übersteigt dieser Preisabstand die Kosten des physischen Transfers, kommt es zu unerwünschter Arbitrage, d. h. Waren, die für einen Auslandsmarkt mit niedrigem Preisniveau bestimmt sind, werden von Arbitrageuren auf Auslandsmärkte mit hohem intendierten Preisniveau transferiert und dort unter diesem Preisniveau angeboten. Dadurch kommt es zu Marktstörungen auf den Hochpreismärkten. Dies rechnet sich freilich nur, wenn die Differenz zwischen Niedrigpreis und unterbotenem Hochpreis größer ist als die durch den Transfer entstehenden Logistik- und Organisationskosten.

Solche Marktstörungen können mehrere Formen annehmen. Von **Reimport** spricht man, wenn vom Hochpreis-Inlandsmarkt in einen Niedrigpreis-Auslandsmarkt exportierte Waren ins Inland zurückverbracht und dort unterhalb des Hochpreislevels angeboten werden.

Von **Parallelimport** spricht man, wenn Waren, die zum Export vom Niedrigpreis-Inlandsmarkt in einen Hochpreis-Auslandsmarkt bestimmt sind, vom Inland durch Intermediäre unautorisiert (etwa durch Aufkauf) auf diesen Auslandsmarkt transferiert und dort unterhalb des Hochpreislevels angeboten werden.

Von einem **Grauen Markt** spricht man, wenn Waren, die in einen Niedrigpreis-Auslandsmarkt exportiert worden sind, in einem anderen Hochpreis-Auslandsmarkt weiterverbracht und dort unterhalb des Hochpreislevels angeboten werden.

Zur Verhinderung solcher Marktstörungen bieten sich mehrere Maßnahmen an. Denkbar sind etwa:
- Marktinformationssystem zur Früherkennung, Seriennummernverfolgung, Garantieregistrierung beim Hersteller, Trennung von Produktvertrieb und Kundendienst, Schnüren von Preisbündeln incl. Service, internationale Produkt-/Markendifferenzierung, Vertrieb nur über autorisierte Vertriebspartner, Sicherstellung eines ausreichenden „Normalangebots", Verknappung von Bezugsquellen von Graumarkt-Anbietern, Autorisierung bisheriger Graumarkt-Anbieter, Sensibilisierung von Vertriebspartnern für Graumarkt-Aktivitäten (incl. Vertragsstrafen), Aufklärung der Endkunden über Graumarkt-Aktivitäten (Warnung vor Risiken wie Garantieeinschränkungen), Revision der Lizenzvergabe, Aufkauf grauer Händler, Rückkauf der Graumarkt-Ware, gerichtliches Vorgehen

gegen Graumarkt-Händler, Einfluss auf die Gesetzgebung (Lobbyismus).

Sinnvoll ist vor allem die Bildung eines landesmarktspezifischen **Preiskorridors** (Funnel). Dabei wird die Preisspreizung auf ein solches Niveau nivelliert, dass die Logistik- und Organisationskosten gerade eben höher liegen als die Preisdifferenz zwischen den Märkten. Dies bedingt meist eine gleitende Preissenkung auf Hochpreismärkten und eine gleichzeitige gleitende Preisanhebung auf Niedrigpreismärkten. Allerdings sind dabei Konflikte mit anderen Preissetzungsdeterminanten zu berücksichtigen.

Statt nur über den „nackten" Preis zu attrahieren, lohnt es sich im internationalen Geschäft besonders, über andere Gestaltungsformen nachzudenken. Dazu bietet sich der Ersatz von Geld durch ein Kompensationsgeschäft an, um eigene Leistungen ganz oder teilweise nicht in Geld, sondern in Gegenleistungen des Transaktionspartners zu vermarkten. Denn vielfach ist auf ausländischen Märkten keine Zahlungsfähigkeit in Geld vorhanden oder es handelt sich um Weichwährungsländer. Dann kann ein Abschluss immer noch gerettet werden, wenn sich beide Seiten auf geldwerte Größen, etwa Rohstoffe, verarbeitete Waren oder Agrarprodukte einigen. Diese können vom entgegennehmenden Partner weitergetauscht, in Geld umgewandelt oder zur eigenen Forderungsbegleichung begeben werden. Dabei sind vielfältige Ausprägungen denkbar und auch üblich.

Außerdem bietet sich die Forcierung der Transaktion durch das Angebot von Absatzfinanzierungen an. Dabei gewährt der Anbieter dem Abnehmer einen Kredit zu Konditionen, die dieser selbst so nicht erhalten würde. Sei es durch die Geltendmachung einer besseren Bonität bei Kreditgebern oder durch Quersubventionierung aus anderen Abschlüssen. Dabei kann es sich um vielfältige kurz-, mittel- und langfristige Finanzierungen handeln, teils auch von Öffentlichen Händen, die auf unterschiedliche Weise personell oder sachlich besichert sind. Dadurch wird die Kaufkraft des Abnehmers erhöht oder auch überhaupt erst monetarisierbar. Häufig sind anderweitig im internationalen Geschäft gar keine ernsthaften Geschäftsanbahnungen mehr möglich.

Bei beiden Formen ist jedoch zu berücksichtigen, dass dabei entstehende Anbahnungs-, Durchführungs- und Opportunitätskosten Erlösschmälerungen bedeuten, welche den Gewinn verringern, so dass deren Vorteilhaftigkeit im Einzelfall zu prüfen ist.

9.4 Preis- und Kurssicherungen

Bei Warengeschäften bildet sich der Vertragspreis aus dem auf bestimmte Konditionen abgestellten Preis der Ware und dem Preis der Währung, in der die Zahlung des Vertragspreises vereinbart wird. Im internationalen Geschäft (Nicht-EU) stellt sich diese Währung zumindest für eine der beiden Vertragsparteien als Fremdwährung dar, in vielen Fällen ist sie es für beide Seiten (wenn in Drittlandwährung abgerechnet wird). Dabei besteht die Gefahr, dass sich der Wechselkurs im Zeitraum zwischen Angebotsabgabe/Vertragsabschluss und Zahlungsausgleich verschlechtert. Dies bedeutet beim Lieferanten Erlösschmälerung bzw. beim Abnehmer Preiszuschlag. Dies gilt umso mehr, je stärker Währungen innerhalb von Korridoren gegeneinander floaten. Bereits geringe Schwankungen kumulieren sich so bei hohen Abschlusssummen zu erheblichen Beträgen, außerdem können sich die Interventionspunkte ändern. Zur Kursbesicherung ergeben sich verschiedene Instrumentarien:

- sorgfältige Auswahl der Vertragswährung, Konzentration auf wenige, schwankungsarme Währungen, Kompensation durch parallele Export- und Importgeschäfte in derselben Währung, Vertragsabschluss in eigener Währung (falls durchsetzbar und nicht von Abwertung bedroht) und Vereinbarung von Kurssicherungsklauseln.

Hinzu kommt die Durchführung geschäftsbegleitender Operationen wie Diskontierung von Fremdwährungswechseln, Aufnahme von Krediten in Fremdwährung und Abschluss von Wechselkursversicherungen. Dabei sind vor allem Devisenterminverkäufe (bei Export) bzw. -käufe (bei Import), der Abschluss mehrfacher Kassa- und Termingeschäfte am Devisenmarkt und von Devisenoptionen zu nennen.

Devisen sind an ausländischen Plätzen zahlbare Zahlungsanweisungen in fremder Währung (ausländische Banknoten und Münzen sind Sorten). Für Devisen erfolgt eine Einheitskursfestsetzung an der Börse. Zwischen innerdeutschen Börsenplätzen wird dabei ein Mittelkurs gebildet. Die Nutzung von Kursdifferenzen erfolgt in Arbitrage-Geschäften (Hochfrequenzhandel).

Die dem internationalen Devisenhandel zugrunde liegenden Kurse werden in Abhängigkeit davon, ob es sich um Kaufgebote oder Verkaufsangebote für Währungen handelt als **Geldkurs** oder **Briefkurs** notiert. Der Briefkurs ist stets höher als der Geldkurs, was durch die Transaktionskosten bedingt ist, das arithmetische Mittel beider ist der Mittelkurs. Der **Terminkurs** weicht wiederum davon ab, liegt er höher als der **Kassakurs**, handelt es sich um einen **Report**, liegt er niedriger, um einen **Deport**. Diese Swap-Sätze sind abhängig von den Zinsniveaus in den Ländern und der momentanen Angebots- und Nachfragesituation am Markt. Die Terminkurse für verschiedene Fälligkeiten weichen voneinander ab, Deports und Reports steigen infolge zunehmender Unsicherheit mit der Zeit.

Beim **Devisenkassageschäft** kauft der Importeur die zur Begleichung seiner Verbindlichkeiten benötigten Devisen nicht erst bei Fälligkeit zum dann gerade geltenden Kassakurs an, sondern früher, meist bei Vertragsabschluss per Termin/zum Terminkurs. Den Gegenwert für die gekauften Devisen muss er jedoch erst bei Fälligkeit des Termingeschäfts liefern. Er kann somit bis dahin über diesen Betrag verfügen. Analog kann der Exporteur meist bei Vertragsabschluss die erwarteten, später fälligen Devisenbeträge per Termin verkaufen. Da der Kurs mit Abschluss des Kontrakts festgelegt wird, steht bereits dann fest, wie hoch der Gegenwert einer Währung zum Zeitpunkt des späteren Zahlungstermins ist, unabhängig davon, wie die Kurse der Währungen schwanken. Damit ist eine sichere geschäftliche Kalkulationsbasis gegeben. Andererseits verhindert dies die Mitnahme von Kursgewinnen aus Paritätsverschiebungen (Windfall Profits).

Beim **Devisentermingeschäft** vereinbart ein Bankkunde mit seiner Bank ein festes Umtauschverhältnis für Devisen zu einem späteren Zeitpunkt. Der Abschluss eines Devisentermingeschäfts sichert damit Paritätsverschiebungen ab, indem ein festes Währungsumtauschverhältnis vorab festgelegt wird, unabhängig davon, wie der Tageskurs sich später gestaltet. Bei einer in absehbarer Zukunft fälligen Zahlung in Auslandswährung kann der Zahlungsverpflichtete zum Zweck der Kurssicherung den Ankauf der betreffenden Valuta in der erforderlichen Höhe veranlassen, um das Risiko der Wechselkursänderung im Zeitraum bis zum Zahlungsziel abzusichern. Devisentermingeschäfte bieten somit eine feste Kalkulationsbasis.

Ebenso wie bei Waren sind auch bei Devisen **Optionen** als hochspekulative Kontrakte möglich. Der Käufer einer Kauf- bzw. Verkaufsoption vereinbart mit deren Verkäufer, dass dem Käufer das Recht zusteht, während der Optionsfrist eine Devise zu einem festen Basiskurs zu erwerben. Dafür zahlt er einen Optionspreis. Es besteht keine Pflicht zur Erfüllung des Geschäfts.

Es wird also nicht die Devise (oder Ware) selbst gehandelt, sondern ausschließlich der Kontrakt darüber, ohne das Realgeschäft im Hintergrund:

- Bei der **Verkaufsoption** (Put Option) hat ein Käufer das Recht, den Terminkontrakt während oder am Ende der Laufzeit an den Verkäufer der Verkaufsoption als Stillhalter zum Basispreis gegen Zahlung des Optionspreises zu liefern. Der Käufer wird dies nur dann tun, wenn der Kurs fällt. Damit ist neben der Abdeckung des Verlustrisikos auch die Chance auf zusätzliche Gewinne gegeben.
- Bei der **Kaufoption** (Call Option) hat der Käufer das Recht, einen Terminkontrakt während oder am Ende der Laufzeit vom Verkäufer der Kaufoption zu einem im Voraus vereinbarten Basispreis zu erwerben. Dafür zahlt er einen Optionspreis als Prämie. Der Käufer wird von die-

sem Recht nur Gebrauch machen, wenn der Tageskurs erheblich über dem Basispreis liegt. Damit ist das Verlustrisiko abgedeckt.

Daraus ergeben sich folgende Konstellationen:
- Der **Käufer** einer **Kaufoption** hat ein Erwerbsrecht zum vereinbarten Kurs gegen Zahlung des Optionspreises. Er erwartet Kurssteigerungen (Bullish). Seine Gewinnchance ist unbegrenzt, sein Verlustrisiko auf den Optionspreis limitiert. Der Vorteil liegt im günstigen Einkauf bei Kurssteigerung.
- Der **Verkäufer** einer Kaufoption hat eine Lieferpflicht zum vereinbarten Kurs gegen Erhalt des Optionspreises. Er erwartet Kursstagnation (Bearish). Seine Gewinnchance ist auf den Optionspreis limitiert, sein Verlustrisiko unbegrenzt. Der Vorteil liegt in der Verringerung des Einstandspreises bei Kursflaute.
- Der **Käufer** einer **Verkaufsoption** hat das Lieferrecht zum vereinbarten Kurs gegen Zahlung des Optionspreises. Er erwartet einen Kursverfall. Der Käufer profitiert, indem Kurssenkungen für ihn keinen Verlust bedeuten, wobei sein Risiko auf den Optionspreis begrenzt ist. Der Vorteil liegt im Schutz vor Kursverfall.
- Der **Verkäufer** einer Verkaufsoption hat die Abnahmepflicht zum vereinbarten Kurs gegen Erhalt des Optionspreises. Er erwartet Kursstagnation. Der Verkäufer profitiert maximal in Höhe des Optionspreises, wobei sein Risiko unbegrenzt ist, er aber auf Gewinn ohne Kapitaleinsatz spekuliert.

Als Konsequenz bedeutet der Verkauf eines Produkts im Ausland durch Export bei Fakturierung in:
- Inlandswährung bei Abwertung der Auslandswährung, dass der Gewinn konstant bleibt, der Preis steigt aus Sicht des ausländischen Abnehmers.
- Auslandswährung bei Abwertung der Auslandswährung, dass der Gewinn sinkt, der Preis aus Sicht des ausländischen Abnehmers bleibt konstant,
- Inlandswährung bei Aufwertung der Auslandswährung, dass der Gewinn konstant bleibt, der Preis sinkt aus Sicht des ausländischen Abnehmers,
- Auslandswährung bei Aufwertung der Auslandswährung, dass der Gewinn steigt, der Preis aus Sicht des ausländischen Abnehmers bleibt konstant.

10. Unter Profis: Das Preismanagement mit Firmenkunden

Der weitaus größte Teil des unternehmerischen Umsatzes ergibt sich im Firmenkundengeschäft, also im Austausch von Waren und Diensten mit Gewerbetreibenden. Bevor ein Kaufakt mit privaten Endabnehmern zustande gekommen ist, sind dem mehr als drei Kaufakte mit gewerblichen Abnehmern vorausgegangen. Hinzu kommt, dass dem Firmenkundengeschäft Aspekte zu eigen sind, die im Privatkundengeschäft erst allmählich entdeckt werden, so das Beziehungsmanagement zwischen Anbieter und Abnehmer, der unverzichtbare Anteil produktbegleitender Dienstleistungen oder die Einbeziehung internationaler Dimensionen in den Kaufentscheid. Vielfach diskutiert wird, inwieweit Preisentscheidungen im B-t-B-Kontext eine andere Bedeutung zukommt als im B-t-C-Kontext. Unterstellt wird dabei im Firmenkundengeschäft zumeist eine mehr fakten- und argumentenbezogene Sicht als im Privatkundengeschäft, wo eher emotionale, erlebnis- und imageorientierte Elemente bedeutsam sein sollten.

Ob dem wirklich so ist, kann bezweifelt werden. Denn häufig werden in Unternehmen Anschaffungen nicht unter strikten Preisgünstigkeitsgesichtspunkten getätigt, sondern es spielen irrationale Argumente wie Risikoreduktion, Sozialwirkung und Sympathie mit dem Anbieter eine bedeutsame Rolle. Das ist auch nicht weiter verwunderlich. Die gemeinsame Variable hinter diesen beiden Entscheidungsregeln ist der Mensch, der sowohl im geschäftlichen wie im privaten Bereich durchweg die Entscheidung trifft. Und es entspricht einem gewöhnungsbedürftigen Menschenbild, wenn ein und dieselbe Person, die im privaten Bereich unstreitig nach emotionalen Erwägungen Kaufentscheide trifft, sich kaum, dass sie an der Pförtnerloge vorbei ist, in einen strikten „Number Cruncher" verwandelt. Vielmehr dürfte es so sein, dass Menschen auch im geschäftlichen Bereich zu hohem Anteil emotionale Entscheide treffen, sie aber wissen, dass sie dafür eine rationale Absicherung schaffen müssen, um in der Organisation nicht angreifbar zu werden. Die Mittel dazu sind Scorings zu Angebotsvergleichen, Gewichtungen der Beurteilungsdimensionen und Einbezug fallweise willkommener Hilfskriterien.

Dies hat Auswirkungen auf Preisverhandlungen, die kaum zu unterschätzen sind und erst dann an Bedeutung verlieren, wenn der Anteil maschinell ausgeführter Kaufentscheide, wie sie auf virtuellen Marktplätzen anzutreffen sind, signifikant steigt. Einen Sonderfall stellen Preisgleitklauseln dar, die den Anbieter in eine sehr willkommene Position versetzen, sofern diese im Markt denn durchsetzbar ist.

10.1 Charakteristika des Firmenkundengeschäfts

Dieser Markt ist durch zahlreiche Besonderheiten gegenüber Konsumentenmärkten charakterisiert. Die Geschäftsarten lassen sich im Einzelnen in folgende Bereiche einteilen.

10.1.1 Geschäftsarten

Das **Rohstoffgeschäft** bezieht sich auf die Vermarktung unverarbeiteter Urprodukte (Anbau-/Abbauwaren) sowie von Einsatzstoffen auf geringem Verarbeitungsniveau (Hilfs- und Betriebsstoffe). Wegen des hohen Grads an Standardisierung der Rohstoffe ist die Ausbildung eines akquisitorischen Potenzials dort ausgesprochen schwierig.

Das **Systemgeschäft** bezieht sich auf die Vermarktung von Leistungen (Komponenten/Teilsysteme), die untereinander in einem Kaufverbund stehen, d. h. der Initialkauf determiniert Folgekäufe. Sofern es sich dabei um geschlossene (proprietäre) Systeme handelt, haben Folgekäufe anbietertreu zu erfolgen, sofern es sich um offene Systeme handelt, haben sie zumindest systemtreu zu erfolgen. Ein Stand Alone-System ist allein funktionsfähig, ein Kritische Masse-System bedarf zu seinem Erfolg einer gewissen Mindestmarktverbreitung der Komponenten, und ein Verkettungssystem besteht seinerseits aus verschiedenartigen Teilsystemen.

Im **Anlagengeschäft** hat sich eine Sichtweise in Kauf- bzw. Verkaufsphasen durchgesetzt. Dabei werden die Voranfragephase, die Anfragephase, die Angebotserstellungsphase, die Kundenverhandlungsphase sowie die Abwicklungs- und Gewährleistungsphase unterschieden. Das Anlagengeschäft wird im Allgemeinen als am typischsten für das industrielle Marketing empfunden.

Das **Produktgeschäft** bezieht sich auf Komponenten (Einzelteile, Baugruppen) und Aggregate (allein funktionsfähig), die in Massen-, Serien- oder Sortenfertigung hergestellt und daher konsumgüterähnlich vermarktet werden können. Weitere Geschäftsarten betreffen das Immobiliengeschäft und das Energiegeschäft.

Das **Zuliefergeschäft** erfolgt als Erstausrüstung, zur Nachrüstung oder als Ersatzteile, die in ein Endprodukt eingebaut werden, wobei ihre Identität erhalten bleiben oder verlorengehen kann. Die Zusammenarbeit der gewerblichen Partner erfolgt meist als Win-Win-Beziehung, häufig in Form einer Lieferantenpyramide.

Das **Dienstleistungsgeschäft** hat steigende Bedeutung zur Angebotsdifferenzierung, wenn das Kernprodukt und die Marke allein nicht mehr hinreichend differenzieren. Dabei ist sowohl an produktbegleitende wie dienstleistungsbegleitende als auch selbstständige (primäre) Dienstleistungen zu denken.

10.1.2 Kaufverhalten

Für das Kaufverhalten in Organisationen sind als grundlegende Merkmale die Multitemporalität, Multioperativität, Multiorganisationalität und Multipersonalität kennzeichnend.

Geht man davon aus, dass die Kaufsituation durch den Neuheitsgrad des Problems für die am Kaufprozess beteiligten Personen, durch den Informationsbedarf der am Kaufprozess beteiligten Personen und die neuen Alternativen, denen von den Entscheidungsträgern ernsthaft Aufmerksamkeit geschenkt wird, gekennzeichnet ist, ergeben sich aus Nachfragersicht absteigend der Erstkauf, der modifizierte Wiederholungskauf und der reine Wiederholungskauf.

Beim **Buygrid-Ansatz** werden Kaufphasen in der einen Dimension unterschieden: Problemerkennung, Festlegung der Produkteigenschaften, Beschreibung der Produktionsanforderungen, Lieferantensuche, Beurteilung der Lieferanteneigenschaften, Einholung von Angeboten, Bewertung von Angeboten, Auswahl von Lieferanten, Bestell- und Abwicklungstechnik, Ausführungskontrolle/-beurteilung. Die andere Dimension wird durch die Kaufklassen (Erstkauf, modifizierter Wiederholungskauf, reiner Wiederholungskauf) gebildet. Im Ergebnis können dann die Funktionsträger im Unternehmen (also Geschäftsführung, Techniker, Einkäufer, Lieferant etc.) gemäß diesen Phasen und Kaufklassen zugeordnet werden. Freilich ändert sich der Durchlauf der Kaufphasen je nach dem gerade anstehenden Kaufentscheid.

Es ist sinnvoll, eine Marktsegmentierung auch im B-t-B-Sektor anzustreben. Dafür bieten sich verschiedene Merkmale als Ansatzpunkte an, die einzeln, stufenweise abfolgend oder kombiniert genutzt werden können:
- firmendemographische Merkmale wie Größe des Unternehmens, Zugehörigkeit zu Branche(n), Betriebsform des Unternehmens, Standorte der Betriebe etc.,
- ökonomische Merkmale wie Finanzkraft des Unternehmens, Liquiditätssituation, Vermögensstatus etc.,
- psychographische Merkmale der Entscheidungsträger wie Kenntnisse, Risikoneigung, Einstellungen etc.,
- verhaltensbezogene Merkmale der Entscheidungsträger wie Kaufkriterien, Verwendungssituation etc.

Einkaufsentscheidungen einer gewissen Größenordnung werden typischerweise nicht mehr von Einzelpersonen getroffen, sondern von Einkaufsgremien (**Buying Centers**). Diese bestehen aus unterschiedlichen Personen, die verschiedene Funktionen wahrnehmen. Denkbar ist auch, dass ein Mitglied mehrere Funktionen gleichzeitig oder nacheinander übernimmt oder mehrere Mitglieder sich eine Funktion teilen. Einzelne Funktionen können fallweise oder dauerhaft auch von Externen übernommen werden. Modellhaft werden fünf Typen im Buying Center unterschieden: **Vorselektierer, Verwender, Beeinflusser, Einkäufer** und **Entscheider.** Problematisch ist dabei, dass die den einzelnen Funktionen zugehörigen Personen nicht vorab identifiziert werden können und deren tatsächlicher Entscheidungsanteil meist verschwommen bleibt, obgleich diese Informationen von höchster Bedeutung sind.

Bei Kaufentscheidungen in Organisationen lassen sich unterschiedliche Rollenauffassungen feststellen. Das Promotoren-Opponenten-Konzept (**Potenzialkonzept**) unterscheidet zwischen Personen, die innovative Einkaufsentscheidungen unterstützen, und solchen, die sie blockieren wollen. Erstere sind **Promotoren**, letztere **Opponenten.** Beide Gruppen stützen sich auf hierarchische Macht, Fachwissen oder Organisationskenntnisse. So entstehen Machtpromotoren, Fachpromotoren und Prozesspromotoren sowie Machtopponenten, Fachopponenten und Prozessopponenten. Im Wesentlichen bleibt der Einfluss der einzelnen Beteiligten am Beschaffungsvorgang jedoch verborgen. Wer im spezifischen Fall freilich Opponent ist und wer Promoter, hängt vom jeweiligen Standpunkt des Betrachters ab. Oft handeln sie auch subversiv.

Das **Reagiererkonzept** unterscheidet zwischen den Prototypen des **Faktenreagierers** (Clarifier) und des **Imagereagierers** (Simplifier). Dieselben Argumente, die für den Clarifier von höchstem Interesse sind, nämlich detaillierte Angaben zu Leistungsmerkmalen, Konstruktionselementen, Materialien etc., langweilen Simplifier. Und umgekehrt diejenigen Argumente, die für Simplifier hoch interessant sind, nämlich Kostenersparnis, Wettbewerbsvorteil, Motivationssteigerung etc., sind dem Clarifier viel zu allgemein gehalten. Daher ist es wichtig, sich zu verdeutlichen, welchem Reagierertyp der Ansprechpartner auf der Einkaufsseite angehört, um die Argumentation entsprechend darauf abzustimmen. Als Mischtyp gibt es noch den Reaktionsneutralen, dem eine ausgewogene Relation aus punktuell vertiefenden Informationen bei gleichzeitiger Wahrung eines gesamthaften Überblicks zuzuschreiben ist.

Dem bereits betrachteten Buying Center auf der Einkaufsseite steht meist ein **Selling Center** auf der Verkaufsseite gegenüber. Zum Selling Center gehören für gewöhnlich folgende Typen von Teilnehmern: **Geschäftsführer** (als Äquivalent zum Decider im Buying Center), **Schlüsselkundenberater** (als

Äquivalent zum Buyer), **Anwendungsberater** (als Äquivalent zum Influencer), **Techniker** (als Äquivalent zum User) und **Vertriebler** (als Äquivalent zum Gatekeeper). Bei der Zusammensetzung des Selling Center ist besonders auf äquivalente Fach-, Sozial- und Methodenkompetenzen zu achten (Schlüsselqualifikationen). Außerdem werden meist bestimmte Rollen verteilt. Konflikte können dabei nicht nur zwischen Anbieter- und Nachfragerseite auftreten, sondern auch innerhalb der Anbieter- oder innerhalb der Nachfragerpartei.

10.2 Preisgleitklauseln

Angesichts sich rasch verändernder Umfeldbedingungen ist vor allem die Preisbestimmung über einen längeren Zeitraum hinweg schwierig. Für die Preisangabe bieten sich mehrere Alternativen:

- Der **Festpreis** gilt unabhängig von Veränderungen, er enthält Risiken für die Parteien, indem der Käufer mögliche Preissenkungen nicht realisieren kann und der Verkäufer keine möglichen Preissteigerungen.

- **Preisvorbehaltsklauseln** (wie „es gilt Tagespreis", „auf Nachfrage") bedingen ein hohes Risiko für die Käuferseite, während die Verkäuferseite eine zügige Anpassung realisieren kann.

- Die Festlegung einer **Selbstkostenerstattung** als Preisuntergrenze verlagert das Risiko ebenso einseitig auf die Käuferseite.

Daher bieten sich Wertsicherungsklauseln an. Sie sollen Kalkulationsrisiken in Bezug auf das Mengengerüst und die Berechnungsmodalitäten der Kosten abfedern, Risiken aus speziellen Preisänderungen für die Einsatzfaktoren verringern, hinsichtlich der Veränderungen des allgemeinen Preisniveaus oder aufgrund von Wechselkursänderungen im internationalen Geschäft.

Die Fixierung des endgültig relevanten Preises wird von der Preisentwicklung bestimmter Elemente (meist Materialkosten und Lohnkosten, aber auch Energie, Verpackung etc.) abhängig gemacht. Dabei können bestimmte Elemente aus der Gleitung herausgenommen oder zumindest innerhalb einer **Toleranzgrenze** „gedeckelt" (Ceiling) oder „begrenzt" (Bottoming) werden.

Preisgleitklauseln haben die Aufgabe, den Vertragspreis der zeitlichen Entwicklung anzupassen. Damit wird die Festlegung des Preises auf einen späteren Zeitpunkt verschoben, indem der Preis zum Zeitpunkt des Vertragsabschlusses um Veränderungen der Faktorpreise zwischen Vertragsabschluss- und Lieferzeitpunkt korrigiert wird, wobei die Faktoren im Allgemeinen gewichtet sind. Dabei wird meist die Anpassung an Preissteigerungen vereinbart, wodurch der Abnehmer das Preisrisiko trägt. Dies bietet sich bei lang dauernder Herstellzeit, langen Lieferfristen, inflationsbedingten Preisschwankungen oder Währungsunsicherheiten an. Sie stellen also meist einen Lieferantenschutz dar. Im Einzelnen handelt es sich nach dem Fixanteil um **Vollgleitklauseln** für alle Kostenbestandteile und **Teilgleitklauseln** nur für Lohn- und Materialkosten. Ausgehend vom Preis entstehen Gleitklauseln für den **Gesamtpreis** oder einzelne Preisbestandteile (Restpreisgleitung/**Partialpreis**, z. B. ohne Anzahlung). Elemente sind dann der Preis am Basisstichtag, ein nicht gleitender Preisanteil, der gleitende Anteil der Materialkosten am Preis, der gleitende Anteil der Lohnkosten am Preis sowie die Veränderung der Materialkosten zwischen dem Basisstichtag und dem Abrechnungstag bzw. die Veränderung der Lohnkosten zwischen Basisstichtag und Abrechnungstag anhand eines Indexwerts.

Problematisch sind jedoch eine Änderung der Kostenstruktur während der Erstellung, die Bewertung von Anzahlungen, die Aufteilung der Preisbestandteile bei Anbietergemeinschaften, Preisveränderungen bei Lieferverzögerungen, Preisbelege und -kontrollen, Marktpreisschwankungen etc. (bei Preisgleitklauseln ist der Widerstand der Anbieter gegen Kostensteigerungen bei Lieferanten geringer).

Preisgebotsmodelle (Competitive Bidding) stellen Verfahren zur Entscheidungsfindung über Preisgebote bei Marktveranstaltungen unter Anbieter- oder Nachfragerkonkurrenz dar. Im Wesentlichen geht es darum, nach Wahrscheinlichkeitsangaben die Preisgrenzen zu bestimmen, ab denen ein Auftrag in jedem Fall an einen Konkurrenten vergeben wird (oberer Grenzpreis) bzw. in jedem Fall dem eigenen Unternehmen zufällt (unterer Grenzpreis). Außerdem geht es darum, einen Preis zu bestimmen, bei dem die Chancen zur Vergabe an einen Konkurrenten oder an das eigene Unternehmen aufgrund von Kundenpräferenzen gleich hoch sind. Sowie das Ausmaß an Preisveränderungen zu bestimmen, das zum Entscheid zugunsten des einen oder des anderen Anbieters führt (Preisempfindlichkeit). Aus diesen Inputdaten kann ein Funktionsverlauf für den Preiszuschlag angenähert werden, der für alternative Preise die Zuschlagswahrscheinlichkeit ausweist. Als Prämisse gilt dabei allerdings, dass nur ein Konkurrent vorhanden ist.

Für die verschiedenen möglichen Angebotspreise ist daher die Wahrscheinlichkeit zu ermitteln, mit der ein Anbieter den Zuschlag erhalten kann. Daraus kann der Erwartungswert für die Deckungsbeiträge ermittelt werden. Allerdings sind die Wahrscheinlichkeitsannahmen notwendigerweise subjektiv immer verzerrt. Unter Betrachtung alternativer eigener Preise und relevanter Konkurrenzpreise ist dann die Eintrittswahrscheinlichkeit verschiedener Eigen-/Fremdpreiskombinationen abzuschätzen und ein eigener Preis festzulegen, der den höchsten Erwartungswert für den Zuschlag hat (Erwartungswert des DB = DB mal Zuschlagswahrscheinlichkeit) *(siehe Abbildung 24: Preisgebot).*

Höhe des Gebots	Gewinn / DB absolut	Zuschlags-wahrschein-lichkeit	Gewinnerwar-tungswert	Priorität
1.500	- 400	1	- 400	-
1.600	- 300	0,90	- 270	-
1.700	- 200	0,80	- 160	-
1.800	- 100	0,70	- 70	-
1.900	0	0,50	0	-
2.000	100	0,30	30	2
2.100	200	0,20	40	1
2.200	300	0.10	30	2
2.300	400	0	0	-

Abbildung 24: Preisgebot (Competitive Bidding)

10.3 Preisverhandlungen

Der stets zu hohe Preis stellt zweifelsfrei das größte Abschlusshindernis dar. Da der Preis aber ohnehin immer zu hoch ist, braucht man ihn nicht weiter zu entschuldigen, sondern kann ihn offensiv argumentieren. Dafür stehen zahlreiche Gesprächstechniken zur Verfügung:

- **Verzögerung.** Dies besagt, dass zunächst die Produktvorteile genannt werden und dann erst der Preis. Dies muss im Übrigen die Regel der Vorgehensweise sein. Denn der Preis ist immer relativ, und je wertiger das Angebot, desto mehr Gegenleistung ist es berechtigterweise Wert. Dies vermeidet auch den sonst vielleicht drohenden Preisschock.
- **Sandwich.** Dies besagt, dass der Preis vorher und nachher von Produktvorteilen eingerahmt wird. Dadurch bekommen diese argumentatives Übergewicht gegenüber dem dafür zu leistenden Preisopfer.
- **Relativierung.** Der Preis wird durch Vergleich mit anderen, eher gewöhnten Ausgaben wahrnehmungsmäßig abgeschwächt und verkleinert. Dadurch kann die Akzeptanz des Preises entscheidend erhöht werden.
- **Differenz.** Es wird nur die Zuzahlung als Mehrpreis zwischen einem Standard- und einem Premiumangebot genannt, oder auch zwischen

zwei konkurrierenden Angeboten. Gemessen am absoluten Preis ist der relative Mehrpreis dann leichter verschmerzbar. Dies bietet sich auch bei Kompensationsgeschäften an.
- **Verkleinerung.** Der Preis wird hierbei auf Einzeleinheiten bezogen. Dies bietet sich allerdings eher für Mengenprodukte an, die nur einen optisch niedrigen Stückwert haben (Division).
- **Vergrößerung** (beinhaltete Stückzahl oder Ausstattung). Der Preis wird auf die darin implizierte Stückzahl bezogen und wirkt dadurch optisch günstiger. Dies bietet sich in erster Linie bei Sammelangeboten an (Multiplikation).
- **Appell.** Dies besagt, dass das Sicherheitsgefühl des Kunden angesprochen wird. Ihm wird suggeriert, dass er bei seiner Investition kein Risiko eingehen und eher das bessere Angebot wählen sollte, das allerdings auch seinen (höheren) Preis hat.
- **Nachteil.** Dies besagt, dass die Produktnachteile der billigeren Kaufalternative aufgezeigt werden. Recht gefährlich daran ist allerdings, dass, zwischen zwei schlechte Alternativen gestellt, die eine zu teuer und die andere nicht gut genug, der Abnehmer den Kauf leicht verweigern kann.
- **Zerlegung.** Dies besagt, dass die Gesamtleistung eines Angebots auf dessen Einzelleistungen zurückgeführt wird, deren Preise jeweils optisch niedrig scheinen und damit mutmaßlich auf weniger Kaufwiderstand stoßen.
- **Zugabe.** Das bedeutet, dass zum puren Produkt weitere, geldwerte Vorteile gewährt werden. Dabei handelt es sich allerdings um eine kostenaufwändige Methode, die daher nur als Ultima ratio eingesetzt werden sollte.
- **Do ut des.** Etwaige Preiszugeständnisse werden dabei nur bei gleichzeitiger Gegenleistung des Abnehmers gewährt, d.h., es geht Zugeständnis für Zugeständnis zu, was dann betriebswirtschaftlich wieder vertretbar ist.
- **Qualität.** Dies besagt, dass der höhere Preis eines Angebots gegen seine höhere Leistung, die diesen rechtfertigt, gestellt wird. Dem liegt ein Denken im Preis-Leistungs-Verhältnis zugrunde.
- **Nutzen.** Darunter versteht man, dass dem Abnehmer vor Augen geführt wird, welche Anforderungen er selbst an die Qualität stellt und dass diese mit billigeren, weniger leistungsfähigen Angeboten nicht hinreichend zu befriedigen sind.

- **Nutzenentgang.** Dies besagt, dass der Abnehmer mit der Konsequenz eines Nichtkaufs konfrontiert wird, nämlich auf die mit dem Kauf verbundenen Nutzen zu verzichten. Dieser Hebel hilft, vorsichtig angesetzt, zaudernde Kunden, die schon halb entschlossen sind, über die Kaufschwelle zu hieven.

Nun ist es wichtig, den „Sack zuzumachen", vertriebstechnisch spricht man vom Closing. Hier werden von Kunden oftmals Vorwände eingebracht, die aus Angst um die Endgültigkeit des Abschlusses entstehen und gefährliche **Abschlusshindernisse** darstellen. Solche Vorwände darf man nicht gelten lassen. Dazu einige Beispiele:

- Vertrösten („Ich rufe Sie dieser Tage wieder an.")

  Hier muss man hinterfragen, welche Informationen denn zur Entscheidung aktuell noch fehlen. In jedem Fall muss ein Nachfass erfolgen.

- Entscheidungsflucht („Ich habe jetzt keine Zeit, mich damit zu beschäftigen.")

  Der Verkäufer kann anbieten, gerade wegen des Zeitmangels, Entscheidungshilfen zu liefern, die den Einkäufer entlasten.

- Desinteresse („Ich habe kein Interesse an Ihrem Angebot.")

  Hierbei soll hinterfragt werden, welche Gründe dafür ausschlaggebend sind, dass ein leistungsfähiges Angebot als nicht interessant qualifiziert wird.

- Angebotseinholung („Ich will erst noch andere Angebote prüfen.")

  Hier kann überlegt werden, ob man den Einkäufer auf Knackpunkte hinweist, auf die es beim Angebotsvergleich ankommt, damit nachher keine schiefen Vergleiche (zum eigenen Nachteil) gezogen werden.

- Kein Entscheidungsdruck („Für eine Entscheidung ist es jetzt noch zu früh.")

  Dies liegt gerade bei lang laufenden Projekten nahe, wo es auf ein paar Tage nicht anzukommen scheint. Daher soll daran erinnert werden, dass man, je früher man agiert, später desto weniger unter Zeitdruck gerät.

- Vorwand („Aber ich habe doch gar kein Budget frei.")

  Der Verkäufer muss hier unbedingt auf die vorteilhaften Möglichkeiten der Absatzfinanzierung zu sprechen kommen.

- Ablehnung („Ich habe mich für einen anderen Anbieter entschieden.")

  Zunächst soll man erfragen, ob der Vertrag wirklich schon unterschrieben ist, wenn nein, kann der Einkäufer nur gewinnen, wenn er ein weiteres Angebot zum Vergleich einholt. Wenn ja, kann man immer noch sportlich gratulieren.

- Kompetenzmangel („Ich will das Angebot erst mit meinem Controller besprechen.")

  Hier kann der Verkäufer auf einen gemeinsamen Termin hinwirken, um etwaige Unklarheiten bei dieser Gelegenheit sofort zu klären. Auf keinen Fall sollte man Berührungsängste zeigen.

- Ablehnung durch Dritte („Mein Controller hat mir abgeraten.")

  Dann kann der Verkäufer vorsichtig abfragen, welche bessere Lösung der Controller denn vorgeschlagen hat. Gegen diese Lösung kann dann anargumentiert werden.

- Unsicherheit („Sie sind der erste Anbieter, mit dem ich in dieser Sache gesprochen habe.")

  Es kommt nicht darauf an, das wievielte Angebot es ist, sondern es kommt nur darauf an, ob das Angebot passt. Wenn es gleich das erste ist, umso besser.

Leider gehört auch, jenseits jeder Stilfrage, der Einsatz **unfairer Einkäufertaktiken** zum Repertoire, um den Preis zu drücken. Dazu im Folgenden einige Beispiele:

- Der Einkäufer lässt den Verkäufer warten. Hier ist es berechtigt, sich nach einiger Zeit in Erinnerung zu bringen, erst recht wenn es sich um einen angemeldeten Termin handelt, dann geht der moralische Druck auf den Gesprächspartner über. Zusätzlich kann man zwei neue Terminvorschläge vorlegen, und notfalls sollte man gehen.

- Der Einkäufer setzt den Verkäufer unter Zeitdruck („Fassen Sie sich bitte kurz, ich habe noch andere Termine."). Hier kann man argumentieren, dass die komplexe Problemlage gerade im Interesse des Käufers eine angemessene Behandlung verdient. Notfalls kann man einen neuen Termin vereinbaren. Hilfreich ist auch die Vereinbarung eines Zeitrahmens vor dem Gespräch, ist dies nicht erfolgt, sollte der Verkäufer eingangs den Zeitrahmen abfragen. Hält der Einkäufer sich dann nicht daran, kann man das hinterfragen.

- Der Einkäufer äußert sich so wenig wie möglich. Hier soll der Verkäufer mit offenen Fragen arbeiten, die den Gesprächspartner veranlassen, seine Meinung kundzutun. Notfalls kann man mit naheliegenden Annahmen operieren, die der Einkäufer schon zurückweisen wird, wenn sie nicht zutreffen. Auf keinen Fall darf man aber die Zeit mit Monologen vertun, sondern muss den Dialog erreichen (notfalls durch leicht provozierende Fragen).

- Der Einkäufer konfrontiert den Verkäufer mit früheren Abwicklungsproblemen („Bei Ihnen dauert es zu lange, bis Sie liefern."). Hier ist es unerlässlich, vor dem Termin ein gründliches Aktenstudium zu betreiben. Denn wenn man die Historie der Geschäftsverbindung genau kennt, kann man weitaus besser argumentieren. Es reicht aber nicht, pauschal Besserung zu geloben, sondern man muss konkret darlegen, welche Vorkehrungen getroffen worden sind, damit Abwicklungsprobleme zukünftig nicht mehr auftreten (die Schuld auf keinen Fall auf Mitarbeiter schieben).

- Der Einkäufer dramatisiert Vergangenheitsprobleme, z. B. indem er alte Reklamationen aufwärmt. Auch hier gilt es, die Historie der Kundenbeziehung genau zu studieren, damit Transparenz erreicht werden kann. Meist ist die Sachlage nämlich gar nicht so eindeutig wie vom Einkäufer unterstellt. Wenn die Schuld auf beiden Seiten liegt oder eine ordentliche Wiedergutmachung erfolgt ist, hat man gute Argumente, die Vergangenheit ruhen zu lassen und sich der Zukunft zuzuwenden.
- Der Verkäufer sieht sich plötzlich einem Einkaufsgremium gegenüber. Um eine unangenehme Gesprächsatmosphäre zu vermeiden, ist es unerlässlich, sich vorab zu erkundigen, in welchem Rahmen ein Gespräch abläuft. Grundsätzlich ist dabei immer auf Parität zu achten (Verkaufsgremium). Hält sich die Einkaufsseite nicht an die Abmachung, ist sie zur Erklärung aufgefordert.
- Der Einkäufer spekuliert auf Bestechung („Ich werde in letzter Zeit mit Angeboten nur so überhäuft."). Dem Einkäufer ist jedwede Vorteilsannahme durch Betriebsvereinbarung strikt verboten. Er würde sich also in die Hand des Verkäufers begeben, wenn er sich darauf einließe. Da dies offensichtlich keinen Sinn macht, liegt es weitaus näher, dass es sich um eine Falle handelt, in die kein Verkäufer tappen sollte. Zumal damit eine Spirale in Gang gesetzt wird.
- Der Einkäufer verlässt während der Verhandlungen häufiger das Zimmer. Hier sollte der Verkäufer höflich nachfragen, ob man das Gespräch unterbrechen sollte, wenn der Einkäufer noch andere Termine wahrzunehmen hat. Denn „Brieftauben-Meetings" sind unproduktiv.
- Der Einkäufer fordert undifferenziert Rabatte (Rabattjäger). Es spricht nichts gegen die Gewährung von Preisnachlässen, nur sollen diese ausschließlich bei konkreten Gegenleistungen des Einkäufers erfolgen (Quid pro quo). Das Verschleudern von Rabatten macht nur die Seriosität der Kalkulationsbasis unglaubwürdig.
- Der Einkäufer malt großartige Absatzmengen aus, um für einen kleinen Einstiegsauftrag Rabatt herauszuholen. Auch hier gilt, dass nichts gegen die Gewährung von Preisnachlässen spricht, außer, es gibt keine Gegenleistung dafür. Es muss also darauf gedrungen werden, dass der

Einkäufer Folgeaufträge nicht nur blumig verspricht, sondern sich dafür verpflichtet. Dennoch ist Vorsicht geboten, jeder Auftrag muss sich für sich allein rechnen.

- Der Einkäufer präsentiert (fingierte) billigere Wettbewerbsangebote. Dabei sollte man die tatsächliche Vergleichbarkeit der Angebote prüfen, denn meist stellt sich heraus, dass das vermeintlich billigere Angebot eine schlechtere Leistung beinhaltet. Wenn die Angebote wirklich vergleichbar sind, kann man immer noch überlegen, ob man auf die günstigeren Konditionen einsteigt oder nicht.
- Der Einkäufer will von kleinen Auftragsgrößen (jeweils mit neuem Rabatt) aufsteigen („da ist noch was drin"). Dadurch türmen sich Rabattkumulationen auf, die völlig unrentabel sind. Daher soll der Einkäufer auf die gültige Rabattstaffel hingewiesen werden und diese definiert die jeweils gültige Berechnungsbasis.
- Der Einkäufer präsentiert eine schriftliche Gesprächsbestätigung mit Inhalten, die so beim letzten Mal nicht verabredet waren. Zunächst soll man sich Absender, Datum und Inhalt der Bestätigung zeigen lassen. Wenn der Einkäufer dies verweigert, sollte man darauf hinweisen, dass man ansonsten schlecht Stellung zu deren Inhalt nehmen kann. Der Einkäufer sollte dann nach den Ursachen des Missverständnisses befragt werden. Dabei darf er auf keinen Fall als Lügner dargestellt werden.
- Der Einkäufer droht bei bestehender Geschäftsbeziehung mit Auftragsentzug. Zunächst sollte man ganz ruhig nach den Beweggründen fragen und dann die vorgeschobenen Argumente (Vorwände) einzeln wegargumentieren. Dabei ist vor allem die Sicherheit bewährter Geschäftsbeziehungen ein wichtiges Pfund, mit dem man wuchern kann.
- Der Einkäufer droht mit Auftragsvergabe an die Konkurrenz, wenn seine Forderungen nicht erfüllt werden. Der Verkäufer soll hinterfragen, was genau den Einkäufer bewegt, das Angebot des Mitbewerbs vorzuziehen. Danach können die genannten Punkte einzeln gegenargumentiert werden. Hilfreich ist auch zu erkunden, welcher Mitbewerber konkret auf die genannten Konditionen eingestiegen ist.
- Der Einkäufer stellt sich als notorischer Nein-Sager dar („Glauben Sie ernsthaft, dass ich bei Ihnen kaufe?"). Hier gilt es, dem Einkäufer die konkreten Nutzen für sein Unternehmen aufzuzeigen, derer er sich begibt, wenn er das Angebot nicht wahrnimmt. Allerdings kann das Nein-Sagen auch nur Vorwand für dahinter stehende Probleme sein, die einen Abschluss blockieren. Dann sind diese zu hinterfragen.

- Der Einkäufer lädt mehrere/alle Mitbewerber zeitgleich zu Verhandlungen ein. Für den Verkäufer ändert sich dadurch an der Verhandlungssituation nichts, denn dem Konkurrenzvergleich muss er sich ohnehin stellen, ob an Ort und Stelle oder anderswo und später. Daher darf man sich dadurch nicht nervös machen lassen. Vor allem dürfen keine übereilten Zusagen gemacht werden, von denen man später nicht mehr abweichen kann.
- Der Einkäufer versucht, immer weiteres Entgegenkommen herauszuholen („Wenn Sie bereit sind, noch einige Zugeständnisse zu machen, erleichtern Sie mir die Entscheidung."). Der Verkäufer muss klar machen, dass das Gespräch nicht auf beliebiger Feilschbasis abläuft, sondern Konditionen nach strikt leistungsgebundenen und daher fairen, transparenten Kriterien sachlich begründet vereinbart werden. Der Einkäufer möge also Fakten schaffen, die Preisnachlässe begründen, dann ist es eine Freude, einem Kunden vorteilhaftere Konditionen zu offerieren.
- Der Einkäufer legt notorisches Misstrauen an den Tag („Ich habe zu Ihrem Unternehmen kein Vertrauen."): Der Verkäufer sollte ihn auffordern, konkret die Gründe zu nennen, die ihn zu diesem pauschalen Misstrauen verleiten. Diese Gründe kann man dann meist im Einzelfall leicht als übertrieben wegargumentieren.
- Der Einkäufer zweifelt die Kompetenz des Verkäufers offen an („Mit Ihnen verhandle ich nicht weiter, Ihr Geschäftsführer soll kommen."). Hier ist die formale Adäquanz zwischen Einkäufer- und Verkäuferseite wichtig. Ist diese nicht eingehalten und kann sie durch den Vorgesetzten hergestellt werden, sollte der Verkäufer darauf eingehen, weil das Gespräch ansonsten schwierig zu werden verspricht. Ist Adäquanz aber gegeben, sollte offensiv nachgefragt werden, weshalb konkret Bedenken bestehen (keinesfalls die eigene Kompetenz aufbauschen).

Klassische Einkäuferpraktiken, mit denen man konfrontiert wird, sind weiterhin folgende:
- Savings on current Account, d.h. Rückvergütung in Abhängigkeit vom Auftragsvolumen einer Abrechnungsperiode (Jahresbonus),
- Quick Savings, d.h. einmalige Vergütung für die erstmalige Auftragserteilung („Eintrittsgeld"),
- Generalklausel, d.h. Möglichkeit zur jederzeitigen Vertragsnachverhandlung, insb. bei vermuteten Kosteneinsparungen,
- Drohung auf Ausschluss von weiteren Ausschreibungen bei Widersetzen von Forderungen, z.B. zur Offenlegung von Know-how, um An-

bieter in Billigländern zu qualifizieren oder Eigenerstellung zu ermöglichen,
- langfristig festgeschriebene Preise bzw. kontinuierliche Preissenkungen in Rahmenverträgen nach unterstellten Produktivitätssteigerungen,
- Open Book, d. h. Offenlegung der Kalkulationssätze in einem Angebot (Preisstrukturanalyse).

Eine solche Preisstrukturanalyse sieht im Vergleich Apple iPhone zu Nokia Lumia etwa wie folgt aus (Quelle: WiWo):

	Apple	Nokia (MS)
Gehäuse	44 €	37 €
Touchdisplay	30 €	46 €
Funktechnik	24 €	30 €
Speicher	23 €	22 €
Prozessor	12 €	14 €
Akku	5 €	4 €
Kamera	14 €	14 €
Montage	6 €	6 €
Summe Produktionskosten	158 €	173 €
Gerätepreis	629 €	499 €

10.4 Virtuelle Marktplätze

Virtuelle Marktveranstaltungen (Marktplätze) können vertikal oder horizontal ausgelegt sein, und sie können vom Anbieter oder Nachfrager initiiert stattfinden. Auf **vertikalen** Marktplätzen werden sämtliche/viele Produkte gehandelt, die für eine bestimmte Branche relevant sind. Auf **horizontalen** Marktplätzen werden nur bestimmte Produkte gehandelt, die für sämtliche/viele Branchen relevant sind.

Bei **anbieterinitiierten** Marktplätzen bieten Unternehmen ihre Produkte an, die von potenziellen Nachfragern virtuell bestellt werden können. Bei **nachfragerinitiierten** Marktplätzen loben Unternehmen spezifizierte Aufträge aus, auf die sich potenzielle Lieferanten bewerben können.

Solche Internet-Plattformen, die vor allem im B-t-B-Bereich von hoher Bedeutung sind, haben die Funktionen der

- Integration durch Bereitstellung einer Portal-Infrastruktur,
- Dienstleistung etwa durch Rahmenverträge und Einzelabrufe,
- effektiven Angebots- und Nachfragebündelung.

Bei direkten Erlösmodellen handelt es sich um Einnahmen aus Transaktionsprovisionen, Verbindungsgebühren, Nutzungsgebühren, Einrichtungsgebühren, Grundgebühren etc. Bei indirekten Erlösmodellen handelt es sich um Einnahmen aus Provisionen in anderen Sites, Bannerwerbung, Data Mining-Ergebnissen, Sponsorship etc.

Damit Preise auf virtuellen Marktplätzen gebildet werden können, sind einige Voraussetzungen einzuhalten. Zunächst müssen Anbieter und Nachfrager digitalen Zugang zum Marktplatz erlangen können. Hilfreich ist dabei eine geringe Komplexität der Güter, wie sie bei indirekten Gütern, also solchen, die im Bereich der Stützleistungen der Wertschöpfung eingesetzt werden, gegeben sind, oder bei MRO-Leistungen (Maintenance, Repair & Operations) oder bei klassischen C-Produkten *(siehe Abbildung 25: Ausschreibungsmuster)*. Diese Produkte haben einen geringen Beratungsbedarf und sind weitgehend standardisierbar. Weiterhin müssen virtuelle Marktplätze den Beteiligten einen Mehrwert schaffen, etwa durch Senkung der Auftragsanbahnungs- und -abwicklungskosten auf Anbieterseite oder Erhöhung der Preistransparenz und Preisvorteilhaftigkeit auf Nachfragerseite. Dadurch ergibt sich für beide Seiten ein Transaktionskostensenkungspotenzial. Virtuelle Marktplätze bieten sich schließlich auch an, wenn eine jederzeitige oder kurzfristige Verfügbarkeit der Produkte als erforderlich angesehen wird. Häufig kommt ein geringer emotionaler Charakter der gehandelten Produkte hinzu. Das Preisgebot richtet sich entweder nach der allgemeinen Zuschlagswahrscheinlichkeit oder nach dem Preisverhalten des direkten Mitbewerbers *(siehe Abbildung 26: Preisveränderung nach Entscheidungsbaumverfahren)*.

Der B-t-B-Bereich ist zu weiten Teilen durch Kennzeichen wie hoher Internationalisierungsgrad, großer Dienstleistungsanteil und intensive Kundenbeziehungen gekennzeichnet. All dies bietet grundsätzlich gute Chancen, statt über Preise primär über Leistungen zu verhandeln. Der hohe Internationalisierungsgrad schafft über die Einbindung lokaler Partner oder eigener Präsenzen vor Ort Sicherheits- und Bequemlichkeitsvorteile, die geldwert sind. Der große Dienstleistungsanteil führt zu Systems Selling-Angeboten, die durch ihre Bündelung Preisstrukturanalysen erschweren und damit die Preistransparenz und -vergleichbarkeit verringern. Die intensiven Kundenbeziehungen lassen interpersonelle und interorganisationale Verflechtungen entstehen, die auf ge-

Ware:	Edelstahlblech, kaltgewalzt
Abmessungen:	3 mm x 1250 mm x 2500 mm
Auftragsvolumen:	120 t
Lieferbedingungen:	analog DIN 17441 - nichtrostende Stähle, kaltgewalzte Bänder und Spaltbänder
Kantenausführung:	mit Laser geschnitten
Anlieferung:	auf Quer- und Längshölzern, maschinell gerichtet mit Papierzwischenlagen, Kantenschutz, Pappabdeckung, gebändert, max. Palettengewicht: 2,5 t, max. Blechstapelhöhe: 200 mm
Legierung:	ohne Zuschlag
Qualifikationsprüfung:	durch Referenz oder Nachweis der technischen Fähigkeit
Lieferzeitraum:	1. März - 31. Mai 2015
Losgröße:	10 t
Lieferabrufzeit:	10 Tage
Zahlungsbedingungen:	45 Tage netto nach Rechnungseingang
Preisstellung:	frei Werk incl. Verpackung
Zugang:	geschlossen (Anmeldung)
Bietercode:	sichtbar
Anmeldung:	bis 15.12.2015
Startzeit:	17.12.2015 11 Uhr
Endzeit:	18.12.2015 12 Uhr
Währung:	€
Inkrement:	500
Verlängerung:	einmal 15 Min.
Zuschlag:	manuell an die letzten drei Bieter

Abbildung 25: Ausschreibungsmuster

genseitigen Vorteil ausgerichtet sind. Auch dies ist geeignet, die Preissituation zu entspannen. Wichtig ist dabei freilich, die rein ingenieurs- und kostentechnische Sicht durch eine zentrale Kundenorientierung zu ergänzen, wenn nicht zu ersetzen, da letztlich nicht Produkte, sondern Nutzen Preisbereitschaften erzielen.

10.5 Kaufmännisches Angebot

Die **Anfrage** zielt auf die Ermittlung der günstigsten unter ausgewählten Bezugsquellen ab. Sie hat keine rechtliche Bindungswirkung und dient der Einholung von Angeboten. Sie ist formfrei, unverbindlich und verpflichtet nicht zum Kauf. Der Inhalt kann allgemein gehalten oder genau spezifiziert sein (z. B. nach Qualität, Preis, Lieferzeit).

Unter Profis: Das Preismanagement mit Firmenkunden 151

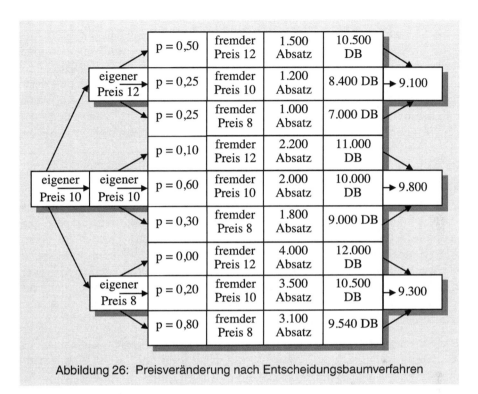

Abbildung 26: Preisveränderung nach Entscheidungsbaumverfahren

Das **Angebot** ist die rechtsverbindliche mündliche, fernmündliche, telekommunikative, fernschriftliche oder schriftliche Willenserklärung des Verkäufers an eine bestimmte natürliche oder juristische Person oder Personengruppe (Kaufinteressenten, nicht die Allgemeinheit), unter den angegebenen Bedingungen einen Kaufvertrag über Waren und Dienste einzugehen. Das Angebot kann verbindlich sein oder in seiner Bindung eingeschränkt oder ausschließend wirken. Üblicherweise werden mind. drei Angebote eingeholt, die hinsichtlich ihrer Bedingungen inhaltlich und formal vergleichbar sein müssen, um aussagefähig zu sein. Wird dieses Angebot ohne Einschränkung (Freizeichnung, Fristangabe etc.) abgegeben, ist der Anbieter daran gebunden. Ein verlangtes Angebot erfolgt auf Anfrage, ein unverlangtes Angebot erfolgt zur bloßen Information. Das Angebot kann formlos erfolgen. Zweckmäßig sind jedoch so vollständige und unmissverständliche Angaben, dass ein Kaufvertrag durch bloße Bejahung zustande kommen kann (Angebotsinhalte sind Art, Güte, Menge und Preis der Ware, Lieferungs- und Zahlungsbedingungen, Verpackungskosten, Lieferzeit, Erfüllungsort und Gerichtsstand, Eigentumsvorbehalt, Gewährleistungen etc.). Ein Angebot an die Allgemeinheit (eine Vielzahl von Personen) ist nur als Aufforderung zur Abgabe eines Antrags anzusehen. Ein Angebot unter Anwesenden muss sofort angenommen werden, da sonst die Bindung des Antragstellers erlischt. Dies gilt für Anträge in persönlicher Form, aber auch per Telefon oder e-Mail, wenn eine Bestätigung oder Ablehnung seitens des Empfängers auf elektronischem Wege möglich und vorgesehen ist. Ein Angebot unter Abwesenden kann nur bis zu dem Zeitpunkt angenommen werden, zu dem man den Eingang der Antwort unter regelmäßigen Umständen erwarten kann. Dabei wird ein gleich schnelles Kommunikationsmedium unterstellt, wie für die Antragstellung. Ein Angebot mit Fristsetzung gilt nur bis zum Fristende.

Wird der Inhalt eines Antrags bei der **Auftragsannahme** verändert, gilt dies als Ablehnung und zugleich als neuer Antrag. Wird ein Auftrag verspätet angenommen (später als unter normalen Umständen üblich), gilt dies als neuer Antrag, der wiederum annahmebedürftig ist. Wird ein Antrag freibleibend unterbreitet, kommt ein Vertrag erst bei Annahme des Käufers und (unter Kaufleuten) Auftragsbestätigung des Verkäufers zustande. Bei Zusendung unbestellter Ware wird dem Antrag durch Annahme, Bezahlung, Ge- oder Verbrauch der Ware zugestimmt.

Die **Auftragsbestätigung** dient als zweite Willenserklärung im Rahmen eines Kaufvertrags und wird zu dessen Wirksamkeit notwendig, wenn eine Bestellung (Antrag) ohne vorheriges Angebot erfolgte. Dies gilt nur dann nicht, wenn die Vertragspartner Kaufleute sind und bereits vorher in Geschäftsbeziehungen gestanden haben (Schweigen ist dann Zustimmung). Dennoch empfiehlt sich auch dann allein schon aus inhaltlichen Gründen eine Auftragsbestätigung.

Selbst bei zwei übereinstimmenden Willenserklärungen kann ein Kaufvertrag allerdings nicht zustande gekommen sein (= Nichtigkeit) oder nachträglich für unwirksam erklärt werden (= Anfechtbarkeit). Gründe für die Nichtigkeit sind die Abgabe einer Willenserklärung durch einen Geschäftsunfähigen, die fehlende Zustimmung durch den gesetzlichen Vertreter zum Rechtsgeschäft eines beschränkt Geschäftsfähigen, der Verstoß gegen die gesetzlich vorgeschriebene oder vereinbarte Form, der Verstoß gegen ein gesetzliches Verbot, die Sittenwidrigkeit eines Rechtsgeschäfts, das Scheingeschäft und das Scherzgeschäft. Gründe für die Anfechtbarkeit sind der Irrtum als Erklärungsirrtum (z. B. Verschreiben, Versprechen) oder Inhaltsirrtum, die unrichtige Übermittlung, die arglistige Täuschung oder widerrechtliche Drohung. Die zuvor abgegebene Willenserklärung wird erst durch fristgerechte Anfechtung ein Jahr nach Kenntnis der Täuschung bzw. Wegfall der Zwangslage bei arglistiger Täuschung oder widerrechtlicher Drohung bzw. unverzüglich nach Feststellung bei Erklärungs- oder Inhaltsirrtum nichtig.

Die **Bestellung** ist die verbindliche Willenserklärung des Käufers gegenüber einem Verkäufer, eine bestimmte Ware oder Dienstleistung zu den angegebenen Bedingungen zu erstehen. Sie wird in dem Augenblick verbindlich, in dem sie den Empfänger erreicht. Sie kann formlos erfolgen, wird aber in der kaufmännischen Praxis schriftlich erteilt oder zumindest schriftlich bestätigt. Ein **Widerruf** gilt nur, wenn er vor oder gleichzeitig mit der Bestellung beim Auftragnehmer eingeht. Liegt ein Angebot zugrunde, bezieht sich die Bestellung auf dieses Angebot. Liegt kein Angebot zugrunde, werden alle Vertragsbestandteile wiederholt, die für ein Angebot typisch sind. Bei unveränderter Bestellung auf ein Angebot kommt ein wirksamer Kaufvertrag durch bloße Annahme zustande, bei abgeänderter Bestellung handelt es sich dabei um einen neuen Antrag, dem der Vertragspartner erst zuzustimmen hat. Auf eine unveränderte Bestellung kann eine Auftragsbestätigung als Absicherung erfolgen. Diese erfolgt auch, wenn das Angebot abgeändert wird, es verspätet angenommen wird, ohne vorheriges Angebot bestellt wird oder das Angebot freibleibend war. Die Bestellung umfasst meist standardisierte (Allgemeine Geschäftsbedingungen) und individualisierte Vertragsbestandteile wie Menge, Zeitpunkt, Wert, Ort etc.

Die **Bestellungsannahme** ist die Willenserklärung des Verkäufers, mit der er sich bereiterklärt, die bestellte Ware zu den angegebenen Bedingungen zu liefern. Bei einer Bestellung auf Basis eines Angebots dient die Bestellungsannahme nur der Bestätigung der getroffenen Vereinbarungen, ist aber rechtlich eigentlich nicht notwendig. Bei einer Bestellung ohne Angebot ist eine Bestellungsannahme zum Zustandekommen des Abschlusses unerlässlich.

Ein Angebot wird in dem Augenblick verbindlich, in dem es den Empfänger erreicht. Es besteht regelmäßig aus folgenden Bestandteilen:
- Der **Erfüllungsort** ist der Ort, an dem der jeweilige Schuldner die Leistung zu bewirken hat und durch rechtzeitige und mangelfreie Leistung von seiner vertraglichen Verpflichtung frei wird. Der gesetzliche Erfüllungsort (BGB) ist der Wohn-/Geschäftssitz des jeweiligen Schuldners zum Zeitpunkt des Vertragsabschlusses. Für die Lieferung der Ware also der Wohn-/Geschäftssitz des Verkäufers, für die Zahlung des Kaufpreises der Wohn-/Geschäftssitz des Käufers. Der jeweilige Schuldner muss seinem Gläubiger die geschuldete Leistung auf seine Kosten am Erfüllungsort bereitstellen. Sämtliche weiteren Kosten muss der Gläubiger tragen. Der Gefahrenübergang ist entsprechend für Warenschulden am Wohn- bzw. Geschäftssitz des Verkäufers und für Geldschulden der Wohn- bzw. Geschäftssitz des Käufers. Das heißt, der Gläubiger trägt bis zur Übergabe der Ware am Erfüllungsort die Gefahr für den zufälligen, unverschuldeten Untergang und die zufällige Verschlechterung der

Leistung (Gefährdungshaftung). Vertraglich kann davon beliebig abgewichen werden. Für gewöhnlich wird als Erfüllungsort für Waren- und Geldschulden der Wohn- bzw. Geschäftssitz des Verkäufers bestimmt. Gleiches gilt für den Gefahrenübergang und den Gerichtsstand. Gesetzlich sind Warenschulden Holschulden, d. h. mit der Übergabe der Ware gehen Kosten und Gefahr auf den Käufer über. Geldschulden sind hingegen Schickschulden, d. h. Zahlungen sind auf Kosten und Gefahr des Käufers zu übermitteln.

- Wer eine Leistung nicht gemäß des Vertrags erbringt, muss beim Gericht am Erfüllungsort verklagt werden (**Gerichtsstand**). Dies ist der Ort, an dem sich bei Leistungsstörungen ergebende Streitigkeiten ausgetragen werden. Gesetzlicher Gerichtsstand ist der Wohn- bzw. Geschäftssitz des Schuldners, d. h. für die Warenschuld der des Verkäufers, für die Geldschuld der des Käufers. Vertraglich kann davon beliebig abgewichen werden, sofern es sich nicht um ein Geschäft mit Privaten handelt.
- **Art, Güte und Beschaffenheit der Ware**, d. h. Abbildungen und Beschreibungen, Muster und Proben, Güteklassen (Handelsklassen, Typen), Waren- und Gütezeichen, Warenherkunft, Warenjahrgang, Warenzusammensetzung.
- **Preis pro Wareneinheit**, d. h. gesetzliche Maßeinheiten, Stückzahlen, handelsübliche Bezeichnungen.
- **Lieferungsbedingungen**, d. h. Beförderungskosten, Verpackungskosten, Lieferzeit. Die gesetzliche Regelung lautet, dass der Käufer die Ware beim Verkäufer abzuholen hat (= Holschuld). Beim Platzkauf (am gleichen Ort) trägt der Käufer alle Beförderungskosten, beim Versendungskauf (an anderem Ort) trägt der Verkäufer die Kosten bis zur Versandstation, alle weiteren Kosten trägt der Käufer. Abweichend davon können andere Regelungen vereinbart werden (z. B. Incoterms). Die Verpackungskosten trägt gesetzlich der Käufer. Sie können aber auch zusätzlich berechnet werden. Bei der Lieferzeit gilt gesetzlich, dass Waren sofort zu liefern sind (= Tages-/Sofortkauf). Abweichende Vereinbarungen betreffen den Terminkauf, der die Lieferung innerhalb einer vereinbarten Frist vorsieht, den Fixkauf, der die Lieferung zu einem genau festgelegten Zeitpunkt vorsieht, und den Kauf auf Abruf, wobei der Käufer Waren innerhalb einer bestimmten Frist anfordern kann.
- **Zahlungsbedingungen**, d. h. Zahlungszeitpunkt, Preisnachlass. Die Zahlung kann vor Lieferung (Anzahlung/Vorauszahlung), bei Lieferung oder nach Lieferung (Zielkauf/Ratenkauf) erfolgen. Gesetzlich ist eine

sofortige Bezahlung der Waren vorgesehen (= Zug um Zug). Bei vorzeitiger Zahlung kann Skonto vom Rechnungsbetrag einbehalten werden. Beim Ratenkauf wird eine Ware abbezahlt, er stellt ein Kreditgeschäft dar. Bei beiden behält der Verkäufer einen Eigentumsvorbehalt an der Ware bis zur vollständigen Kaufpreisentrichtung.

- **Schiedsverfahren**, die Streitparteien unterwerfen sich durch freie Vereinbarung dem Spruch eines oder mehrerer Schiedsrichter. Entzieht sich die unterlegene Partei dem Schiedsspruch, kann eine Klärung durch ein ordentliches Gericht eingeleitet werden.

10.6 Leistungsstörungen

Leistungsstörungen betreffen innerhalb des Kaufvertrags Lieferungsverzug, Annahmeverzug, Zahlungsverzug und Lieferung mangelhafter Ware. Sie treten also immer dann ein, wenn Verkäufer oder Käufer ihren Pflichten nicht nachkommen. Daraus ergeben sich zahlreiche Rechte für den benachteiligten Vertragspartner. Bei Unmöglichkeit ist ein Schuldner nicht in der Lage, die versprochene Leistung zu erbringen, weil sie objektiv unmöglich ist oder subjektiv von ihm nicht erbracht werden kann. Bei Verzug liefert der Verkäufer schuldhaft nicht bzw. nicht rechtzeitig oder nimmt die Zahlung nicht an, oder zahlt der Käufer schuldhaft nicht bzw. nicht rechtzeitig oder nimmt die Ware nicht an. Bei Sachmangel ist der Kaufgegenstand mit einem Fehler behaftet der ein Qualitäts- oder Quantitätsmangel ist oder eine Falschlieferung (Aliud). Weiterhin können positive Vertragsverletzungen gegeben sein wie alle Leistungsstörungen aus Kaufvertrag, die bisher nicht erwähnt sind sowie vorvertragliche Verletzungen (Culpa in Contrahendo).

Lieferungsverzug liegt vor, wenn der Verkäufer schuldhaft überhaupt nicht oder nicht rechtzeitig liefert (Schuldnerverzug). Bei Überschreiten eines kalendermäßig bestimmten Liefertermins gerät der Lieferant ohne Mahnung in Verzug (Fälligkeit). Bei nicht kalendermäßig bestimmtem Liefertermin ist eine Mahnung zum Verzug üblich, wenngleich nicht zwingend. Diese braucht keine Fristsetzung zu enthalten. Außerdem muss den Lieferer oder seinem Erfüllungsgehilfen ein Verschulden für die Verzögerung oder Unterlassung der Lieferung treffen, also leichte oder grobe Fahrlässigkeit, entsprechend ohne die den Umständen angemessene Sorgfalt, oder Vorsatz, entsprechend absichtlich. Bei Gattungsschulden (auch Geldschulden) gerät der Lieferer auch ohne Verschulden in Verzug, wenn die Ware für ihn ohne größere Schwierigkeiten beschaffbar ist. Der Käufer kann wahlweise auf Erfüllung des Vertrags bestehen, also Lieferung der Ware, Erfüllung und Schadenersatz, nach Einräumung einer angemessenen Nachfrist ferner vom Vertrag zurücktreten oder Schadenersatz wegen Nichterfüllung verlangen. Wegen der Ermittlungsprobleme wird ersatzweise meist eine Konventionalstrafe vereinbart. Eine Nachfrist ist nicht erforderlich, wenn der Schuldner erklärt, auch später nicht liefern zu können oder der Gläubiger nachweist, dass eine spätere Lieferung für ihn wertlos ist, außerdem dann, wenn es sich um einen Fixkauf handelt. Der Schadenersatz ermittelt sich nach Alternativkosten durch Deckungskauf oder Opportunitätskosten als entgangenem Gewinn. Kein Verschulden liegt bei höherer Gewalt (Force majeure) vor. Bei unbestimmter Lieferzeit hat die Lieferung unverzüglich zu erfolgen. Geschieht dies nicht, hat der Käufer den Verkäufer zur Lieferung aufzufordern. Mit dieser Aufforderung kommt der Lieferer in Verzug. Bei einem Fixgeschäft kann der Käufer ohne Aufforderung und Nachfristsetzung vom Vertrag zurücktreten. Ein Lieferungsverzug liegt nicht vor, wenn die Leistung objektiv unmöglich geworden ist.

Der Käufer gerät in **Annahmeverzug**, wenn er die ordnungsgemäß angebotene Ware zur rechten Zeit, am rechten Ort, in der richtigen Güte und in der richtigen Menge nicht oder nicht rechtzeitig annimmt oder Mitwirkungshandlungen unterlässt, wodurch die Ausführung der Warenlieferung verhindert wird (Gläubigerverzug). Ist kein Termin festgelegt, muss die Warenzustellung eine angemessene Zeit vorher angekündigt werden, bei überraschender Lieferung besteht keine Abnahmepflicht. Voraussetzungen sind, dass die Leistung fällig ist, etwa nach Termin bestimmt oder nach Ankündigung, und Lieferung und tatsächliches Anbieten in einer Form erfolgen, wie im Kaufvertrag vereinbart. Für die Zeit des Annahmeverzugs haftet der Verkäufer nur noch für grobe Fahrlässigkeit und Vorsatz, auf ein Verschulden des Käufers für den Annahmeverzug kommt es hingegen nicht an. Verschulden ist dann nicht erforderlich, wenn der Gläubiger erklärt, die Lieferung nicht annehmen zu wollen oder es unterlässt, die geschuldete Ware abzuholen. Der Verkäufer kann auf Abnahme klagen und die Ware auf Kosten und Gefahr des Käufers an jedem geeigneten Ort in sicherer Weise auf Kosten des Gläubigers hinterlegen, z.B. im öffentlichen Lagerhaus. Im bürgerlichen Kauf sind nur Geld, Wertpapiere, Urkunden und Wertgegenstände hinterlegungsfähig. Die Ware kann auch zum Selbsthilfeverkauf gebracht werden. Dies erfolgt nach entsprechender Ankündigung, außer bei verderblicher Ware als Notverkauf durch öffentliche Versteigerung, bei welcher der Käufer mitbieten kann. Einen Mindererlös der aufgerechneten Forderung hat der Käufer zu ersetzen, ein Mehrerlös ist ihm nach Kostenabzug auszuzahlen. Fungible Waren, d.h. solche mit Börsen-/Marktpreis, können auch freihändig verkauft werden. Der Verkäufer kann auch vom Vertrag zurücktreten, wenn ein anderweitiger Verkauf vorteilhafter ist. Die Gefahr des zufälligen Untergangs geht dann auf den Gläubiger über. Die Haftung des Schuldners wird auf grobe Fahrlässigkeit und Vorsatz eingeschränkt. Bei einer erstatteten Geldschuld sind ab sofort keine Zinsen mehr zu bezahlen.

Zahlungsverzug tritt, als Schuldnerverzug, ein, wenn der Schuldner seine Zahlungspflicht nicht oder nicht rechtzeitig erfüllt. Voraussetzungen für den Zahlungsverzug sind die Fälligkeit der Zahlung ohne Mahnung sofort nach Fälligkeit, wenn diese kalendermäßig bestimmt ist bzw. nach Mahnung, wenn diese nicht kalendermäßig bestimmt ist, unabhängig vom Verschulden des Käufers, weil Geldschulden Gattungsschulden sind, sowie dann, wenn der Käufer erklärt, die Zahlung endgültig zu verweigern. Der Gläubiger kann wahlweise die Erfüllung des Vertrags verlangen, also die Kaufpreiszahlung über außergerichtliches Mahnverfahren bis zur Klage, die Erfüllung und Schadenersatz für Verzug, nach Einräumung einer angemessenen Nachfrist ferner vom Vertrag zurücktreten, d.h. Rückübertragung der Ware, und Schadenersatz wegen Nichterfüllung verlangen, sofern ein Schaden nachweisbar ist. Der Schaden besteht aus Verzugszinsen ab Fälligkeit der Zahlung (5 % beim zweiseitigen Handelskauf, 4 % beim einseitigen Handelskauf bzw. bürgerlichen Kauf) bzw. Kreditzinsen bei Inanspruchnahme der Kreditlinie sowie nachgewiesenen zusätzlichen Kosten und entgangenem Gewinn.

Erfüllt ein Schuldner, gleich ob Geld- oder Warenschuldner, seine vertraglichen Verpflichtungen nicht, wird er abgemahnt. Dies kann durch außergerichtliche oder gerichtliche Mahnung erfolgen. Die **außergerichtliche Mahnung** ist die dringende Aufforderung des Gläubigers an den Schuldner, die im Kaufvertrag vereinbarte Geld- oder (Waren-)leistung zu erbringen. Sie ist nicht zwingend, wenn der Schuldner auch ohne Mahnung in Verzug geraten ist. Die Form ist grundsätzlich frei, de facto aber immer schriftlich. Ein Hinweis auf Verzugsfolgen, Rechtsnachteile und Zahlungsfristen ist darüber hinaus üblich. Zur Durchführung ist eine abgestufte Mahnfolge ratsam, aber nicht Bedingung. Sinnvoll ist folgende Reihenfolge:

- persönliches Erinnerungsschreiben mit höflicher Zahlungserinnerung (Hinweis auf beigefügte Rechnungskopie), Erinnerung durch Zusendung einer Rechnungsabschrift oder eines Kontoauszugs,
- ausdrückliche Mahnung mit Zahlungsfristsetzung und vorbereitetem Überweisungs-/Einzahlungsbeleg, Mahnbrief mit Hinweis auf Fälligkeit oder Schuld und Aufforderung zur Zahlung,
- Ankündigung einer Postnachnahme oder des Einzugs durch ein Inkassoinstitut mit erneuter Fristsetzung und Hinweis auf dabei entstehende Kosten (Gebühren, Zinsen, Verwaltung etc.). Inkassoinstitute sind Unternehmen, die gewerbsmäßig Forderungen bei Geldschuldnern eintreiben,

- Klageandrohung durch letzte, scharfe Mahnung mit endgültig letzter Fristsetzung. Damit wird das gerichtliche Mahnverfahren eingeleitet, sofern es sich um Geldschulden handelt.

Das **gerichtliche Mahnverfahren** ist neben Vollstreckungsverfahren und Zivilprozessklage ein Hilfsmittel zur Eintreibung ausstehender Forderungen. Der Mahnbescheid wird dem Schuldner vom Amtsgericht zugestellt. Das Gericht prüft nicht, ob dem Antragsteller der geltend gemachte Anspruch zusteht. Der Bescheid enthält die Aufforderung, innerhalb von zwei Wochen nach Zustellung zu zahlen oder Widerspruch einzulegen. Begleicht der Schuldner die Forderung incl. Verzugszinsen, Mahn- und Gerichtskosten, ist das Verfahren damit beendet. Erhebt der Schuldner schriftlich Widerspruch beim Amtsgericht, besteht die Möglichkeit der mündlichen Verhandlung vor dem bezeichneten Gericht. Dazu muss der Gläubiger innerhalb von zwei Wochen seine Forderung in einer Klageschrift begründen. Das Gerichtsurteil entscheidet dann den Fall. Unternimmt der Schuldner nichts, kann der Gläubiger binnen sechs Monaten einen Antrag auf Vollstreckungsbescheid stellen, den das Gericht dem Schuldner zustellt. Zahlt der Schuldner nun incl. Verfahrens- und Anwaltskosten, ist das Verfahren beendet, legt er Widerspruch ein, kommt es zur mündlichen Verhandlung vor Gericht, unternimmt er nichts, wird die Zwangsvollstreckung in das Vermögen des Schuldners angeordnet (z. B. Taschenpfändung, Zwangshypothek).

Der außergerichtliche Vergleich wird durchgeführt als Stundungsvergleich mit Zahlungsaufschub (Moratorium) oder Erlassvergleich mit teilweisem Forderungserlass.

Eine **Lieferung mangelhafter Ware** liegt vor, wenn die Ware Fehler hat oder ihr zugesicherte Eigenschaften fehlen. Ein Verschulden des Verkäufers ist dabei unerheblich. Fehler der Ware sind gegeben, wenn diese mit Mängeln behaftet ist, die den Wert oder die Tauglichkeit zum gewöhnlichen oder vertraglich vereinbarten Gebrauch aufheben oder einschränken. Eine zugesicherte Eigenschaft der Ware fehlt, wenn zur Zeit des Gefahrenübergangs eine Eigenschaft, für deren Vorhandensein vom Verkäufer eine bindende Zusicherung abgegeben wurde, nicht oder nicht mehr vorhanden ist. Allgemeine Qualitätsformulierungen gelten nicht als zugesicherte Eigenschaft.

Mängel beziehen sich auf die Beschaffenheit der Ware, z. B. verdorbene Lebensmittel, auf Mängel in der Qualität, z. B. mindere Qualität, fehlende zugesicherte Eigenschaft, auf Mängel in der Art, also Falschlieferung/Aliud, und Mängel in der Menge, ebenfalls als Falschlieferung. Falschlieferungen müssen abgemahnt werden, auf sie treffen die Regelungen für nicht gelieferte Waren (Lieferungsverzug) zu, eine mangelhafte Lieferung nicht, obgleich aus Beweisgründen in der Praxis eine schriftlich abgefasste, genau bezeichnete

Mängelrüge erfolgt. Hinsichtlich der Erkennbarkeit von Mängeln gibt es offene Mängel, die klar erkennbar sind, versteckte Mängel, die auch durch Prüfung nicht sofort erkennbar sind, und arglistig verschwiegene Mängel, die nicht erkennbar sind und vom Verkäufer absichtlich verheimlicht werden.

Der Käufer hat die Ware nach Anlieferung zu prüfen und Mängel anzuzeigen. Die Rügefrist ist bei offenen Mängeln unverzüglich, bei versteckten Mängeln unverzüglich nach Entdeckung, spätestens nach sechs Monaten, und bei arglistig verschwiegenen Mängeln 30 Jahre (jeweils bei zweiseitigem Handelskauf). Bei einseitigem Handelskauf lauten die Fristen entsprechend sechs Monate sowohl für offene als auch für versteckte Mängel und 30 Jahre für arglistig verschwiegene Mängel. Danach gehen die Rechte aus mangelhafter Lieferung verloren. Beim zweiseitigen Handelskauf mit offenen Mängeln kommt hinzu, ob es sich um einen Platzkauf handelt, dann kann die Annahme verweigert und die Ware sofort retourniert werden, oder um einen Distanzkauf, dann ist die beanstandete Ware zunächst ordnungsgemäß einzulagern.

Die Rechte des Käufers aus der Lieferung mangelhafter Ware betreffen folgende:

- **Nacherfüllungsanspruch** als **Nachbesserung** (Mängelbeseitigung durch Reparatur), nach Wahl des Käufers auch **Nachlieferung** (Warenumtausch auf Kosten des Anbieters), d.h. Tausch der mangelhaften Ware gegen eine mangelfreie, wenn die Ware nicht mehr verwendbar ist, in Abhängigkeit von der Verhältnismäßigkeit von Kosten und Nutzen (ansonsten kann der Verkäufer die Nacherfüllung verweigern). Meist wird in AGB's die Nachbesserung vom Verkäufer allerdings vor die Nachlieferung gesetzt.
- für den Fall, dass die Nachbesserung durch i.d.R. zweimaliges Fehlschlagen binnen einer gesetzten Frist erfolglos geblieben ist, nach Wahl des Käufers Rücktritt vom Vertrag (**Wandelung**), d.h. Rückgabe der mangelhaften Ware und Erstattung des Kaufpreises, oder Kaufpreisverrechnung (**Minderung**), wenn die Ware noch verwendbar ist, und zwar im Verhältnis, in welchem zurzeit des Verkaufs der Wert der Sache in mangelfreiem Zustand zu dem wirklichen Wert gestanden hätte, dieser Anspruch unterliegt der allgemeinen Verjährungsfrist.
- für den Fall, dass ein Schaden entstanden ist, der aus schuldhafter Pflichtverletzung des Verkäufers resultiert, kann neben der Erfüllung oder stattdessen **Schadenersatz** geltend gemacht werden, auch in Form vergeblicher Aufwendungen, wenn der Ware eine zugesicherte Eigenschaft fehlt, wenn sie nicht der unterstellten Probe entspricht oder ein

Mangel arglistig verschwiegen wurde (dann können auch Folgeschäden reklamiert werden). Voraussetzung ist der Nachweis eines Schadens.

Die Rechte des Käufers sind auf zwei Jahre bei neu hergestellten Sachen und einem Jahr bei gebrauchten Sachen befristet. Ein Gewährleistungsausschluss in den AGB's ist unwirksam (außer bei Gebrauchtwaren und Privatgeschäften), ebenso eine Einschränkung auf Nacherfüllung, statt Minderung oder Rücktritt. Zusätzlich zu den gesetzlichen Ansprüchen gibt es die vertragliche Garantiefrist, die für Sachmängel infolge fehlerhafter Herstellung gilt. Bei vertretbaren Sachen treffen diese Regelungen auch auf Werklieferungsverträge zu, bei nicht vertretbaren Sachen gelten die Vorschriften des Werkvertrags. Ein Kulanzumtausch bezieht sich auf mangelfreie Ware und ist immer freiwillig, meist aus Gründen der Kundenzufriedenheit. Eine Mängelhaftung ist ausgeschlossen, wenn der Käufer den Mangel bei Abschluss des Vertrags kannte, ihm der Mangel nur infolge grober Fahrlässigkeit unbekannt geblieben ist, ein Haftungsausschluss vereinbart wurde oder die Sache im Wege des Pfandverkaufs erworben wurde. Tritt bei Verbrauchsgütern im Privatkauf innerhalb von sechs Monaten seit der Übergabe der Sache ein Sachmangel auf, so wird vermutet, dass der Mangel von Anfang an bestanden hat. Der Verkäufer muss dann beweisen, dass die Sache bei der Übergabe dennoch einwandfrei war (Beweislastumkehr).

Sektorale Besonderheiten wurden im vorliegenden Kapitel in Bezug auf das Preismanagement bei Services, bei Non-Profit-Organisationen, im Handel, im internationalen Geschäft und mit Firmenkunden beleuchtet. Dabei gelten die Ausführungen jeweils nicht nur für den betrachteten Sektor, sondern teilweise auch darüber hinaus, haben dort aber einen besonderen Stellenwert. Gerade im Transfer von Erkenntnissen außerhalb der angestammten Branche können erhebliche Gewinnpotenziale liegen. Dies wird oft vernachlässigt, weil der Fokus nur auf der eigenen Branche liegt und auch die eigenen Berufserfahrungen dort verankert sind. Dies fördert „Scheuklappen" und „Tunnelblick", sichere Indikatoren dafür, dass sich nichts bessert.

III. Spezielle Ansatzpunkte für die Preisbildung

Im letzten Abschnitt dieses Buches geht es um spezielle Ansatzpunkte für die Preisbildung. Dazu gehören unvermeidlich die einschlägigen preistheoretischen Betrachtungen (Kapitel 11). Sie geben zwar wenig Anhaltspunkte für die reale Preisfindung, bieten jedoch durch ihre systematisch-analytische Strukturierung tiefe Einblicke in die Marktmechanismen, die für die Preisbildung verantwortlich sind.

Dann geht es um reglementierte Preissetzungen (Kapitel 12). Vielfach wird durch hoheitliche oder private Administration eine freie Preisbildung unterbunden, meist, um interessierten Seiten individuelle Vorteile, im Nullsummenspiel notgedrungen zu Lasten der Allgemeinheit, zu verschaffen, denn ansonsten würden solche Preiseingriffe ja keinen Sinn machen.

Beim Preiscontrolling (Kapitel 13), das sicherlich einen besonderen „Knackpunkt" darstellt, gibt es Konflikte zwischen Marketing- und Controllingfunktion. Marketingmanager glauben eher an Chancen, Controller eher an Risiken, Marketingmanager setzen berechtigt auf Kreativität, Controller ebenso berechtigt auf Fakten, Marketingmanager handeln im Kundenfokus, Controller im Betriebsfokus. In kaum einem anderen Bereich, vom Budget und Kosten abgesehen, treten diese Gegensätze so markant zutage wie in der Preisgestaltung.

Erfahrung zeigt jedoch, dass zwischen dem wie immer auch gebildeten Angebotspreis und dem tatsächlichen Abschlusspreis erhebliche Abweichungen bestehen können, und zwar sowohl in positiver, meist jedoch in negativer Richtung. Zwischen beiden tun sich nämlich Konditionen auf, die unmittelbare Gewinnauswirkungen haben. Daher geht es um Preisnachlässe und -zuschläge (Kapitel 14).

Einen wesentlichen Bestandteil der Konditionen stellen die Zahlungs- und Lieferungsbedingungen dar (Kapitel 15). Sie bergen ein erhebliches Potenzial, jedoch wird ihnen in der Wirtschaftspraxis wegen ihres administrativen Charakters häufig nur begrenzt Aufmerksamkeit geschenkt.

Schließlich sind auch Absatzfinanzierungen ein wesentlicher Bestandteil des Preismanagements, vor allem um die Ausgabebereitschaft von Nachfragern zu steigern (Kapitel 16).

11. „Nichts ist so praktisch wie eine gute Theorie"

Dem Preis kommt zentrale Bedeutung in der marktwirtschaftlichen Ordnung zu. Insofern ist es nicht verwunderlich, dass dazu bereits im ausgehenden Mittelalter modelltheoretische Erkenntnisse ausgebildet wurden. Diese wurden mit Entstehung der Betriebswirtschaftslehre aus der gesamtwirtschaftlichen auf die einzelbetriebliche Ebene übernommen und bildeten bis gegen Ende des letzten Jahrhunderts den wichtigsten Baustein in der Preispolitik. Noch heute sind unzählige BWL-Studierende durch entsprechende mathematische Modellrechnung tangiert. Der Erkenntniswert für die betriebliche Praxis ist jedoch limitiert, was darin begründet liegt, dass die so gewonnenen theoretischen Aussagen nur unter der Voraussetzung einer ganzen Reihe von, im Einzelnen weitgehend realitätsfremden Prämissen gültig sind. Man kann sogar sagen, dass, wo ausnahmsweise diese Prämissen in der Praxis erfüllt sind, es Aufgabe der unternehmerischen Absatzpolitik ist, diese aufzuheben. Zu nennen sind in diesem Zusammenhang u. a. Prämissen wie vollkommene Markttransparenz (durch Intransparentmachung), Rationalverhalten aller Beteiligten (zum Einbringen von Emotionen) oder Homogenität der Produkte (durch Differenzierung).

Preistheoretische Betrachtungen gehören dennoch zum Kanon, der weit verbreitet zum Preismanagement zugehörig angesehen wird. Abgesehen von den genannten Schwächen bieten sie zudem einen fundamentalen Einblick in Marktmechaniken, d. h. das Zusammenspiel von Preis und Menge, Angebot und Nachfrage, Konkurrenz und Kosten.

11.1 Markt und Preis

Als Markt wird die räumlich und zeitlich abgegrenzte Menge aller aktuellen und potenziellen Käufer bezeichnet, die ein ähnliches Problem haben sowie die Menge der aktuellen und potenziellen Verkäufer, von denen diese erwarten, dass sie ihr Problem lösen können. Er ist somit allgemein der ökonomische Ort des Tausches zwischen Produzenten und Konsumenten (Angebot und Nachfrage). Als **vollkommen** wird ein Markt bezeichnet, wenn er folgende fünf Bedingungen erfüllt:

- sachliche Gleichartigkeit der Güter (Homogenität und Fungibilität),
- keine persönlichen Präferenzen (Bevorzugungen),
- keine räumlichen Differenzierungen (Punktmarkt),
- keine zeitlichen Differenzierungen,
- vollständige Markttransparenz.

Vollkommenheit bedeutet keine Wertung, sondern die Aussage, dass es auf einem vollkommenen Markt nur einen einheitlichen Preis geben kann. Unvollkommen ist ein Markt, wenn eine der fünf genannten Bedingungen nicht zutrifft, dann können sich unterschiedliche Preise für gleichartige Produkte bilden *(siehe Abbildung 27: Wettbewerbsformen).*

	Gleiche Preise der angebotenen Produkte	Ungleiche Preise der angebotenen Produkte
Gleiche Positionierung der angebotenen Produkte	Homogener Wettbewerb der vollkommenen Konkurrenz	Preiswettbewerb der unvollkommenen Konkurrenz
Verschiedene Positionierung der angebotenen Produkte	Leistungswettbewerb der unvollkommenen Konkurrenz	Preis- und Leistungswettbewerb der unvollkommenen Konkurrenz

Abbildung 27: Wettbewerbsformen

Der relative Wohlstand der entwickelten Volkswirtschaften beruht vor allem auf der freien Preisbildung am Markt. Dieser kommen als zentral empfundene, gesamtwirtschaftliche **Funktionen** zu:

- Als **Knappheitsindikator** zeigt ein hoher Preis große Begehrtheit an und zieht damit Anbieter auf den Markt bzw. wehrt Nachfrager ab (und umgekehrt). Damit kommt dem Preis zugleich ein Angebotsanreiz zu.
- Die **Lenkungsfunktion** des Preises sorgt für die Allokation der Produktionsfaktoren beim effizientesten Einsatz.
- Dem Preis kommt auch **Beschränkungsfunktion** zu, indem er unnötige Nachfrage zurückhält oder verlagert. Dies ist zu Zeiten erkennbarer Wachstumsgrenzen besonders bedeutsam.
- Er ist **Dringlichkeitsmaßstab** für die subjektive Bedeutung von Bedürfnissen und spiegelt damit die aggregierten Nutzenpräferenzen wider.
- Er bewirkt schließlich die **Markträumung** im Gleichgewicht, indem sich die Wirtschaftspläne der Mehrheit der Marktteilnehmer erfüllen.

Der Preis bildet sich im Wettbewerb durch Angebot und Nachfrage am Markt. Das Angebot nimmt üblicherweise mit steigendem Preis zu, die Nachfrage steigt hingegen mit sinkendem Preis. Dort, wo sich grafisch die beiden gegenläufigen Kurven von Angebot und Nachfrage schneiden, bildet sich der Marktpreis *(siehe Abbildung 28: Marktgleichgewicht).* Ist die Angebotsmenge auf einem Markt größer als die Nachfragemenge, entsteht ein Angebotsüberhang, der auf funktionsfähigen Märkten zur gegenseitigen Preisunterbietung der Anbieter führt, bis ein Gleichgewichtspreis erreicht ist. Umgekehrt, also bei einem Nachfrageüberhang, führt die wachsende Preisbereitschaft der Nachfrager zur Erreichung eines höheren Gleichgewichtspreises. Einseitige Nachfragesteigerung führt zu einem höheren Marktpreis bei größerer Menge, weil, durch den höheren Preis angereizt, zusätzliches Angebot am Markt wirksam wird, das die gestiegene Nachfrage befriedigt, und umgekehrt. Einseitige Angebotsausweitung führt zu einem niedrigeren Marktpreis bei größerer Menge, weil durch den niedrigeren Preis zusätzliche Nachfrage aktiviert wird, welche das steigende Angebot abnimmt, und umgekehrt *(siehe Abbildung 29: Preisgleichgewicht auf funktionsfähigem Markt).*

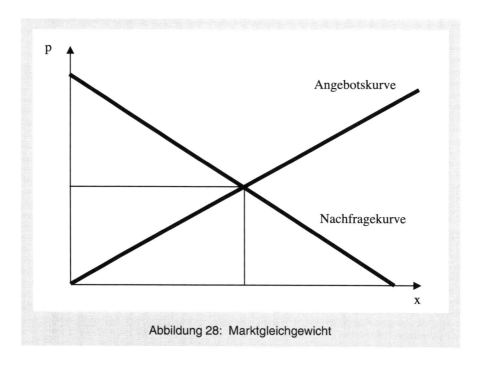

Abbildung 28: Marktgleichgewicht

Der **Gleichgewichtspreis** bleibt nach seinem Zustandekommen konstant, weil beide Marktseiten ihre Wirtschaftspläne erfüllt sehen. Es sei denn, diese Wirtschaftspläne oder externe Einflussgrößen verändern sich. Dann kommt es zur beschriebenen Anpassung. Bei freier Preisbildung maximieren Anbieter und Nachfrager so im Gleichgewicht ihre jeweiligen Nutzen. Die Addition der individuellen Einzelnutzen führt zum größtmöglichen Gesamtnutzen für die Wirtschaft. Und damit, stark vereinfacht, zu maximalem Wohlstand für alle. Daher ist die freie Preisbildung von so entscheidender Bedeutung bzw. umgekehrt die Einschränkung der freien Preisbildung (wie etwa bei extrem hohem Staatsanteil unvermeidlich) so verheerend. Bei **Marktungleichgewichten** kommt es zu selbststeuernden Anpassungsprozessen. Anbieter weiten ihr Angebot bei Nachfrageüberhang aus. Dadurch steigt der Preis und die Nachfrage geht zugleich zurück. Es kommt durch diese gegenläufigen Bewegungen zum Angebotsüberhang. Der Preis sinkt. Das Angebot wird daraufhin zurückgefahren, während die Nachfrage zunimmt. Nun kommt es wieder zu einem Nachfrageüberhang und die Annäherung beginnt von vorn solange, bis sie sich im Gleichgewicht einpendelt. Dies funktioniert freilich nur solange reibungslos, wie es keine Wettbewerbsbeschränkungen am Markt gibt.

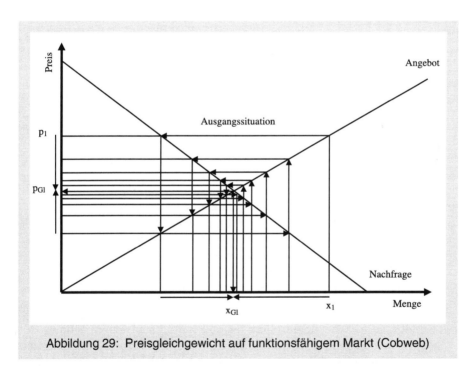

Abbildung 29: Preisgleichgewicht auf funktionsfähigem Markt (Cobweb)

Besteht dauerhaft ein Angebots- oder Nachfrageüberhang, handelt es sich um einen Käufer- bzw. Verkäufermarkt. Im **Verkäufermarkt** müssen Nachfrager größere Anstrengungen unternehmen, um zum Abschlusserfolg mit Anbietern zu gelangen als Anbieter Anstrengungen unternehmen müssen, Nachfrager zu attrahieren. Im **Käufermarkt** hingegen müssen Anbieter größere Anstrengungen unternehmen, um zum Abschlusserfolg mit Nachfragern zu kommen als diese. Dies ist kennzeichnend für entwickelte marktwirtschaftliche Systeme.

Zwischen der Höhe der nachgefragten Gütermenge und dem Preis besteht (regelmäßig) eine Beziehung derart, dass bei steigendem Preis der Absatz abnimmt bzw. dieser mit sinkendem Preis zunimmt. Diese Beziehung wird durch die Nachfragefunktion ausgedrückt, welche die Aneinanderreihung aller Preis-Mengen-Kombinationen ist, die Nachfrager in einer gegebenen Situation zu realisieren bereit sind. Preisveränderungen führen zu Nachfrageveränderungen in unterschiedlichem Ausmaß. Ist die Nachfrageänderung größer als die Preisänderung, ist eine elastische Nachfrage gegeben. Die Kurve verläuft, grafisch gesehen, flach, der Elastizitätskoeffizient (Quotient aus relativer Mengenänderung aufgrund einer relativen Preisänderung) ist > 1. Ist die Nachfrageveränderung geringer als die Preisveränderung, ist eine unelastische Nachfrage gegeben. Die Kurve verläuft, grafisch, steil, der Elastizitätskoeffizient ist < 1. Entspricht das Ausmaß der Nachfrageveränderung genau dem der Preisveränderung, ist der Elastizitätskoeffizient = 1. Der Zusammenhang kann linear oder nicht-linear (gekrümmt degressiv oder progressiv) verlaufen.

Eine nicht preisinduzierte Nachfragesteigerung drückt sich, grafisch gesehen, durch eine Parallelverschiebung der Nachfragefunktion aus, und zwar hin zum Koordinatenursprung bei Nachfragerückgang und weg vom Koordinatenursprung bei Nachfrageanstieg. Gründe dafür sind die Preisveränderung bei konkurrierenden Gütern, Erwartungen von Preisänderungen beim betreffenden Gut, die Veränderung der Einkommen der kaufenden Haushalte, eine Zunahme der Bedarfsträger etc. Die aggregierten Nachfragefunktionen für einzelne Güter bilden die gesamtwirtschaftliche Nachfragefunktion. Gleiches gilt für die Angebotsfunktion. Bei unveränderter Angebotsfunktion bewirkt eine veränderte Nachfragefunktion einen steigenden Preis bei steigender Menge (weg vom Koordinatenursprung) bzw. einen sinkenden Preis bei sinkender Menge (hin zum Koordinatenursprung).

Betrachtet man nun Nachfrage- und Angebotsseite unter den Annahmen des vollkommenen Marktes, der vollständigen (atomistischen) Konkurrenz und fehlender Eingriffe, so bildet sich der Marktpreis dort, wo nachgefragte und angebotene Menge gleich sind. Bei allen Preisen, bei denen die nachgefragte Menge größer ist als die angebotene, herrscht Nachfrageüberhang (Verkäufermarktsituation), und es bleibt Nachfrage unbefriedigt. Bei allen Preisen, bei denen die nachgefragte Menge geringer ist als die angebotene, herrscht Angebotsüberhang (Käufermarktsituation), und es bleibt Angebot ohne Absatz. Im Gleichgewichtspunkt gehen die Pläne beider Marktseiten jedoch auf.

Liegt ein Preis über dem Gleichgewichtspreis, werden die Anbieter sich aufgrund des Angebotsüberhangs gegenseitig in ihrer Preisforderung unterbieten und sich damit in Richtung Gleichgewichtspreis bewegen. Liegt ein Preis unter dem Gleichgewichtspreis, werden die Nachfrager sich aufgrund des Nachfrageüberhangs gegenseitig im Preisgebot überbieten und sich damit ebenfalls in Richtung Gleichgewichtspreis bewegen. Damit kann (auf funktionsfähigen Märkten) nur der Gleichgewichtspreis von Dauer sein. Dort kann auch derjenige Nachfrager seinen Bedarf decken, der gerade noch bereit ist, den geforderten Preis zu bezahlen bzw. derjenige Anbieter kann seine Güter losschlagen, der gerade noch bereit ist, den sich ergebenden Preis zu akzeptieren.

Alle Nachfrager, die bereit gewesen wären, einen höheren Preis als den Marktpreis zu bezahlen, streichen eine Nachfragerrente ein. Sie „sparen" die Differenz zwischen ihrer individuellen höheren Preisbereitschaft und dem niedrigeren Marktpreis. Umgekehrt streichen alle Anbieter eine Anbieterrente ein, die individuell bereit gewesen wären, ihre Waren auch zu einem niedrigeren als dem generellen Marktpreis abzugeben. Sie „verdienen" diese Differenz hinzu *(siehe Abbildung 30: Nachfragerrente/Anbieterrente).*

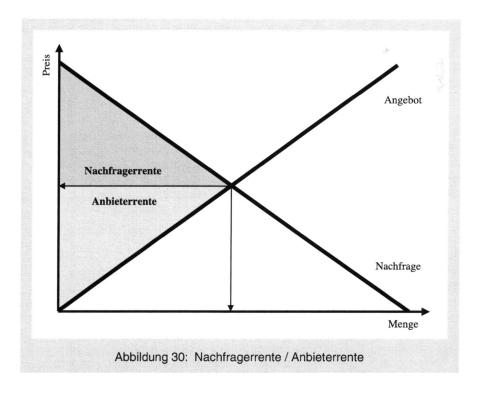

Abbildung 30: Nachfragerrente / Anbieterrente

Verändert sich die Angebotsfunktion bei unveränderter Nachfragefunktion, ergibt sich ausgehend vom Ungleichgewicht ein neuer Gleichgewichtspreis, und zwar zu einem niedrigeren Preis bei höherem Angebot und zu einem höheren Preis bei niedrigerem Angebot. Verändert sich die Nachfragefunktion bei unveränderter Angebotsfunktion, so ergibt sich ebenfalls vom Ungleichgewicht ein neuer Gleichgewichtspreis, und zwar zu einem höheren Preis bei höherer Nachfrage und zu einem niedrigeren Preis bei niedriger Nachfrage. Es kommt also zu Anpassungsprozessen weg vom alten hin zum neuen Gleichgewichtspreis. Dies wird (komparativ-statisch) durch das Cobweb-Theorem veranschaulicht (s. o.). Zum Beispiel führt auf funktionsfähigen Märkten ein Angebotsüberhang (Marktpreis über Gleichgewichtspreisniveau) zu einer (in Abhängigkeit von der Elastizität mehr oder minder starken) Angebotseinschränkung infolge nicht erfüllter Anbieterpläne und damit in der nächsten Betrachtungsperiode zu einem Nachfrageüberhang. Dies führt wiederum zu einer Preiserhöhung mit der Folge eines erneuten Angebotsüberhangs und einer erneuten Nachfrageanpassung, die freilich geringer ist als die vorherige, und das solange, bis der neue Gleichgewichtspreis erreicht ist. Die Preisänderung ist umso größer, je steiler (unelastischer) die Angebots- und Nachfragefunktionen verlaufen, die Mengenänderung ist umso größer, je flacher (elastischer) sie verlaufen.

Die Marktmechanik kann man sich anhand folgenden Beispiels deutlich machen. Es werden folgende Preis-Mengen-Kombinationen an einem Markt für möglich gehalten:

- *bei einem Preis von 0 € besteht eine maximale Aufnahmekapazität des Marktes von 300 Produkten (Sättigungsmenge),*
- *bei einem Preis von 1 € lassen sich 275 Einheiten absetzen,*
- *bei einem Preis von 2 € lassen sich 250 Einheiten absetzen,*
- *bei einem Preis von 3 € lassen sich 225 Einheiten absetzen,*
- *bei einem Preis von 4 € lassen sich 200 Einheiten absetzen,*
- *bei einem Preis von 5 € lassen sich 175 Einheiten absetzen,*
- *bei einem Preis von 6 € lassen sich 150 Einheiten absetzen,*
- *bei einem Preis von 7 € lassen sich 125 Einheiten absetzen,*
- *bei einem Preis von 8 € lassen sich 100 Einheiten absetzen,*
- *bei einem Preis von 9 € lassen sich 75 Einheiten absetzen,*
- *bei einem Preis von 10 € lassen sich 50 Einheiten absetzen,*
- *bei einem Preis von 11 € lassen sich 25 Einheiten absetzen,*
- *bei einem Preis von 12 € besteht keine Nachfrage mehr nach dem Produkt (Prohibitivpreis).*

Verbindet man diese Preis-Mengen-Kombinationen, so ergibt sich daraus eine Gerade mit dem Funktionsverlauf: p = 12 − 0,04 x. Eine solche Funktion repräsentiert die Nachfragekurve, d. h. alle Preis-Mengen-Kombinationen, zu denen Nachfrager bereit sind, an einem Markt aktiv zu werden.

Bei den Anbietern, die aktiv werden wollen, sieht das naturgemäß entgegengesetzt aus. Je niedriger der Preis ist, desto weniger Menge sind sie bereit, anzubieten. Unterstellt sei, dies wird durch den Funktionsverlauf: p = 0,04 x repräsentiert, so ergeben sich folgende Preis-Mengen-Kombinationen, zu denen Anbieter bereit sind, am Markt aktiv zu werden:

- *bei einem Preis von 0 € ist kein Angebot auf dem Markt vorhanden,*
- *bei einem Preis von 1 € werden 25 Einheiten angeboten,*
- *bei einem Preis von 2 € werden 50 Einheiten angeboten,*
- *bei einem Preis von 3 € werden 75 Einheiten angeboten,*
- *bei einem Preis von 4 € werden 100 Einheiten angeboten,*
- *bei einem Preis von 5 € werden 125 Einheiten angeboten,*
- *bei einem Preis von 6 € werden 150 Einheiten angeboten,*
- *bei einem Preis von 7 € werden 175 Einheiten angeboten,*
- *bei einem Preis von 8 € werden 200 Einheiten angeboten,*
- *bei einem Preis von 9 € werden 225 Einheiten angeboten,*
- *bei einem Preis von 10 € werden 250 Einheiten angeboten,*
- *bei einem Preis von 11 € werden 275 Einheiten angeboten,*
- *bei einem Preis von 12 € werden 300 Einheiten angeboten.*

Die Anbieter wollen einen möglichst hohen Preis am Markt erzielen, sie können aber nur absetzen, was Nachfrager abzunehmen bereit sind. Der höchste Preis, zu welchem dem Angebot ausreichend Nachfrage gegenübersteht, ist 6 €. Bei jedem Preis darüber besteht ein Angebotsüberschuss, d. h., es wird mehr angeboten als nachgefragt (z. B. bei 10 € 200 Einheiten), bei jedem Preis darunter wird Preisspielraum verschenkt, d. h. es wäre ein höherer Preis erlösbar (z. B. bei 4 € weitere 2 €). Bei 6 € ist in diesem Fall der Markt im Gleichgewicht, der Markt wird geräumt. Es werden 150 Einheiten nachgefragt und 150 Einheiten abgesetzt.

Durch Einsatz geeigneter Verfahren kann man sich der Preis-Absatz-Funktion praktisch nähern. Auf die Kommastelle genau geht das freilich nur im Modell (p = 12−0,04 x).

170   Spezielle Ansatzpunkte für die Preisbildung

Allerdings gibt es Nachfrager, die bereit gewesen wären, einen höheren als diesen 6 €-Preis zu zahlen. Diese summieren sich auf folgende Beträge (dichotome Werte vorausgesetzt):

- *bei einem Preis von 7 € hätten 125 Einheiten abgesetzt werden können, dies entspricht einer Umsatzeinbuße von 125 €,*
- *bei einem Preis von 8 € hätten 100 Einheiten abgesetzt werden können, dies entspricht einer Umsatzeinbuße von 100 €,*
- *bei einem Preis von 9 € hätten 75 Einheiten abgesetzt werden können, dies entspricht einer Umsatzeinbuße von 75 €,*
- *bei einem Preis von 10 € hätten 50 Einheiten abgesetzt werden können, dies entspricht einer Umsatzeinbuße von 50 €,*
- *bei einem Preis von 11 € hätten 25 Einheiten abgesetzt werden können, dies entspricht einer Umsatzeinbuße von 25 €.*

Damit entgehen den Anbietern 375 € Umsatzpotenzial im Vergleich zu 900 € realisiertem Umsatz. Dies ist ärgerlich. Andererseits streichen die Anbieter, die bereit gewesen wären, zu einem niedrigeren als dem resultierenden Marktpreis anzubieten, eine Produzentenrente ein. Diese ergibt sich wie folgt:

- *bei einem Preis von 5 € wären 125 Einheiten angeboten worden, dies entspricht einem Zusatzumsatz von 125 €,*
- *bei einem Preis von 4 € wären 100 Einheiten angeboten worden, dies entspricht einem Zusatzumsatz von 100 €,*
- *bei einem Preis von 3 € wären 75 Einheiten angeboten worden, dies entspricht einem Zusatzumsatz von 75 €,*
- *bei einem Preis von 2 € wären 50 Einheiten angeboten worden, dies entspricht einem Zusatzumsatz von 50 €,*
- *bei einem Preis von 1 € wären 25 Einheiten angeboten worden, dies entspricht einem Zusatzumsatz von 25 €.*

Damit realisieren die Anbieter durch die höhere Preisbereitschaft der bedienten Nachfrager einen zusätzlichen Umsatz von 375 €. Gegen diese Produzentenrente ist aus Anbietersicht nichts einzuwenden, wohl aber gegen den vergebenen Umsatz der Konsumentenrente. Daher wird versucht, diese durch Preisdifferenzierung mehr oder minder vollständig abzuschöpfen.

11.2 Marktordnung und -formen

Eine Marktordnung stellt die Gesamtheit von Maßnahmen und Instrumenten zur Lenkung oder Beeinflussung von Angebot und Nachfrage dar. Diskretionäre Eingriffe bedeuten eine erhebliche Belastung der Marktmechanik und führen immer zu Wohlfahrtsverlusten. Diese werden von der Politik dennoch in großem Umfang in Kauf genommen, um das Gemeinwohl zu fördern oder einzelne Interessengruppen zu schützen. Märkte können unter vielfältigen Gesichtspunkten rubriziert werden:

- so nach ihrer Leistungsart (Investitionsgüter, Konsumgüter, Dienstleistungen, Finanzen/Rechte etc.), nach ihrer Transaktionsrichtung (Beschaffung oder Absatz), nach der Transaktionsart (physisch oder virtuell), nach ihren Spielregeln (frei oder reglementiert), nach dem Marktzugang (offen oder geschlossen) oder nach dem Vollkommenheitsgrad (vollkommen, unvollkommen).

Häufig findet eine Unterscheidung der Märkte nach objektiven Gesichtspunkten (Anzahl der Marktteilnehmer) oder subjektiven Gesichtspunkten (Verhaltensweise der angebotsseitigen Marktteilnehmer) statt.

Nachfrager \ Anbieter	Einer	Wenige	Viele
Einer	Bilaterales Monopol	Beschränktes Nachfragemonopol (Monopson)	Nachfragemonopol (Monopson)
Wenige	Beschränktes Angebotsmonopol	Bilaterales Oligopol	Nachfrageoligopol (Oligopson)
Viele	Angebotsmonopol	Angebotsoligopol	Bilaterales Polypol

Abbildung 31: Marktmorphologie-Schema

Spezielle Ansatzpunkte für die Preisbildung

Bei ersterem unterscheidet man ein einfaches Marktformenschema, wenn die Marktanteile der einzelnen Teilnehmer annähernd gleich sind, oder ein erweitertes Marktformenschema, wenn eine abweichende relative Größe der Teilnehmer gegeben ist. Die Marktform ist ein wesentlicher Bestimmungsfaktor zur Preisbildung. Üblich ist eine Strukturierung von Märkten durch Aufteilung sowohl der Angebots- wie auch der Nachfrageseite *(siehe Abbildung 31: Marktmorphologie-Schema):*

- Bilaterales Monopol (ein Teilnehmer auf Angebotsseite, ein Teilnehmer auf Nachfrageseite),
- Angebotsmonopol (ein Anbieter bei vielen Nachfragern),
- Nachfragemonopol (Monopson/ein Nachfrager bei vielen Anbietern),
- Beschränktes Angebotsmonopol (wenige Anbieter bei wenigen Nachfragern),
- Beschränktes Nachfragemonopol (Oligopson/wenige Nachfrager bei wenigen Anbietern).
- Bilaterales Oligopol (wenige Teilnehmer auf Angebotsseite, wenige Teilnehmer auf Nachfrageseite),
- Angebotsoligopol (wenige Anbieter bei vielen Nachfragern),
- Nachfrageoligopol (Oligopson/wenige Nachfrager bei vielen Anbietern),
- Bilaterales Polypol (viele Teilnehmer auf Angebotsseite, viele Teilnehmer auf Nachfrageseite).

Eine Erweiterung ergibt sich, wenn man folgende Mischkriterien berücksichtigt:

- Teilmonopol mit einem dominanten und mehreren kleinen Anbietern,
- Teiloligopol mit wenigen dominanten und mehreren kleinen Anbietern,
- Teilmonopson mit einem dominanten und mehreren kleinen Nachfragern,
- Teiloligopson mit wenigen dominanten und mehreren kleinen Nachfragern,
- Dyopol mit zwei Marktteilnehmern auf den jeweiligen Marktseiten (auch Dyopson).

Beispiele für die verschiedenen Marktformen sind folgende:
  – viele Anbieter/viele Nachfrager: Büromaterialhandel,
  – wenige Anbieter/viele Nachfrager: Mineralölkonzerne,

- *ein Anbieter/viele Nachfrager: Deutsche Post World Net AG (Briefpost),*
- *viele Anbieter/wenige Nachfrager: Nahrungsmittelhersteller beliefernde Landwirte bei Lebensmittelkonzernen,*
- *wenige Anbieter/wenige Nachfrager: Filmproduktion,*
- *ein Anbieter/wenige Nachfrager: Rediskontierung von Wechseln,*
- *viele Anbieter/ein Nachfrager: Autobahnbau,*
- *wenige Anbieter/ein Nachfrager: Kampfflugzeughersteller,*
- *ein Anbieter/ein Nachfrager: Tarifparteien.*

Ist die **Homogenitätsbedingung** nicht erfüllt, handelt es sich jeweils um unvollkommene Märkte, ausgedrückt durch die Begriffe Polypoloid (viele Anbieter), Oligopoloid (wenige Anbieter), Monopoloid (ein Anbieter) bzw. Polypsonoid (viele Nachfrager), Oligopsonoid (wenige Nachfrager) und Monopsonoid (ein Nachfrager). Ist die Markttransparenz nur vorübergehend nicht gegeben, handelt es sich um temporär unvollkommene Märkte.

Die über die rein formale Beschreibung der drei Grundformen (Struktur) hinausgehende materielle Bedeutung (Verhalten) stellt sich wie folgt dar *(siehe Abbildung 32: Marktform und Verhaltensweise):*

- Der **Monopolfall** ist gegeben, wenn ein Marktteilnehmer damit rechnet, dass sein Markterfolg allein vom Verhalten der anderen Marktseite, nicht jedoch von der Preispolitik Anderer auf der gleichen Marktseite abhängt oder diese anderen erst gar nicht vorhanden sind. Die Preise anderer Anbieter sind für ihn unbedeutend. Auf die Festsetzung seines Preises haben Konkurrenten keinen Einfluss. Eine solche komfortable Situation ist ausgesprochen selten möglich, weil totale Konkurrenz vorherrscht.
- Der **Oligopolfall** ist gegeben, wenn ein Marktteilnehmer damit rechnet, dass sein Markterfolg von seinen eigenen preispolitischen Maßnahmen und vom Verhalten der Teilnehmer der anderen wie der eigenen Marktseite abhängt. Und er erwartet, dass Änderungen im Einsatz seines Marketing-Mix die Konkurrenten zu Verhaltensänderungen veranlassen, was zu einer Ambivalenz zwischen Wirtschaftsfrieden, -kampf und -verständigung führt. Es besteht eine wechselseitige Abhängigkeit (Interdependenz).
- Der **Polypolfall** ist gegeben, wenn ein Marktteilnehmer damit rechnet, dass sein Markterfolg von seinem eigenen Verhalten, vom Verhalten sowohl der anderen wie auch der eigenen Marktseite abhängt, er jedoch nicht erwartet, dass eine Änderung seines Verhaltens Konkurrenten zu

Gegenreaktionen veranlasst. Konkurrenzeinflüsse werden also berücksichtigt. Der einzelne Anbieter vermutet aber, dass auf seine Preisänderung von Konkurrenten nicht mit Preisänderungen reagiert wird.

Sinnvoll ist auf mittlere Sicht wohl nur eine Verhaltensweise, welche der Marktform entspricht. Diese **morphologische Sichtweise** kann sich sowohl auf die Angebots- als auch auf die Nachfrageseite beziehen.

Sind Preise und Leistungen der an einem Markt angebotenen Güter jeweils gleich, handelt es sich um den homogenen Wettbewerb der vollkommenen Konkurrenz. Sind entweder Preise oder Leistungen der angebotenen Güter ungleich, handelt es sich um den Preis- bzw. Leistungswettbewerb der unvollkommenen Konkurrenz. Sind sowohl Preise als auch Leistungen jeweils ungleich, liegt der monopolistische Wettbewerb der überwiegenden Marktrealität vor. Ziel der Teilnehmer ist die **Monopolisierung von Märkten** für die angebotenen bzw. nachgefragten Leistungen. Dabei stellen sich folgende Ausgangssituationen:

- Ein **vollkommenes** Monopol entsteht, wenn es für ein Angebot kein Substitutionsangebot gibt. Betrachtungsbasis kann die totale Konkurrenz um die Kaufkraft sein, die Bedürfniskonkurrenz um gleiche Nutzen (vertikal) oder die Produktkonkurrenz um gleiche Angebote (horizontal). Ansonsten ist ein unvollkommenes Monopol gegeben.

- Ein **natürliches** Monopol beruht auf nicht korrigierbaren Wettbewerbsbeschränkungen, etwa aus Ressourcen wie Bodenschätzen, Standorten, Nutzungsflächen etc. Beispiel sind die Ölfundstellen der Mineralölkonzerne.

- Ein **künstliches** Monopol beruht auf prinzipiell korrigierbaren Wettbewerbsbeschränkungen aus mangelnder Mobilität oder fehlender Transparenz bei Marktpartnern. Hier setzen strukturelle Maßnahmen der Politik an.

- Ein **prozessuales** Monopol liegt vor, wenn ein Anbieter durch Schutzrechte oder technischen Fortschritt einen vorübergehenden Vorsprung vor anderen genießt. Gleiches gilt für die Phase des marktleistungsbedingten Vorstoßes, der als Anreiz unverzichtbar ist. Ansonsten ist ein dauerhaftes Monopol gegeben.

Nur künstliche, willkürliche Monopole, die nicht leistungsbedingt sind, beruhen auf Marktmacht und stellen damit unbillige Freiheitsbeschränkungen dar, die Gegenstand des Wettbewerbsschutzes sind. Alle anderen Formen sind legale Ergebnisse erfolgreicher Monopolisierung von Märkten über aktive Bereiche des Angebots.

	Situation des/der Marktteilnehmer	Verhaltensweise
Monopol / Monopson	Independenz	Isoliert-autonome Strategie
Oligopol auf vollkommenem Markt	Interdependenz	Konjekturale Strategie
Oligopol auf unvollkommenem Markt	Interdependenz / Independenz	Konjekturale oder autonome Strategie
Polypol auf vollkommenem Markt	Independenz vom einzelnen, Dependenz von der Gesamtheit aller Konkurrenten	Autonome Mengenanpassung
Polypol auf unvollkommenem Markt	Starke Independenz vom einzelnen, schwache Dependenz von der Gesamtheit aller Konkurrenten	Autonome Strategie
Bilaterales Monopol	Starke gegenseitige Abhängigkeit von der Marktgegenseite	Allgemeine Verhandlung (Optionsfixierung bzw. -empfang)
Bilaterales Oligopol	Schwache gegenseitige Abhängigkeit von der Marktgegenseite	Ambivalentes Ungleichgewicht, allgemeine Verhandlung oder Kampfstrategie

Abbildung 32: Marktform und Verhaltensweise

Die individuelle Angebotsfunktion im (vollständigen) **Polypol** (bei kurzfristiger Betrachtung) verläuft linear ohne Steigung (grafisch gesehen parallel zur Mengenachse) in Höhe des Marktpreises. Für den einzelnen Anbieter ist der Preis also ein Datum, er kann keine Preispolitik betreiben, sondern nur eine Mengenpolitik. Die Erlösfunktion ist daher eine Gerade, die linear, vom Koordinatenursprung ausgehend, steigt. Die maximale Absatzmenge ergibt sich an der Kapazitätsgrenze des einzelnen Anbieters. Die gewinnmaximale Absatzmenge ergibt sich dort, wo die Differenz zwischen Erlösfunktion und Gesamtkostenkurve am größten ist. Dies ist bei als linear unterstelltem Kostenverlauf wiederum an der Kapazitätsgrenze des Anbieters der Fall, bei einem ertragsgesetzlichen Kostenverlauf zwischen den zwei Break Even-Mengen (grafisch im Punkt, wo eine Parallelverschiebung der Erlösfunktion an die Kostenkurve zur Tangente wird bzw. in der Stückbetrachtung dort, wo die Grenzkostenkurve die Stückkostenkurve schneidet).

Im anderen Extrem des (vollkommenen) **Monopols** ist der Preis ein Aktionsparameter des Anbieters. Der Monopolist „liest" daher die für ihn realisierbaren Preis-Mengen-Kombinationen an der Nachfragekurve ab, d. h., mit steigendem Preis fällt die Nachfrage und umgekehrt. Die Reaktion der Nachfrage auf eine Preisveränderung ist umso größer, je höher der Ausgangspreis ist,

d. h., eine Preiserhöhung führt zu einem überproportionalen Nachfragerückgang, und umgekehrt. Die Elastizität ist > -1. Dies hat zur Folge, dass dann das Produkt aus Preis und Menge, der Erlös fällt, und umgekehrt. Die Reaktion der Nachfrage auf eine Preisveränderung ist umso geringer, je niedriger der Ausgangspreis ist, d. h., eine Preiserhöhung führt zu einem unterproportionalen Nachfragerückgang, der Erlös steigt, und umgekehrt (Elastizität $<$ -1). Der Erlös ist dort maximal, wo sich diese gegenläufigen Effekte aufheben, dies ist genau in der Mitte der Preisabsatzfunktion der Fall (Elastizität $=$ -1). Das Gewinnmaximum liegt dort, wo die letzte abgesetzte Einheit gerade eben keinen Gewinn mehr erbringt, d. h., der Grenzerlös gleich den Grenzkosten ist (dies gilt bei unterstelltem linearen oder ertragsgesetzlichen Kostenverlauf). Eine Erhöhung der Absatzmenge ist also lohnend, solange die dadurch erreichten zusätzlichen Erlöse höher sind als die durch die zusätzliche Menge verursachten Kosten (Cournot'scher Punkt).

Im **Oligopol** ist der Marktanteil eines jeden Anbieters so groß, dass Veränderungen der Aktionsparameter der anderen Anbieter für den einzelnen spürbar werden und Reaktionen bedingen. Daher muss der Oligopolist nicht nur die Reaktionen seiner Kunden, sondern auch die Reaktionen seiner Konkurrenten bei seinen Entscheidungen berücksichtigen. In der Realität sind vor allem drei Verhaltensweisen zu beobachten: Verdrängung, Wirtschaftsfriede oder Zusammenarbeit. Theoretisch wird der Oligopolfall zumeist auf den Dyopolfall reduziert:

- beide Dyopolisten sind in einer Abhängigkeitsposition: Hier gilt die Cournot'sche Lösung, allerdings setzt dies voraus, dass kein Lerneffekt über Fehlentscheide einsetzt und ist daher unrealistisch,
- ein Dyopolist ist in der Abhängigkeitsposition, der andere in der Unabhängigkeitsposition: Hier gilt die von Stackelberg-Lösung, dies setzt jedoch Informationsasymmetrien voraus, die realistisch, aber nicht zwangsläufig sind,
- beide Dyopolisten streben die Unabhängigkeitsposition an: Hier gilt die Bowley-Lösung, die instabil ist und Wirtschaftskampf impliziert.

Bei der **Verdrängung** wird davon ausgegangen, dass eine Preisunterbietung dem Ziel dient, Konkurrenten vom Markt auszuschließen. Dies setzt eine günstigere Kostensituation voraus, da ansonsten die Konkurrenz kontern und ihrerseits den aggressiven Anbieter vom Markt verdrängen kann. Ersatzweise können noch Finanzreserven als Drohmittel eingesetzt werden. Jedoch verbleibt selbst dann ein großes Risiko beim Angreifer. Daher handelt es sich um eine für alle Beteiligten sehr risikoreiche Strategie. Das **wirtschaftsfriedliche Verhalten** ist durch Preisruhe oder Preisführerschaft gekennzeichnet. Dabei wird keine kurzfristige Gewinnmaximierung angestrebt, sondern dem

Sicherheitsziel Priorität eingeräumt. Der Fall der Preisruhe wird durch das konjekturale Gleichgewicht erklärt, der Fall der Preisführerschaft im Rahmen der wettbewerbsorientierten Preisbildung. Die **Zusammenarbeit** schließlich erfolgt über lockere Formen der Vereinbarung, wobei die Grenze zur kartellrelevanten Absprache fließend ist. Insofern stellt diese Abstimmung eine gefährliche Strategie dar, und zwar sowohl für die beteiligten Unternehmen wie auch für die Effizienz der Marktordnung.

12. Marktmechanik ins Abseits gedrängt: Die reglementierte Preissetzung

Die Marktwirtschaft, auch in ihrer speziellen Ausprägung als soziale Marktwirtschaft, zeichnet sich durch eine freie Preisbildung aus. Das heißt, aus den Marktkräften Angebot und Nachfrage ergibt sich evolutorisch ein markträumender Preis, von dem niemand, und sei er noch so schlau, im Vorhinein weiß, wie hoch er sein wird. Der Wettbewerb ist somit ein kreativer Entdeckungsprozess, welcher die Intelligenz aller Beteiligten am Markt bündelt und damit einen Wissensstand repräsentiert, wie er für einzelne oder mehrere Menschen unerreichbar bleiben wird. Voraussetzung dafür ist, dass die Märkte funktionsfähig sind. also zu Preisergebnissen führen, welche sowohl den Gewinnerzielungs- als auch den Bedarfsdeckungszielen der Beteiligten entsprechen. Allerdings ist hochstrittig, ob es wirklich dysfunktionale Märkte gibt, denn viele der in der Vergangenheit als nicht funktionsfähig stigmatisierten Märkte haben sich im Nachhinein doch als sehr funktionsfähig erwiesen (zu denken ist etwa an die Märkte für Energieversorgung, Telekommunikation, Postdienste etc.). Hier konnte nach der Liberalisierung geradezu ein Aufblühen der Marktergebnisse festgestellt werden, weil die Wettbewerbskräfte entfesselt wurden.

Insofern gibt es eigentlich keinen Grund zur Reglementierung, d. h. autoritären Vorgabe von Preisen. Zumal Wirtschaftssysteme, die solche Vorgaben verfolgten, sich historisch bewiesen als wirtschaftlich nicht leistungsfähig herausgestellt haben (siehe Zentralverwaltungswirtschaft). Erstaunlich ist vor diesem Hintergrund, dass von interessierter Seite dennoch immer wieder Forderungen nach Preiseingriffen erhoben werden, weil Parteien und Lobbys ihrer Klientel entweder durch Leistungswettbewerb ansonsten nicht gerechtfertigte Vorteile verschaffen wollen oder den Markt als überlegenen Koordinationsmechanismus ignorieren.

12.1 Betroffene Marktbereiche

Preise, die nach ihrer Höhe oder Ermittlung reglementiert sind, sind vielfältig gegeben. Insgesamt macht der Anteil nicht-marktwirtschaftlich entstehender Preise am Bruttoinlandsprodukt in Deutschland ca. 48 % aller Preise aus. Wenn man bedenkt, dass damit ein zentrales marktwirtschaftliches Instrument nur noch zu knapp der Hälfte seines gedachten Ausmaßes zur Wirkung kommt, scheint eine Deregulierung mehr als angebracht. Geschützt sind dennoch folgende Bereiche:

- **Landwirtschaftserzeugnisse** (§ 28 GWB) sind wegen der schwachen Infrastruktur der Agrarwirtschaft ausgenommen. Besondere Produkte,

z. B. Saatgut, sind zudem ausgenommen, um Missernten und Unterversorgung der Bevölkerung infolge Kostendruck zu vermeiden. Analoges gilt für die Tierzucht.

- Bei **Finanzdienstleistungen,** also Bausparkassen, Kreditinstituten und Versicherungswirtschaft, soll die Bundesanstalt für Finanzdienstleistungsaufsicht das Risiko der Insolvenz dieser Anbieter abwenden. Das wird dadurch erreicht, dass z. B. den Versicherern hohe Prämien zugestanden werden, denn hohe Gewinne sind die beste Sicherung gegen Pleiten (das ist jedoch möglicherweise Versichertenschutz durch Versichertenausbeutung). Analoges gilt für Kreditinstitute und ihre Relation zu Debitoren und Kreditoren.
- Bei **Verwertungsgesellschaften** zur Wahrnehmung von Urheberrechten und verwandten Schutzrechten sollen Personen in ihren geistigen und persönlichen Beziehungen zum Werk und in dessen Nutzung preisgeschützt werden.
- Ebenso ist die zentrale Vermarktung von Rechten an der Fernsehübertragung satzungsgemäß durchgeführter **Sportwettbewerbe** durch Sportverbände ausgenommen. Rechtfertigung dafür sind die finanziellen Aufwendungen, die aus deren Verantwortung für die Förderung des Jugend- und Amateursports entstehen.

Hinzu kommen zahlreiche Ausnahmebereiche. So sind Verkehrsträger, also Luftfahrtunternehmen, Binnen-/Seeschifffahrtsunternehmen, Unternehmen, die sich mit der Beförderung von Personen befassen, wie etwa Eisenbahngesellschaften, ausgenommen, weil die Verkehrsträger einerseits eine Versorgungsfunktion wahrnehmen, die eine gleichmäßige Flächenabdeckung nur über auskömmliche Renditen ermöglicht, und andererseits, weil Preiswettbewerb über Kosteneinsparung zu Lasten der Sicherheit der Passagiere gehen kann.

Auch die Leistungen der Deutsche Post AG können für bestimmte Beförderungsleistungen von Postnutzern nur zu festgelegten Preisen in Anspruch genommen werden. Dabei wird nach wie vor ein interner Verlustausgleich durch Subventionierung ganzer Leistungsbereiche vorgenommen.

Die Deutsche Bundesbank und die Kreditanstalt für Wiederaufbau/KfW sind ausgenommen, weil sie hoheitliche Aufgaben wahrnehmen.

Energieversorgungsunternehmen (EVU) für Gas, Wasser, Elektrizität (§ 29 GWB) fällt ein Bedarfsdeckungsauftrag zu, dem sie ihrer Behauptung nach nur nachkommen können, wenn Leitungsmonopole hohe Preise und Gewinne sichern. Dagegen spricht u. a. die Erfahrung privater Kraftwerksbetreiber, die trotz hoher Initialinvestitionen fähig sind, öffentliche Tarife leicht zu unterbieten. Nicht zuletzt deshalb unterliegen EVU einer gesonderten Missbrauchsaufsicht.

Ausnahmen von der freien Preisbildung finden sich z. B. auch in folgenden Bereichen:

- **Zigaretten** sind de facto ausgenommen, weil die Tabakkonzerne ihre Packungen mit im Voraus bestellten Steuerbanderolen versehen müssen, deren Wert sich in Abhängigkeit vom Endverbraucherpreis bemisst. Abweichungen vom vorgegebenen Preis führen also zu Steuerüberzahlung bzw. -verkürzung.
- **Mieten** als Preise für Wohnraum im sozialen Wohnungsbau sind gebunden, um die Ausnutzung von Notsituationen für das elementare Sicherheitsbedürfnis Wohnung zu verhindern, allerdings mit der Konsequenz, dass es zyklisch zu erheblichen Ungleichgewichten im Markt kommt.
- Personen, die nicht eigenunternehmerisch tätig sind, sondern **Absatzhelfer** darstellen (Handelsvertreter, Kommissionäre etc.), sind ebenfalls von diesem Verbot ausgenommen. Speziell dies öffnet Unternehmen einen bequemen Weg zur legalen Umgehung des Preisbindungsverbots, wie Agentur- und Depotsysteme im Handel zeigen.

Im öffentlich administrierten Bereich, in dem der Staat die Preise vorgibt, ist weiterhin zu denken an:

- Führerscheingebühr, ASU-Gebühr, Kfz-Prüfung, Parkuhren, Kfz-Steuer, Rundfunkgebühr, Friedhofsgebühr, Wetteinsatzgebühr, Reisepassgebühr, Kurtaxe, Preise für Opernhäuser, Theater, Museen oder Bäder, Volkshochschulbeitrag, Kindertagesstättenbeitrag, Fischereischein, Wasserversorgungsgebühr, Abwasserbeseitigungsgebühr, Müllentsorgungsgebühr, Straßenreinigungsgebühr, Preise für öffentliche Nahverkehrsmittel, Krankenhaustagesätze, Erschließungsbeiträge etc.

Im **privat** administrierten Bereich, bei welchem die Preise zumindest von staatlichen Stellen zu genehmigen sind, ist zu denken an:

- Kranken- und Rentenversicherungsbeiträge, Preise für ambulante und stationäre Gesundheitsleistungen, Preise für Telekommunikation, Brief- und Paketdienstgebühren, Architektenhonorar, Schornsteinfegergebühr, Taxitarif (im gebundenen Beförderungsgebiet), Speditionstarif etc. Schließlich gibt es auch standesgebundene Preisreglementierungen, etwa für Angehörige freier Berufe wie Ärzte, Architekten, Anwälte, Notare etc.

182 Spezielle Ansatzpunkte für die Preisbildung

Eine **Preisvorgabe** erfolgt dabei in mehrfacher Weise:
- Beim **Mindestpreis** handelt es sich um einen solchen, der über dem Marktgleichgewicht festgelegt wird. Folglich besteht Angebotsüberschuss mit der Folge der subventionierten Vernichtung oder des bewussten Verderbs dieser Ware (zu beobachten im EU-Agrarmarkt).
- Beim **Höchstpreis** (z. B. Mieten) handelt es sich um einen solchen, der unter dem Marktgleichgewicht festgelegt wird. Folglich besteht Angebotsknappheit (Rationierung) mit der Folge der Bildung grauer (Umgehung von Absatzstufen) und schwarzer Märkte (Verbotsumgehung), auf denen sich Preise bilden, welche die realen Knappheitsverhältnisse ausdrücken.
- Beim **Festpreis** handelt es sich um die Vorgabe genau eines Preises für eine Ware. Liegt dieser nicht im Marktgleichgewicht, kommt es zu Angebotsüberschuss oder -knappheit. Nur zufällig kann dabei der ansonsten dynamische Marktpreis kurzfristig getroffen werden.
- Beim **Spannenpreis** handelt es sich um die Vorgabe einer Bandbreite zwischen Mindest- und Höchstpreis. Preise außerhalb der Spanne sind verboten oder ziehen Interventionen nach sich (z. B. am Währungsmarkt).
- Beim **Preisstopp** wird der Preis auf dem momentanen Stand eingefroren, auch wenn dieser nur zeitlich zurückliegende Entscheidungen sanktioniert. Es kommt zwangsläufig zu zukünftigen Unwirtschaftlichkeiten.
- Preisvorgaben führen immer zu einem Preisungleichgewicht am Markt und damit zu Unwirtschaftlichkeiten. Liegen die Preisvorgaben unter dem Marktpreis (Nachfrageüberschuss) besteht die Tendenz zur Anpassung auf den höheren Marktpreis bei geringer gehandelter Menge, liegen sie über dem Marktpreis (Angebotsüberschuss) besteht die Tendenz zu niedrigerem Marktpreis bei höherer gehandelter Menge.

12.2 Preisbindung der zweiten Hand

Die Preisbindung der zweiten Hand, bei der als Wiederverkäufer auftretende Abnehmer sich bindend verpflichten, beim Wiederverkauf einen vom Anbieter festgelegten Preis zu verlangen, ist seit 1973 grundsätzlich verboten. Allerdings gibt es zwei Ausnahmen.

Bestimmte **Verlagserzeugnisse** (§ 30 GWB) werden mit der Argumentation ausgenommen, dass das deutsche Kulturgut unter einem Preiswettbewerb Schaden nehmen kann. So können Verlage etwa neue, viel versprechende Autoren nur fördern, wenn sie einigermaßen gesicherte Gewinne aus dem

Verkauf ihres Verlagsprogramms erhalten. Eben dazu dient die Preisbindung der zweiten Hand, mit deren Fall allerdings in naher Zukunft zu rechnen ist. Erfahrungen auf Auslandsmärkten lassen neben Preissenkungen für Bestseller Preiserhöhungen für Fachliteratur erwarten. Nicht der Buchpreisbindung unterliegen Mängelexemplare, Artikel bei Räumungsverkäufen, Subskriptionsexemplare (nach Vorbestellung) etc.

Apothekenpflichtige Arzneimittel (ethische Präparate) sind aufgrund der Arzneimittelverordnung vom Preisbindungsverbot ausgenommen, weil die Pharmaindustrie argumentiert, dass umfangreicher Forschungs- und Entwicklungsaufwand für neue Präparate nur aus hohen, gleichbleibenden Gewinnen gespeist werden kann und ansonsten die Volksgesundheit (etwa bei Auftreten neuer Erkrankungen oder Resistenzen) in Gefahr ist. Eine Folge davon ist allerdings, dass ethische Präparate in Deutschland um ein Vielfaches teurer sind als im Ausland und das gesamte Gesundheitssystem dadurch notleidend geworden ist.

Preisbindungen können von der Kartellbehörde für unwirksam erklärt werden bzw. neue gleichartige verboten werden, wenn festzustellen ist, dass die Preisbindung missbräuchlich gehandhabt wird oder dass sie, auch in Verbindung mit anderen Wettbewerbsbeschränkungen, geeignet ist, in einer durch gesamtwirtschaftliche Verhältnisse nicht gerechtfertigten Weise die gebundene Ware zu verteuern, ein Sinken ihres Preises zu verhindern sowie ihre Erzeugung oder ihren Absatz zu beschränken.

12.3 Unverbindliche Preisempfehlung

Die (vertikale) unverbindliche Preisempfehlung (UVP) liegt vor, wenn der Anbieter einer Ware deren Abnehmern, die ihrerseits Wiederverkäufer sind, eine Orientierungshilfe für die Preisstellung, etwa durch Packungsaufdruck oder Werbeaussage, gibt. Preisempfehlungen sind im GWB nicht mehr geregelt.

Ordnungswidrig handelt, wer Empfehlungen ausspricht, die eine Verbotsumgehung oder ein gleichförmiges Verhalten bewirken. Die Missbrauchsaufsicht durch die Kartellbehörde kann Preise für unzulässig erklären und neue gleichartige Empfehlungen verbieten, wenn sie feststellt, dass diese „allein oder in Verbindung mit anderen Wettbewerbsbeschränkungen geeignet sind, in einer durch die gesamtwirtschaftlichen Verhältnisse nicht gerechtfertigten Weise Waren zu verteuern oder ein Sinken der Preise zu verhindern oder ihre Erzeugung oder ihren Absatz zu behindern", sie „geeignet sind, den Verbraucher über die von der Mehrzahl der Empfehlungsempfänger geforderten Preise zu täuschen", „in einer Mehrzahl von Fällen die tatsächlich geforderten Preise in wesentlichen Teilen oder im gesamten Geltungsbereich erheblich übersteigen" sowie „durch Vertriebsregelungen oder andere Maßnahmen des empfehlenden Unternehmens bestimmte Abnehmer/-gruppen im Bezug der Waren diskriminiert werden." Umgangssprachlich wird von „Mondpreisen" gesprochen, wenn ein aktueller Preis um mehr als 20 % nach unten von der UVP abweicht. Durch den Wegfall der Bestimmungen zur UVP im GWB 2005 ist ein rechtsfreier Raum entstanden, der durch die Praxis zu füllen ist. Die UVP ist nicht mehr auf Markenwaren beschränkt und es ist kein bestimmter Wortlauf mehr vorgegeben („empfohlener Verkaufspreis"). Allerdings besteht das Irreführungsverbot fort (der Mehrheit der Marktpreise entsprechend) und es darf kein Druck zur Durchsetzung ausgeübt werden.

Die **Vorteile** der unverbindlichen Preisempfehlungen auf Seiten des **Herstellers** liegen vor allem in Folgendem:

- Eine negative Irradiation des Preises auf die Qualität wird verhindert. Diese droht immer dann, wenn als hochwertig ausgelobte Produkte vom Handel für Price off instrumentalisiert werden.
- Durch unterschiedliche Preislagen kann der Markt segmentiert werden. Näherungsweise ist dadurch eine Abschöpfung der Konsumentenrente möglich, d. h., eine Liquidierung der unterschiedlichen Preisbereitschaften von Käufersegmenten.
- Es kommt zu einem harmonischen Preisgefüge von Produktreihen. Diese sind für gewöhnlich nach Leistung untereinander abgestuft, die sich im empfohlenen Preis derart widerspiegelt, dass bessere Leistung auch einen höheren Preis hat.
- Die Absatzmenge kann gemäß Unternehmenszielen gesteuert und stabilisiert werden. Zu forcierende Produkte können mit niedrigeren, zu konsolidierende mit höheren Preisempfehlungen versehen werden.
- Die Ausnutzung von Preisspielräumen erlaubt eine höhere Gewinnmarge. So kann jeweils die mutmaßliche Obergrenze der Preisbereitschaft angepeilt werden. Dies setzt allerdings konkrete Anhaltspunkte über Preis-Absatz-Funktion und Preiselastizität der Nachfrage voraus, was realiter kaum gegeben ist.
- Es kommt zu einer Marktberuhigung durch Minderung des Preiswettbewerbs, indem für ein Produkt überall auf dem Marktplatz gleiche oder annähernd gleiche Preise gefordert werden, wenn es gelingt, eine Einhaltung der UVP zu erreichen.

Hinzu kommen **Vorteile** der unverbindlichen Preisempfehlung, die auf Seiten des **Handels** liegen:

- Sie gibt dem Handel eine konkrete Hilfestellung bei der Kalkulation. Dies sichert ihm auskömmliche Spannen bei der preisempfohlenen

Ware. Ansonsten kann es sein, dass Händler aus Fahrlässigkeit nicht auskömmliche oder aber nicht wettbewerbsfähige Preise selbst kalkulieren.
- Durch Aufzeigen zufriedenstellender Spannen wird dem Handel ein wichtiger Existenzsicherungsbeitrag geleistet. Denn bei den geringen Spannen vieler Handelsbranchen birgt jede neue Preissetzung die Gefahr der falschen Einschätzung der Erlös-Kosten-Zusammenhänge.
- Die Vorauszeichnung der Produkte durch Packungsaufdruck verringert die Handlungskosten, sofern der Handel die Preisempfehlung exakt einhält. Dann erspart er sich personalintensive Arbeiten und rationalisiert damit seinen Geschäftsbetrieb.
- Die Preisempfehlung schützt den vor allem mittelständischen Handel, der durch Konzentrationsprozesse bedroht ist, vor preisaggressiven Großbetriebsformen. Dies gilt freilich nur insoweit, als auch dieser sich an die vom Hersteller empfohlenen Preise hält, was eher unwahrscheinlich ist.
- Die Preisnennung kann als zusätzlicher Informationsservice für Kunden aufgefasst werden. Dies betrifft sowohl die Medienwerbung, die dadurch informativer wird als auch die Packungsgestaltung, die neben anmutenden Elementen auch den aufzuwendenden Gegenwert ausweist.
- Durch partielle Preisunterbietung kann die individuelle Leistungsfähigkeit des Betriebs betont werden. Kunden beurteilen die Vorteilhaftigkeit eines Kaufs u. a. nach dem Vergleich zwischen aktuell handelsgefordertem und herstellerempfohlenem Preis. Der Abstand wird dem Handel als besondere Leistung zugerechnet.

Die **Vorteile** der Preisempfehlung für **Endverbraucher** sind vor allem folgende:
- Die Nennung des empfohlenen Preises in der Werbung erhöht deren Informationsgehalt und erleichtert die Orientierung über den für ein Angebot aufzuwendenden Geldbetrag. Dadurch kommt es zu einer Erleichterung der Angebotsübersicht, die ohnehin eher gering ausgeprägt ist.
- Die Vereinfachung des Einkaufs ist gegeben, da für eine preisempfohlene Ware keine umfangreichen Angebotsvergleiche verschiedener Händler mehr vorgenommen werden müssen. Allerdings gilt dies nur, wenn die UVP weitgehend eingehalten wird, was realiter nicht immer der Fall ist.

Im Bereich der Marktordnung wird die deutsche (GWB-/UWG-)Gesetzgebung zunehmend durch Bestimmungen, die auf europäischer Ebene gelten, substituiert. Man mag diese Harmonisierung bedauern oder nicht, sie ist jedenfalls unaufhaltsam. So ist bereits absehbar, dass Änderungen der im vorstehenden Kapitel ausgeführten Bestimmungen vorgenommen werden.

Des Weiteren wird im Rahmen dieses Textes nicht auf preisrechtliche Aspekte eingegangen. Diese sollten zweckmäßigerweise im Einzelfall mit Personen rechtsberatender Berufe abgeklärt werden. Pauschalerklärungen in einem Fachtext zu geben, wäre ansonsten angesichts einer solch sensiblen Materie wie dem Preis fahrlässig.

13. Kopf vor Bauch: Das Preiscontrolling

In der Praxis ist mit Abstand eine Ausrichtung der Preisgestaltung an deren Untergrenze in Form der Selbstkosten am Verbreitetsten. Dies ist allerdings nicht recht einsichtig. Denn Preise bilden sich im Gleichgewicht von Angebot und Nachfrage. Bei dieser Preisbildung spielen aber Kosten offensichtlich keine Rolle. Es ist also für die Preishöhe letztlich unerheblich, wie hoch die Kosten beim einzelnen Anbieter sind. Diese sind den Nachfragern weder bekannt noch interessieren sie sie. So gibt es Produkte mit ausgesprochen niedrigen Selbstkosten, für die enorm hohe Preise am Markt durchsetzbar sind (zu denken ist etwa an hochwertige Duftwässer). Würden Anbieter hier die Selbstkosten als Maßstab heranziehen, verschenkten sie erhebliche Gewinnmargen. Es gibt aber auch Produkte, deren Selbstkosten am Markt nicht monetarisiert werden können, sondern die durch andere Produkte subventioniert oder auf deren Angebot andernfalls verzichtet werden muss. Eine entsprechende Preisforderung würde daher ins Leere laufen.

Es gibt also zweifelsfrei Produkte, deren erzielbarer Marktpreis deutlich über den Selbstkosten liegt, aber auch Produkte, deren Selbstkosten deutlich über dem erzielbaren Marktpreis liegen. Was auch nicht verwunderlich ist, denn der Preis honoriert keine Kosten, außer in der Planwirtschaft, die sich aber historisch eindeutig als Fehlleitung erwiesen hat. Warum aber sollte die Preisbildung dann einseitig anhand der Kosten erfolgen? Ausschlaggebend für den Preis, den Nachfrager zu zahlen bereit sind, ist vielmehr ausschließlich der Nutzen, den ihnen eine Anschaffung stiftet. Liegt dieser über dem Preisopfer, wird ein Kauf getätigt, liegt er darunter, unterbleibt dieser. Damit sind aber keineswegs die Kosten maßgeblich für die Preissetzung. Insofern steht zu vermuten, dass in der Praxis mehr Gewinnpotenzial durch unausgeschöpfte Preisspielräume verschenkt wird als durch noch nicht ausgenutzte Rationalisierungen.

Denn in den Betrieben sind zwischenzeitlich so viele Cost Cutting- und Lean Production-Runden durchgelaufen, dass es eines überproportionalen Aufwands bedarf, noch weitere Kosteneinsparungen zu realisieren. Vergleichsweise einfacher ist es demgegenüber, Gewinnspielräume im Preisniveau zu erreichen. So haben Kostensenkungen in der Vergangenheit durch kostenorientierte Preisbildung dazu geführt, dass diese automatisch und womöglich unnötig als Preissenkungen an Kunden weitergegeben wurden, statt sie als Gewinnsteigerung einzubehalten. Dass dennoch die Orientierung an Kosten dominant ist, hat seinen Grund im für managementgeführte Unternehmen typischen Sicherheitsdenken sowie in einer historischen Entwicklung der BWL, die von der Produktionswirtschaft hergeleitet ist.

Dennoch ist es alles andere als einfach, sich an die Preisobergrenze heranzutasten, zumal diese für jeden Nachfrager eine andere sein dürfte. Denn wenn das Preisopfer vom individuellen Produktnutzen abhängt, führt auch das Abschöpfen der Preisbereitschaft zu individuell abweichenden Preisen. Dies hat zur Konsequenz, dass Kosten nur einen Anhaltspunkt für den Preis bilden und dass dafür adäquate, moderne Kostenrechnungsverfahren genutzt werden. Diese finden sich aber nicht in herkömmlichen Zuschlags- und Deckungsbeitragsrechnungsverfahren, sondern in Ziel-, Prozess- und Lebenszykluskostenrechnungsverfahren.

Die Ermittlung von Preisbereitschaften durch Befragung leidet unter zahlreichen Unwägbarkeiten, die Ermittlung durch Marktexperimente ist nur selten und aufwändig möglich. Als anspruchsvoll, wenngleich praktikabel haben sich vor allem Vergleichsurteile erwiesen. Diese gehen von Trade off-Vergleichen aus, d. h., es werden nicht Preisbereitschaften für ein komplexes Produkt, sondern solche für einzelne Produktkomponenten ermittelt, und zwar im Side by Side-Vergleich. Indem das leistungsfähigere Konzept auch einen höheren Preis hat, kann das Ausmaß der Preisbereitschaft dafür ermittelt werden. Bezieht man alle Produktkomponenten in solche Vergleiche ein, kann man sich für jedes von ihnen und damit in der Summe für das ganze Produkt an die Preisobergrenze herantasten.

13.1 Verständnis des Preiscontrolling

In Theorie und Praxis ist das Verständnis des Controlling vielschichtig. Zunächst gilt es dazu, die Beziehung zwischen Planung, Kontrolle und Controlling zu klären. Planung betrifft die betriebliche Willensbildung und verbindet den gegenwärtigen Status mit dem Ziel der nächsten Periode. Daran schließt sich die Umsetzung als Willensdurchsetzung an. Kontrolle stellt fest, ob Abweichungen zwischen der intendierten Planung und der tatsächlichen Umsetzung vorhanden sind und ist damit das notwendige Komplement zur Planung. Planung ohne Kontrolle ist ebenso sinnlos wie Kontrolle ohne Planung.

Planung und Kontrolle sind wiederum Bestandteil des Preiscontrolling, zu dem weiterhin noch die Informationsversorgung und die Überprüfung (Audit) gehören. Die Informationsversorgung bezieht sich sowohl auf Informationsrechte gegenüber Stellen im Unternehmen als auch auf Informationspflichten gegenüber Leitungsstellen. Controlling ist aber weder eine reine Servicefunktion, noch Unternehmensführung selbst. Ersteres würde der existenziellen Bedeutung des Controlling nicht gerecht, für letzteres gibt es das Management.

Die Frage zum Verständnis des Controlling kann mit J. Weber am ehesten in folgende Richtung beantwortet werden: „Controlling stellt die Rationalität der Unternehmensführung sicher". Preiscontrolling stellt damit die Rationalität von Entscheidungen im Preismanagement sicher. Preiscontrolling als wesentlicher Teil des Controlling bezieht sich dabei speziell auf die Rationalität von Preisentscheiden.

Daraus folgt, dass marktbezogene Entscheidungen nach wie vor allein vom Marketingmanagement zu fällen sind. Preiscontrolling zeigt jedoch auf fundierter Informationsbasis vor einer Entscheidung auf, ob diese den Grundsätzen rationaler Unternehmensführung entspricht oder nicht. Marketingmanagement ist dann frei in der Wahl, es kann sich bewusst für eine Alternative entscheiden, die in diesem Sinne als suboptimal zu gelten hat, muss dann aber auch die Konsequenzen daraus tragen.

Preiscontrolling zeigt weiterhin auf fundierter Informationsbasis nach einer Entscheidung auf, ob diese in Bezug auf ihre Wirtschaftlichkeit effizient und in Bezug auf ihre Wirksamkeit effektiv gewesen ist. Ersteres erfolgt im Zuge der Kontrolle, letzteres im Zuge des Auditing. Aus Fehlern kann dann im Sinne eines Lernprozesses ein verbessertes Entscheidungsniveau erreicht werden. Ob Controlling dabei näher an der Unternehmensführungs- oder der Servicefunktion liegt, hängt vom jeweiligen Organisationsaufbau ab. Je zwingender die Rationalität der Managemententscheidungen als Führungsprinzip durchzuhalten ist, desto größeren Einfluss hat Controlling auf die marktbezogene Unternehmensführung, je freier das Marketingmanagement darin ist, auf „Bauchgefühl" zu setzen, desto eher reduziert sich Controlling auf eine Servicefunktion.

Im Preiscontrolling erfolgt oft eine Ausrichtung an der Preisuntergrenze, seltener an der Preisobergrenze. Zunächst ist dazu der relevante Markt abzugrenzen. Darunter versteht man alle in Wettbewerb um einen Bedarf zueinander stehenden Produkte. Dann soll die Nachfragefunktion geschätzt werden. Diese enthält alle am Markt für ein Angebot für erzielbar gehaltenen Preise und deren korrespondierende Mengen.

Danach geht es um die Schätzung der Preisbereitschaft bei Nachfragern. Diese kann durch Test oder Schätzverfahren angenähert werden. Der Preisspielraum für ein Produkt wird durch Substitutionsangebote eingeengt. Sie geben die Preisobergrenze vor. Eine weitere Einengung erfolgt durch die Preissetzung aktueller und potenzieller Wettbewerber. Schließlich geht es um die Bestimmung der Markterwartungen, d. h. des Umsatzes innerhalb eines Geschäftsjahres. Die Einstandskosten eines Produkts sind ebenso bekannt wie dessen anteilige Betriebskosten. Daraus ergibt sich die Preisuntergrenze. Hinzu kommen Randbedingungen wie Recht, Ökologie etc., die auf die Preisfindung einwirken. Unter Einbeziehung dieser Daten kann bei alternativen Preisen und Umfeldbedingungen eine Ertragsprognose gewagt werden. Danach wird das Wettbewerbsverhalten hinsichtlich Reaktionsart, -zeit, -wirkung und

-wertung geschätzt. Dies geschieht vor dem Hintergrund der Wettbewerberpotenziale, d. h. deren Marktmacht, aber auch der Reaktionen von Absatzmittlern und -helfern. Aus diesen Erwägungen ergibt sich dann die Preisfindung. Diese wird an den Markt gegeben. Aus der Reaktion folgen entweder die Änderung oder Beibehaltung dieses Preises.

13.2 Prüfung der Preisuntergrenze

13.2.1 Zuschlagskalkulation

Die Preisuntergrenze wird traditionell durch eine einfache Zuschlagskalkulation (Selbstkosten plus Gewinn) oder eine differenzierte Zuschlagskalkulation (Materialkosten, Lohnkosten, Verwaltungs- und Vertriebskosten, Sondereinzelkosten, plus Gewinn minus Erlösschmälerungen) ermittelt, beide gehen progressiv, also von den jeweiligen Kostenpositionen auf den Preis hochrechnend vor.

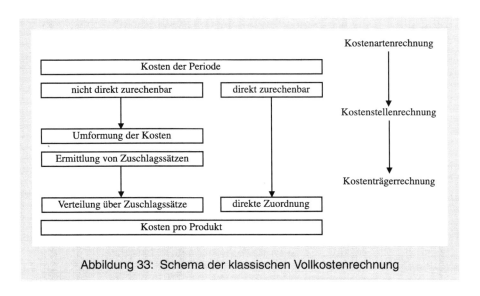

Abbildung 33: Schema der klassischen Vollkostenrechnung

Eine Differenzierung in Einzel- und Gemeinkosten bzw. Einzel- und Gemeinerlöse wird anhand des Zurechnungsobjekts Kostenträger vorgenommen. **Einzelkosten bzw. -erlöse** sind dem Kostenträger direkt zurechenbar, sie werden von der Kosten- und Erlösartenrechnung direkt in die Trägerrechnung übernommen. **Gemeinkosten bzw. -erlöse** fallen immer für mehrere Kostenträger gemeinsam an, ihre Zurechnung auf die Kostenträger kann daher nur mittelbar erfolgen, und zwar mit Hilfe der Kosten- und Erlösstellenrechnung, über diese Stellen werden Kosten und Erlöse auf einzelne Kostenträger zugeschlüsselt. Gemeinkosten und -erlöse werden dabei nach unterschiedlichen Prinzipien verteilt. Das Verursachungsprinzip strebt eine verursachungsgerechte Verteilung der Gemeinkosten an. In der Ausprägung des Proportionalitätsprinzips wird eine „Bezugsgröße" gesucht, zu der sich die Höhe der stellenbezogenen Gemeinkosten proportional verhält. Solche Bezugsgrößen sind Mengengrößen wie Arbeitszeiten, Gewichtseinheiten, Raumeinheiten etc., Wertgrößen wie der Umsatz oder die Einzelkosten Einsatzstoffe und Löhne. Erscheint dieses Vorgehen unmöglich oder zu aufwändig, so wendet man das Durchschnitts- oder das Tragfähigkeitsprinzip an. Bei ersterem wird z. B. ein Kostensatz pro Leistungseinheit gebildet, ohne Verursachungsbeziehungen tiefergehend zu untersuchen. Beim Tragfähigkeitsprinzip entscheidet der „Gewinn" je Kostenträger über die Höhe der zuzurechnenden Kosten, je höher dieser ist, umso mehr Kosten erhält er zugeschlüsselt *(siehe Abbildung 33: Schema der klassischen Vollkostenrechnung).*

Kalkulationsschema Zuschlagskalkulation:

- *Materialeinzelkosten + Materialgemeinkosten (in % der M.-EK) = Materialkosten*
- *Lohneinzelkosten + Lohngemeinkosten (in % der L.-EK) + Sondereinzelkosten der Fertigung = Lohnkosten*
- *Materialkosten + Lohnkosten = Herstellkosten*
- *Herstellkosten + Verwaltungs- und Vertriebsgemeinkosten (in % der HK) + Sondereinzelkosten des Vertriebs = Selbstkosten*
- *Selbstkosten + Gewinnzuschlag = Nettopreis*
- *Nettopreis + Erlösschmälerungen (in % des NP) + Umsatzsteuer = Bruttopreis.*

Die Vollkostenkalkulation ist progressiv angelegt, weil von den Kosten auf den Preis gerichtet. Sie hat folgende **Vorteile.** Es ist eine gewisse Einfachheit/ Bequemlichkeit gegeben, da einmal errechnete Zuschlagssätze aufrechterhalten werden können. Kosten sind, verglichen mit Preisen, noch als relativ stabil und sicher anzusehen. Die Preisermittlungsvorschriften bei öffentlichen Aufträgen werden problemlos erfüllt.

Dem stehen allerdings folgende **Nachteile** gegenüber. Die Rechnung basiert auf vorgegebenen Mengen, für welche die Fixkosten proportionalisiert werden. Diese Mengen sind aber ihrerseits entsprechend vom Angebotspreis abhängig, der sich erst als Ergebnis der Rechnung einstellt. Die Rechnung setzt Normalbeschäftigung voraus, da ansonsten Leer- oder Überlastkosten auflaufen. Ob die dafür erforderlichen Mengen jedoch am Markt abgesetzt werden können, hängt wiederum vom Angebotspreis ab, dem Ergebnis der Rechnung. Der Stückgewinn wird nicht korrekt ausgewiesen, da eine willkürliche Gemeinkostenschlüsselung zu falscher Verrechnung der indirekten Kosten auf die Kostenträger führt. Damit werden suboptimale Entscheidungen provoziert *(siehe Abbildung 34: Angebotsentscheid bei Vollkostenrechnung und Abbildung 35: Angebotsentscheid bei Teilkostenrechnung)*.

13.2.2 Deckungsbeitragsrechnung

Vor allem werden aber die einstufige (Deckungsbeitrag = Differenz aus Nettoumsatz und allen variablen, direkt zurechenbaren Kosten bzw. Summe aus Fixkostenblock und Gewinn) oder die stufenweise Fixkostendeckungsrechnung (sukzessiver Abzug von Fixkostenanteilen vom einfachen Deckungsbeitrag mit Teildeckungsbeiträgen verschiedener Grade bis zum Gewinn/Verlust) eingesetzt, beide gehen retrograd vor, also von einem hochgerechneten Preis auf die jeweiligen Kostenpositionen zurück.

Produkte	A	B	C	A	B
Verkaufspreis	10	20	12	10	20
Absatz	120	40	80	120	40
Umsatz	1.200	800	960	1.200	800
Nicht abbaubare Fixkosten 3 : 1 : 2 bzw. 3 : 1	240	80	160	360	120
variable Stückkosten	6	18	11	6	18
gesamte variable Kosten	720	720	880	720	720
gesamte Kosten	960	800	1.040	1.080	840
Ergebnis	240	0	- 80	120	- 40
Gesamtergebnis		160			80
Entscheidung	bleibt	bleibt	elimin.	falsche Entscheid.	

Abbildung 34 : Angebotsentscheid bei Vollkostenrechnung

In Teilkostenkalkulationen erhalten die Kostenträger nur einen Teil der angefallenen oder geplanten Kosten zugerechnet, die restlichen Kosten werden mehreren oder allen Kostenträgern gemeinsam zugeordnet. Teilkostenrechnungen mit variablen Kosten differenzieren die Periodenkosten in variable und fixe Kosten. Die variablen Kosten setzen sich dabei aus den Einzelkosten und den variablen Gemeinkosten zusammen. Die Kostenträger erhalten des-

Produkte	A	B	C
Verkaufspreis	10	20	12
Absatz	120	40	80
Umsatz	1.200	800	960
gesamte variable Kosten	720	720	880
Deckungsbeitrag	480	80	80
gesamter Deckungsbeitrag		640	
gesamte Fixkosten		480	
Gesamtergebnis		160	
Entscheidung	bleibt	bleibt	bleibt

Abbildung 35: Angebotsentscheid bei Teilkostenrechnung

halb ausschließlich diese variablen Kosten zugerechnet, weil sich nur diese bei einer Änderung der Beschäftigung (Leistungsmenge) verändern (lassen) und damit für unternehmerische Entscheidungen relevant sind, daraus ergibt sich der Deckungsbeitrag. Die variablen Kosten werden meist als proportional angesehen. Als Kostenträger kommen Produkte, Gebiete und/oder Kunden in Betracht (ein-/mehrdimensionale DBR).

Retrograde Formen geben im Falle weit verbreiteter Unterauslastung der Kapazitäten Preisuntergrenzen verschiedener Grade für ein gewinnbringendes Angebot am Markt vor. Gleichermaßen kann damit im Fall von Überauslastung die profitabelste Nutzung je Engpasszeiteinheit anhand der relativen Deckungsspanne bestimmt werden (Deckungsspanne = Differenz aus Preis und variablen Stückkosten) *(siehe Abbildung 36: Engpassorientierter Angebotsentscheid und Abbildung 37: Preisbestimmung bei Engpass)*. Problematisch ist jedoch die Gefahr von Fehlentscheidungen bei hoher Fixkostenlastigkeit der Kostenstrukturen.

Aus der Teilkostenkalkulation ist auch ersichtlich, bei welchen Preisnachlässen auf welche eingeplanten Rendite- oder Kostenvorgaben verzichtet werden muss. Man kann dabei verschiedene Preisuntergrenzen unterscheiden. Die Erste ist die Preisuntergrenze, die nicht nur die Deckung aller (variablen und fixen) Kostenbestandteile, sondern auch die Erzielung eines Plangewinns zulässt. Die zweite ist die Preisuntergrenze, die zwar die Deckung aller Kostenbestandteile erlaubt, nicht mehr jedoch die Erzielung eines Gewinns. Man spricht hier von der langfristigen Preisuntergrenze. Und die dritte Preisuntergrenze ist die, die zwar keine Vollkostendeckung erlaubt, aber zumindest

Spezielle Ansatzpunkte für die Preisbildung

Produkte	A	B	C
Deckungsbeitrag absolut	40	50	60
Engpassbelegung (Min./St.)	4	10	15
Deckungsbeitrag rel. (je Min.)	10	5	4
Absatzchancen (St.)	1.000	2.000	4.000
Kapazitätsbedarf (Min.)	4.000	20.000	60.000
Kapazitätsbedarf total = 84.000 (Min.)			
Kapazitätsbestand I = 42.000 (Min.)			
Produktion (St.)	1.000	2.000	1.200
Engpassbelegung (Min.)	4.000	20.000	18.000
Deckungsbeitrag absolut	40.000	100.000	72.000
Deckungsbeitrag total = 212.000			
Deckungsbeitrag/Min. = 5,05			
Kapazitätsbestand II = 21.000 (Min.)			
Produktion (St.)	1.000	1.700	-
Engpassbelegung (Min.)	4.000	17.000	-
Deckungsbeitrag absolut	40.000	85.000	-
Deckungsbeitrag total = 125.000			
Deckungsbeitrag/Min. = 5,95			

Abbildung 36: Engpassorientierter Angebotsentscheid

ZE = Zeiteinheit GE = Geldeinheit	Produkt B (1 ZE = 20 GE Fixkosten)	Preis	60	55	50	45	40
		Menge	4000	6000	8000	10000	11000
		ZE	4000	6000	8000	10000	11000
		DB	160000	210000	240000	250000	22000
Produkt A (4 ZE=50 GE Fixkost.)			Kapazitätsgrenze: 40000 ZE				
Preis	Menge	ZE	DB	Opt.kombi.: $p_{Prod.A} = 110$ / $p_{Prod.B} = 45$			
120	3000	12000	210000	370000	420000	450000	460000	43000
110	6500	26000	39000	550000	600000	630000	640000	61000
100	9000	36000	45000	610000	-	-	-	-
90	11000	44000	440000	-	-	-	-	-
80	12000	48000	36000	-	-	-	-	-

Abbildung 37: Preisbestimmung bei Engpass

noch alle ausgabewirksamen (pagatorischen) Kosten abdeckt. Es handelt sich um die kurzfristige Preisuntergrenze. Diese kann weiter differenziert werden in die:

- DB V = Preisuntergrenze bei Fixkostendeckung bis auf die Deckung der Unternehmens-Fixkosten,
- DB IV = Preisuntergrenze bei Fixkostendeckung bis auf die Deckung der Unternehmens- und Bereichs-Fixkosten,
- DB III = Preisuntergrenze bei Fixkostendeckung bis auf die Deckung der Unternehmens-, Bereichs-, Abteilungs- und Produktgruppen-Fixkosten,
- DB II = Preisuntergrenze bei Fixkostendeckung bis auf die Deckung der Unternehmens-, Bereichs-, Abteilungs-, Produktgruppen- und Produkt-Fixkosten und
- DB I = Preisuntergrenze bei Abdeckung nur der variablen Kostenbestandteile (Deckungsbeitrag = 0), was nicht gewinnlos bedeutet, sondern einen Verlust in Höhe der kompletten Fixkosten *(siehe Abbildung 38: Mehrstufige Deckungsbeitragsrechnung (Zeitbetrachtung) und Abbildung 39: Mehrstufige Deckungsbeitragsrechnung (Stückbetrachtung))*.

Produkt	A	B	C	D	E	F	G	H	Summe
Umsatz (in Geldeinheiten)	70	80	90	100	100	110	120	130	800
- variable Gesamtkosten	90	80	70	60	50	40	30	20	440
= Deckungsbeitrag I	- 20	0	20	40	50	70	90	110	360
- artikelbezogene Fixkosten	5	10	15	20	25	30	35	40	180
= DB II / Produktmanagement	- 25	- 10	5	20	25	40	55	70	180
- produktgruppenbez. Fixkosten	5		10		15		20		50
= DB III / Produktgruppenman.	- 40		15		50		105		130
- abteilungsbez. Fixkosten	20				40				60
= DB IV / Hauptabteilung	- 45				115				70
- bereichsbez. Fixkosten	30								30
= DB V / Bereichsleitung	40								40
- unternehmensbez. Fixkosten	20								20
= Ergebnis Geschäftsführg.	20								20

Abbildung 38: Mehrstufige Deckungsbeitragsrechnung (Zeitbetrachtung)

Spezielle Ansatzpunkte für die Preisbildung

Preis	800		
- variable Stückkosten	440	6. Preisuntergrenze	440
= Deckungsbeitrag I	360		
- artikelbezogene Fixkosten	180	5. Preisuntergrenze	620
= Deckungsbeitrag II	180		
- produktgruppenbez. Fixkosten	50	4. Preisuntergrenze	670
= Deckungsbeitrag III	130		
- abteilungsbezog. Fixkosten	60	3. Preisuntergrenze	730
= Deckungsbeitrag IV	70		
- bereichsbezogene Fixkosten	30	2. Preisuntergrenze	760
= Deckungsbeitrag V	40		
- unternehmensbez. Fixkosten	20	1. Preisuntergrenze	780
Plangewinn	20		
		Planverkaufspreis	800

Abbildung 39: Mehrstufige Deckungsbeitragsrechnung (Stückbetrachtung)

In die Bewertung preispolitischer Handlungsmöglichkeiten gehen somit neben den variablen Kosten auch die einem Kostenträger zurechenbaren Fixkosten sowie die einer Kostenstelle zurechenbaren Fixkosten ein. Problematisch ist, dass die Entscheidungsrelevanz dieser Fixkosten ebenso fraglich ist wie das Ausmaß von Anpassungen auch bei diesen Fixkosten.

Die Teilkostenkalkulation (retrograd, weil vom für erzielbar gehaltenen Preis auf die zulässigen Kosten gerichtet) hat folgende **Vorteile**. Entscheidungs- und Erwartungsparameter werden eindeutig getrennt. Der am Markt für erzielbar gehaltene Preis wird nicht als von den individuellen Kosten und Erträgen determiniert angesehen. Preis und Kosten werden verbunden betrachtet, und erst die Differenz zwischen beiden dient der Beurteilung. Der Interdependenz zwischen Preis und Menge wird Rechnung getragen, indem eine der beiden Größen fixiert wird. Dadurch kann bei gegebener Beschäftigung auf den mindestens erforderlichen Preis geschlossen werden (oder von einem gegebenen Preis auf den dadurch abdeckbaren Beschäftigungsgrad). Durch die Berücksichtigung der Preisabhängigkeit des Absatzes wird der Zirkelschluss progressiver Kalkulationsverfahren vermieden. Durch Kostenspaltung und Deckungsbudgets wird verhindert, dass sich das Unternehmen bei Unterbeschäftigung durch überhöhte Preise aus dem Markt kalkuliert. Das Management wird durch Abgabe von Absatzschätzungen in einen objektivierten Entscheidungsprozess gezwungen.

Dem stehen allerdings folgende **Nachteile** gegenüber. Der Marktpreis als Ausgangsbasis der Rechnung ist keineswegs sicher. Vielmehr unterliegt er vielfältigen Veränderungen und Fehleinschätzungen. Damit impliziert das Kalkulationsergebnis eine erhebliche Varianz, die zu falschen Entscheidungen führt. Die Gemeinkosten werden mehr oder minder willkürlich geschlüsselt (Ausnahme: Deckungsbeitragsrechnung mit relativen Einzelkosten). Dadurch wird das Resultat ebenso unsachgemäß beeinflusst wie durch die Periodisierung der Fixkosten. Es ist keine analytisch exakte Bestimmung des Optimalpreises möglich, so dass der gewählte Preis u. U. zu niedrig angesetzt ist. Wenn die Preis-Absatz-Funktion nicht näherungsweise bekannt ist, scheitern retrograde Kalkulationsverfahren oder bedingen erhebliche Informationskosten zur Ermittlung der Absatzelastizität. Es besteht die Gefahr unnötiger Preisnachgiebigkeit, weil der langfristige Anspruch der Vollkostendeckung vernachlässigt wird. Dies gilt vor allem für Personen mit geringer Kenntnis der Kosten- und Erlöszusammenhänge. Eine spätere Preisanhebung führt meist zu erhöhtem Marktwiderstand, so dass die Tendenz zum Preisverfall gefördert wird.

Da die variablen Betriebskosten weit verbreitet den geringeren Anteil gegenüber dem Fixkostenblock ausmachen, bietet sich diese Rechnungsgrundlage weniger an. Viel eher kommt eine Deckungsbeitragsrechnung auf Basis von **relativen Einzelkosten** (relative Einzelkostenrechnung) in Betracht. Sie verzichtet auf die Schlüsselung der Gemeinkosten und erfasst stattdessen alle Kosten als Einzelkosten. Dazu ist eine hinreichend differenzierte Bezugsgrößenhierarchie erforderlich. Alle Kosten sollen also als Einzelkosten des jeweiligen Entscheidungsobjekts verrechnet werden, gleich ob sie in Bezug auf Kostenträger Einzel- oder Gemeinkosten sind. Relative Einzelkosten fallen nur an, wenn eine bestimmte Entscheidung auf der entsprechenden Hierarchiestufe getroffen wird. Ziel ist dabei die Verrechnung aller durch eine Entscheidung verursachten Kosten auf diese Entscheidung, insofern wird auf jegliche Schlüsselung verzichtet.

Jede Kostengröße soll auf der niedrigstmöglichen Hierarchieebene als Einzelkosten zugeordnet werden. Relative Gemeinkosten sind Kosten, die erst auf einer höheren als der betrachteten Hierarchieebene als Einzelkosten verrechnet werden können. Sie sind Gemeinkosten der unteren Ebene, aber Einzelkosten der oberen Ebene. Unechte Gemeinkosten sind dann solche, die auf einer unteren Ebene als Einzelkosten zwar erfasst werden könnten, auf deren Erfassung aber verzichtet wird, und die stattdessen als Einzelkosten einer höheren Ebene erfasst werden.

Weitere Unterscheidungen beziehen sich auf ausgabenwirksame bzw. nichtausgabenwirksame Kosten, auf (fixe) Bereitschaftskosten und (variable) Leistungskosten, auf Kosten, die einer bestimmten Periode zugerechnet werden können, vor allem Absatz- und Produktionskosten sowie Periodengemeinkosten für geschlossene oder offene Perioden. Insofern erfolgt eine ausgesprochen exakte Kostenverrechnung, allerdings um den Preis einer hohen Komplexität.

13.3 Break Even-Analyse

Der Break Even-Punkt (BEP) ist definiert als die Absatzmenge, bei welcher der Umsatzwert zum ersten Mal die vollen Kosten deckt, also die Gewinnzone erreicht wird. Der Umsatz setzt sich aus den Größen Absatzmenge und Preis je Verkaufseinheit zusammen. Die Menge ist wiederum abhängig von der Absatzkapazität, d. h., der Break Even-Punkt darf nicht außerhalb der Kapazitätsgrenze liegen. Der Preis ist seinerseits abhängig von Nachfrage-, Wettbewerbs-, Ziel- und Administrationsbedingungen.

Zur Ermittlung gilt folgende Formel:

$$BEP = 1 - \frac{Fixkosten}{\frac{variable\ Kosten}{Gesamtumsatz}}$$

Der Break Even-Punkt kann als diejenige Preis-Mengen-Kombination definiert werden, bei welcher der Deckungsbeitrag zum ersten Mal die Fixkosten übersteigt und sich ein Erlösüberschuss (Gewinn) ergibt. Ziel jedes Betriebs ist es, bei möglichst niedriger Menge „break even" zu sein. Dazu tragen ein höherer Preis je Einheit, die Kapazitätsgrenze, niedrigere Fixkosten und niedrigere variable Kosten bei. Die Zusammenhänge stellen sich im Einzelnen wie folgt dar:

- Ein höherer **Preis je Einheit** führt zum Break Even bei niedrigerer Menge. Grafisch gesehen handelt es sich um einen größeren Steigungswinkel der Erlöskurve. Deshalb besteht eine Wunschalternative darin, den Verkaufspreis je Einheit zu erhöhen. Dies ist nach der Marktmechanik möglich, wenn die Nachfrage bei gleichem Angebot steigt, schneller steigt als das Angebot oder langsamer sinkt als dieses. Tatsächlich ist jedoch leider eher die Situation des Preisdrucks durch hohe Konkurrenzintensität oder stagnierenden Bedarf gegeben.
- Liegt die Break Even-Menge oberhalb der **Kapazitätsgrenze,** wird die Gewinnschwelle erst gar nicht erreicht. Dann ist zu überlegen, ob das Produkt eingestellt bzw. erst gar nicht in das Programm aufgenommen wird oder Kapazitäten gleich so dimensioniert werden, dass ein profita-

bles Angebot möglich ist bzw. die Kosten entsprechend gesenkt und/ oder die Preise erhöht werden.
- Niedrigere **Fixkosten** führen zu niedrigerer Break Even-Menge. Grafisch gesehen handelt es sich um eine Parallelverschiebung der Gesamtkostenkurve nach unten. Deshalb ist es ein Teilziel, die Summe der fixen Kosten zu minimieren. Dem steht allerdings die Anlagenintensität moderner, hochrationeller Betriebstätigkeit entgegen, die eher noch zu einer Fixkostenerhöhung führt.
- Niedrigere **variable Kosten** (je Einheit) führen zu niedrigerer Break Even-Menge. Grafisch gesehen handelt es sich um einen geringeren Steigungswinkel der Gesamtkostenkurve. Deshalb ist es ein weiteres Teilziel, die variablen Kosten je Einheit zu senken. Dies geschieht praktisch meist durch Substitution von Arbeit durch Kapital, also konkret von Personen durch Anlagen *(siehe Abbildung 40: Break Even-Analyse und die Abbildungen 41–43: Break Even-Sensitivitätsanalysen).*

Entsprechend der Preisuntergrenzen ergeben sich bei einer solchen Kosten-Volumen-Gewinn-Analyse mehrere Break Even-Punkte:
- Der **liquiditätswirksame** Break Even-Punkt liegt bei derjenigen Menge, deren Erlöse ausreichen, alle ausgabenwirksamen Kosten zu decken. Dabei können verschiedene Liquiditätsgrade unterschieden werden. Dazu werden alle Kosten in ausgabenwirksame Beträge (z. B. Mieten, Gehälter, Beiträge) und nicht-ausgabenwirksame Beträge (z. B. kalkulatorische Kosten) aufgeteilt. Da davon auszugehen ist, dass die variablen Kosten regelmäßig zugleich auch ausgabenwirksam sind, betrifft dies in erster Linie die Fixkosten. Die Deckung der ausgabenwirksamen Fixkosten neben den variablen Kosten ist zur Erhaltung der Liquidität des Betriebs überlebensnotwendig. Illiquidität zwingt zur Einstellung des Geschäftsbetriebs. Auf die Deckung der nicht-ausgabenwirksamen Kosten (und des Plangewinns) kann jedoch zumindest vorübergehend verzichtet werden. Daher bietet sich eine parallele pagatorische Kostenrechnung als Variante an, die sicherstellt, dass die Ausnutzung von Preisuntergrenzen nicht die Liquidität gefährdet.
- Der **vollkostenwirksame** Break Even-Punkt liegt bei derjenigen Menge, deren Erlöse ausreichen, sämtliche Kosten zu decken. Dort ist der Deckungsbeitrag gleich den Fixkosten.
- Der **gewinnwirksame** Break Even-Punkt liegt bei derjenigen Menge, deren Erlöse ausreichen, über die volle Kostendeckung hinaus auch noch den Plangewinn zu realisieren. Der Sicherheitsgrad bezeichnet den relativen Abstand (in %) zwischen dem Umsatz bei der effektiv abgesetzten Menge und der Break Even-Menge. Die Break Even-Menge

ergibt sich rechnerisch als Quotient aus den gesamten Fixkosten und der Deckungsspanne.

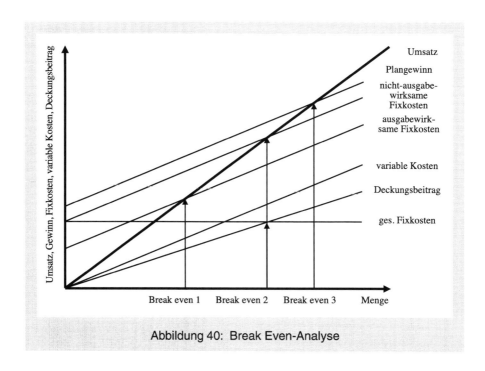

Abbildung 40: Break Even-Analyse

Beispiel:

Gegeben sei ein Preis von 10 € pro Stück, die variablen Stückkosten betragen 6 €, die Fixkosten 20.000 €, davon sind liquiditätswirksam 10.000 €. Der Plangewinn beträgt 0,67 € pro Stück.

Bei welcher Menge wird der Break Even-Punkt erreicht?
 – liquiditätswirksamer Break Even-Punkt: 10.000 : 4 = 2.500 Stück,
 – vollkostenwirksamer Break Even-Punkt: 20.000 : 4 = 5.000 Stück,
 – gewinnwirksamer Break Even-Punkt: 20.000 : 3,33 = 6.000 Stück.

13.4 Prüfung der Preisobergrenze

Aufwärtsgerichtete Kalkulationen stellen einen Fremdkörper dar, honoriert der Markt doch eindeutig keine Kosten, sondern nur Nutzen. Dies berück-

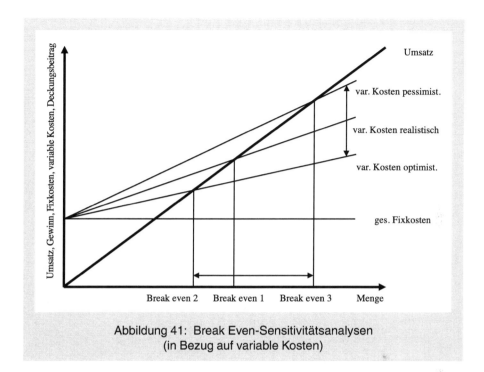

Abbildung 41: Break Even-Sensitivitätsanalysen (in Bezug auf variable Kosten)

sichtigen abwärtsgerichtete Kalkulationen. Sie gehen von der am Markt für durchsetzbar erachteten Preisobergrenze aus und schließen davon auf die hinnehmbaren Selbstkosten. Tatsächlich müssen beide Kalkulationsformen parallel angewendet werden, die aufwärtsgerichteten zur Rentabilitätssicherung und die abwärtsgerichteten, um keine Gewinnanteile am Markt zu vergeben.

13.4.1 Zielkostenrechnung

- Konzept

Oftmals zeigt die Kalkulation, dass sich das Produktangebot auf einem Preisniveau ansiedelt, das am Markt als nicht mehr durchsetzbar angesehen wird. Für gewöhnlich stellt sich diese Erkenntnis jedoch erst ein, wenn das endgültige Produkt hinsichtlich aller Parameter bereits weitgehend konzipiert ist, also zu einem recht späten Zeitpunkt. Änderungen in Richtung niedrigerer Kosten und damit Preise müssen demnach angehängt werden. Dies verlängert wiederum die Zeitspanne zwischen Einführungsentscheidung und deren Marktwirksamwerdung empfindlich. Nun ist Zeit jedoch angesichts einer immer schnelllebigeren Entwicklung der Märkte ein zunehmend wichtiger Wettbewerbsparameter. Zeitverlust bedeutet damit zwangsläufig auch Kon-

202 Spezielle Ansatzpunkte für die Preisbildung

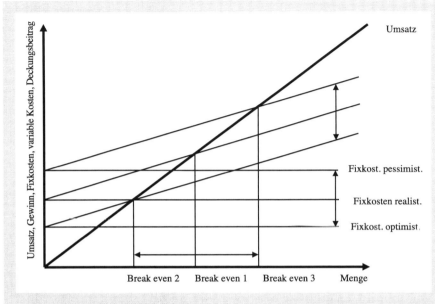

Abbildung 42: Break Even-Sensitivitätsanalysen (in Bezug auf Fixkosten)

kurrenznachteil. Dieser kann nur vermieden werden, wenn bei der Einführungsentscheidung bereits ein Zielpreis festgelegt wird, der wahrscheinlich einen marktgerechten Erfolg zulässt.

Diese Idee verfolgt die Zielkostenrechnung (Target Costing/Genka kikaku). Dies ist ein im japanischen Management entwickelter Ansatz für die marktorientierte strategische Festlegung von Produktionskosten nicht erst beim fertigen Produkt, sondern bereits bei der Produktplanung. Unter Target Costing versteht man somit ein Bündel von Kostenplanungs-, -kontroll- und -managementinstrumenten, die in frühen Phasen der Produkt- und Prozessgestaltung einsetzen, um Kostenstrukturen im Hinblick auf Marktfordernisse zu gestalten. Es handelt sich um eine wettbewerbsorientierte Kostenplanung, bei der ausgehend von Kundenerwartungen und einer vom Unternehmen gewünschten Zielrendite die erlaubten Kosten auf die einzelnen Leistungskomponenten heruntergebrochen und den entsprechenden Prozessstufen zugeordnet werden. Der Ansatz ist, nicht zu fragen, was wird das Produkt kosten („Cost plus"), sondern, was darf das Produkt kosten („Price minus").

Target Costs sind damit an Kundenanforderungen und Wettbewerbsbedingungen ausgerichtete Plankosten in Abhängigkeit marktnotwendiger Technologie- und Verfahrensanpassungen im Unternehmen und der erwarteten Markt-

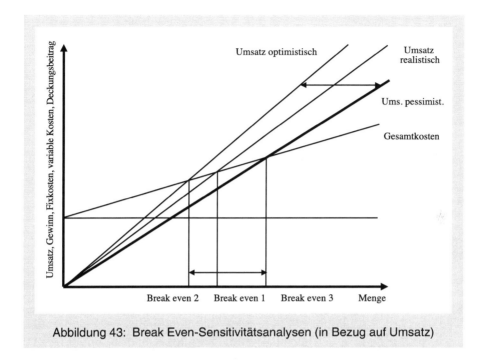

Abbildung 43: Break Even-Sensitivitätsanalysen (in Bezug auf Umsatz)

entwicklung bezogen auf die Lebensdauer eines Produkts vorgegebener Qualität. Sie stellen die durchschnittlich geplanten Selbstkosten für eine Produkteinheit oder eine Produktgruppe dar, die vom Management als festgesetztes bzw. angestrebtes Kostenzwischenziel auf dem Weg zur Erreichung der Allowable Costs (zulässigen Kosten/Sollkosten) angesetzt werden. Allowable Costs erlauben den erfolgreichen Markteintritt (oder -verbleib) und ergeben sich durch Reduktion des Zielpreises um einen geplanten Gewinnanteil. Ausgangspunkt dafür sind die prognostizierten bzw. derzeitigen Standardkosten auf Basis bestehender Verfahren und Technologien (Drifting Costs/Istkosten) *(siehe Abbildung 44: Reduzierung der Drifting Costs).*

- Ansätze

Es gibt drei Ansätze für die Zielkostenbestimmung, die Subtraktionsmethode, die Additionsmethode und die Gegenstrommethode. Dabei herrscht eine marktorientierte Sichtweise (Schließung der Lücke zwischen Standardkosten und Kostensenkungsbedarf), eine wettbewerbsorientierte (Kosten der Konkurrenz), eine ingenieursorientierte (ausgehend von Kostenschätzungen) und eine produktfunktionsorientierte (Reverse Engineering) vor. Jeweils geht es

204 Spezielle Ansatzpunkte für die Preisbildung

		Prozesstechnologien	
		bestehend	neuartig
Produktkonzept	bestehend	Momentane Drifting Costs	prozessgetrieben (Process driven)
	neuartig	produktgetrieben (Product driven)	Target Costs

Abbildung 44: Reduzierung der Drifting Costs

darum, die Kosten der Leistungserstellung den Marktgegebenheiten anzupassen, um somit wettbewerbsfähig zu bleiben.

Erstens erfolgt die **Subtraktionsmethode** markt- oder wettbewerbsorientiert, marktorientiert nach dem **Market into Company**-Prinzip. Dabei werden die Zielkosten aus den für erzielbar gehaltenen Marktpreisen abgeleitet. Dazu wird vom realistischen Preis (Target Price) der Zielgewinn (Target Profit) abgezogen. Der Rest ist der maximal verkraftbare Kostenblock (Target Costs). Diese werden mit den Standardkosten des Unternehmens (bei vorhandenen Verfahren und Technologien) verglichen. Liegen die Standardkosten über den Target Costs, entsteht ein Kostenreduktionsbedarf, der durch Maßnahmen der Zielkostensicherung und -realisierung darzustellen ist.

Die Subtraktionsmethode erfolgt wettbewerbsorientiert nach dem **Out of Competitor**-Prinzip. Die eigenen Zielkosten werden dabei aus den Standardkosten der Konkurrenz (Competitors' Costs) abgeleitet. Durch Zuschlag des Zielgewinns (Target Profit) ergibt sich der Verkaufspreis (Selling Price). Hier stellt sich das Problem der Identifizierung der Kosten des Wettbewerbs. Dies ist meist nur über Instrumente wie Reverse Engineering, Benchmarking, Veröffentlichungsauswertung etc. möglich. Allerdings handelt es sich dann oft um vergangenheitsorientierte Kostenwerte. Zudem reicht dieser Ansatz wohl allenfalls zum Gleichziehen mit der Konkurrenz aus, nicht jedoch dazu, diese zu überholen (Outpacing).

Zweitens erfolgt die **Additionsmethode** zur Zielkostenbestimmung nach vier verschiedenen Ansätzen, u. a. nach dem **Out of Standard Costs**-Prinzip. Hier werden die Kosten aus den eigenen Standards bezogen. Die Ableitung erfolgt aus den Istkosten bestehender Produkte unter Beachtung von Konstruktionsänderungen und Kostensenkungspotenzialen im Produktionsprozess. Da hier der Marktbezug fehlt, kann dies nur als Hilfsform, vor allem für indirekte

Leistungsbereiche, angewendet werden. Als Basis dienen Plankosten bestehender Prozesse bzw. neu zu bildende Plankosten neu zu schaffender, bekannter oder geplanter Prozesse. Zu diesen Kosten wird ein Zielgewinn addiert, so dass sich der anvisierte Marktpreis ergibt. Allerdings bleibt dessen Konkurrenzfähigkeit außer Acht. Denn diese ist nur dann gegeben, wenn bereits effiziente und effektive Prozesse gegeben sind, die von Mitbewerbern nicht wesentlich besser realisiert werden. Ansonsten führt dieser Ansatz zu Zielkosten, die zu hoch liegen als dass sie am Markt als wettbewerbsfähig gelten könnten.

Die Additionsmethode erfolgt auch nach dem **Out of Value Chains**-Prinzip. Bei diesem Ansatz wird die Wertschöpfungskette zugrunde gelegt. Diese lässt sich in primäre Aktivitäten des Kosten- und Leistungsflusses (vor allem Einkauf, Produktion, Absatz, Entsorgung) und sekundäre Aktivitäten, die ihrerseits Voraussetzung für primäre Aktivitäten sind (vor allem Informationsfluss) unterscheiden. Zerlegt man nun die Wertschöpfungsketten der Wettbewerber und bewertet die einzelnen Stufen mit Kosten bzw. Leistungen (nach qualifizierter Schätzung), so kann man diese Werte mit denen der eigenen Wertschöpfungskette vergleichen. Im Falle von Kostennachteilen wird ersichtlich, wo Kostenreduktionsbedarf im eigenen Betrieb entsteht. Probleme ergeben sich hier vor allem aus der Datenerhebung und der kongruenten Zerlegung der Wertschöpfungsketten.

Die Additionsmethode erfolgt weiterhin nach dem **Out of Company**-Prinzip. Hier definieren die Produktverantwortlichen eigenständig einen Zielpreis, den sie am Markt für durchsetzbar erachten und der sich aus der Bewertung der design- und produktionstechnischen Faktoren ableitet. Die Zielkosten werden unter Beachtung gegebener Kapazitäten, konstruktions- und produktionstechnischer Potenziale sowie Erfahrungskurveneffekten bestimmt. Um Kostenreduktionen zu erreichen, sind jedoch immer Abschläge von den internen Standardkosten erforderlich. Damit ist aber noch nichts über die Marktfähigkeit der sich so ergebenden Preise (Target Costs + Target Profit) ausgesagt. Daher bietet sich dieses Verfahren nur an, wenn Marktpreise fehlen (also bei absoluten Neuprodukten), Märkte vermachtet sind (was häufig vorkommt) oder die Preiselastizität der Nachfrage sehr gering ist (was immer seltener gegeben ist).

Die Additionsmethode vollzieht sich schließlich nach dem **Out of optimal Costs**-Prinzip. Dies ist ebenfalls ein innenorientiertes Vorgehen, bei dem die Standardkosten auf Basis vorhandener Leistungsstrukturen mit denen von Plankosten bei optimalen Leistungsstrukturen verglichen werden. Ziel von Kostenreduktionsmaßnahmen ist es daher, die betrieblichen Prozesse so zu gestalten, dass die optimalen Kosten realisierbar werden. Dazu ist die Ausnutzung des gesamten Verbesserungspotenzials im Kombinationsprozess der Produktion erforderlich. Die so entstehenden Kosten sind allerdings nur dann marktfähig, wenn kein anderer Anbieter bessere Prozesse nutzt. Im Übrigen ist die Abschätzung von Kosten bei Prozessen, die es noch nicht gibt, stark hypothetisch.

Drittens gibt es die **Gegenstrommethode** nach dem **Into and out of Company**-Prinzip. Hierbei werden die tragbaren Kosten aus den Kosten der Konkurrenz abgeleitet. Dies stellt den Kompromiss zwischen Market into Company und Out of Company dar, dem ein zeitintensiver Zielvereinbarungsprozess zugrunde liegt. Die Konkurrenzkosten sind entweder bekannt (z. B. aus Benchmarking, Verbandstätigkeit, informeller Information) oder können zuverlässig geschätzt werden. Liegen die eigenen Kosten unter denen der Konkurrenz, entsteht ein Gewinnspielraum, liegen die eigenen Kosten über denen der Konkurrenz, ist die Wertschöpfungskette dahingehend zu untersuchen, woraus deren Kostenvorteile resultieren können. Im ersten Fall kann der Kostenvorteil für mehr Gewinn instrumentalisiert oder in niedrigeren Preisen weitergegeben werden. Die Einhaltung der Vorgaben wird in jeder Phase kontrolliert, Überschreitungen sind sofort zu korrigieren.

Ausgehend vom für erzielbar gehaltenen Marktpreis werden somit alle Phasen der Arbeitsaktivitäten zurückgerechnet. Für jede Stufe der Leistungserstellung ergibt sich dabei eine Obergrenze der dort gerade noch akzeptablen Kosten. Werden diese Grenzen kumulativ auf allen Stufen eingehalten, ist gewährleistet, dass auch die Kostensumme der Zielvorgabe entspricht und nach angemessenem Gewinnaufschlag einen konkurrenzfähigen Preis zulässt. Aus den jeweiligen Zwischenkostenvorgaben wiederum ergibt sich, welcher produktive oder administrative Aufwand auf den einzelnen Stufen getrieben werden darf. So determinieren die Marktgegebenheiten die Produktionsbedingungen. Aus beiden Größen ergeben sich die zulässigen Zielkosten.

Dem Target Costing liegt damit eine umfassende Marktorientierung durch marktadäquate Gestaltung und Erstellung von Leistungen zugrunde. Es handelt sich zudem um einen geschlossenen Ansatz der Kostenrechnung, bei dem alle Produkte ihre Vollkosten und einen Gewinnanteil auch bei steigender Wettbewerbsintensität erwirtschaften sollen. Insofern ist es ein betriebswirtschaftliches Instrument zur Erreichung eines langfristigen Zielgewinns.

Dennoch gibt es zahlreiche Umsetzungshürden für dieses an sich sehr stimmige Konzept in Unternehmen. Zu nennen sind vor allem Konflikte aus interdisziplinärer Teamorganisation mit einer bestehenden funktionalen Organisationsstruktur. Dann der häufige Einsatz in Form von Crash-Projekten mit dem Zwang zu kurzfristigen Ergebnisverbesserungen. Auch bestehen eine mangelnde Bereitschaft zu einem umfassenden Reengineering und eine weit verbreitet immer noch mangelnde Kostenkultur. Der Target Costing-Prozess ist in seiner Durchgängigkeit komplex und akzessorisch zu Qualitäts- und Zeitzielen. Dabei sind die vom Markt erlaubten Kosten üblicherweise ausgesprochen anspruchsvoll. Erschwerend kommt eine mangelnde Transparenz interner Prozesse hinzu, etwa in Bezug auf eine adäquate Unternehmenskultur, die zutreffende Produktlebenszykluspositionierung und eine kohärente strategische Ausrichtung.

Analyse und Gestaltung
Da auch Überqualität ein betriebswirtschaftliches Problem darstellt, versucht die **Wertanalyse** eine Aussteuerung zwischen Funktionserfüllung und dafür entstehende Kosten. So soll für ein gegebenes Qualitätsniveau der Aufwand minimiert bzw. bei gegebenem Aufwand das Qualitätsniveau maximiert werden. Dazu wird ein standardisierter wertanalytischer Prozess durchlaufen. Gelegentlich führt die Wertanalyse auch zur bewussten Qualitätsverminderung, etwa im Rahmen künstlicher Veralterung.

Das Komplement zur Wertanalyse ist die **Wertgestaltung**, welche die Ausbalancierung von relativem Kostenanteil und relativem (wahrgenommenen) Wertanteil für jeden Bestandteil eines Produkts anstrebt. Liegt der relative Kostenanteil eines Produktbestandteils (hier geht es nur um die Einzelkosten) über dessen relativem Wertanteil, sind entweder die Kosten zu senken oder die Leistungsanmutung zu steigern. Wird diese Balance (Zielkostenindex = 1) für alle Bestandteile eingehalten, ist sichergestellt, dass ein leistungsgerechtes Angebot gegeben ist.

Beispiel:
Istkosten Produkt X: 355,00 € (109,59 %)
Zielkosten Produkt X: 323,75 € (100 %)

Element	Istkosten €	Kostenanteil %	Bedeutungsanteil %	Zielkostenindex 1 €	Zielkosten	
A	65	20,06	19,27	0,96 (zu teuer)	62,40	(- 2,60 €)
B	60	18,52	19,27	1,04 („zu billig")	62,40	(+ 2,40 €)
C	70	21,61	8,74	0,40 (zu teuer)	28,00	(- 42,00 €)
D	50	15,43	16,33	1,06 („zu billlig")	53,00	(+ 3,00 €)
E	45	13,89	4,34	0,31 (zu teuer)	13,95	(- 31,05 €)
F	65	20,06	32,05	1,60 („zu billig")	104,00	(+39,00 €)
Summe	(355)	(109,59)	(100,00)		(323,75)	(- 31,25 €)

13.4.2 Prozesskostenrechnung

Wesentliche Zielsetzungen der Prozesskostenrechnung sind die Kosten- und Leistungstransparenz in den Gemeinkostenbereichen, die Optimierung der Prozesse, ein permanentes Gemeinkostenmanagement, eine verursachungsgerechtere Gemeinkostenverrechnung und die Unterstützung strategischer Fragestellungen wie der Preisbestimmung.

Ein Prozess ist dabei die Zusammenfassung logisch zusammenhängender Arbeitsschritte, die einen bestimmten Input planvoll in einen bestimmten Output transferieren. Kostentreiber quantifizieren die Anzahl der Prozessdurchführungen für einen bestimmten Output und stellen somit das Mengengerüst für die prozessorientierte Gemeinkostenverrechnung dar.

Die Ursachen für den Gemeinkostenanstieg sind vielfältig. So gibt es Veränderungen in den Produktionsbedingungen durch technischen Fortschritt, Automatisierung, Kapitalintensivierung, komplexe Produktionsabläufe, Integration vieler Geschäftsbereiche. Weiterhin gibt es Veränderungen im Nachfragerverhalten durch Individualisierung, Spezifikationen, Lieferflexibilität, Produkt- und Variantenvielfalt, Teile- und Materialvielfalt, Serviceleistungen etc. Schließlich gibt es auch intensivere Konkurrenz durch Internationalisierung, kürzere Produktlebenszyklen, permanente Wettbewerbsvorteile, Preis-Leistungs-Wettläufe etc.

Daher ist ein Wandel von der Kostenzuordnung weg hin zur Identifizierung der Kostenentstehung erforderlich. Die traditionelle Zuschlagskalkulation basiert noch auf der Zuweisung von Gemeinkosten zu den ermittelten Einzelkosten, die herkömmliche Deckungsbeitragsrechnung basiert auf dem hierarchischen Ausweis von Fixkosten nach Abzug der variablen Kosten. Beide Verfahren arbeiten so lange mit zufriedenstellenden Ergebnissen, wie die Gemeinkosten bzw. Fixkosten im Verhältnis zu den Einzelkosten bzw. variablen Kosten gering sind. Die Realität der Produktionsbedingungen ist jedoch heute sowohl durch ein hohes Ausmaß an Gemeinkosten (Overheads) als auch durch Fixkostenintensität (Anlagen) gekennzeichnet. Damit wird der nicht erklärte Teil der Kosten unverhältnismäßig hoch im Vergleich zum erklärten. In gleichem Maße verlieren die genannten Kostenrechnungsverfahren aber an Aussagekraft. Deshalb muss versucht werden, eine genauere Analyse der Gemein- bzw. Fixkosten zu erreichen. Denn die Entscheidung über angebotene Produkte kann nicht vom oftmals weitaus kleineren Kostenanteil abhängig gemacht werden.

Um Fehlentscheidungen zu verhindern, müssen die Gemein- bzw. Fixkosten verursachungsgerecht zugerechnet werden. Hinsichtlich der Gemeinkosten ist eine Lösung durch die Deckungsbeitragsrechnung mit relativen Einzelkosten bereits seit langem gegeben. Hinsichtlich der Fixkosten greift nun die Prozesskostenrechnung. Kriterium der Zurechnung ist dabei nicht mehr die Hierarchie, sondern die Arbeitsphase. Die ganze Kostenrechnung erfolgt also nicht mehr an Kostenstellen orientiert (statisch), sondern vorgangsorientiert (dynamisch). Eine hinreichende Zerlegung der Arbeitsphasen vorausgesetzt, kann damit der Fixkostenblock exakt aufgespalten werden. Die entsprechenden Anteile werden zu direkten Kosten, die Entscheidungsobjekten nun variabel zugerechnet werden können. Bislang verdeckte Kostenbestandteile werden dadurch offen gelegt, so auch der administrative Zusatzaufwand für eigenerstellte Teile, für Spezialanfertigungen und Kleinserien. Die Gemeinkosten, die einen zunehmend größeren Block ausmachen, der nur ungenügend analysiert werden kann, werden so dynamisch offen gelegt.

Beispiel: Prozessstufen für den einfachen Durchlauf einer Bestellung:
- *Eingangsvermerk auf der Bestellung durch die Administration*
- *Vergabe einer internen Auftragsnummer*
- *Eingabe der Bestellung in die Kundendatei*
- *Vermerk des neuen Bestands in der Artikeldatei*
- *Eingabe der Versandorder*
- *Eingabe der Bestellung in die Vertreterdatei*
- *Eingabe der Bestellung in die Auftragsdatei zur Terminüberwachung*
- *Versand der Auftragsbestätigung*
- *elektronische Ausgabe der Versandpapiere*
- *Kommissionierung des Auftrags*
- *Ausstellung der Artikelbeilagen*
- *Verbuchung der Bestellung in der Lagerdatei*
- *Avis der Auslieferbereitschaft vom Lager an den Versand*
- *Ausgabe der Versandanzeige*
- *Ausstellung der Rechnung*
- *Eintrag in die Auftragsdatei*
- *Verbuchung der Forderung*
- *Überwachung der Fristenkongruenz*
- *Zahlungseingangsüberwachung*
- *Abgleich der Zahlung mit der Rechnung*
- *Verbuchung der Forderung als „bezahlt"*

- *Einforderung von Differenzbeträgen*
- *Versand einer kaufmännischen Mahnung*
- *Weitergabe an die Rechtsabteilung bei Uneinbringlichkeit.*

Die Durchführung der **Prozesskostenrechnung** erfolgt in drei Schritten:

- Am Anfang steht die **Tätigkeitsanalyse** zur Unterteilung des Bereichs in homogene Prozesse (ständig wiederkehrenden Vorgänge/Abläufe).
- Danach erfolgt die Bestimmung der **Bezugsgrößen**. Zunächst ist eine Aufteilung in leistungsvolumenabhängige und -unabhängige Prozesse vorzunehmen. Bei letzteren handelt es sich um Prozesse, die sich nicht anhand irgendwelcher Kriterien zählen lassen. Dazu gehören vor allem einmalige Vorgänge sowie Überwachungs- bzw. Leitungstätigkeiten. Für erstere sind die Größen zu bestimmen, anhand derer die Leistung gemessen werden kann (bei der Bearbeitung von Aufträgen etwa die Zahl der Aufträge, bei der Wareneingangsprüfung die Zahl der eingehenden Waren etc.).
- Zum Schluss erfolgt die Bildung von **Prozesskostensätzen**. Bei den vom Leistungsvolumen abhängigen Prozessen erfolgt die Division der ermittelten Gemeinkosten durch die Zahl der Prozesse. Für leistungsvolumenunabhängige Kosten ist ein Zuschlagssatz zu berücksichtigen, durch den diese Kosten vollständig auf die einzelnen Prozesse verteilt werden können. Ein Problem liegt jedoch darin, dass die direkten Kosten oft nur einen geringen Anteil an den Gesamtkosten ausmachen und für die indirekten Kosten keinerlei Aussage zur Verursachung getroffen wird.

Die Auswirkungen der Prozesskostenrechnung im Unternehmen sind vielfältig. Produkten mit geringen Auftragsstückzahlen und hoher Komplexität werden höhere Kosten zugeordnet als bei der traditionellen Kalkulation, dadurch werden Standardprodukte von Gemeinkosten entlastet. Gemeinkosten werden nicht nach Wert, sondern nach tatsächlicher Inanspruchnahme verrechnet (Allokationseffekt), komplexere Produkte erhalten die Gemeinkosten verursachenden Aktivitäten zugerechnet (Komplexitätseffekt), und die Subventionierung von Kleinaufträgen durch Großaufträge wird offen gelegt (Degressionseffekt). Eine höhere Teilevielfalt resultiert konsequenterweise in höheren Bearbeitungskosten (daher Gleichteile einsetzen). Produkte mit einfachem Aufbau werden dadurch bevorzugt. Das Verantwortungsgefühl der Mitarbeiter wird durch korrekte Zurechnung von Kosten gestärkt, es kommt zu einer Konzentration auf Leistungs- und Kostendenken.

Beispiel:

Berechnung Prozesskosten für Produkte A und B (Gemeinkosten) (Ausschnitt)

Prozessschritt	Messgröße	Planprozessmenge	Planprozesskosten	Prozesskostensatz	Umlagesatz	Gesamtprozesskostensatz
Angebotserstellung	Anzahl der Angebote	1.200	300.000 €	250 €	21,27 €	271,27 €
Bestellung	Anzahl der Bestellungen	3.500	70.000 €	20 €	1,70 €	21,70 €
Reklamationsbearbeitung	Anzahl der Reklamationen	100	100.000 €	1.000 €	85,10 €	1.085,10 €
Summe:			470.000 €			
Abteilungsleitung			40.000 €			

Relation leistungsmengenneutrale Kosten (lmn/40.000) zu leistungsmengeninduzierten Kosten (lmi/470.000): 8,51 %

Prozesskostensatz = Planprozesskosten : Planprozessmenge

Umlagesatz = Prozesskostensatz x Relation

Gesamtprozesskostensatz = Prozesskostensatz + Umlagesatz

Beispiel:

Produkt A: Standardversion		Produkt B: Sonderversion	
Zuschlagskalkulation:			
Stückeinzelkosten:	10 €	Stückeinzelkosten:	50 €
Produktionsmenge:	10	Produktionsmenge:	10
Einzelkosten	100 €	Einzelkosten:	500 €
Gemeinkosten	1.200 €		
Gemeinkostenzuschlag:	200 %	(Summe Einzelkosten:	600 €)
Stückgemeinkosten:	20 €	Stückgemeinkosten	100 €
Selbstkosten:	30 €	Selbstkosten:	150 €
Gewinnzuschlag: (auf Selbstkosten)	10 %		
Angebotspreis:	33 €	Angebotspreis:	41 €

Spezielle Ansatzpunkte für die Preisbildung

Prozesskostenkalkulation:			
Stückeinzelkosten:	10 €	Stückeinzelkosten	50 €
Gemeinkosten:	1.200 €		
Prozesszeitanteil:	50 %	Prozesszeitanteil:	50 %
Stückprozesskosten:	60 €	Stückprozesskosten :	60 €
Selbstkosten:	70 €	Selbstkosten:	110 €
Gewinnzuschlag: (auf Selbstkosten)	10 %		
Angebotspreis:	77 €	Angebotspreis:	121 €
Abweichung:	+ 44 €	Abweichung:	- 44 €

also keine Kosteneinsparung, sondern vielmehr bessere Kostenentscheidung

13.4.3 Lebenszykluskostenrechnung

Die Lebenszykluskostenrechnung macht sich eine den gesamten Lebenszyklus eines Produkts umfassende und damit die übliche Periodeneinteilung der Kostenrechnung überwindende Sichtweise von Kosten und Kostenantriebskräften zueigen, um zu einer vollständigen Erfassung sämtlicher während seiner gesamten Angebotsdauer anfallenden Kosten und Erlöse und ihrer verursachungsgerechten Zuordnung auf das Produkt zu gelangen. Sie ist durch eine ganzheitliche Sichtweise mit Langfrist- und Vollkostenbetrachtung gekennzeichnet, deckt Trade off-Beziehungen zwischen Vorlauf- und Folgekosten auf, fundiert damit Preisstrategien und berücksichtigt vor allem Umweltschutzaspekte. Der gesamte Lebenszyklus besteht also aus dem **Marktlebenszyklus** plus dem **Entstehungszyklus** vor der Vermarktung plus dem **Entsorgungszyklus** nach der Vermarktung.

Damit besteht eine Ähnlichkeit zur Investitionsrechnung, zusätzlich werden aber auch die laufenden Kosten dynamisch berücksichtigt. Denn die immer erheblicheren Vorlaufkosten legen sich immer ungünstiger auf die Marktpräsenz um. Ursachen dafür sind die rapide Verkürzung des Produktlebenszyklus, genauer die erhebliche Verkürzung des Marktzyklus im Vergleich zur gleichzeitigen Verlängerung des Entstehungszyklus. Man spricht auch von einer Zeitfalle, d. h., der Lebenszyklus eines Produkts reicht womöglich nicht mehr aus, seine Investitionskosten zu amortisieren. Damit kommt es zu einer Erhöhung des Anteils der Kosten, der in traditionellen Kostenrechnungssystemen nicht oder nur als Gemeinkostenblock erfasst, d. h. zwar periodengerecht, nicht aber produktbezogen ausgewiesen wird. Zusätzlich bleiben auch evtl. Vorlauferlöse und Folgekosten außer Ansatz. Auf Basis dieser unvollständigen Kostenerfassung können aber keine sachgerechten Entscheidungen getroffen werden. Daher ist es erforderlich, zu einer zutreffenden Kostenerfassung zu gelangen. Dazu gehören folgende Bereiche:

- **Vorlaufkosten** für z. B. Ideensuche, Grundlagenforschung, Produkt-/Verfahrensentwicklung, Marktforschung/Test, Markterschließung, Produktionsplanung, Schnittstellenentwicklung, Qualitätsverbesserung, Kostenreduktion, Vorserie, Zuliefererauswahl, Vertriebsplanung, Training, technische Dokumentation, Organisation, Logistik, Projektmanagement etc.,
- **Vorlauferlöse** aus z. B. Subventionen, Steuererleichterungen, Erlös von übertragenen FuE-Erkenntnissen etc.,
- **Marktbegleitende, laufende Kosten** wie in der Kostenrechnung ohnehin erfasst, also Markteinführung, Relaunch, Auslauf und Pflege, Betriebskosten (Energie, Betriebsmittel, Personal, Versicherung etc.), Wartung, Overheads etc.,
- **Marktbegleitende, laufende Erlöse** wie in der Erlösrechnung ohnehin erfasst, also Aktionen, laufender Umsatz, Ausverkauf, etc.,
- **Folgekosten** für z. B. Nachbetreuung, Produkthaftung, Entsorgung/Redistribution (Reverse Logistics), Garantie/Gewährleistung, Wartung, Demontage, Sammlung/Sortierung/Zerkleinerung/Deponie etc.,
- **Folgeerlöse** aus z. B. Lizenzvergabe, Verkauf von Anlagen, Ersatzteilhandel, Reparatur, Beratung, Schulung, Betriebsmittelhandel etc.

Dabei ist weiterhin zu unterscheiden in:

- **entscheidungsrelevante Kosten,** also solche, die durch eigene Handlungen bedingt sind, und irrelevante Kosten, also solche, die durch eigene Entscheide nicht beeinflusst werden können,
- **Sunk Costs**, d. h. falsche Entscheide, die zwar selbst gefällt, nun aber nicht wieder rückgängig zu machen sind,
- einmalige Kosten (z. B. Investition) und Bindung durch regelmäßig oder häufig wiederkehrende Kosten (Folgekosten).

Die **Vorteile** der Lebenszykluskostenrechnung sind vor allem folgende. Es kommt zu einer ganzheitlichen, dynamischen Sichtweise, die dem Systemdenken entspricht. Im Zeitablauf abnehmende Freiheitsgrade durch Entscheidungsinterdependenzen werden berücksichtigt (so sinkt der Wert sukzessiv durch immer geringere Beeinflussbarkeit). Es erfolgt eine prozessuale Problemsichtweise. Verantwortungsvollere Entscheide erlauben eine Risikominderung und eine Erhöhung der Flexibilität. Durch Zunahme an Informationen entsteht ein Lernprozess mit abnehmendem Restrisiko. Und es werden verschiedene Organisationseinheiten einbezogen.

Dem stehen jedoch folgende **Nachteile** gegenüber. Es besteht prinzipbedingt ein Defizit an zweckorientiertem Wissen zu sachkundigen Entscheidungen wegen großer und wachsender Zukunftsunsicherheiten. So ist vor allem zu einem Zeitpunkt über die Systemkonfiguration zu entscheiden, zu dem der Informationsgrad gerade noch extrem niedrig ist, nämlich ganz zu Beginn des Lebenszyklus.

Spiegelbildlich findet sich eine nutzungszyklusbezogene Betrachtung auf Nachfragerseite übrigens in den Total Costs of Ownership, d. h. die Kostensicht wird nicht auf die Anschaffung begrenzt, sondern über die laufenden Kosten ausgedehnt (bei einem Computer neben Hardware und Software z. B. Wartung, Support, Schulungen, Downtime, Upgrades etc.). Allgemein fallen folgende Positionen an:

- Anbahnungskosten für Informationssuche, Schnittstellenanpassung, Qualitäts-Audit, Registrierung, Reisen, Telekommunikation, Werkzeug, Personalrekrutierung, Entsendung etc.,
- Preisnebenkosten wie Steuern, Zölle, Zahlungskonditionen, Wechselkursschwankungen etc.,
- Administrationskosten wie Bestellplanung, Zahlungsabwicklung, Bank, Infrastruktur, Behördenkontakt etc.,
- Logistikkosten wie Transport, Transportversicherung, Versand, Entsorgung, Verpackung, Bestands- und Lagerhaltung etc.,
- Qualitätskosten wie Nachbesserung, Ausschuss, Gewährleistung etc.,
- Lieferantenmanagementkosten wie Arbeitszeit, Übersetzung, Geschenke, Rechtsberatung etc.

Beispiel:

	Kaufalternative 1	Kaufalternative 2	Kaufalternative 3
Kaufpreis	120.000 GE	100.000 GE	140.000 GE
Präferenz nach Kaufpreis	2	1	3
Betriebskosten p.a.	28.600 GE	29.671 GE	23.700 GE
Kosten nach drei Jahren	85.800 GE	89.013 GE	71.100 GE
Gesamtkosten	205.800 GE	189.013 GE	211.100 GE
Restwert nach drei Jahren	40.000 GE	20.000 GE	60.000 GE
Nettokosten	165.800 GE	169.013 GE	141.100 GE
Präferenz nach Nettokosten	2	3	1

13.5 Kostendegression

13.5.1 Operative Effekte

Mengenabhängige, **statische** Größeneffekte ergeben sich aus der **Fixkostendegression**, d. h., mit steigender Stückzahl legen sich die Fixkosten je Stück immer günstiger um, und dem **Betriebsgrößeneffekt**, d. h. Großbetriebe sind potenziell insgesamt kostengünstiger zu produzieren in der Lage als kleinere.

Beispiel:

Fixkosten: 10.000 €, variable Stückkosten: 10 € (Voraussetzung: Fixkosten bleiben konstant)

gesamte Stückkosten bei

- 1 Stück: 10.010 €,	- 64 Stück: 166,25 €	- 4.096 Stück: 12,44 €
- 2 Stück: 5.010 €,	- 128 Stück: 88,13 €	- 8.192 Stück: 11,22 €
- 4 Stück: 2.510 €,	- 256 Stück: 49,06 €	- 16.384 Stück: 10,61 €
- 8 Stück: 1.260 €,	- 512 Stück: 29,53 €	- 32.768 Stück: 10,31 €
- 16 Stück: 635 €,	- 1.024 Stück: 19,77 €	- 65.536 Stück: 10,15 €
- 32 Stück: 322,50 €,	- 2.048 Stück: 14,88 €	- ....

Spezielle Ansatzpunkte für die Preisbildung

Tatsächlich sind aber sprungfixe Kosten gegeben, d. h. die Fixkosten sind innerhalb eines bestimmten Mengenintervalls konstant, steigen dann aber zum nächsten Mengenintervall hin sprunghaft. Hier:

- Fixkosten bis 1.000 Stück: 10.000 €,	
- bis 2.000 Stück: 20.000 €,	- bis 3.000 Stück 30.000 €,
- bis 4.000 Stück 40.000 €,	- bis 5.000 Stück 50.000 €,
- bis 6.000 Stück 60.000 €,	- bis 7.000 Stück 70.000 €,
- bis 8.000 Stück 80.000 €,	- bis 9.000 Stück 90.000 €,
- ..., bis 17.000 Stück 170.000 €,	- ..., bis 33.000 Stück 330.000 €,
- ..., bis 66.000 Stück 660.000 €.	

gesamte Stückkosten liegen dann bei

- 1 Stück: 10.010 €,	- 64 Stück: 166,25 €,	- 4.096 Stück: 22,21 €
- 2 Stück: 5.010 €,	- 128 Stück: 88,13 €,	- 8.192 Stück: 20,99 €
- 4 Stück: 2.510 €,	- 256 Stück: 49.06 €,	- 16.384 Stück: 20,36 €
- 8 Stück: 1.260 €,	- 512 Stück: 29,53 €,	- 32.768 Stück: 20,07 €
- 16 Stück: 635 €,	- 1.024 Stück: 29,53 €	- 65.536 Stück: 19,92 €
- 32 Stück: 322,50 €,	- 2.048 Stück: 24,65 €	- ....

Zeitabhängige, **dynamische** Größeneffekte (Boston-Effekt) ergeben sich durch frühzeitige **Nutzung technischen Fortschritts**, des **Spezialistenwissen** (Economies of Scope) und der **Rationalisierung** in den Betriebsbereichen. Dadurch sinken potenziell bei jeder Verdopplung der kumulierten Ausbringungsmenge die inflationsbereinigten Stückkosten um 20–30 % bezogen auf die eigene Wertschöpfung (zusätzlich zur statischen Stückkostendegression). Die Aussage des dynamischen Größeneffekts ist allerdings theoretisch umstritten und real wohl um zahlreiche Einschränkungen zu bereinigen.

Beispiel:

Fixkosten: 10.000 €, variable Stückkosten: 10 € (Voraussetzung: Fixkosten bleiben konstant, Wertschöpfungsanteil 100 %)

zusätzlich 25 % dynamische Kostendegression:

- 1 Stück: 10.010 €,	- 64 Stück: 124,69 €,	- 4.096 Stück: 9,33 €
- 2 Stück: 3.757,50 € (- 1.252,50 €),	- 128 Stück: 66,10 €,	- 8.192 Stück: 8,42 €,
- 4 Stück: 1.882,50 € (- 627,50 €),	- 256 Stück: 36,80 €,	- 16.384 Stück: 7,96 €,
- 8 Stück: 945 € (- 315 €),	- 512 Stück: 22,15 €	- 32.768 Stück: 7,73 €,
- 16 Stück: 476,25 € (- 158,75 €)	- 1.024 Stück: 14,83 €,	- 65.536 Stück: 7,61 €
- 32 Stück: 241,88 € (- 80,62 €),	- 2.048 Stück: 11,16 €	- ....

13.5.2 Strategische Effekte

In Bezug auf die Erfolgsrelation zwischen Absatz (Menge) und Ertrag (Wert) wird ein U-förmiger Zusammenhang zwischen Unternehmenserfolg (z. B. gemessen als ROI) und Mengenoutput (z. B. gemessen als Marktanteil) behauptet. Demnach ist der Unternehmenserfolg hoch, wenn der Mengenoutput entweder sehr niedrig ist oder sehr hoch, und niedrig, wenn der Mengenoutput ein mittleres Niveau erreicht („zwischen den Stühlen"). Danach muss ein Unternehmen entweder anstreben, einen hohen Grad an Exklusivität zu erreichen oder eine extrem hohe Verbreitung. Ersteres ist aufgrund des geringeren Geschäftsvolumens zwar mit höheren Stückmargen, aber absolut mit geringeren Gewinnen verbunden als letzteres. Eine gute Möglichkeit zur Erreichung hoher Verbreitung ist die Öffnung von Märkten über niedrige Preise. Diese Polarisierung führt nur noch durch **Leistungsführerschaft/Differenzierung** (= Präferenz-Position) oder **Kostenführerschaft** (= Preis-Mengen-Position) zu einer Überlebensfähigkeit, während der Bereich dazwischen durch den Wettbewerb aufgerieben wird (= Stuck in the Middle).

Ersteres bedeutet damit Qualitätswettbewerb mit konsequentem Einsatz aller nicht-preislichen Marketinginstrumente zur Beeinflussung des Markts. Es handelt sich allerdings um eine Langsamstrategie, die kontinuierlichen Aufbau erfordert. Die dadurch gewonnenen Käufer dürften jedoch bei geschickter Angebotspflege zum Kundenstamm gerechnet werden und Anfechtungen der Konkurrenz in hohem Maße widerstehen. Entsprechende Maßnahmen betreffen Markenartikelpolitik, Gewinnpriorität (vor Absatz), Hochpreislevel, monopolistischer Preisspielraum, hohe Produktqualität, attraktive Packung, intensive Mediawerbung und selektive Distribution.

Letzteres stellt den Preis als zentrales Absatzinstrument zur Marktbeeinflussung in den Mittelpunkt. Dabei handelt es sich um eine Schnellstrategie, die eine Marktposition kurzfristig aufbaut, allerdings kaum mehr reversibel ist, zumal sie sich an Käufer wendet, die ein Angebot nicht in erster Linie aus emotionaler Zuwendung heraus bevorzugen, sondern bei noch preisgünstigeren Angeboten leicht zum Mitbewerb abwandern. Sie repräsentieren damit in hohem Maße vagabundierende Kaufkraft. Entsprechende Maßnahmen betreffen Preiswettbewerb, Umsatz-/Absatzpriorität (vor Gewinn), hohe Preisgünstigkeit, Absatzrationalisierung, Grundnutzenargumentation, Marketing-Mix-Einsparung, Akzeptanz von Risiken und breite Distribution.

Kombiniert man die Erkenntnisse des Leistungsvorteils bzw. des Kostenvorteils sowie das Ausmaß der Marktabdeckung, die einerseits umfassend sein kann oder andererseits konzentriert, ergeben sich daraus vier Kombinationen.

Die **umfassende Kostenführerschaft** (Kostenvorteil im Gesamtmarkt) hat folgende Vorteile. Das Unternehmen mit den niedrigsten Kosten einer Branche ist auch dann noch in der Lage, Gewinne zu erzielen, wenn die Marktkräfte (= Preisdruck) die Konkurrenten bereits an die Verlustzone zwingen. Es entsteht ein gewisser Schutz vor nachfragemächtigen Kunden, weil diese den Preis höchstens bis auf das Niveau des zweiteffizientesten Konkurrenten zu drücken vermögen. Der Verhandlungsspielraum mit mächtigen Lieferanten wächst, da Kostensteigerungen im Einkauf weniger zur Weitergabe im Preis zwingen, sondern auch durch partiellen Gewinnverzicht aufgefangen werden können, während andere sich auf nervenaufreibende Verhandlungsrunden einlassen müssen. Es bestehen hohe Eintrittsbarrieren in den Markt, die einen relativen Schutz vor Mitbewerbern bieten. Das Preissenkungspotenzial zur Abwehr von neuen Marktanbietern erhöht das Risiko eines Markteintritts weiter erheblich. Substitutionsprodukte können eher abgewehrt werden, weil eine relativ hohe Preisreagibilität des Anbieters besteht, so dass das Preis-Leistungs-Verhältnis stets attraktiv gehalten werden kann.

Grundlegend neue Technologien entwerten jedoch die Kostenführerschaftsposition. Damit gehen zugleich die geleisteten Investitionen unter (= Sunk Costs) bzw. werden erhebliche Neuinvestitionen erforderlich, die spannenmindernd wirken. Nachahmer können durch Lerneffekte bald die gleiche Kostenstruktur wie der (dann ehemalige) Kostenführer erreichen, so dass kein Schutz vor Wettbewerbern mit gleichem Erfindungsreichtum besteht. Außerdem hilft Kostenführerschaft nur, wenn dabei Bedürfnisse des Marktes nicht außer acht gelassen werden. Kostensteigerungen in hohem Ausmaß oder kumulierter Wirkung schwächen die Kostenführerschaft. Dies ist in Zeiten eskalierender Arbeitskosten hochwahrscheinlich. Zwar sind alle Anbieter gleichermaßen davon betroffen, aber da die Position des Kostenführers mehr auf diesem Vorteil aufbaut als die Strategien des Mitbewerbs, trifft ihn eine Schwächung dort existenzieller.

Die **umfassende Leistungsführerschaft** (Qualitätsvorteil im Gesamtmarkt) bietet ebenfalls grundsätzliche Vor- und Nachteile. Gegenüber aktuellen Konkurrenten entsteht ein Vorsprung am Markt, der hohe Souveranität und Monetarisierung bietet. Durch die Wahl von Maßnahmen nach dem Kriterium des größten relativen Vorsprungs kann dieser Abstand im Zweifel noch vergrößert werden. Substitutionsangebote können als nicht wirklich vergleichbar diskriminiert werden. Gegenüber Abnehmern entsteht durch diese Alleinstellung eine äußerst starke Position, die Kompromisse schwerlich zulässt. Potenzielle Konkurrenten bleiben solange ausgeschlossen, bis sie ein unter Leistungsaspekten akzeptables Angebot zu unterbreiten in der Lage sind. Dies gelingt in aller Regel nicht aus dem Stand heraus.

Da es jedoch immer schwerer fällt, omnipotente Kompetenz aufrecht zu erhalten, wird die Position durch aufkommende Spezialisten ausgehöhlt. Es besteht die Gefahr, dass tatsächlich wahrnehmbare Leistungsunterschiede nur noch durch Einsatz überdimensional aufwändiger Vermarktungsaktivitäten erreichbar sind. Gleichfalls bedarf die Sicherung der Leistungsführerschaft überproportionaler Entwicklungsaufwendungen. Da mindestens der Aufwand des nächstbesten Anbieters bei gleicher Effizienz egalisiert werden muss, entsteht ein enormer Leistungsdruck auf Humanressourcen.

Zu **konzentrierter Kostenführerschaft** (Kostenvorteil in einem Teilmarkt) sind gleichfalls Vor- und Nachteile zu nennen. Mit dem Grad der Spezialisierung nimmt die Austauschbarkeit des Anbieters ab, so dass teilmonopolistische Renten am Markt eingefahren werden können. Mit dem Grad der Spezialisierung nimmt parallel die Gefahr von Substitutionskonkurrenz ab. Diese findet dort ihre Grenze, wo andere Anbieter weder besser noch billiger sind. Spezialisierte Marktsegmente sind wegen ihres geringen Volumens meist unattraktiv für potente potenzielle Konkurrenten, so dass diese womöglich vom Markteintritt absehen. Spezialisierte Anbieter werden zumeist von großen Konkurrenten am gleichen Markt geduldet oder sogar im Rahmen von Systemlieferungen eingebunden. Dies verringert damit die Existenzgefahr.

Es besteht jedoch die Gefahr, dass Vorzüge von Nischenangeboten durch Preisunterschiede zu kostengünstigeren Anbietern mit hinlänglich leistungsfähigen Standardangeboten überkompensiert werden. Weiterhin besteht die Gefahr, dass der Gesamtmarkt Teilmarktbesonderheiten assimiliert.

Aus der **konzentrierten Leistungsführerschaft** (Qualitätsvorteil in einem Teilmarkt) ergeben sich ebenso Vor- und Nachteile. Durch hohe Kundenbindung verringert sich die Preiselastizität der Nachfrage. Dadurch ergeben sich Preissetzungsspielräume, welche die durch Differenzierung entstandenen Kosten auffangen. Die Marktzutrittsschranken erhöhen sich in dem Maße, wie die Kundenbindung ausgeprägt ist. Denn der Akquisitionserfolg neuer Anbieter hängt entscheidend davon ab, in welchem Maß es ihnen gelingt, „Eroberungen" (= Marken-/Anbieterwechsel) zu erreichen. Der mit der Differenzierung erreichte höhere Ertrag schafft mehr Verhandlungsspielraum mit Lieferanten. Denn höhere Gewinnmargen lassen Kostensteigerungen bei den Einsatzfaktoren besser verkraften.

Es besteht jedoch die Gefahr, dass die Käuferloyalität zu einem differenzierten Angebot durch Kostenvorteile anderer Anbieter der Gattung überkompensiert wird. Mit steigender Differenzierungsprämie verkleinert sich zudem die Zielgruppe, für die dieses Angebot in Frage kommt. Die gewählte Alleinstellung unterliegt einem Wertewandel im Zeitablauf. Nur solange der Angebotsnutzen psychologisch oder soziologisch attraktiv genug scheint, rechtfertigt er einen Preisaufschlag. Nachahmer mindern zudem das Differenzierungspotenzial. Deren Me too-Strategie basiert meist auf partieller Preisunterbietung.

14. Konditionen tanken bei der Effektivpreisbildung

Bisher wurde bei der Betrachtung implizit von Listenpreisen (Bruttopreise/ direkte Preispolitik) ausgegangen. In der Wirtschaftspraxis werden aber nicht diese Brutto- sondern davon mehr oder minder abweichende Effektivpreise (Nettopreise/indirekte Preispolitik) gezahlt. Anschaulich werden diese auch als Out of Pocket Expenses bezeichnet. Im Regelfall liegt der Effektivpreis unter dem Listenpreis, dann gehen entsprechende Rabatte und Erlösschmälerungen davon ab, im Ausnahmefall kann der Effektivpreis aber auch über dem Listenpreis liegen, wenn Preiszuschläge in Ansatz gebracht werden.

Die Effektivpreisbildung ist von essenzieller Bedeutung für die Ertragssituation, denn durch Preisnachlässe und -zuschläge wird unmittelbar die Gewinnsituation tangiert. Beides wird oft unterschätzt. In Bezug auf Preisnachlässe muss man sich vergegenwärtigen, dass jeder Euro Nachlass einen Euro weniger Gewinn bedeutet. Häufig liegt hier eine Verwechslung mit Begriffen wie Erlösschmälerung oder Deckungsbeitragsentgang vor. Beides verbrämt die betriebswirtschaftliche Konsequenz von Nachlässen. Sie bedeuten weder lediglich weniger Umsatz noch geringeren Deckungsbeitrag, sondern ganz konkret Gewinnminderung. Auch wenn solche Nachlässe bereits im Angebotspreis eingerechnet sind, stellen sie doch vergebenen Profit dar. Aus diesem verharmlosenden Verständnis folgt oft eine fatale Tendenz zur Preisnachgiebigkeit. Statt den Preis um jeden Euro zu verteidigen, werden leichtfertig Abschlüsse eingegangen, von deren Konditionen man auch bei Folgegeschäften kaum mehr herunterkommt. Insofern kann nur gelten: wehret den Anfängen.

Aber ebenso gefährlich wie die Preisnachgiebigkeit ist das Versäumnis zur Durchsetzung von Preiszuschlägen. Diese verbessern nicht nur das Erlös- und Deckungsbeitragsniveau, sondern wirken, entsprechend kalkuliert, unmittelbar gewinnsteigernd. Viel zu oft sind Verkäufer bereits mit dem Basisabschluss zufrieden, statt entschlossen zu versuchen, Zusatzverkäufe zu tätigen. Schließlich gilt es, den Erlös hier und jetzt zu maximieren, denn ob ein Kunde noch einmal beim Anbieter auftaucht und ob er noch einmal in der „Stimmung" zum Kaufentscheid ist, bleibt ungewiss.

Wenn schon Preisnachlässe in Form von Rabatten und anderen Erlösschmälerungen unvermeidlich sind, sollten sie wenigstens planvoll auf Basis eines Konditionensystems erfolgen. Über diese Faktoren, die Rabattierung, die Erlösschmälerungen, das Konditionensystem und die Preiszuschläge, informiert das nachfolgende Kapitel.

14.1 Rabattierung

Der Rabatt ist eine Preisvergünstigung zum Bruttopreis (Listenpreis), dessen Ziele z. B. in der Umsatzexpansion, Erhaltung von Kundenbeziehungen und Kostenersparnis durch Absatzrationalisierung liegen. Es handelt sich um eine Form der indirekten Preispolitik, die über die Differenz zwischen offiziellem Bruttopreis und eigentlichem Nettopreis eine Preisfeinsteuerung erlaubt. Nach der Bezugsbasis lassen sich mehrere Rabattarten unterscheiden.

Der **Funktionsrabatt** wird Abnehmern gewährt, wenn und soweit diese bestimmte Absatzfunktionen übernehmen. Denkbar sind Nachlässe für Handwerker, für Selbstabholung, für Referenzplatzierung im Handel etc.

Der **Mengenrabatt** wird in Abhängigkeit von der jeweils einzeln (Einzelauftragsrabatt) oder über mehrere Kaufakte (Gesamtumsatz) gesammelt abgenommenen Warenmenge gewährt. Eine Sonderform ist der **Bonus**, der als Preisnachlass oder Gutschrift nachträglich, gewöhnlich zum Jahresende, für ein großes, kumuliertes Abnahmevolumen gewährt wird. Er kommt in der Wirkung einem Mengenrabatt gleich. Der Bonus bezieht sich also auf den gesamten Periodenumsatz, die Anzahl und Höhe der einzelnen Aufträge spielt dabei keine Rolle. Dem Bonus kommt dabei ein Zinseffekt zu, weil er erst nachträglich gewährt wird und nicht wie Rabatte ansonsten sofort wirkt. Fraglich ist, welche Umsätze für Boni zugrunde gelegt werden (z. B. nicht Sonderangebote, Auslaufwaren, 2.–Wahl-Waren etc.).

Der **Zeitrabatt** hat den Kaufzeitpunkt zur Basis. Denkbar sind Nachlässe für Frühbezug, Geschäftsstättentreue, Saison, Auslauf etc. Eine Sonderform ist der **Skonto**, der als Belohnung für Vorkasse oder prompte Rechnungszahlung gewährt wird. Er kommt in seiner Wirkung dem Zeitrabatt gleich, gehört jedoch von der Systematik her nicht zu den Preisabschlägen. Beim Warenskonto erfolgt eine Preisermäßigung durch unberechnete Mehrlieferung. Beim Kassenskonto wird der Preisabschlag auf den Geldbetrag bezogen. Skonto ist damit ein Entgelt für die Nichtinanspruchnahme eines Lieferantenkredits, Berechnungsbasis ist die Zeitspanne bis zum Geldeingang. Fraglich ist, ob Gutschriften skontomindernd wirken oder nicht.

Daneben gibt es zahlreiche, nicht weiter zuordnenbare **Sonderrabatte**, etwa in Abhängigkeit von der Person des Käufers.

Beispiel:

$$\text{Effektivzins nach Ziel} = \frac{\text{Skontosatz (\%)}}{1 - \frac{\text{Skontosatz (\%)}}{100}} \times \frac{360}{\text{Bruttozahlungsziel (T)} - \text{Skontofrist (T)}}$$

Skontosatz: 2 % auf den Rechnungsbetrag
Skontofrist: zahlbar innerhalb 10 Tagen
Bruttozahlungsfrist: fällig nach 30 Tagen

$$\text{Effektivzins} = \frac{2}{1 - \frac{2}{100}} \times \frac{360}{30 - 10} = \frac{2}{0{,}98} \times \frac{360}{20} = 2{,}041 \times 18 = 36{,}73\,\%$$

Das heißt, eine Skontoinanspruchnahme lohnt sich immer, wenn die Eigenkapitalverzinsung über- bzw. die Fremdkapitalverzinsung unter 36,73 % p.a. liegt.

Es gibt somit eine Grenze für die Vorteilhaftigkeit einer Zahlung unter Skontoabzug. Diese ist abhängig vom alternativen Zinssatz für Kontoüberziehungen (aus Debit) bzw. Geldanlagen (aus Credit). So kann man etwa ausrechnen, wie viele Skonto-Tage den gleichen Nutzen erbringen wie 3 % Skonto bei 14 Tagen. Dabei muss ein eigener Kontokorrentsatz/Anlagenertrag unterstellt werden.

Beispiel:

Der Einstandspreis einer Lieferung beträgt 10.000 €. Bei Zahlung innerhalb von 14 Tagen gewährt der Lieferant 3 % Skontoabzug auf den Rechnungsbetrag. Dies entspricht absolut 300 € Skontoertrag. Der ausmachende Nettopreis (Out of Pocket) beträgt daher 9.700 €.

Bei einem unterstellten Kontokorrentzinssatz von 10 % p.a. entspricht dies einem Kontokorrentzinsbetrag von 1,69 €/Tag, ausgehend von 9.700 € Kreditbetrag. Um 300 € Skontoertrag zu egalisieren, sind demnach 111 Zinstage erforderlich. Zzgl. der 14 Skontotage ergeben sich also 125 Tage Netto-Zahlungsziel.

Die Inanspruchnahme von Skonto lohnt sich also erst dann nicht mehr, wenn das Zahlungsziel von 14 Tagen bei gleichen Konditionen auf mehr als 125 Tage gestreckt und der Rechnungsbetrag dann brutto bezahlt werden kann. Diese Frist fällt entsprechend kürzer aus, wenn der Kontokorrent-/Anlagenzins höher oder der Skontosatz bzw. die Skontofrist niedriger liegen, et vice versa.

Solche extrem langen Zahlungsfristen sind durchaus nicht unüblich. Erstens kann vom Lieferanten eine Valuta gewährt werden, d. h. das Ausstelldatum der Rechnung wird nach hinten verschoben (z. B. zwei Monate). Dann kommt das normale Zahlungsziel hinzu (z. B. 30 Tage). Viele Lieferanten erlauben zudem eine Nachfrist für die Zielüberschreitung, bevor sie mahnen (z. B. vier Wochen). Dann kommt im Zweifel noch die Mahnfrist hinzu (z. B. zwei Wochen).

Der **Naturalrabatt** besteht in der Draufgabe von mehr Ware im Rahmen der Rabattierung für den vereinbarten Kaufpreis. Ein **Geldrabatt** besteht in der Ermäßigung des Kaufpreises für die vereinbarte Warenmenge.

Die Berechnung erfolgt als **Festrabatt**, der als absoluter Betrag angegeben ist, also nicht in Abhängigkeit von einer Bezugsgröße. Er kann jedoch in Abhängigkeit von der zugrunde gelegten Bezugsgröße variieren. Oder als **Relativrabatt** gemäß dem prozentualen Anteil an einer festgelegten Bezugsgröße.

Der **Einheitsrabatt** ist ein Rabatt, der unabhängig von den Bezugsgrößen Funktion, Menge oder Zeit immer die gleiche relative Höhe hat. Dem Vorteil der großen Übersichtlichkeit steht der gravierende Nachteil fehlender Feinsteuerungsmöglichkeit gegenüber.

Die **Rabattstaffel** stellt eine Abstufung der Rabattsätze in Abhängigkeit von der Höhe einer Bezugsgröße (meist der Menge) dar. Probleme bei Rabattstaffeln entstehen durch Randunschärfen, d. h. die Rabattgrenzen überschneiden einander, so dass keine eindeutige Zuordnung möglich ist, durch unattraktive Stufen, d. h. wenig Anreiz zu gewünschtem Verhalten, durch unregelmäßige Klassengrößen, d. h. nicht unbedingt gleich groß, aber in eine Richtung gehend, durch Pseudokalkulation, die nicht immer glaubwürdig wirkt und durch Einladung zum Feilschen, z. B. „Rabatt auf Anfrage" bei einer oder mehreren Kategorien.

Der **Rabattierungsverlauf** kann progressiv (schneller steigend als die Bezugsgröße), degressiv (langsamer steigend als die Bezugsgröße) oder linear (parallel zur Bezugsgröße verlaufend) sein. Häufig sind Rabattstaffeln nicht genügend durchdacht, so dass Fehlanreize entstehen. Überlegenswert ist etwa ein s-förmiger Rabattverlauf mit steigendem Verlauf zu Beginn und später sinkendem Verlauf, um die Rentabilität von Aufträgen zu erhalten.

Eine wichtige Unterscheidung betrifft die **Berechnung** der Rabattstaffel als durchgerechnet oder angestoßen (inkremental). Bei durchgerechnetem Rabatt bezieht sich der Rabattsatz immer auf die höchste Bezugsgröße, bei angestoßenem Rabatt nur auf die jeweilige Bezugsgröße *(siehe Abbildung 45: Rabattstaffel).* Der Effekt auf den Nettoerlös und die Gewinnrate ist enorm. Außerdem wird dadurch eine Auftragskonzentration bei Lieferanten motiviert, da nur dann die höchsten Rabatte zum Tragen kommen.

Beispiel Rabattstaffel:

- *Verlauf: unter 100 Stück: 1%, 101 bis 200 Stück: 2%, 201 bis 400 Stück: 4%, 401 bis 800 Stück: 8%, über 800 Stück: 16%,*
- *Stückpreis: 1 €, Bezugsmenge: 1.000 Stück*

Ergebnis bei durchgerechnetem Rabatt: 16% auf 1.000 € = 160 € Rabatt = 840 € Effektivpreis.

Ergebnis bei angestoßenem Rabatt: 0 bis 100 Stück: 1 €, 101 bis 200 Stück: 2 €, 201 bis 400 Stück: 8 €, 401–800 Stück: 32 €, 801 bis 1.000 Stück: 32 €, zusammen 75 € Rabatt = 925 € Effektivpreis.

Bei einer Gewinnmarge von 20% bleiben bei durchgerechnetem Rabatt 40 € Gewinn, bei angestoßenem Rabatt 125 € Gewinn (= + 312%).

Außerdem gibt es den **Geheimrabatt**, der über die Rabattierungsbasis hinausgehend als Anreiz oder auf Druck hin gewährt wird und zur Rabattspreizung führt, d. h. zu leistungsunabhängig unterschiedlichen Nettopreishöhen für verschiedene Abnehmer. **Rabattspreizung** ist die Differenz zwischen dem maximal erreichbaren Rabatt (für den Meistbegünstigten) und dem minimal erzielbaren Rabatt (der gerade noch eingeräumt wird). Da ihm das Leistungselement fehlt, ist Rabattspreizung nicht wettbewerbsimmanent.

Umsatz (€)	< 100.000	5 % Rabatt	< 500.000	9 % Rabatt
	< 250.000	7 % Rabatt	=/> 500.000	12 % Rabatt

Umsatz (€)	angestoßener Rabatt (€)	durchgerechneter Rabatt (€)
50.000	2.500 (5 %)	2.500 (5 %)
150.000	11.000 (5.000 + 2.500)	10.500 (7 %)
300.000	22.500 (7.000 + 4.500)	27.000 (9 %)
600.000	52.500 (18.000 + 12.000)	72.000 (12 %)

Abbildung 45: Rabattstaffel

Die **Rabattkumulierung** beinhaltet eine so nicht beabsichtigte Addition verschiedener Einzelrabattsätze, etwa für große Abnahmemenge, Funktionsübernahme, Auftragszeitraum etc., meist durch den nachfragemächtigen Handel.

226 Spezielle Ansatzpunkte für die Preisbildung

Dadurch türmen sich abstrus hohe Rabattberge auf, die als Erlösschmälerungen bei Lieferanten wirken.

Eine Rabattgewährung ist in folgenden Formen wettbewerbsrechtlich unbedenklich:

- individuelle und generelle Rabatte, auch über die früher möglichen 3 % hinausgehend, Rabatte unabhängig von einer Barzahlung, Verknüpfung unterschiedlicher Rabattarten, Rabattsysteme mit Ansammlung entsprechender Gesamtmengen (Boni), Naturalrabatte/Multibuy (2 for the Price of 1/BOGOF), Rabatte nur für bestimmte Kundengruppen (sofern nicht willkürlich gehandhabt), Inzahlungnahme von Ware zu einem festen Betrag unabhängig von deren Erhaltungszustand, Inzahlungnahme von Ware, für die kein Zweitmarkt besteht, Rabattsysteme mit Mindestumsatz und indirekter Auszahlung (Prämien, Gutscheine/Coupons), Treuerabatte.

Beispiel:

Rabatte sind immer Gewinnentgang, d. h. der Gewinn vermindert sich unmittelbar um den Rabattbetrag. Bei einem Preis von 1.000 € für eine Lieferung hat der Anbieter Selbstkosten von 960 €. Er gewährt dem Nachfrager jedoch einen Rabatt von 3 % auf die Rechnungssumme. Um wieviel Prozent verringert sich dadurch sein Gewinn?

- Gewinnanteil vorher: (40 : 1.000 =) 4 %
- Nettoumsatz: (1.000 − 30 =) 970 €
- Gewinn absolut: (970 − 960 =) 10 €
- Gewinnanteil nachher: (10 : 970 =) 1 %
- Gewinnminderung: 75 %.

Dieselbe Wirkung haben andere Erlösschmälerungen.

Rabatte können nach wie vor unlauter sein, wenn keine eindeutige Kennzeichnung der Bedingungen zur Inanspruchnahme stattfindet oder täuschende Angaben über das Vorhandensein eines besonderen Preisvorteils gemacht werden.

14.2 Erlösschmälerungen

De facto können sich allerdings weitere erhebliche Erlösschmälerungen (und damit unmittelbare Gewinneinbußen) als Differenz zwischen dem Basiserlös der Hauptleistung und dem endgültigen Effektiverlös (Out of Pocket-Preis) ergeben.

Die **Erlöse** setzen sich zusammen:

- aus den Planerlösen aus Lieferungen und Leistungen (Hauptleistung und produktverbundene Dienste) sowie
- aus den Planerlösen für Nebenleistungen (meist für produktverbundene Dienste wie Finanzierung, Inbetriebnahme, Schulung, Beratung, Personalvermittlung, Federführung etc.).

Erlöskorrekturen entstehen:

- innerhalb des Vertrags durch Änderungen des Kontrakterlöses (z. B. bei Preisgleitklausel oder Preisvorbehalt) sowie Abweichungen von Kontraktbedingungen durch Leistungsabweichungen (wie Garantieleistung, Kulanzangebot, Effektivabrechnung etc.) bzw. Gegenleistungsabweichung (Erlösausfall, Insolvenz) sowie
- außerhalb des Vertrags (wie Wechselkursdifferenz, Zinssaldo aus Finanzierung etc.).

Kalkulatorische Erlösarten entstehen durch nicht am Markt verwertete Leistungen (wie Lagerzugang, interne Eigenleistung etc.). Erlösminderungen mit gewolltem, absatzpolitischem Charakter sind Rabatte. Diese Erlöse können sowohl nach oben wie nach unten vom Planerlös abweichen, letzteres bezeichnet man als Erlösschmälerung und ist die Differenz zwischen dem Basiserlös der Hauptleistung und dem endgültigen Nettoerlös. Dazu gehören etwa:

- **Zugaben**, warengleich (als Draufgabe/Dreingabe) oder warenfremd. Zugaben werden unentgeltlich neben der Hauptleistung gewährt und sind Werbegeschenke, Zubehör zu einer Ware und Kundenzeitschriften/-zeitungen. Verboten ist es derzeit jedoch, Zugaben (und Rabatte) an Sonderveranstaltungen zu binden, damit eine gesetzliche oder vertragliche Preisbindung zu unterlaufen oder die Abgabe von Zufallsmechanismen (Verlosung) oder der Ausnutzung von Spiellust abhängig zu machen. Dann besteht die Gefahr, dass Kunden ihre Kaufentscheidung nicht aufgrund der Hauptware treffen, sondern nach Art und Umfang der Zugabe, also aus leistungsfremden Erwägungen.

  Zulässig sind auch Zugaben, die nicht geringwertig sind sowie deren Bewerbung als gratis/kostenlos, die Zugabe von Gutscheinen durch Hersteller, Zugabepakete von Handelsunternehmen, Vorspannangebote und verdeckte Kopplungsangebote sowie die Prämienvergabe für Neukunden ohne Umweg über Werber.

- **Gewährleistungen** (Umtausch, Nachbesserung, Rücktritt, Minderung, Schadensersatz). Sie entstehen als Ansprüche aus Kaufverträgen auf gesetzlicher Basis (wohingegen Garantien auf vertraglicher, freiwilliger Basis beruhen). Für die Geltendmachung gelten Verjährungsfristen.

- **Vertragsstrafen** als vertraglich vereinbarte, verschuldensunabhängige Geldbuße (Pönale), meist zulasten des Schuldners bei Nichterfüllung des Vertrags bzw. von bestimmten Vertragsteilen. Dies soll die Einhaltung vertraglicher Abreden erhärten. Davon zu unterscheiden sind verschuldensabhängige Konventionalstrafen.
- **Gutschriften.** Diese werden erforderlich aufgrund von Retouren oder Teilstornierungen, etwa aus Gründen der Kulanz oder bei Vertrieb über Absatzhelfer. Eine großzügige Handhabung verursacht hier allerdings nicht nur Erlösschmälerungen, sondern bewirkt auch eine erhöhte Kundenzufriedenheit und damit -bindung.
- **Provisionen.** Diese fallen etwa für akquisitorische Absatzhelfer an oder als Inkassoprämie für Delkredereübernahme. Von der Abrechnung her sind sie als Abzug unmittelbar vom Rechnungsbetrag oder als nachträgliche Erstattung aufgrund erbrachter Leistungen denkbar.
- Pfand-, Verpackungs- oder Produktrücknahme bei **Redistribution.** Darunter versteht man die Pipeline vom Endabnehmer zurück zu einer Weiter-/Wiederverwendung/-verwertung. Pfand entfällt für Mehrwegbehältnisse, Abgaben für den DSD sind für Einwegbehältnisse im Konsumgüterbereich (Reverse Logistics) obligatorisch (Grüner Punkt), die Produktrücknahme ist derzeit nur vereinzelt systematisch organisiert (z. B. Altautos, Computer-/Elektroschrott). Eine Ausnahme bildet der Dosenpfand.
- **Debitorenausfall** aufgrund von Insolvenzrisiken. Davor schützt etwa die Schufa (Schutzgemeinschaft für allgemeine Kreditsicherung) als Gemeinschaftseinrichtung der kreditgebenden Wirtschaft, die Informationen von Vertragspartnern verarbeitet oder sie selbst beschafft. Die Vertragspartner können diese gesammelt bei der Schufa abrufen (aus Datenschutzgründen nur mit Erlaubnis der Betroffenen/Schufa-Klausel). Konsequenzen sind entweder die Ausbuchung der Forderung, die Einforderung wenigstens einer Abschlagszahlung sowie das außergerichtliche oder gerichtliche Mahnverfahren zur Eintreibung.
- **Wechselkursänderung.** Dagegen ist zwar eine Absicherung über Kurssicherungsgeschäfte am Devisenmarkt möglich, die jedoch ihrerseits wiederum Kosten verursacht. Dies betrifft nicht nur Auslandsgeschäfte, sondern bestimmte Branchen, so werden Flugzeuge oder Rohöl immer in US-$ abgerechnet.
- sonstige direkt erfassbare Erlösberichtigungen (bis zum vorläufigen Nettoerlös nach Zahlungseingang) und sonstige periodenbezogen erfassbare Erlösberichtigungen (bis zum vorläufigen Nettoerlös nach Periodenende) sowie Korrekturen um Berechnungs- und Buchungsfehler

(bis zum endgültigen Nettoerlös) *(siehe Abbildung 46: Ermittlung des Nettoerlöses).*

> Basiserlös
> + Zuschläge für Mindermengen, Sonderqualität, Eiltransport, Speziallleistungen/Zusatzausstattung, Saisonzuschlag, frachtfreie Anlieferung, Versandverpackung, sonstiges
> = Bruttoerlös
> - direkte Erlösminderungen wie Funktionsrabatte, auftragsbezogene Mengenrabatte, Rabatte für Selbstabholer, Rabatte für Kundenemballagen, Subskriptionsrabatte, Treuerabatt, sonstige
> - indirekte Erlösminderungen (wie Naturalrabatte, Drauf- oder Dreingaben)
> = vorläufiger Nettoerlös I
> + Mehrerlöse aus Absatzfinanzierung etc.
> - Verluste aus Wechselkursänderung etc.
> - direkt erfassbare Erlösberichtigungen für Gutschrift aus Rücksendung/Stornierung, Gutschrift aus zurückgesandter Mehrwegverpackung, Kundenskonti, Debitorenausfälle/Insolvenzen, Mängelrügen/Gewährleistungsverpflichtungen, Schadensersatzzahlungen/Konventionalstrafen
> = vorläufiger Nettoerlös II
> - nur periodenweise erfassbarer Erlösberichtigungen (wie Boni, Gesamtumsatzrabatte etc.)
> = vorläufiger Nettoerlös III
> - negative Erlöse (wegen Nichterfüllung des Vertrags)
> + / - Erlöskorrekturen aus Berechnungs- und Buchungsfehlern
> = effektiver Nettoerlös

Abbildung 46: Ermittlung des Nettoerlöses

14.3 Konditionensystem

Rabatte und Erlösschmälerungen geraten im Laufe der Zeit zu einem Konditionenwildwuchs. Dieser führt nicht nur zu erheblichen Gewinneinbußen, sondern auch zu vermeidbaren Mitnahmeeffekten infolge von Inkonsistenzen sowie zur Verärgerung von Abnehmern, die sich übervorteilt fühlen. Die Folge ist eine teils erhebliche Konditionenspreizung, die häufig irreversibel ist. Daher ist es dringend erforderlich, Konditionen nur systematisch zu vergeben, dies aber wiederum erfordert ein Konditionensystem. Dieses bestimmt, welche Rabatte und Erlösschmälerungen unter welchen Voraussetzungen möglich sind.

Bei den Vertragsmodalitäten sollen folgende Grundsätze gelten:
- **Leistungsprinzip** (keine Konditionen ohne Gegenleistung, Quid pro quo). Es spricht nichts gegen die Gewährung von Preisnachlässen, gleich welcher Art, an Abnehmer, außer dass diese gewährt werden,

ohne dass dafür eine Gegenleistung erfolgt. Insofern ist in Konditionenverhandlungen immer darauf zu achten, dass diese Äquivalenz gewahrt bleibt. Die Problematik liegt jedoch darin, wie jeweils erbrachte Leistungen zu bewerten sind.

- **Anlassbezogenheit** (kein fortdauernder Anspruch). Wichtig ist, dass für Preisnachlässe ein klarer Bezug zu einem Anlass genommen wird. Dies verhindert, dass einmal gewährte Preisnachlässe von Kunden fortdauernd beansprucht werden und somit nicht wieder rückgängig gemacht werden können.
- **Potenzialorientierung** (Zukunftsgerichtetheit). Konditionen sind immer auf die Gestaltung der Zukunft auszurichten, nicht als Reaktionen auf die Vergangenheit. Ihnen kommt eine planerische Bedeutung zu, sie dürfen keinen aktionistischen Charakter erhalten.
- **Systemgestützte Gleichbehandlung** (gleiche Konditionen bei gleichen Leistungen). Dies ist allein schon deshalb erforderlich, weil ansonsten der Anschein der Willkür unvermeidlich ist, der es schwer macht, sich der Forderung nach weiteren Nachlässen zu entziehen. Dies ist auch deshalb ratsam, weil Konzentrations- und Kooperationsbewegungen auf den Abnehmerstufen zu erhöhter Transparenz über Konditionen und zugrunde liegende Leistungen führen.
- **Systemtransparenz** (klare Strukturierung und gute Nachvollziehbarkeit). Dies verhindert, dass man sich im Gestrüpp der Konditionen verheddert bzw. diese für Marktpartner nicht mehr nachvollziehbar sind. Denn das fördert ein Unsicherheitsgefühl, das den Anbieter, wenn möglich, meiden lässt. Im Übrigen steht es in der Entscheidung des Abnehmers, welche Leistungen er erbringen will, um dafür ausgeschriebene Vergünstigungen zu beanspruchen.
- **Enge Konditionenspreizung** (kein zu großer Abstand der einzelnen Kundenkonditionen). Konditionenspreizung bezeichnet den Unterschied zwischen dem niedrigsten und dem höchsten Konditionensatz, den ein Anbieter seinen unterschiedlichen Abnehmern im Rahmen seiner systematischen Konditionenpolitik oder auch durch Nachgeben von Marktmacht einräumt. Oft pendelt sich allerdings das Konditionenniveau durch Meistbegünstigungs-/Nichtbenachteiligungsklauseln auf dem niedrigsten Niveau ein. Dies besagt, dass sich die Transaktionspartner verpflichten, Dritten gegenüber eingeräumte Vorteile in Bezug auf bestimmte Waren ohne Gegenleistung auch den vergleichbaren Produkten des infrage stehenden Partners einzuräumen. Dies stellt sicher, dass ein Abnehmer nicht teurer beliefert wird als der zu den niedrigsten Konditionen belieferte Wettbewerber.

- **Enge Preisspreizung** (Aktionskonditionen sparsam einsetzen). Hierbei handelt es sich um das Ergebnis einer pulsierenden Preissetzung, das eine Preisschaukelei vermeiden muss, unter der das Ansehen des Angebots nur leidet. Weiterhin fördern übertrieben eingesetzte Aktionskonditionen das Preisinteresse und veranlassen zu einem Verhalten, das nicht an strategischen, sondern aktionistischen Zielen ausgerichtet ist.
- **Wachstumsanreiz** (Systemauslegung so, dass sich mehr Engagement lohnt). Kontraproduktiv wirken dabei verbreitet anzutreffende degressive Konditionen, die eine Geschäftsausweitung eher bestrafen. Andererseits müssen die Konsequenzen größenbezogener Konditionen auf den Ertrag berücksichtigt werden.
- **Budgetprinzip** (nur innerhalb definierter Konditionenbudgets). Damit wird der Tendenz des Vertriebs vorgebeugt, in vorauseilendem Gehorsam unnötige Zugeständnisse an Kunden zu machen, die nachher kaum wieder zurückzuführen sind, sondern als Besitzstand versteinern. Hier ist es eine Frage des Empowerment, welche Entscheidungskompetenz den Verkaufsmitarbeitern zugestanden werden soll. Praktikabel ist eine hierarchische Abstufung nach Kundenbedeutung (wie z. B. im Key Account Management).
- **Verantwortlichkeit** (eindeutige Zuordnung). Diese ist durchaus unterschiedlich zugeordnet und liegt teils in der Marketingabteilung, teils, wenn der Vertrieb eine gesonderte Abteilung bildet oder aber dem Marketing übergeordnet ist, in der Vertriebsleitung. Weiterhin kann die Verantwortung funktional oder objektbezogen strukturiert sein. Wiederum ist dabei zu bestimmen, welche Entscheidungsbefugnisse darüber hinaus der Verkaufsaußendienst hat.
- **Markenorientierung** (starke Marken nicht zusätzlich sponsorn). Dies unterstreicht die zentrale Bedeutung des Markenartikels. Die Markenorientierung kommt vor allem durch den Einsatz der Kommunikationspolitik zum Ausdruck. Über Pull-Ansätze wird dabei versucht, eine Markenkonditionierung bei Endabnehmern zu erreichen, die zu einer Quasi-Monopolisierung der Märkte führt und damit den Preis für die Kaufwägung in den Hintergrund treten lässt.
- **Implementierbarkeit** (Umsetzbarkeit des Systems sichern). Dabei gilt, so einfach wie möglich, so gerecht wie nötig. Stark ausdifferenzierte Systeme kommen zwar dem Gerechtigkeitsideal nahe, sind aber nicht mehr praktisch handhabbar und am Ende damit ungerechter als eher grob strukturierte Systeme.
- **Unternehmensspezifische Individualität** (jedem Kunden seine passenden Konditionen). Innerhalb eines Set von Konditionen soll ver-

sucht werden, maßgeschneiderte Vereinbarungen zu erreichen, die eine möglichst große Zufriedenheit beim Abnehmer mit möglichst wenig Zugeständnissen beim Lieferanten kombinieren. Dazu muss zunächst die jeweilige Problemlage bei Abnehmern analysiert werden, um genau die Konditionen anbieten zu können, die dort eine hohe Wertschätzung haben.

- **Erhaltung von Flexibilität** (Möglichkeit, auf aktuelle Entwicklungen einzugehen). Ein Konditionensystem muss regelmäßig daraufhin überprüft werden, ob es noch den eigenen Zielsetzungen entspricht und den sich kontinuierlich verändernden Umfeldbedingungen angemessen ist. Dabei ist zu vermeiden, dass neue Kunden besser gestellt werden als bestehende Kunden mit gleichen Leistungsvoraussetzungen.
- **Wettbewerbsrechtliche und -politische Unbedenklichkeit** (vor allem GWB/UWG). Im Rahmen des GWB ist vor allem an das Diskriminierungsverbot (§ 20) zu denken. Danach sollte der Konditionenabstand zwischen vergleichbaren Abnehmern keinesfalls zu hoch sein. Im Rahmen des UWG ist vor allem an Kundenfang, Behinderung des Mitbewerbs, irreführende Konditionenangaben sowie Irreführung über Unternehmen, Waren und Leistungen zu denken.

Im Wesentlichen können dann vier Gruppen von Konditionen unterschieden werden. Als Berechnungsbasis für **Zahlungskonditionen** dienen jeweils für:
- Skontonachlass die Zeitspanne bis zum Geldeingang (s. o.),
- Inkassonachlass die Anzahl der in einem Abrechnungszeitraum von der Handelszentrale regulierten Rechnungen/Aufträge für die Einzelabnehmer der Handelsorganisation,
- Delkrederevergütung die Höhe des für den Hersteller innerhalb eines Abrechnungszeitraums maximal abgesicherten Forderungsbetrags. Delkredere ist eine Provision auf den jeweils zur Zahlung fälligen Betrag und wird typischerweise an die Stelle ausbezahlt, die für den Zahlungsverkehr zuständig ist (Einkaufskontor/Zentrale), also eher im zweistufigen Absatz. Diese sichert die Sammlung und Bezahlung (Regulierung) aller Lieferantenforderungen gegenüber den Mitgliedern. Be-/Zustellung erfolgt meist im Streckengeschäft vom Hersteller direkt an die Händler. Der Hersteller trägt dann kein Risiko für Forderungsausfälle bei den Abnehmern. Meist wird das Zahlungsausfallrisiko durch Banken zu günstigeren Konditionen abgedeckt als durch das vom Handel geforderte Delkredere. Bei zentralregulierten Warengeschäften ist der Einkaufsverband (Einkaufsgenossenschaft/Einkaufsgemeinschaft) oder ein von ihm beauftragtes Bankinstitut die zentrale Regulierungsstelle (Bezahlstelle) für alle Schulden der Mitglieder aus Wareneinkäufen bei

den Vertragslieferanten, d. h., Hersteller, die mit dem Einkaufsverband einen entsprechenden Vertrag abgeschlossen haben. Hinzu kommen oft begleitende Dienstleistungen.

Als Berechnungsbasis für **Mengen- und Belieferungskonditionen** dienen jeweils für:

- Auftragsmengenrabatt die Abnahmemenge und -struktur je Auftrag mit geschlossener Auslieferung an nur einen Bezugspunkt der Handelsorganisation,
- Vordispositions-/Frühbezugsrabatt die besondere Vorlaufzeit der Auftragserteilung und/oder Warenabnahme vor Abverkaufsbeginn in Verbindung mit der dabei bezogenen Menge oder deren Wert.

Als Berechnungsbasis für **Kaufvolumenkonditionen** dienen das wert- bzw. mengenmäßige absolute Kaufvolumen der Handelsorganisation in einer Periode (Periodenumsatz/-absatz, Auftragsmenge) oder die Veränderung dieses Kaufvolumens im Periodenvergleich oder die Veränderung relativ zu anderen Handelspartnern bzw. zur selben Warengruppe bei anderen Handelsorganisationen.

Als Berechnungsbasis für **Marktbearbeitungskonditionen** des Handels dienen jeweils für:

- Listungsvergütung die Art und Anzahl der von der Handelsorganisation innerhalb der Warengruppe und Betriebsform (Anzahl/Größe der Geschäfte) insgesamt gelisteten Artikel,
- Distributionsvergütung die Art und Anzahl der von der Handelsorganisation für die Warengruppe und Betriebsform gelisteten Outlets für die physische Präsenz der Artikel,
- Messevergütung die Anzahl der auf der Messe vertretenen Führungskräfte der Mitglieder einer Handelsorganisation, die mit dem Hersteller in Kontakt treten können,
- Sonderstammplatzvergütung der absolute/anteilige, den Stammplatz-Standard übersteigende Stand- bzw. Regalplatz (Fläche/Raum) für Herstellerprodukte sowie die Qualität dieses Platzierungsstandorts,
- Zweitplatzierungsvergütung die Anzahl und Größe der Geschäfte, in denen eine Zweitplatzierung erfolgt, sowie Dauer, Umfang und Qualität der Zweitplatzierung dort,
- Sonderpreisvergütung der Vergleich zum „Normalpreis" des Herstellerprodukts durch Handelspartner mit herabgesetztem Endverbraucherpreis (EVP),

- Werbekostenzuschuss (WKZ) die Qualität und Quantität vorgenommener Werbeaktivitäten. Dieser wird von der Industrie zur Abdeckung von Kosten gewährt, die dem Handel durch Angebotswerbung für Markenprodukte entstehen. Er deckt oft 50 % der tatsächlichen Werbekosten des Handels ab. Häufig dient jedoch die Position WKZ als Sammelbecken für andere, wettbewerbsfremde Zuwendungen (Nichtleistungskonditionen) ohne mengen- und wertmäßige Bedingungen seitens der Industrie an den Handel.

Hinsichtlich der Konditionen ist zwischen Leistungskonditionen, die wettbewerblich gerechtfertigt sind, und **Nichtleistungskonditionen**, die auf bloßer Marktmacht beruhen, zu unterscheiden. Infolge der Verlagerung der Führerschaft im Absatzkanal auf die Handelsstufe hat das Machtmoment erheblich an Bedeutung gewonnen. So ist eine Fülle von Konditionen entstanden, bei denen hochfraglich ist, ob und inwieweit sie auf Leistung beruhen und damit systemimmanent gerechtfertigt sind. Nur die wenigen Hersteller, die es geschafft haben, ihre Marken zu einem Pflichtartikel des Handels werden zu lassen, auf die also schlechterdings kein Händler verzichten kann, weil damit der imageschädigende Eindruck minderer Sortierung bei Nachfragern verbunden wäre, können hier hinhaltenden Widerstand leisten *(siehe Abbildung 47: Preistreppe)*.

Ein Problem ergibt sich bei der Umstellung von Konditionen. Dabei liegt eine harte Migration vor, wenn die geänderten Konditionen sowohl für Bestands- als auch Neukunden gelten. Eine weiche Migration liegt hingegen vor, wenn die geänderten Konditionen per se nur für Neukunden gelten und für Bestandskunden fallweise alte oder neue Konditionen gelten. Dabei sollte nach Kundenklassen unterschieden werden. Denkbar ist auch, auf Rabatte völlig zu verzichten und nur Endpreise auszuweisen.

Für die Durchsetzung der Konditionen sind zahlreiche Aktivitäten erforderlich:

- Es bedarf der regelmäßigen Überprüfung der realisierten Rechnungspreise ebenso wie der Endkundenpreise, wenn Händler im Absatzkanal zwischengeschaltet sind. Dazu gehören auch die Überprüfung der von Konkurrenten im Markt realisierten Durchschnittspreise und die Antizipation von Wettbewerbsverhalten.
- In der Organisation muss es strikte Vorgaben für Preisentscheidungen geben. Die Verantwortung für das Preismanagement soll hierarchisch weit oben aufgehängt sein. Keinesfalls darf der Preisentscheid von der Verkaufsorganisation allein getroffen werden. Vielmehr sind Kompetenzgrenzen einzuziehen („Sonderpreisanfrage").

- Im Markt ist regelmäßig die Betonung auf die Leistung zu legen und nicht auf den Preis. In der Kommunikation sollte der Preis nur zurückhaltend genutzt werden. Dies gilt für Werbung ebenso wie für den POS, Ausnahmen gelten allenfalls für Sonderverkäufe. Sonderkonditionen sind herunter zu fahren, stattdessen sind differenzierte Preisstrukturen zu schaffen (Preisintransparenz).
- In der Distribution ist über nullstufigen Absatz (eigene Vertriebsorgane) oder Vertriebsbindungssysteme nachzudenken. Dazu bedarf es stringenter qualitativer Kriterien für die Händlerauswahl sowie deren Verpflichtung zur Einhaltung von Präsentations- und Preisstandards.
- Ganz wichtig ist der Einsatz von Negativrabatten (Mindermenge, Mindestauftragsgröße). Hier sind die Erkenntnisse der Prozesskostenrechnung aufschlussreich. Daher sind prohibitiv hohe Preisaufschläge notwendig. Sind Kunden nicht bereit, diese zu zahlen, ist eine ertragreiche Arbeit nicht möglich, zumal auch keine nennenswerte Kapazitätsauslastung darstellbar ist.

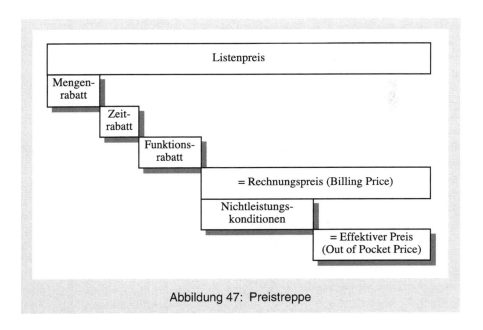

Abbildung 47: Preistreppe

14.4 Preiszuschläge

Für besondere Leistungen können auch Preiszuschläge zum Listenpreis vereinbart werden. Dazu gehören etwa Verpackungskosten(-anteil), wenn nicht vom Käufer oder Frachtführer getragen, Versicherungsprämien, sofern besondere Gefahren gegeben sind, und Versandkosten(-anteil) wie Fracht, Rollgeld, Ladegebühr, Behälterkosten etc. Die gesetzliche Mehrwertsteuer gilt nicht als Zuschlag, da sie einen durchlaufenden Posten darstellt. Preiszuschläge sind vor allem bei Zusatzausstattungen üblich. Denn oft stellt sich das Basisprodukt als abgestrippte Ware dar, die erst durch die Hinzunahme von kostenmäßig gesondert erfassten Zubehörteilen, Funktions- und Komfortausstattungen wirklich akzeptabel wird. Dies ist etwa bei Automobilen aus deutscher Produktion gegeben, wo ein als konkurrenzfähig anzusehender Basispreis nur auf diese Weise noch realisierbar scheint. Davon zu unterscheiden sind Negativrabatte, die „bestrafenden" Charakter haben. Zu nennen sind der Mindermengen-/Mindestauftragsgrößenzuschlag (Malus) bei Unterschreitung einer als rentabel definierten Losgröße, der Eilzuschlag für besonders schnell ausgeführte Lieferungen, der Zeitzuschlag für außergewöhnliche Zustellzeiten, z. B. nachts, sonn- und feiertags, der Ortszuschlag für räumlich schwer erreichbare Lieferorte oder der Sonderanfertigungszuschlag für die Produktion nicht standardisierter Produkte.

In der betrieblichen Praxis ist immer wieder ein diffuses Verständnis von Preisnachlässen zu finden. Auf entsprechende Erkundigungen hin werden nebulöse Begrifflichkeiten genannt, die deutlich machen, wie entscheidend es ist, Preisnachlass deutlich mit Gewinnverzicht zu benennen. Demgegenüber bedeuten Preisaufschläge einen mehr oder minder hohen Gewinnzuwachs *(siehe Abbildung 48: Gewinntreiber)*.

Dass die Zusammenhänge jedoch komplizierter sind, zeigt folgendes Beispiel:
- *Fixkosten: 500.000 €*
- *variable Stückkosten: 50 €*
- *Stückpreis: 60 €*
- *Absatzmenge: 100.000 Einheiten.*

Sinkt der Stückpreis infolge Nachlässen um 8 % (55 €), ist bereits eine komplett gewinnlose Situation erreicht. Dies gilt nur dann nicht, wenn dadurch eine Absatzmengensteigerung von 100 % realisierbar ist, dies entspricht einer Preiselastizität der Nachfrage von -10, ein unrealistisch hoher Wert.

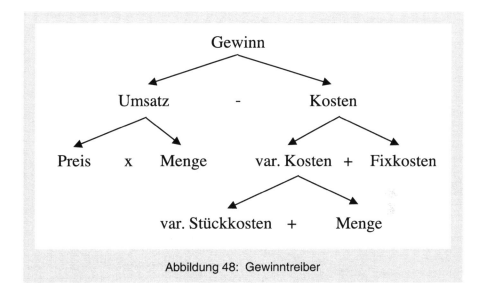

Abbildung 48: Gewinntreiber

Gelingt es umgekehrt, den Preis um 10% zu steigern (66 €), steigt der Gewinn um 120%, gelingt es, die Fixkosten um 10% zu senken (450.000 €), steigt der Gewinn um 10%, gelingt es, die variablen Stückkosten um 10% zu senken (45 €), steigt der Gewinn um 100%. Der Preiszuschlag hat also den höchsten Gewinneffekt, freilich wird dabei vorausgesetzt, dass die Absatzmenge unverändert bleibt. Sinkt die Absatzmenge um 10% (90.000 Einheiten) infolge einer 10%igen Preiserhöhung, was einer Preiselastizität der Nachfrage von -1 entspricht, sinkt der Gewinn um 12%, weil sich die Fixkosten ungünstiger auf die geringere Menge umlegen. Ebenso dürfen keine höheren zusätzlichen Stückkosten als 56 € (+ 12%) mit dem 10%igen Preiszuschlag verbunden sein, selbst wenn die Absatzmenge unverändert bleibt.

Zur Vereinfachung trägt bei, auf Nettopreise ganz zu verzichten und diese gleich den Bruttopreisen zu setzen. Dies bietet sich an, wenn Dauerniedrigpreise gefahren werden (z. B. MediaMarkt/Saturn, Hornbach).

15. Reine Verhandlungssache: Zahlungs- und Lieferungsbedingungen

Zu jedem Geschäftsabschluss gehört immer auch die organisatorische Abwicklung. Diese bezieht sich auf den Geld- und Warenfluss. Meist widmet man diesem Teil eher geringe Aufmerksamkeit. So werden nicht selten die AGB's als Standard unterlegt, ohne zu prüfen, ob sich hier nicht Möglichkeiten für höhere Gewinne durch Vermeidung zusätzlicher Kosten bzw. Einbezug von Preisbestandteilen finden lassen. Dafür gibt es bei den Zahlungs- und Lieferungsbedingungen jedoch einige Ansatzpunkte, die es zumindest abzuwägen gilt. So resultieren aus der Einräumung von Zahlungszielen zwar Opportunitätskosten, jedoch auch Chancen zur Erhöhung der nachfragerseitigen Ausgabefähigkeit. Ebenso bietet der Warentausch vielfältige Möglichkeiten. Gleiches gilt für die Bestimmung des Übergangs von Kosten und Risiken bei der Ware. Der Lieferant wird umso mehr entlastet, je weniger Kosten/Risiken er tragen muss bzw. je mehr Kosten/Risiken der Abnehmer trägt. Zwar gibt es hierzu gesetzliche Regelungen, die jedoch abdingbar, also einer Verhandlung zugänglich sind. Da bei Abnehmern oft nur eine geringe Sensibilität für die Gewinnwirkung solcher Vereinbarungen vorhanden ist, lassen sich hier noch Potenziale erschließen. Dies erfordert allerdings eine bewusste Auseinandersetzung mit den Gestaltungsmöglichkeiten der Zahlungs- und Lieferungsbedingungen.

15.1 Kassageschäft

Beim **Rechnungsgeschäft** wird Zug um Zug Ware gegen Geld getauscht. Der Verkäufer dient dabei die Ware an, der Käufer nimmt diese Ware ab. Der Käufer dient den Kaufpreis an, den der Verkäufer annimmt. Damit ist der Kaufvertrag zustande gekommen. Dies kann auch stillschweigend oder durch konkludentes Handeln erfolgen.

Hinsichtlich der Zahlungsverfahren können vier Formen unterschieden werden. **Originäre** Zahlungsverfahren arbeiten durch:

- Zahlung mit physischen Geldeinheiten (Banknoten oder Münzen/Bargeld) oder elektronisch als Electronic Cash (EC-Karte). Dabei befindet sich am Verkaufsort ein Terminal. Käufer lesen dort den Magnetstreifen ihrer EC-Karte ein und weisen somit den an der Kasse vorgegebenen Kaufpreis von ihrem Konto zur Überweisung auf das Händlerkonto an. Dies erfolgt teils, wie bei Banken, gegen Eingabe der PIN-Nummer (dies setzt eine Online-Verbindung zur Hausbank und darüber hinaus zum gesamten Bankennetz voraus), teils nur durch stichprobenartige Berechtigungskontrolle. Dann wird überprüft, ob Deckung für den

Kaufpreis auf dem angegebenen Konto vorhanden ist. Diese kann in Form eines Guthabens oder eines nicht ausgeschöpften Überziehungslimits gegeben sein. Ist dies der Fall, wird die Zahlung autorisiert. Dadurch wird die tagesgenaue Überweisung des Rechnungsbetrags gewährleistet. Dies kommt der Barzahlung sehr nahe, jedoch ohne das umständliche Geldhandling. Ein weiterer Zweck ist die Bargeldbeschaffung an Geldautomaten.

- Überweisung vom Konto des Zahlungspflichtigen an das Konto des Zahlungsempfängers mittels beleghaftem Überweisungsträger. Voraussetzung ist eine Rechnungsstellung (mit dem Risiko des Zahlungseingangs). Beides impliziert einen hohen Verwaltungsaufwand und hohe Transaktionskosten. Dafür sind die Verfahren bekannt und weithin akzeptiert. Die Belege werden dabei in der Filiale der Kreditinstitute gesammelt und per EDI zur zentralen Belegerfassung national an die Postbank übermittelt. Am nächsten Werktag erfolgt die Belastung auf dem Sollkonto, zugleich die Gutschrift auf dem Habenkonto.
- Lastschrift, d.h. Einzug des Geldbetrags vom Konto des Zahlungspflichtigen nach dessen schriftlicher Einwilligung (Abbuchungsauftrag) beim Zahlungsempfänger. Bei sich wiederholenden Lastschriften ist auch eine Einzugsermächtigung für den Zahlungsempfänger möglich (allerdings nur national). Es besteht keine Verbindung zur Verrechnungsstelle (offline), das Verfahren ist für beide Seiten sicher. Die Autorisierung erfolgt durch Unterschrift, Personalausweis und Sperrdateiabfrage. Es entstehen keine Gebühren, die Zahlungshöhe ist unbegrenzt.

Abgeleitete Zahlungsverfahren arbeiten durch:
- Scheck (Besitzurkunde), d.h. Anweisung an ein Kreditinstitut, für Rechnung des Ausstellers an einen Dritten zu einem bestimmten Zeitpunkt an einem bestimmten Ort auf Sicht eine bestimmte Geldsumme auszubezahlen. Ein Verrechnungsscheck erlaubt nur eine Buchung Konto zu Konto, ein Barscheck ermöglicht die Barauszahlung des benannten Betrags. Bei Orderschecks ist zur Einlösung eine Indossierung erforderlich („querschreiben"), Bundesbankschecks sind darüber hinaus besonders besichert („bestätigt").
- Kreditkarte, meist im Drei-Parteien-System ausgelegt (Gebühr: 2,5–3,65%). Die Kreditgewährung erfolgt durch Zahlungsaufschub für den Einreicher bis zum Monatsende bei Zahlungsgarantie für den Akzeptanten (sofern die Annahmestelle mit der Autorisierungsstelle der Kreditkartengesellschaft online verbunden ist). Die Freigabe erfolgt per Unterschrift. Das Risiko trägt der Kartenemittent. Im Missbrauchsfall

kann eine Kartensperre vorgenommen werden, die Einhaltung von Kreditlimits wird laufend geprüft. Dazu enthält ein Magnetstreifen/Chip alle relevanten Informationen. Der Einsatz ist international möglich. Jedoch besteht ein hohes Missbrauchsrisiko auf beiden Seiten.

- Giropay online (Secure Electronic Transaction/SET) mit Übermittlung der aufgedruckten Informationen in kryptographischer Form (Secure Socket Layer/SSL). Dazu werden bei Kreditkarten zur Sicherung der Existenz der Karte die vier Kartenprüfendziffern auf der Rückseite der Karte zugrunde gelegt. Voraussetzung ist eine Online-Anbindung. Der Einsatz ist international möglich und wird von Standard-Browsers unterstützt. Allerdings besteht keine Zahlungsgarantie. Höheren Sicherheitsstandards entspricht das 3 D Secure-Verfahren mit TAN-basierter Autorisierung, wobei im Hintergrund die PIN (Geheimnummer) verifiziert und der Zahlungseingang damit garantiert wird. Das Ausfallrisiko trägt die Bank, ein Verfügungslimit ist vorgesehen (Gebühr: 0,3 %, mind. 0,08 € je Transaktion).

Wertkartenbasierte Zahlungsverfahren arbeiten durch:

- Geldkarten (Prepaid), einmalig oder wiederaufladbar. Das Verfahren setzt ein Kartenlesegerät beim Kunden voraus. Damit sind vor allem Kleinbeträge effizient abrechenbar.
- CyberCash-Verfahren (wie CyberCoins oder eCash). Auch damit sind Kleinbeträge effizient abrechenbar. Die Verbreitung ist allerdings gering, zudem bestehen aufsichtsrechtliche Probleme. Das Verfahren arbeitet anonym und ist international einsetzbar.
- e-Mail-basierte Verfahren, z. B. Paypal (Einzug mittels Kreditkarte oder Lastschrift vom Girokonto). Käufe werden auf der Webseite zur Zahlung autorisiert und im Regelfall unmittelbar abgebucht. Häufig ist eine Treuhandfunktion vorgesehen. Dabei erhält der Verkäufer eine Nachricht über den Zahlungseingang und kann die Ware dann expedieren. Mit dem Nachweis des Versands wird der Betrag seinem Konto (unter Abzug fixer und variabler Transaktionsgebühren) gutgeschrieben. Bei Reklamation oder Rückgabe der Ware durch den Käufer wird zugleich die Überweisung zurückgerufen. So erhalten beide Seiten ein relevantes Maß an Sicherheit.
- Inkasso-/Billingverfahren, z. B. durch Zustelldienst (KEP). Hier erfolgt das Inkasso per Nachnahme. Dies impliziert ein hohes Maß an Sicherheit für den Zahlungsempfänger, da die Geldübergabe vor der Warenübergabe erfolgt, zugleich aber Unsicherheit beim Zahlungssender. Außerdem werden hohe Nachnahmegebühren fällig, die gerade bei geringen Beträgen ins Gewicht fallen.

- Telefonmehrwertdienste, z. B. 0900- oder 0180x-Nummern. Die Telefongesellschaft fungiert dabei als Inkassostelle, die Zahlung wird mit der nächsten fälligen Telefonrechnung abgerechnet.

Mobilfunk-basierte Verfahren (über Smartphone, Phablet, Tablet etc./Mobile Playment) erfolgen nach verschiedenen Kriterien:

- nach dem Belastungszeitpunkt relativ zur Lieferung nachträglich, zeitgleich oder vorab,
- nach der Umsatzhöhe als Macro-, Medium-, Micro- oder Picopayment,
- nach dem Zahlungsverfahren kreditkartenbasiert, bankkartenbasiert, geldkartenbasiert oder scheckbasiert,
- nach der Authentifizierung durch Bestätigung mit statischem Passwort, mit Zweifaktor-Autorisierung, über dynamischen Scan-/QR-Code oder über biometrische Verfahren,
- nach dem Kartenzugriff physisch (begrenzte Verbreitung) oder virtuell (unbegrenzte Verbreitung),
- nach der Übertragungstechnologie per UMTS/3 G, LTE/4 G, Bluetooth oder NFC,
- nach der Datenübertragungssicherheit unverschlüsselt, symmetrisch, hybrid oder asymmetrisch verschlüsselt,
- nach der Kostenstruktur mit Transaktionskosten, Grundgebühr und/oder Anschaffungskosten (jeweils für Zahlungssender oder -empfänger).

Beim **dokumentären** Zug-um-Zug-Prinzip sind weiterhin folgende Möglichkeiten denkbar:

- Zahlung gegen Frachtbrief-Duplikat, d. h., Zahlung mit Anspruch auf Herausgabe der Lieferung vom Spediteur aufgrund einer Zweitschrift des Frachtbriefs,
- Kassa gegen Dokumente, d. h., Aushändigung der Dokumente an den Käufer gegen Zahlung des Kaufpreises (die Dokumente variieren dabei je nach Lieferungsbedingungen, Versandart und Landesvorschriften, z. B. Zollfaktura bzw. Konsulatsfaktura, Versicherungsnachweis, Ursprungszeugnis, Konnossement). Die Auszahlung an den Verkäufer erfolgt nach Barzahlung des Käufers (Documents against Payment), nach Ausstellung eines Wechsels oder Unterzeichnung eines unwiderruflichen Zahlungsauftrags (Documents against Acceptance). Beteiligt sind dabei der Verkäufer (Principal), seine Bank (Remitting Bank), die Bank des Käufers (Presenting Bank) und der Käufer (Drawee). Bei nicht ordnungsgemäßen Dokumenten erfolgt die Zahlung unter Vorbehalt oder

nach Einholung einer Ermächtigung zur Zahlung, ansonsten braucht der Zahlungsbetrag nicht ausgekehrt zu werden.
- Dokumente gegen Akkreditiv, d. h., Übergabe der Dokumente an den Käufer gegen Sicherstellung des Kaufpreises durch Eröffnung eines Akkreditivs zugunsten des Verkäufers bei einer Bank, die den Kaufpreis an den Verkäufer bzw. dessen Bank erst gegen Übergabe entsprechender Dokumente auszahlt. Das widerrufliche Akkreditiv kann von der eröffnenden Bank jederzeit und ohne vorherige Benachrichtigung des Begünstigten geändert bzw. annulliert werden. Es bietet daher nur eine geringe Sicherheit. Das unwiderrufliche, unbestätigte Akkreditiv begründet eine feststehende Verpflichtung der Akkreditivbank, bei Vorlage ordnungsgemäßer Dokumente nach den Akkreditivbedingungen den dort genannten Betrag an den Begünstigten auszuzahlen. Das unwiderrufliche, bestätigte Akkreditiv bedingt eine Bestätigung der Akkreditiveröffnung durch die avisierte Bank. Diese ist verpflichtet, bei Vorlage ordnungsgemäßer Dokumente zu zahlen. Das Sichtzahlungsakkreditiv verpflichtet die eröffnende Bank, bei Vorlage ordnungsgemäßer Dokumente zu zahlen. Das Akkreditiv mit hinausgeschobener Zahlung (Deferred Payment) bestimmt, dass die Zahlung bezogen auf die Dokumenteneinreichung erst nach einer bestimmten Frist (Zahlungsziel) fällig wird.
- Dokumente gegen Akzept, d. h., Aushändigung der Dokumente an den Käufer gegen Akzeptierung eines Wechsels als sichergestellter Kredit.

Als **Kompensationsgeschäft** bezeichnet man Abwicklungen, bei denen die Zahlung nur teilweise oder gar nicht in Geldform erfolgt. Dabei sind sowohl die Inzahlungnahme von Gebrauchtware und deren Anrechnung auf den Kaufpreis (also ein kombiniertes Gebrauchtwareneintausch- und Geldgeschäft) als auch ein direkter oder indirekter Naturaltausch in Waren denkbar. Bei der **Inzahlungnahme** wird ein Teil der Gegenleistung durch Zahlungsmittel geleistet und ein weiterer durch Hingabe einer gebrauchten Ware. Beim **Naturaltausch** wird Ware unter völligem oder teilweisem Ersatz von Geld verkauft.

Dabei werden nach Arten, Qualitäten, Mengen und Lieferpunkten genau ausspezifizierte gegenseitige Warenlieferungen vereinbart. Ein Verkauf ist also davon abhängig, dass umgekehrt vom Abnehmer Güter oder Dienste gekauft oder für weitere Abnehmer vermittelt werden. Es sind somit immer mindestens zwei Geschäftsparteien beteiligt (auch als Koalitionen). Jede Partei fungiert als Abnehmer und Lieferant. Oft werden auch Absatzhelfer (Middlemen) eingeschaltet. Man unterscheidet Regelungen über einen oder über mehr als einen Vertrag. Die Regelung über einen Vertrag betrifft den Klassischen Barter mit zwei Parteien und Lieferung sowie Gegenlieferung definierter Waren, zeitgleich und ohne Geld (Probleme: mangelnde Besicherung, Gewährleistung). Der Drei- oder Mehrecksbarter fungiert mit einer Clearing-Stelle dazwischen (Problem: Koordinationsaufwand) und der Deferred Barter findet nicht mehr zeitgleich, sondern sukzessiv statt. Schließlich besteht der moderne Barter aus Lieferung und Gegenlieferung zwar zeitgleich, aber gegen Rechnung (Problem: Liquidität, Koordinationsaufwand).

Die Regelung über mehr als einen Vertrag betrifft das Parallelgeschäft mit der Besicherungsmöglichkeit (meist Exportfinanzierung), das Rückkaufgeschäft mit Gegenleistung in Form des Kaufs von Produkten, die mit Anlagen des Lieferanten produziert worden sind (wobei zunächst Bezahlung auf beiden Seiten erfolgt) sowie das Offset-Geschäft mit Gegenleistung nicht durch eigene Abnahme von Waren, sondern durch Nachweis vermittelter anderer Abnehmer (dadurch sind etwa Niedriglohn-Produktionsstandorte nutzbar). Schließlich gibt es das (staatliche) Clearing-Abkommen, bei dem die Abrechnung nicht in Geld, sondern über Verrechnungskonten erfolgt, und das Switch-Geschäft, bei dem Guthaben aus Verrechnungskonten gegeneinander getauscht werden.

15.2 Sukzessivgeschäft

Beim Sukzessivgeschäft fallen Lieferung und Zahlung zeitlich auseinander. Erfolgt die Lieferung zeitlich nach der Zahlung, handelt es sich um ein **Pränumerandogeschäft**, also eine Vorauszahlung. Auch hierbei sind verschieden lange Fristen zwischen beiden Vorgängen denkbar. Dies ist zweifellos seltener anzutreffen als der Zielverkauf, aber da es sich bei der Vorauszahlung auch um einen Teilbetrag der Kaufsumme handeln kann, fällt z. B. jeder Verkauf gegen Anzahlung darunter.

Beim Geld vor Ware-Prinzip sind folgende Möglichkeiten denkbar:
- Vorauszahlung (Cash before Delivery), d. h., der Käufer zahlt bei Auftragserteilung oder zu einem festgesetzten Zeitpunkt vor Lieferung den vollen Kaufpreis,
- Anzahlung (Down Payment), d. h., der Käufer zahlt bei Auftragserteilung oder zum festgesetzten Zeitpunkt vor Lieferung einen Teil des Kaufpreises,
- Zahlung gegen (offene) Rechnung (Clean Payment), d. h., der Käufer zahlt gegen Vorlage der Rechnung netto Kasse,
- Zahlung gegen Lieferschein, d. h., der Käufer zahlt gegen Vorlage des Lieferscheins (losgelöst von der Ware),

- Zahlung gegen Verladepapiere, d. h., der Käufer zahlt gegen Übergabe der Dokumente,
- Zahlung per Nachnahme (Cash on Delivery), d. h., Aushändigung der Ware an den Empfänger gegen Zahlung des Rechnungsbetrags.

Erfolgt die Lieferung zeitlich vor der Zahlung, handelt es sich um ein **Valutageschäft** (= Zielverkauf). Die Valuta gibt genau genommen eine spätere Datierung der Rechnung an, dadurch verlängert sich die Zahlungsfrist. Ein Zwischenabnehmer hat damit bei Vorauslieferung durch den Hersteller die Chance, zumindest einen Teil der eingekauften Ware schon wieder verkauft zu haben und dadurch den Rechnungsbetrag nicht voll vorfinanzieren zu müssen. Insofern stellt der Valutaverkauf einen Warenkredit des Lieferanten dar. Der Abnehmer hat aber die Möglichkeit, das Zahlungsziel nicht in Anspruch zu nehmen und dafür den Rechnungsbetrag bei vorzeitiger Zahlung um Skonto zu kürzen. Da die Skontoersparnis, bezogen auf die skontierte Laufzeit, weit höher liegt als jeder Kreditzins, führt dies per Saldo zu einer Kaufpreisermäßigung. So entsprechen 2% Skonto auf vier Wochen einem Bankzinssatz von über 26% p.a. (s. o.).

Beim Ware vor Geld-Prinzip sind folgende Möglichkeiten gegeben:
- Zahlung nach Erhalt der Ware, d. h., die Waren- erfolgt zeitlich vor der Geldübergabe, aber ohne Zahlungsziel,
- Zahlung für Ziel, d. h., als offener Buchkredit ohne Rechnungsdatum mit periodischer Sammelabrechnung,
- Zahlung auf Ziel, d. h., als zeitlich fixierter Lieferantenkredit.

Die **Abrechnungsklauseln** stellen Kurzformeln zur Beschreibung der Preisbedingungen im Handelsverkehr zwischen Verkäufer und Käufer dar. Beispiele für Abrechnungsklauseln sind etwa folgende:
- **freibleibend,** d. h., der Kaufvertrag ist für beide Seiten bindend, der Kaufpreis wird jedoch nur mittelbar festgesetzt, der Verkäufer kann den Kaufpreis bis zum aktuellen Marktpreis bei Lieferung heraufsetzen, das Risiko der Preisentwicklung trägt also der Käufer,
- **ändernd,** d. h., der Verkäufer hat das Recht, vom Kaufvertrag gegen die Verpflichtung der Abgabe eines neuen Angebots zurück zu treten,
- **vorbehaltend,** d. h., der Verkäufer behält sich vor, bei Preisnachteil vom Vertrag zurückzutreten, er kann ein neues Angebot unterbreiten, das der Käufer ablehnen kann,
- **gleitend,** d. h., der Preis ist insgesamt oder teilweise an die Entwicklung einer anderen Größe gebunden und verändert sich parallel zu dieser.

Eine Preisschwankungsklausel bedeutet, dass der Käufer vom Vertrag zurücktreten kann, wenn er die Ware anderweitig günstiger einkaufen kann, der Verkäufer kann vom Vertrag zurücktreten, wenn er die Ware anderweitig günstiger verkaufen kann.

15.3 Lieferklauseln

Lieferklauseln regeln den Übergang der Leistungen zwischen Lieferant und Abnehmer (Erfüllungsort, Erfüllungszeit, Lieferart) und damit die Verteilung von Kosten und Risiken zwischen Käufer und Verkäufer. Bei **nationalen** Lieferungsbedingungen werden zumeist folgende Formen unterschieden:

- Bei Frei Haus-Lieferung trägt der Verkäufer alle Kosten und alle Risiken bis zum Bestimmungsort der Lieferung. Der Käufer ist von jeglichen Transport-, Lager-, Versicherungs- und Formalienkosten freigestellt.
- Bei Ab Werk-Lieferung wird die Ware vom Verkäufer an der Grenze seines Standorts (Werkstor) bereitgestellt. Alle Kosten und Risiken bis zum Standort des Käufers trägt dieser.
- Frachtfreie Lieferung bedeutet, dass der Verkäufer kumulativ die Kosten bis zur Versandstation (Rollgeld), die Kosten der Verladung (Ladegebühr) und die Fracht bis zur letzten Empfangsstation übernimmt.
- Bei unfreier Lieferung wird die Ware vom Verkäufer an der ersten Versandstation bereitgestellt. Alle Kosten, die für die Überbrückung bis zum Standort des Käufers anfallen, sind von diesem zu bezahlen.
- Die Frachtbasis geht bei mehreren Produktions- bzw. Lagerorten von einem einheitlichen, fiktiven Übergabepunkt aus, von dem ab die Transportkosten berechnet werden. Dadurch können Nachteile für ungünstig angesiedelte Betriebsstätten vermieden werden, wenn sich eine solche Mischkalkulation am Markt durchsetzen lässt.
- Bei der Frankogrenze kalkuliert der Verkäufer einer Ware pauschale Transportkosten in seinen Verkaufspreis ein, wobei die Ware innerhalb eines bestimmten Radius um den Geschäftssitz des Verkäufers kostenfrei zugestellt wird. Transportgebühren werden nur berechnet, sofern dieser Transportweg überschritten wird.
- Beim Zonenpreis werden pauschaliert-gestaffelte Transportkosten für Destinationen innerhalb meist konzentrisch um den Abgangsstandort gezogener Zonen berechnet. Dadurch kommt man zu einer wesentlichen Vereinfachung der Abrechnung.

- Bei Lieferung frei Umladestation werden alle Transportkosten bis zum ersten Umladepunkt, also Eisenbahnstation, Flughafen oder Hafen, vom Verkäufer getragen, alle Transportkosten von da an vom Käufer.
- Bei Lieferung frei Abladestation werden alle Transportkosten bis zum letzten Abladepunkt, also Eisenbahnstation, Flughafen oder Hafen, vom Verkäufer getragen, alle Transportkosten von da an vom Käufer.

Alle Abwicklungen können dokumentär oder nicht dokumentär erfolgen. Im grenzüberschreitenden Bereich hat die Vereinbarung der Lieferklauseln (meist auf Incoterms-Basis) erheblichen Einfluss auf Preis und Gewinn.

Damit beeinflussen die Lieferungsbedingungen entscheidend die Erlös- und damit auch die Gewinnsituation. Insofern kommt es beim Preisvergleich entscheidend darauf an zu berücksichtigen, dass alle Preise auf Basis gleicher Lieferungsbedingungen kalkuliert wird. Ansonsten werden nur „Äpfel mit Birnen" verglichen.

15.4 Incoterms

Die **Internationalen** Lieferklauseln bestimmen über die Verteilung von Kosten und Risiken zwischen Käufer und Verkäufer bei grenzüberschreitenden Geschäften. Um hier eindeutige Abgrenzungen zu ermöglichen, hat die Internationale Handelskammer (ICC) eine einheitliche Auslegung der wichtigsten Lieferklauseln als Incoterms veröffentlicht. Sie gelten nur bei ausdrücklicher Vereinbarung und können beliebig abgewandelt werden, allerdings verlieren sie dann ihren Standardisierungsvorteil. Die Incoterms werden regelmäßig revidiert, zuletzt 2010.

Die einzelnen Bestimmungen lauten dabei wie folgt:
- **Ex Works** (EXW/ab Werk): Der Verkäufer hat die Ware dem Käufer zur vereinbarten Zeit an seinem Betrieb transportgerecht verpackt zur Verfügung zu stellen und den Käufer zu benachrichtigen. Der Käufer trägt ab Werk alle Kosten und Gefahren, die mit dem Transport der Waren zum Bestimmungsort entstehen. Kostenübergang ist bei Bereitstellung und Kennzeichnung auf seinem Grundstück. Gefahrenübergang ist bei Zurverfügungstellung der Ware auf dem Grundstück.
- **Free Carrier** (FCA/frei Frachtführer): Diese Klausel wird bei Abfertigung im gebrochenen Verkehr angewendet. Der Verkäufer übergibt auf seine Kosten und Gefahr die Sendung dem Frachtführer. Kostenübergang ist bei Übergabe an den Frachtführer am Abgangsort. Dort ist auch Gefahrenübergang.
- **Free alongside Ship** (FAS/frei Längsseite Seeschiff): Der Verkäufer hat die Sendung rechtzeitig im vereinbarten Verschiffungshafen längsseits

des Schiffs auf seine Kosten und Gefahren zu liefern. Der Käufer hat den Schiffsraum zu buchen und den Verkäufer darüber zu benachrichtigen. Einschließlich Schiffsverladung trägt der Käufer alle weiteren Kosten und Risiken. Kostenübergang ist bei Bereitstellung am benannten Kai im Verschiffungshafen. Gefahrenübergang ist bei Ablage der Ware längsseits des Seeschiffs.

- **Free on Board** (FOB/frei an Bord): Der Verkäufer hat die Ware an Bord des vom Käufer benannten Schiffes rechtzeitig vor dem angegebenen Abfahrtstermin in den Verschiffungshafen zu bringen. Der Käufer besorgt den Schiffsraum und benachrichtigt den Verkäufer. Der Käufer trägt alle Kosten und Gefahren ab dem Zeitpunkt, ab dem die Sendung die Reling des Schiffes überquert hat. Kostenübergang ist bei Verladung an Bord im Verschiffungshafen (sobald längsseits angelegt ist).
- **Cost and Freight** (CFR/Kosten und Fracht): Wie CIF-Klausel, jedoch wird hier die Versicherung nicht vom Verkäufer eingedeckt. Kostenübergang ist bei Seefracht bis zum Bestimmungshafen. Gefahrenübergang erfolgt, wenn längsseits des Schiffs angelegt wird.
- **Cost, Insurance and Freight** (CIF/Kosten, Versicherung und Fracht): Der Verkäufer schließt den Seefrachtvertrag, deckt auf seine Kosten und zugunsten des Käufers eine Versicherung über den Transportweg plus 10% angenommenen Gewinn und bringt die Ware fristgerecht an Bord des Schiffes. Er zahlt die Fracht bis zum genannten Bestimmungshafen. Der Käufer trägt die Gefahren, sobald die Ware die Reling im Verschiffungshafen überquert hat, und alle während des Seetransports entstehenden Kosten, mit Ausnahme von Fracht und Versicherung. Soweit die Löschkosten im Bestimmungshafen in der Fracht nicht enthalten sind, hat sie der Käufer zu tragen. Kostenübergang ist bei Seefracht bis zum Bestimmungshafen zzgl. Transportversicherung bis zum Empfänger. Gefahrenübergang erfolgt, wenn längsseits des Schiffs angelegt wird.
- **Carriage paid to** (CPT/Frachtfrei): Der Verkäufer liefert die Ware dem Frachtführer oder einer anderen vom Verkäufer benannten Person an einem vereinbarten Ort aus. Er hat dazu einen Beförderungsvertrag abzuschließen und die für die Beförderung der Waren bis zum benannten Bestimmungsort entstehenden Frachtkosten zu zahlen und -risiken zu tragen.
- **Carriage, Insurance paid to** (CIP/Frachtfrei versichert): Der Verkäufer muss dazu die Ware an den von ihm benannten Frachtführer ausliefern. Es muss weiterhin die Frachtkosten übernehmen, die erforderlich sind,

um die Ware zum benannten Bestimmungsort zu befördern. Er hat einen Transportversicherungsvertrag (mit Mindestdeckung) auf seine Kosten abzuschließen und er trägt die Kosten der Verpackung und Freimachung zur Ausfuhr.
- **Delivered at Place** (DAP/geliefert benannter Ort): Der Verkäufer liefert die Ware auf dem ankommenden Beförderungsmittel entladebereit am benannten Bestimmungsort an. Er trägt alle Gefahren, die in Zusammenhang mit der Beförderung zum benannten Ort entstehen, sowie die zu deren Abdeckung erforderlichen Kosten.
- **Delivered at Terminal** (DAT/geliefert Terminal): Der Verkäufer liefert die Ware, sobald sie vom ankommenden Beförderungsmittel entladen wurde, an den Käufer an einem benannten Terminal im benannten Bestimmungshafen oder -ort aus. Terminal kann dabei jeder Ort sein, unabhängig davon, ob überdacht oder nicht (also z. B. Containerport, Luftfrachtterminal). Er trägt bis dahin alle Kosten und Risiken.
- **Delivered duty paid** (DDP/geliefert verzollt): Der Verkäufer hat die Sendung am Bestimmungsort im Einfuhrland dem Käufer fristgerecht und verzollt auf seine Kosten und Gefahren zur Verfügung zu stellen. Der Kostenübergang erfolgt am Bestimmungsort. Dort ist auch der Gefahrenübergang.

In der Reihenfolge der Klauseln steigt der Leistungsanteils des Verkäufers bzw. sinkt der Leistungsanteil des Käufers. Die Klauseln FAS, FOB, CIF und CFR gelten nur für Schifffahrt, die anderen Klauseln für alle Transportmodalitäten, wobei häufig multimodaler (gebrochener) Verkehr gegeben ist. Bei den F-Klauseln übernimmt der Verkäufer nur die Kosten und Risiken des logistischen Vorlaufs, bei den C-Klauseln die des logistischen Hauptlaufs und bei den D-Klauseln auch die des logistischen Nachlaufs. Die einzelnen Stufen sind die Verladung auf das Vorlauf-Transportmittel (meist LKW), die Export-Zollanmeldung (außerhalb der EU), der Transport zum Exporthafen, das Entladen der Fracht im Exportland, der Transport im Hauptlauf, das Entladen der Fracht im Importland, die Verladung auf das Nachlauf-Transportmittel und der Transport zum Zielort. Zur Abdeckung der Risiken wird ggfs. eine Versicherung fällig.

Die Incoterms regeln weiterhin, wer Warendokumente zu beschaffen und wer Zollgebühren zu tragen hat, wer die Transportdokumente zu beschaffen hat, wer die Ware zu versichern hat, wer Beteiligte worüber zu informieren hat, wer eine Warenprüfung durchzuführen hat und wer die Verpackung der Ware vorzunehmen hat. Dazu sind für jede Klausel umfangreiche Detailbestimmungen hinterlegt, die Rechtssicherheit schaffen.

250 Spezielle Ansatzpunkte für die Preisbildung

Alle Lieferbedingungen haben gemein, dass der Exporteur die Ware ordnungsgemäß am benannten Ort abliefert, die erforderlichen Dokumente beschafft bzw. bei der Beschaffung auf Kosten des Importeurs behilflich ist, eine angemessene Verpackung durchführt, übliche Nebenkosten trägt (z. B. Prüfkosten) und der Importeur die Ware ordnungsgemäß und fristgerecht abnimmt. Die Incoterms regeln ausdrücklich nicht Eigentumsübergang, Sachmängelansprüche, Zahlungsbedingungen und Gerichtsstand. Entsprechend verändert sich auch der ausmachende Betrag *(siehe Abbildung 49: Progressives Kalkulationsschema Außenhandel und Abbildung 50: Retrogrades Kalkulationsschema Außenhandel).*

Herstellkosten für das Exportprodukt	
zzgl. Exportgemeinkosten und Marktbearbeitungskosten	
= Selbstkosten des Exportprodukts	
zzgl. Gewinnzuschlag	
zzgl. Verpackungskosten (z.B. für seemäßige Verpackung)	
zzgl. Kosten der Warenprüfung, Versicherungskosten	
zzgl. Absatzhelferprovision und „nützliche Abgaben" zur Akquisition	
= Verkaufswert des Exportprodukts „ab Werk"	EXW
zzgl. Kosten der Versanddokumente, Rollfuhr bis zur Abgangsstation	
zzgl. Bahn/Lkw-Fracht bis „längsseits Schiff"	
zzgl. Versandspediteurskosten, Speditionsversicherungskosten	
zzgl. Zwischenlagerkosten, Hafengebühren	
= Verkaufswert des Exportgeschäfts „frei Längsseite Seeschiff"	FAS
zzgl. Kosten der Ausfuhrdokumente, Gebühren für Ausfuhrzollabfertigung	
zzgl. Ausfuhrabgaben	
zzgl. Mieten, Standgelder, Lagergeld, Umschlaggebühren	
zzgl. Kosten der Kai- und Hafenbetriebe, Provision für Seehafenspediteur	
= Verkaufswert des Exportprodukts „frei an Bord"	FOB
zzgl. Verschiffungsprovision, Konnossementgebühren, Seefrachtkosten	
= Verkaufswert des Exportprodukts (incl. Kosten und Fracht)	CFR
zzgl. Kosten der Seeversicherung	
= Verkaufswert des Exportprodukts (incl. Kosten, Fracht und Versicherung)	CIF
zzgl. Kosten der Zahlungsabwicklung	
zzgl. Kosten der Forderungsabsicherung, Finanzierungskosten	
Angebotspreis des Exportprodukts	

Abbildung 49: Progressives Kalkulationsschema Außenhandel

Die Zahlungs- und Lieferungsbedingungen sind zumeist in Form Allgemeiner Geschäftsbedingungen pauschal für eine Mehrzahl von Geschäftsvorfällen geregelt. Wegen deren unübersichtlichen und gelegentlich als langweilig empfundenen Inhalts wird ihnen häufig wenig Aufmerksamkeit geschenkt. Doch gerade deshalb bietet es sich an, diese Regelungen zu eigenem Vorteil zu nutzen. Zum einen, um in diesem Zusammenhang nicht durch Erlösschmälerungen unnötig Gewinn zu verschenken, zum anderen, weil gerade die geringe Aufmerksamkeit, die auf der Kontrahentenseite dafür ebenfalls unterstellt werden kann, den eigenen Regelungen zur vorteilhaften Geltung verhelfen kann. Insofern lohnt sich eine penible Sichtung für höhere Gewinne durch optimale Preisgestaltung.

Erlöse aus dem Auslandsauftrag	
abzgl. variable Kosten	
= Deckungsbeitrag I für Auslandsauftrag frei Werk	
abzgl. Kosten der Überwindung von Außenhandelsrestriktionen	
abzgl. Kosten der Außenhandelsfinanzierung und des Geldverkehrs	
abzgl. Kosten von Bearbeitung und Abwicklung	
abzgl. Kosten der Versandbereitstellung	
abzgl. Kosten für Exportmarketing und Vertrieb	
= Deckungsbeitrag II frei Werk des Exportauftrags	EXW
abzgl. Kosten für Transport zur Verladestelle	
= Deckungsbeitrag III frei Verschiffungshafen	FCA
abzgl. Kosten der Abfertigung im Verschiffungshafen	
= Deckungsbeitrag IV frei langsseits Carrier	FAS
abzgl. Kosten des Umschlags im Verschiffungshafen	
= Deckungsbeitrag V frei Seeschiff im Verschiffungshafen	FOB
abzgl. Kosten des Transports	
= Deckungsbeitrag VI frei Bestimmungshafen, unversichert	CFR
abzgl. Transportversicherung	
= Deckungsbeitrag VII frei Bestimmungshafen, versichert	CIF
abzgl. Kosten des Umschlags im Bestimmungshafen, Zollabfertig., Lagerung	
= Deckungsbeitrag VIII	CPT
abzgl. Kosten des Landtransports zum Bestimmungsort	
= Deckungsbeitrag IX, frachtfrei Kunde	DAT
abzgl. Kosten der Transportversicherung	
= Deckungsbeitrag X frachtfrei Kunde, versichert	DDP

Abbildung 50: Retrogrades Kalkulationsschema Außenhandel

Im Rahmen spezieller Ansatzpunkte für die Preisbildung wurden preistheoretische Betrachtungen, die reglementierte Preissetzung, das Preiscontrolling, die Effektivpreisbildung sowie Zahlungs- und Lieferungsbedingungen betrachtet.

16. Ausgabebereitschaft steigern durch Absatzfinanzierung

16.1 Kreditformen

Absatzfinanzierungen stellen Kreditvergaben an Nachfrager dar und dienen der Erhöhung deren Kaufkraft und der Überwindung von „Kaufhemmungen". Dies bietet mehrere **Vorteile:**

- Ein hochwertiges Produkt und eine maßgeschneiderte Finanzierung sind aus einer Hand verfügbar. Die Kaufentscheidung des Kunden wird erleichtert. Die Anbieterposition im Preisgespräch wird gestärkt. Die Wirtschaftlichkeit des Produkts wird durch ein attraktives Finanzierungsangebot herausgestellt. Die Kundenbindung zum Hersteller/zur Geschäftsstätte wird gefestigt. Der Service kann, wenn gewünscht, ohne Bindung eigener Liquidität und ohne Belastung der Bilanz geboten werden (Leasing im Zweiparteien- oder Dreiparteiensystem). Wenn gewünscht, ist darüber hinaus eine sofortige Erlösrealisierung mit weitgehendem Schutz vor Forderungsausfällen darstellbar (Factoring). Im internationalen Handel werden die Forderungen eines Exporteurs (Forfaitist) unter Verzicht auf den Rückgriff des Forderungsankäufers (Forfaiteur) gekauft. Für Kunden werden Investitions- und Finanzierungsfragen bequem gemeinsam gelöst. Beim Kunden wird der Finanzierungsspielraum bei gleichzeitiger Schonung der Eigenmittel erweitert. Wenn gewünscht, kann eine niedrige effektive Belastung der Kunden durch nutzungskonforme Laufzeiten erreicht werden.

Als **Kredit** bezeichnet man allgemein die leihweise, zeitlich begrenzte Überlassung von Zahlungsmitteln, Sachgütern oder Dienstleistungen in Erwartung einer zukünftigen Sach- oder Finanz-Gegenleistung. Kreditgeber sind Banken, Betriebe oder Privatpersonen, die Vertrauen in die Leistungsfähigkeit und -willigkeit des Kreditnehmers haben. Nach der Art kann es sich um eine Geldleihe, d. h. die Überlassung von Zahlungsmitteln, oder eine Kreditleihe, d. h. die Abgabe eines bedingten Zahlungsversprechens, handeln. Nach der Zeitdauer kann der Kredit kurz-, mittel- oder langfristig laufen. Für den ökonomischen Gehalt ist entscheidend, wie er besichert ist, d. h. welche Möglichkeiten der Kreditgeber hat, seine Ansprüche an den Kreditnehmer durchzusetzen, wenn dieser seinem Zahlungsversprechen nicht nachkommt. Dazu dienen die Kreditprüfung und laufende Kreditüberwachung. Oder die Beibringung von Kreditsicherheiten, die bedingte, direkte Ansprüche auf monetarisierbare Vermögenswerte darstellen. Sie verkörpern sich in Sachen oder Personen.

Im Konsumentenbereich muss die Vertragsurkunde folgende Inhalte haben: den Nettokreditbetrag oder die Höchstgrenze des Kredits, den Gesamtbetrag aller vom Verbraucher zu entrichtenden Teilzahlungen inkl. Zinsen und Bearbeitungskosten, die Art und Weise der Kreditrückzahlung, den Zinssatz und alle sonstigen Kosten des Kredits inkl. zu stellender Sicherheiten. Der Kreditvertrag kann innerhalb einer Woche vom Schuldner schriftlich widerrufen werden. Die Belehrung darüber ist gesondert zu unterschreiben. Ersatzweise kann im Versandhandel ein uneingeschränktes Rückgaberecht vereinbart werden.

Grundlage für den **Kontokorrentkredit** ist das Konto bei einem Kreditinstitut, auf dem sämtliche Zahlungsvorgänge des Betriebs erfasst werden. Jede Ein- und Auszahlung ändert den Saldo dieses Kontos, ein positiver Saldo zeigt ein Guthaben an, ein negativer eine Überziehung. Regelmäßig wird die Inanspruchnahme nur bis zu einem Maximalbetrag (Kreditlinie) eingeräumt. Als Kosten, die beträchtlich sind, fallen Sollzinssatz, Kreditprovision, Überziehungsprovision, Kontoführungsgebühren und Spesen der Abrechnung an. Der Kontokorrentkredit ist schnell und flexibel, als Sicherheiten dienen Personen und Sachen. Die Laufzeit ist durch Prolongation faktisch unbegrenzt. Eine Kündigung ist kurzfristig möglich. Die Formalitäten beschränken sich auf den Kreditantrag und die Sicherheitengestellung.

Ein **Darlehen** bedeutet allgemein die Überlassung von Geld oder anderen vertretbaren Sachen durch den Darlehensgeber zum Gebrauch gegen Rückerstattung von Sachen gleicher Art, Güte und Menge durch den Darlehensnehmer (§§ 607–610 BGB). Vertretbare Sachen können nach Zahl, Maß und Gewicht bestimmt werden. Dabei werden wegen langer Laufzeiten meist Sicherheiten zugrunde gelegt. Die Rückzahlung erfolgt als Fälligkeits-/Kündigungsdarlehen, d. h. die Darlehenssumme ist nach Ablauf der vereinbarten Laufzeit bzw. nach Kündigung des Vertrags in einer Summe fällig. Während der Laufzeit sind nur Zinsen zu entrichten, als Annuitätendarlehen, d. h. der Schuldner zahlt über die gesamte Laufzeit gleich hohe Beträge (Annuitäten), die sich aus sinkendem Zins- und steigendem Tilgungsanteil zusammensetzen, oder als Abzahlungsdarlehen, d. h., die Tilgung erfolgt in gleich hohen Raten. Da die Restschuld laufend geringer wird, sinken damit die zu entrichtenden Zahlungen im Zeitablauf. Die Tilgung kann in laufenden Beträgen oder bei Endfälligkeit auf einen Schlag erfolgen. Bei, seltenen, immobilen Sicherungen für Darlehen greifen die Grundpfandrechte.

Die **Kreditwürdigkeit** bezeichnet die Fähigkeit, die vertraglich vereinbarte Kreditverpflichtung zu erfüllen. Denkbar sind in diesem Zusammenhang die Prüfung der rechtlichen Verhältnisse eines potenziellen Kreditnehmers, seiner persönlichen Verhältnisse und seiner wirtschaftlichen Lage. Sie wird nach den drei Cs des Schuldners beurteilt: Character (Persönlichkeit), Capacity (laufendes Einkommen/Umsatz), Capital (Vermögen). Sie bezieht sich also auf die Person (Fleiß, Zuverlässigkeit, Ruf etc.) oder eine Sache (Sicherheiten, Rechtsform, Eigenkapitalbasis etc.). Eine persönliche Kreditwürdigkeit ist gegeben, wenn der Kreditnehmer aufgrund seiner persönlichen Zuverlässigkeit oder Qualifikation das Vertrauen des Kreditgebers genießt. Eine materielle Kreditwürdigkeit ist gegeben, wenn die wirtschaftlichen Verhältnisse des Kreditnehmers eine Rückzahlung von ihm aufgenommener Verpflichtungen erwarten lassen.

Durch eine **Kreditprüfung** wird ermittelt, ob der Kreditnehmer kreditfähig ist, d. h. ökonomisch in der Lage, Zinsen und Tilgung zu leisten, und ob er kreditwürdig ist, d. h. persönlich geeignet, zeit- und betragsgenau zurückzuzahlen. Durch die Kreditüberwachung werden die Kreditfähigkeit und Kreditwürdigkeit laufend auf Verschlechterungen hin überprüft. Sicherungsklauseln enthalten Informationspflichten des Schuldners, außerordentliche Kündigungsrechte des Gläubigers und Verzichtserklärungen (Negativklauseln), in denen sich der Schuldner verpflichtet, anderen Gläubigern keine besseren Sicherheiten zu geben oder Vermögensteile ohne Erlaubnis zu veräußern.

Um einen **Kundenkredit** handelt es sich, wenn ein Betrieb (Lieferant) von einem Kunden einen Teil des Kaufpreises schon vor dem Abrechnungszeitpunkt erhält (Anzahlung). Ein **Lieferantenkredit** liegt vor, wenn ein Betrieb (Kunde) Lieferungen oder Leistungen erhält, ohne sie sofort zu bezahlen.

Der Lieferantenkredit ist wegen geringer Formalitäten schnell, die Besicherung erfolgt meist durch Eigentumsvorbehalt, die Laufzeit ist auf das Zahlungsziel begrenzt. Die Vorteile liegen in der großen Flexibilität und der Überbrückung kurzfristiger Liquiditätsengpässe. Nachteilig sind die hohen Kosten. Bei Nichteinhaltung des Zahlungsziels bleibt meist der Eigentumsvorbehalt erhalten. Wirksam ist er nur, wenn er nicht einfach ausgelegt ist, sondern erweitert, d. h. weitergeleitet (der Anspruch geht auf den Abnehmer über), nachgeschaltet (zusätzlicher Eigentumsvorbehalt am Ergebnis) oder verlängert (der Anspruch geht auf Vor- und Nachbearbeitung bzw. Teile über).

16.2 Finanzierungsformen

16.2.1 Alleinfinanzierung

Die Alleinfinanzierung erfolgt aus eigenen Geldmitteln. Für die Finanzierung durch den Lieferanten ergeben sich die folgenden Möglichkeiten. Eine Alleinfinanzierung im **A-Geschäft** erfolgt in einfachster Form als Anschreibekredit. Dabei verspricht der Käufer, meist im Handel, den Kaufpreis später, meist am nächsten Monatsanfang, gesammelt für alle Einkäufe des laufenden Monats zu begleichen. Der Händler gewährt somit einen Warenkredit. Dies ist infolge der heutigen, weitgehend anonymisierten Händler-Verbraucher-Beziehung nurmehr höchst selten gegeben. Vielmehr ist der Anschreibekredit an die Vertrauenswürdigkeit einer persönlichen Beziehung gebunden. In modifizierter Form ist dies heute noch beim Offenen Buchkredit gegeben, nur dass dabei kein konkreter Zahlungstermin als vereinbart gilt, sondern dessen Ausgleich ungeplant bis an ein Limit erfolgt. Ebenfalls eine Kreditierung liegt bei Aushändigung der Ware gegen Vorlage einer Debitkarte (Eurocheque Card als Bankkarte mit Kreditlimit) durch den Kunden vor, mit der unmittelbar aus eigenem Guthaben oder nicht ausgeschöpften Kreditlimit durch Überweisung, Lastschrift oder Scheck bezahlt wird (auch Charge Card, also ohne Kreditoption, genannt). Mit der Debitkarte sind meist verschiedene, entgeltliche oder unentgeltliche Dienstleistungen verbunden.

Je nach Einreichung und Abrechnung des Schecks kann dabei eine mehr oder minder lange Zeitspanne vergehen. Bis zum Monatsende dauert die Frist in jedem Fall, wenn der Verkäufer die Ware gegen Kreditkarte und Quittungsunterschrift (Rechnungsbeleg) aushändigt. Dann verspricht die Kreditkarten-Organisation (beim Drei Parteien-System, gestartet als Travel & Entertainment-Karten) gegen Vorlage der Quittung den Kreditbetrag vom Konto des Schuldners abzubuchen und auf das Konto des Gläubigers weiterzuleiten. Der Kreditnehmer (Kunde) erhält darüber eine Abrechnung von der Kreditkarten-Organisation, welcher der Kreditgeber einen Provisionsanspruch für das vermittelte Geschäft einräumt, der vom Verkaufspreis abgezogen und einbehalten wird. Teilweise editieren Handelsunternehmen eigene Kreditkarten (Kundenkarten), um die unliebsame Konsequenz des Provisionsabzugs zu vermeiden und dennoch die mit der Kreditierung verbundene höhere Ausgabenneigung der Käufer zu nutzen (Zwei Parteien-System, d. h. die Kundenkarten sind nur beim emitierenden Unternehmen einsetzbar). Teilweise verweigern Händler aber auch die Akzeptierung von Kreditkarten. Gewiefte Käufer versuchen zudem, einen Nachlass bis zur Höhe des Provisionssatzes der Kreditkarten-Organisation als Rabatt bei alternativer Barzahlung herauszuholen.

Ein **B-Geschäft** liegt vor, wenn ein Kreditbetrag nicht auf einmal, sondern in Raten beglichen wird. Dies ist bei Teilzahlungsgeschäften der Fall, bei denen der Lieferant die Ware gegen das Versprechen des Käufers abgibt, den Kaufpreis in mehreren festgelegten Teilbeträgen (also auf Abschlag) zu begleichen. Üblich ist die Vereinbarung einer erstmaligen höheren Rate, der regelmäßige, meist monatliche, gleich bleibende Raten folgen. Die letzte Rate ist oft wieder geringer. Bei gleichen Ratenbeträgen ist Teilzahlung auf Annuitätenbasis gegeben. Bei sinkenden Ratenbeträgen (wegen des geringeren Restzinsanteils) ist Teilzahlung auf Tilgungsbasis gegeben. Die Zinsen können gewinnbringend, kostendeckend oder verlustbringend (als Verkaufsförderungsmaßnahme) berechnet sein. Die Vertragsurkunde muss gegenüber Privaten folgende Inhalte haben: Barzahlungspreis, d. h. den Preis, den der Käufer zu entrichten hätte, wenn bei Übergabe der Sache der Preis in voller Höhe fällig wäre, Teilzahlungspreis, d. h. die Summe aus Anzahlung und allen vom Käufer zu entrichtenden Raten incl. Zinsen und Bearbeitungskosten, den Anzahlungsbetrag selbst, die Anzahl und Fälligkeiten der einzelnen Teilzahlungen, den effektiven Jahreszins, d. h. die mit einem Prozentsatz des Barzahlungspreises oder des Nettokreditbetrags anzugebende Gesamtbelastung pro Jahr, die Kosten einer evtl. abzuschließenden Kreditversicherung und evtl. zu stellende Sicherheiten. Der Teilzahlungsvertrag ist vom Gläubiger nur kündbar, wenn der Schuldner mit mindestens zwei aufeinanderfolgenden Raten in Verzug ist, dieser Betrag einen Anteil des Kreditbetrags übersteigt (10% bzw. 5%) und eine zweiwöchige Frist zur Zahlung eingeräumt wurde, die erfolglos verstrichen ist.

Ein Ballonkredit liegt vor, wenn die letzte Rate besonders hoch ausfällt, die regelmäßigen Raten aber niedrig bleiben, weil davon ausgegangen werden kann, dass Gebrauchtware am Laufzeitende in Zahlung gegeben wird (etwa in der Kfz-Branche). Die Berechnung der Zinsen wird dabei unterschiedlich gehandhabt. Denkbar ist, dass über die Kreditierung zusätzliche Gewinnmargen erzielt werden sollen, indem der Zinssatz während der Laufzeit über dem Marktzins, etwa für Konsumentenkredite oder dem zur Refinanzierung erforderlichen Zinssatz, liegt. Allerdings sind dem enge gesetzliche Grenzen gesetzt, zumal der Effektivzins ausgewiesen werden muss. Denkbar ist aber auch, dass durch fehlende oder marktunüblich niedrige Verzinsung verkaufsfördernde Effekte erreicht werden sollen. Dann werden Zinsverluste aus der Kreditierung durch Gewinne aus Zusatzverkäufen intern subventioniert.

Schließlich liegt ein **C-Geschäft** vor, wenn das Zahlungsversprechen des Schuldners durch ein **Wechselakzept** dokumentiert ist. Der Wechsel ist eine Urkunde mit unbedingter Anweisung des Ausstellers an den Bezogenen, einen bestimmten Betrag an eine im Wechsel genannte Person oder an deren Order zu zahlen. Der Wechsel ist ein geborenes Orderpapier und ein abstraktes Forderungspapier. Er dient als Kreditmittel für die Laufzeit des Wechsels, Sicherungsmittel durch die Wechselstrenge, Geldanlagemittel durch vorzeitige Diskontierung und Zahlungsmittel. Der Wechsel ist abstrakt, d. h. die Wechselforderung ist selbstständig und unabhängig von der Wirksamkeit derjenigen Forderung, die der Wechselziehung zugrunde liegt. Die strengen Haftungs- und Formvorschriften ermöglichen die rasche Geltendmachung und die rigorose Durchsetzung wechselrechtlicher Ansprüche. Finanzwechseln liegen im Unterschied zu Warenwechseln keine Warengeschäfte zugrunde. Es geht vielmehr um die reine Kreditbeziehung zwischen dem Wechselaussteller und dem Bezogenen. Der Wechsel hat acht gesetzliche Bestandteile: Ort/Tag der Ausstellung, das Wort Wechsel, Verfallszeit, Wechselempfänger, Wechselbetrag, Bezogener, Zahlungsort und Unterschrift des Ausstellers. Durch Akzept verpflichtet sich der Bezogene zur Zahlung der Wechselsumme. Der Inhaber des Wechsels kann den Wechsel vor dem Verfallstag an eine Bank verkaufen (diskontieren), ihn als Zahlungsmittel an einen Gläubiger weitergeben oder ihn bis zum Verfallstag aufbewahren und dann vorlegen. Ein Indossament ist ein Übertragungsvermerk auf der Rückseite des Wechsels. Damit werden die Wechselrechte auf den neuen Inhaber übertragen. Man unterscheidet das Vollindossament oder Kurz-/Blankoindossament. Der Wechsel muss dem Bezogenen am Verfallstag oder an einem der beiden folgenden Werktage bis 18 Uhr in seinen Geschäfts-/Privaträumen vorgelegt werden. Das Inkasso übernimmt meist das Kreditinstitut. Der Wechselprotest ist eine Beweisurkunde darüber, dass der Bezogene den Wechsel schuldhaft nicht eingelöst hat. Sie wird von einem Notar, Gerichtsbeamten oder durch die Post ausgestellt. Die Protestfrist beträgt zwei Werktage nach Zahlungstag. Das Rückgriffsrecht (Regress) erlaubt dem letzten Wechselinhaber, auf die „Vormänner" bzw. den Aussteller des Wechsels zurückzugreifen. Voraussetzung dafür ist der Wechselprotest und die Benachrichtigung der Vormänner/des Ausstellers. Durch Wechselprolongation kann der Protest vermieden werden. Der gezogene Wechsel ist eine Anweisung des Ausstellers an den Bezogenen, einen bestimmten Geldbetrag an den Wechselnehmer zu zahlen. In der Entgegennahme eines Wechsels liegt die stillschweigende Vereinbarung, zuerst Befriedigung aus dem Wechsel zu suchen, die Kausalforderung ist insoweit gestundet. Der Bezogene ist aus dem Wechsel verpflichtet, wenn er diesen akzeptiert hat. Aussteller, Akzeptant und Indossant haften gesamtschuldnerisch für die Zahlung. Voraussetzung ist hierfür jeweils deren Unterschrift plus schuldrechtlichem Begebungsvertrag plus Übereignung des Papiers. Außer durch Indossament kann der Wechsel auch durch formlose Zession übertragen werden. Wird der Wechsel dem Bezogenen nicht fristgerecht vorgelegt und protestiert, verliert der Inhaber seine Ansprüche gegen alle Wechselverpflichteten bis auf den Akzeptanten.

16.2.2 Refinanzierung

Die Refinanzierung erfolgt über eigenes Guthaben oder eigenen Kreditrahmen. Sie beinhaltet die Sicherung des Kreditbetrags in Form von Person oder Sache. Eine **persönliche Sicherung** ist im Fall der Bürgschaft gegeben.

Die **Bürgschaft** ist ein Schuldvertrag, durch den sich ein Dritter (Bürge) gegenüber dem Gläubiger verpflichtet, für die Erfüllung der Verbindlichkeiten des Schuldners einzustehen. Der Bürgschaftskredit ist ein Personalkredit, der zusätzlich durch eine Bürgschaft gesichert ist. Bei der gewöhnlichen (Ausfall-)Bürgschaft hat der Bürge das Recht der Einrede der Vorausklage, d. h., er kann verlangen, dass erst sämtliche Rechtsmittel auszuschöpfen sind, bis die Forderung vom ursprünglichen Schuldner uneinbringlich geworden ist (regelmäßig durch erfolglose Zwangsvollstreckung), bevor er die Zahlung des Ausfalls vom Bürgen verlangen kann. Bei der selbstschuldnerischen Bürgschaft, wie dies beim Vollkaufmann üblich ist, verzichtet der Bürge auf diese Einrede der Vorausklage, d. h. ein Gläubiger kann sich im Fall der Nichtzahlung des Kreditbetrags durch den Schuldner unmittelbar an den Bürgen mit der sofortigen Zahlungsforderung wenden. Die Bürgschaft ist vom Bestand der Hauptforderung abhängig (akzessorisches Sicherungsrecht), d. h. der Umfang der Bürgschaftsschuld richtet sich grundsätzlich nach dem Umfang der Hauptforderung, ist diese nicht entstanden oder erlischt diese, kann auch die Forderung gegenüber dem Bürgen nicht mehr geltend gemacht werden. Wenn der Bürge zahlt, so geht die Hauptforderung auf ihn über. Gesamtschuldnerische Bürgschaft bedeutet, dass der Kreditgeber seine Forderung an alle bürgenden Personen oder jede einzelne von ihnen richten kann. Mitbürgen haften dann als Gesamtschuldner.

Beim **Avalkredit** gewährt die Bank einer dritten Person eine Bürgschaft für gegenwärtige oder zukünftige Zahlungsverpflichtungen eines Kunden. Ein Avalkredit ist also die Abgabe eines bedingten Zahlungsversprechens gegenüber Dritten. Der Avalkreditgeber stellt dabei kein Bargeld, sondern seine eigene Kreditwürdigkeit zur Verfügung (Kreditleihe), entsprechende Beträge stellen für ihn Eventualverbindlichkeiten dar.

Ähnlich verhält es sich bei der **Bankgarantie.** Dabei übernimmt eine Bank (Garant), zumeist im Auslandsgeschäft, im Auftrag und für Rechnung ihres Kunden (Garantiegeber) auf erste Anforderung hin eine unwiderrufliche Verpflichtung, einen Geldbetrag an einen Dritten (Garantienehmer) zu zahlen. Dabei kann noch eine zweite Bank im Land des Begünstigten eingeschaltet sein. Formen der selbstbindenden Garantie sind die

- Bietungsgarantie, sie soll den Bieter, der den Zuschlag erhält, daran hindern, sein Gebot zurückzuziehen (meist 1–5 % des Ausschreibungsbetrags),
- Lieferungsgarantie, sie soll den Abnehmer davor schützen, dass der Lieferant seiner Lieferverpflichtung nicht nachkommt (meist 10–20 % des Vertragswerts),
- Anzahlungsgarantie, sie soll den Lieferanten davor schützen, dass der Abnehmer bei hoher Spezifität des Auftrags später vom Vertrag zurücktritt,

- Gewährleistungsgarantie, sie soll den Abnehmer absichern, falls der Lieferant seinen Gewährleistungspflichten nicht nachkommt,
- Zahlungsgarantie, sie soll den Lieferanten davor schützen, dass der Abnehmer den fälligen Kaufpreis nicht zahlt.

Eine abgemilderte Form stellt der **Schuldbeitritt** dar. Dies ist ein Vertrag, wonach einem ursprünglichen Kreditnehmer eine weitere Person beitritt und gesamtschuldnerisch die Haftung für einen Kreditbetrag übernimmt. Er muss die Zustimmung durch den Kreditgeber finden. Während ein Bürge erst nach dem Schuldner in Anspruch genommen werden kann, haftet der Beitretende bereits sofort mit dem Schuldner.

Die **Sicherungsklausel** ist meist eine Negativerklärung des Schuldners, in der dieser sich verpflichtet, ab sofort keinem anderen Gläubiger eine bessere Sicherung einzuräumen als dem Gläubiger, gegenüber dem diese Erklärung abgegeben wird.

Häufiger sind jedoch **Sicherungen in der Sache** anzutreffen. An diesen Sachen des Schuldners werden Pfandrechte des Gläubigers vereinbart. Das **Pfandrecht** ist ein dingliches Recht an fremden Sachen oder Rechten, Kraft dessen sich der Gläubiger bei Nichtzahlung der Hauptforderung durch Verwertung des pfandbelasteten Gegenstands satisfizieren kann. Ist der Pfandeigentümer nicht zugleich persönlicher Schuldner, so geht die Forderung dabei auf ihn über. Das Pfandrecht ist vom Bestehen einer Forderung abhängig (Akzessorität). Es entsteht durch Einigung zwischen dem Eigentümer (Kreditnehmer) und dem Gläubiger, bei beweglichen Sachen bedingt dies die physische Übergabe der Pfandsache (Faustpfand), bei Immobilien eine entsprechende Eintragung in das Grundbuch. Das Pfandrecht als solches und der Vorrang können gutgläubig erworben werden. Es geht unter durch Erlöschen der Hauptforderung, Rückgabe des Pfands oder Konsolidation, d. h. Vereinigung von Eigentum und Pfandrecht in einer Hand. Im Gegensatz zur Sicherungsübereignung, bei welcher der Schuldner sein Eigentum an einer Sache aufgibt, nicht aber deren Besitz und Nutzung, werden hier Besitz und Nutzung durch den Schuldner aufgegeben, nicht aber sein Eigentum. Man unterscheidet Mobilarpfandrechte und Grundpfandrechte.

Eine abgewandelte Form des **Mobilarpfandrechts** ist die **Sicherungsübereignung.** Dies ist ein aus der Praxis heraus, gesetzlich nicht weiter geregelter Vertrag, durch den der Schuldner einem Gläubiger (meist der Bank) zur Sicherung einer Schuld einzelne, genau bezeichnete, bewegliche Sachen oder eine Gesamtheit von Sachen (z. B. Warenlager) mittels Besitzkonstitut überträgt, wohingegen die eigentliche Übergabe durch die Vereinbarung ersetzt wird, dass der Schuldner unmittelbarer Besitzer der Sachen bleibt, diese also weiter für seinen Geschäftsbetrieb nutzen und die Verkaufserlöse zur Tilgung des Kredits oder zum Kauf neuer, bereits im Voraus übereigneter Waren verwenden kann. Der Vertrag enthält die Vereinbarung, dass das bedingte Eigentum nach Erfüllung der Schuld von selbst an den Schuldner zurückgeht. Bei Nichtrückzahlung befriedigt die Bank ihre Forderungen aus den übereigneten Gegenständen. Der Schuldner wird rechtlich nur Besitzer der Sache, der Gläubiger nimmt für die Dauer des Vertrags die Rechtsstellung des Eigentümers ein. Die Sicherungsübereignung hat das Pfand in der Praxis weitgehend abgelöst, da dieses die physische Übergabe des Gegenstands an den Gläubiger zu Sicherungszwecken fordert. Dies ist in vielen Fällen aber nicht möglich, da die als Sicherheit dienenden Sachen nicht im Unternehmen entbehrt werden können.

Eine weitere abgewandelte Form ist durch die **Forderungsabtretung** (Zession) gegeben. Dabei handelt es sich um einen Abtretungsvertrag über Forderungen zwischen dem Schuldner und einem Kreditgeber/-institut in Bezug auf eigene Forderungen. Sie kann still erfolgen, d. h. der Drittschuldner weiß nichts von der Abtretung, zahlt also mit befreiender Wirkung an den Schuldner (Zedent als Gläubiger der Forderung), der Zedent ist dann verpflichtet, den eingehenden Betrag an den Zessionar (Dritter, an den die Forderung abgetreten wurde) abzuführen, der neue Gläubiger rückt damit an die Stelle des bisherigen, oder aber offen, d. h. dem Drittschuldner wird mitgeteilt, dass er mit befreiender Wirkung nur an den Drittgläubiger (Zessionar) zahlen kann. Die stille Zession kann als Mantelzession erfolgen, d. h. durch Abtretung einer bestimmten Forderungssumme, die sich aus der Debitorenliste ergibt, oder als Globalzession, d. h. durch Abtretung sämtlicher bestehender und künftiger Forderungen. Bei der Mantelzession verpflichtet sich der Kreditnehmer, laufend Forderungen in einer bestimmten Höhe abzutreten, was durch Einreichung der betreffenden Forderung vollzogen wird. Bei der Globalzession wird die Abtretung sämtlicher gegenwärtiger und zukünftiger Forderungen gegenüber einer bestimmten Gruppe von Drittschuldnern vereinbart. Bei der Rahmenzession handelt es sich um die Vereinbarung für eine Mehrzahl von Fällen. Das Uneinbringlichkeitsrisiko verbleibt dabei beim Kreditnehmer.

Beim **Lombardkredit** gewährt der Gläubiger kurzfristigen Kredit gegen Verpfändung von beweglichen Sachen oder Rechten, die in Abhängigkeit von Pfandgüte und Preisschwankungen beglichen werden. Als Pfandobjekte kommen in Betracht Waren und Warendokumente, Effekten, Wechsel, Forderungen, Edelmetalle, Lizenzen und Patente. Der echte Lombardkredit ist ein kurzfristiges, auf einen festen Betrag lautendes und durch Verpfändung gesichertes Darlehen. Der unechte Lombardkredit ist ein durch Verpfändung gesicherter Kontokorrentkredit.

Bei der **Hypothek** erfolgt die Eintragung eines Pfandrechts an einer unbeweglichen Sache durch Einigung und Eintrag im Grundbuch, wodurch der Gläubiger berechtigt ist, sich wegen einer bestimmten Forderung aus dem Grundbuch zu satisfizieren. Dabei ist dies untrennbar an das Be-/Entstehen einer persönlichen Forderung gebunden, die vorher nachgewiesen werden muss. Zur Forderungsbefriedigung sind dann auch Zwangsversteigerung oder Zwangsverwaltung möglich. Nach der Art der Bestellung der Hypothek unterscheidet man die Buchhypothek und die Briefhypothek, nach dem Nachweis der Forderung die Sicherungshypothek und die Verkehrshypothek.

Bei der **Grundschuld** erfolgt die Belastung eines Gebäudes/Grundstücks mit einer bestimmten Geldsumme zugunsten des Berechtigten. Sie ist somit ein Pfandrecht, wodurch der Berechtigte ermächtigt wird, sich aus dem Grundstück in Höhe einer Geldsumme zu satisfizieren. Die Buchgrundschuld entsteht durch Einigung und Eintragung im Grundbuch. Die Briefgrundschuld entsteht zusätzlich durch Ausstellung einer Urkunde (Grundschuldbrief). Bei der Fremdgrundschuld ist der Berechtigte nicht der Eigentümer des Grundstücks, sondern eine andere Person (meist der Kreditgeber). Bei der Eigentümergrundschuld stehen die Rechte dem Grundstückseigentümer selbst zu. Die Übertragung der Buchgrundschuld erfolgt durch notariell beglaubigte Abtretungserklärung und Umschreibung im Grundbuch, die Übertragung einer Briefgrundschuld durch Übergabe des Grundschuldbriefs mit Abtretungserklärung. Zur Löschung der Grundschuld ist eine Löschungsbewilligung beim Grundbuchamt vorzulegen.

16.2.3 Drittfinanzierung

Bei der Drittfinanzierung erfolgt die Finanzierung nicht durch den Gläubiger, sondern durch einen Dritten (Vertragspartner) als Kreditsubstitut. Eine Möglichkeit dazu stellt das **Leasing** dar. Es kennzeichnet die mittel- bis langfristige Vermietung von beweglichen und unbeweglichen fungiblen Wirtschaftsgütern und langfristigen Gebrauchsgütern. Dabei verpflichtet sich der Leasingnehmer, genau bezeichnete Güter gegen Leistung eines festgesetzten, meist monatlichen Entgelts zur Nutzung zu überlassen. Denn für die Nutzung kommt es nicht auf das Eigentum an einem Wirtschaftsgut an. Leasing nimmt Dienstleistungs-, Delkredere- und Finanzierungsfunktionen wahr. Durch Leasing verschafft sich ein Betrieb steuerliche Vorteile und vermeidet hohe Investitionsausgaben. Die Liquidität (Kreditlinie) wird entlastet, die Leasingrate kann aus dem laufenden Ertrag finanziert werden. Sie stellt variable Kosten dar, die eine klare Kalkulationsbasis abgeben und die Gestellung von Sicherheiten erübrigen. Beim **Mietkauf** wird vorab vereinbart, dass der geleaste Gegenstand nach Ablauf der Leasingzeit vom Leasingnehmer zu einem fest vereinbarten Preis käuflich erworben wird. Faktisch kommt dies einer Kreditierung gleich, die aus mehreren gleich bleibenden Raten und einer Abschlusszahlung besteht. Oftmals kommt noch eine feste Anzahlung hinzu. Daneben bestehen die Möglichkeiten der Rückgabe des Leasingobjekts an den Leasingnehmer oder die Fortsetzung des Vertrags unter Ansatz eines niedrigeren Zeitwerts. In vielen Fällen dient das Leasing auch als Instrument zur Absatzförderung. So erfolgt beim Null-Leasing keinerlei Berechnung von Kreditzinsen, oder es werden Zinssätze berechnet, die unter den marktüblichen liegen. Normalerweise ist ein Leasing-Unternehmen in die Abwicklung eingeschaltet. Der Hersteller schließt dann einen Kaufvertrag mit dem Leasing-Unternehmen ab und erhält dafür die Zahlung des Kaufpreises. Der Nutzer schließt mit dem Leasing-Unternehmen seinerseits einen Vertrag über die Nutzung der Ware ab und zahlt dafür Leasingraten, worauf der Hersteller ihm Besitz an der Ware verschafft.

Beim **Operating Leasing** übernimmt der Leasinggeber alle Aufwendungen für Versicherung, Wartung und Reparatur des vermieteten Objekts. Er trägt das volle Investitionsrisiko. Der Leasingnehmer gibt das Objekt am Laufzeitende zurück und übernimmt meist wieder ein neues Objekt. Die Leasingraten sind vom Leasingnehmer als Aufwand zu verrechnen und als Betriebsausgaben steuerlich abzugfähig. Der Vertrag wird mit einer im Vergleich zur gewöhnlichen Nutzungsdauer des Objekts erheblich kürzeren Laufzeit (< 2 Jahre) abgeschlossen und ist jederzeit bzw. nach einer zumutbaren Grundlaufzeit kündbar. Zudem sind meist Dienstleistungselemente einbezogen (z. B. Wartung, Instandsetzung) oder in separaten Verträgen angekoppelt. Der Leasinggeber muss die zum Kauf des Objekts vorgeschossenen Finanzmittel, seine Geschäftskosten und den Gewinn nacheinander bei mehreren Leasingnehmern refinanzieren, indem er das Leasing-Objekt nach Auslauf des Vertrags in gebrauchtem Zustand weiterverleast oder verkauft. Das Verwertungsrisiko liegt also bei ihm, es ist ein Teilamortisationsvertrag gegeben.

Typischer ist jedoch das **Finance Leasing.** Dieses ist durch eine Grundmietzeit gekennzeichnet, während welcher der Vertrag normalerweise unkündbar ist. Der Leasingnehmer trägt also das volle Investitionsrisiko, da auch bei wirtschaftlicher Entwertung oder zufälligem Untergang die vereinbarten Raten gezahlt werden müssen. Die vereinbarte Laufzeit entspricht maximal der betriebsgewöhnlichen Nutzungsdauer. Die Risiken werden durch den Abschluss verschiedener Versicherungen aufgefangen, die dem Leasingnehmer offen in Rechnung gestellt werden.

Für die Nutzung nach Ablauf des Leasingvertrags ergeben sich verschiedene Varianten. Ohne Option bestehen keine Nebenabreden nach Ablauf der Grundvertragszeit. Mit Kaufoption wird dem Nehmer die Möglichkeit geboten, nach Ablauf der Grundvertragszeit das Leasingobjekt zu erwerben. Bei der Verlängerungsoption kann der Nehmer durch einseitige Willenserklärung den Vertrag verlängern und dann einen geringeren Mietzins zahlen. Nach dem Inhalt kann es sich um Immobilien- oder Mobilienleasing handeln. Ersteres betrifft das Leasing von Bauobjekten, wobei der Leasinggeber als professioneller Dauerauftraggeber über langjährige Erfahrung in der Lage ist, Risiken rechtzeitig auszuschalten und neueste Techniken zu beherrschen, zudem wird ein umfangreicher Dienstleistungskatalog angeboten. Letzteres betrifft das Leasing von beweglichen Wirtschaftsgütern, bis hin zu Personen.

Eine weitere Möglichkeit stellt das **Factoring** dar. Ein Finanzierungsinstitut (Factor) kauft dabei fallweise oder laufend Kundenforderungen eines Betriebs mit offenem, kurzfristigem Zahlungsziel an und übernimmt das Forderungsausfallrisiko. Der Factornehmer hat dadurch einen größeren finanziellen Spielraum, da er sofort, statt erst auf Ziel, und sicher, statt auf Versprechen, Geld erhält. Die Bevorschussung umfasst allerdings nicht den gesamten Forderungsbetrag, sondern geht nur bis zu einem vereinbarten Limit und erfolgt unter Abzug einer Factoring-Gebühr für die Übernahme des Delkredererisikos (meist 1–2%) und von Sollzinsen für die Zeit der Bevorschussung. Das Factoring hat neben der Finanzierungs- und Delkrederefunktion meist auch eine Dienstleistungsfunktion. Diese besteht in der Führung der Debitorenbuchhaltung sowie der Übernahme weiterer Rechnungswesenaufgaben (wie Fakturierung, Erstellung von Umsatzsteuer- und Vertreterprovisionsabrechnungen und Verkaufsstatistiken, Mahnwesen und Inkasso).

Die Forderungen werden mit etwa 80–90% der Rechnungssumme bevorschusst. Vorschüsse sind vom Verkäufer mit dem jeweils banküblichen Satz für Kontokorrentkredite zu verzinsen. Der nicht bevorschusste Rest wird auf ein Sperrkonto überwiesen und dient dem Factor als Sicherheit für Zahlungsausfälle, die aufgrund von Mängelrügen, Retouren, Skonti oder Boni eintreten können. Außerdem werden Regressansprüche des Factors aus der Haftung des Verkäufers für den Bestand und die Übertragbarkeit der Forderungen gesichert.

Kommt der Debitor seinen Verpflichtungen bei Fälligkeit nicht nach, trägt der Factor nach Ablauf einer mit dem Verkäufer vereinbarten Karenzzeit (90–120 Tage) den vollen Forderungsausfall. Damit ist das Ausfallrisiko auf den Factor überwälzt. Um dieses Risiko zu begrenzen, prüft der Factor die Kreditwürdigkeit der einzelnen Kunden und räumt entsprechende Limits ein, bis zu denen er verpflichtet ist, Forderungen anzukaufen.

„Echtes" Factoring (Non Recourse Factoring) beinhaltet die Übernahme des Ausfallrisikos. Der Verkäufer haftet für den Bestand (Verität) und die Übertragbarkeit der Forderung. Ein Anspruch auf Auszahlung des Kaufpreises aus dem Ankauf der Forderungen besteht nicht, wenn der Debitor aus anderen

Gründen als aus Gründen der Zahlungsunfähigkeit nicht zahlt. „Unechtes" Factoring (Recourse Factoring) sieht keine Übernahme des Ausfallrisikos vor (praktisch nur geringe Bedeutung).

Offenes Factoring wird gegenüber dem Debitor offengelegt. Die Rechnungen des Vertragspartners erhalten den Hinweis, dass die Forderung im Rahmen eines Factoringvertrags abgetreten wird und infolgedessen die Zahlung unmittelbar an den Factor zu leisten ist. Beim stillen Factoring erfährt der Käufer nichts von der Forderungsabtretung. Außerdem gibt es Factoring mit Finanzierung zum Zeitpunkt des Ankaufs (Advance Factoring) oder Factoring mit Finanzierung zum Zeitpunkt der Fälligkeit (Maturity Factoring) sowie Inlandsfactoring und Exportfactoring.

Es besteht die Verpflichtung zur Andienung aller Forderungen zumindest eines bestimmten Geschäftskreises (z. B. nach Produktgruppe, Verkaufsgebiet, Kundenkreis). Dadurch wird vermieden, dass nur zweifelhafte Forderungen abgetreten werden. Durch den Kauf erwirbt der Factor die Forderung als eigene, im Gegensatz zur Zession als treuhänderische Forderungsabtretung. Im Unterschied zum Inkasso-Büro wird normalerweise nicht der Rechnungseinzug übernommen.

Literaturhinweise

Backhaus, Klaus/Voeth, Markus: Industriegüter-Marketing, 10. Auflage, München 2014.

Bänsch, Axel: Einführung in die Marketing-Lehre, 4. Auflage, München 1998.

Becker, Jochen: Marketing-Konzeption, 10. Auflage, München 2012.

Berndt, Ralph: Marketingstrategie und Marketingpolitik, 4. Auflage, Berlin u. a. 2005.

Bieberstein, Ingo: Dienstleistungs-Marketing, 4. Auflage, Ludwigshafen 2005.

Bruhn, Manfred: Marketing, 12. Auflage, Wiesbaden 2014.

Burger, Anton: Kostenmanagement, 2. Auflage, München 1999.

Busch, Rainer/Fuchs, Wolfgang/Unger, Fritz: Integriertes Marketing, 4. Auflage, Wiesbaden 2008.

Diller, Hermann: Preispolitik, 4. Auflage, Stuttgart u. a. 2007.

Ders./Herrmann, Andreas (Hrsg.): Handbuch Preispolitik, Wiesbaden 2003.

Ehrmann, Harald: Marketing-Controlling, 4. Auflage, Ludwigshafen 2004.

Esch, Franz-Rudolf/Herrmann, Andreas/Sattler, Henrik: Marketing, 4. Auflage, München 2013.

Fritz, Wolfgang/Oelsnitz, Dietrich von der: Marketing, 4. Auflage, Stuttgart-Berlin-Köln 2006.

Godefroid, Peter/Pförtsch, Waldemar: Business-to-Business-Marketing, 5. Auflage, Ludwigshafen 2013.

Herdzina, Klaus: Wettbewerbspolitik, 5. Auflage, Stuttgart 1999.

Hill, Wilhelm/Rieser, Ignaz: Marketing-Management, 2. Auflage, Bern-Stuttgart 2002.

Homburg, Christian: Marketingmanagement, 5. Auflage, Wiesbaden 2014.

Ders./Totzek, Dirk: Preismanagement auf Business-to-Business-Märkten, Wiesbaden 2011.

Kailing, Valentin: Praktische Preis- und Konditionenpolitik, Wiesbaden 2006.

Kotler, Philip/Keller, Kevin L./Opresnik, Marc Oliver: Marketing-Management, 14. Auflage, München 2015.

Ders./Armstrong, Gary/Saunders, John/Wong, Veronica: Grundlagen des Marketing, 5. Auflage, München 2010.

Lerchenmüller, Michael: Handelsbetriebslehre, 5. Auflage, Ludwigshafen 2013.

Meffert, Heribert/Burmann, Christoph/Kirchgeorg, Manfred: Marketing, 12. Auflage, Wiesbaden 2014.

Ders./Burmann, Christoph/Becker, Christian: Internationales Marketing-Management, 4. Auflage, Stuttgart-Berlin-Köln 2010.

Ders./Bruhn, Manfred: Dienstleistungsmarketing, 7. Auflage, Wiesbaden 2012.

Müller-Hagedorn, Lothar/Natter, Martin: Handelsmarketing, 5. Auflage, Stuttgart 2011.

Nieschlag, Robert/Dichtl, Erwin/Hörschgen, Hans: Marketing, 19. Auflage, Berlin 2002.

Olbrich, Rainer/Battenfeld, Dirk: Preispolitik, 2. Auflage, Berlin 2014.

Pechtl, Hans: Preispolitik, 2. Auflage, Stuttgart 2014.

Pepels, Werner: Handbuch des Marketing, 6. Auflage, München-Wien 2011.

Pesch, Jürgen: Marketing, 2. Auflage, Stuttgart 2010.

Perlitz, Manfred/Schrank, Randolf: Internationales Management, 6. Auflage, Stuttgart-Jena 2013.

Scharf, Andreas/Schubert, Bernd/Hehn, Patrick: Marketing, 5. Auflage, Stuttgart 2012.

Scheuch, Fritz: Marketing, 6. Auflage, München 2006.

Schmalen, Helmut: Preispolitik, 2. Auflage, Stuttgart-New York 1995.

Siems, Florian: Preispolitik, München 2009.

Simon, Hermann/Fassnacht, Martin: Preismanagement, 3. Auflage, Wiesbaden 2008.

Ders./Dolan, Robert J.: Profit durch Power Pricing, Frankfurt a.M.-New York 1997.

Steffenhagen, Hartwig: Marketing, 6. Auflage, Stuttgart-Berlin-Köln 2008.

Ders.: Konditionengestaltung zwischen Industrie und Handel, Wien 1995.

Weis, Hans Christian: Marketing, 16. Auflage, Ludwigshafen 2012.

Stichwortverzeichnis

A

A-Geschäft 255
Abgestimmte Verhaltensweise 58
Abrechnungsklauseln 245
Absatzfinanzierung 253
Abschlusshindernisse 143
Adoption 43
Akquisitorisches Potenzial 64
Aktionspreissetzung 115
Alleinfinanzierung 255
Annahmeverzug 156
Auftragsbestätigung 152
Auktionen 83
Ausgleichsprinzip 118
Avalkredit 259

B

B-Geschäft 256
Bandwagon-Effekt 49
BDM-Methode 18
Behavioral Pricing 33
Bestellung 152
Bietspiel 19
Börse 88
Break Even-Analyse 198
Bürgschaft 264
Buygrid 137
Buying Center 138

C

C-Geschäft 257
Conjoint Measurement 20
Co-Shopping-Anbieter 46

D

Darlehen 254

Debitorenausfall 228
Deckungsbeitragsrechnung 188, 192, 196
Dienstleistungen 92
Direkte Produkt-Profitabilität 121
Discount Pricing 10
Drittfinanzierung 262

E

Effektivpreisbildung 221
Einheitsrabatt 224
Einkäufertaktiken (unfair) 144
Einschreibung 83
Einstellung 34
Emotion 33
Engel-Effekt 51
Erlösschmälerungen 226
Erfüllungsort 153
Erstmalige Preisfestlegung 16
Expertenbefragung 17

F

Factoring 264
Familie 41
Festrabatt 224
Finanzierungsformen 255
Firmenkundengeschäft 135
Forderungsabtretung 261
Funktionsrabatt 222

G

Gedächtnis 39
Geldrabatt 224
Gerichtsstand 151
Geschäftsarten (B-t-B) 136
Gewährleistungen 227

Giffen-Effekt 50
Gleichgewichtspreis 164
Grundschuld 262
Gruppen 41
Gutschriften 228

H
Handelsgeschäft 113
Hybrider Verbraucher 43

I
Immaterialität 92
Incoterms 247
Involvement 35

K
Kassageschäft 239
Kaufkraft 47
Kaufmännisches Angebot 150
Kaufverhalten (gewerblich) 137
Kaufvolumenkonditionen 233
Kompensationsgeschäft 243
Konditionensystem 229
Kostendegression 215
Kostenführerschaft, konzentrierte 219
Kostenführerschaft, umfassende 218
Kredit 253
Kreuzpreiselastizität der Nachfrage 55
Kultur 40
Kundenintegration 94
Kurssicherung 131

L
Leasing 262
Lebensstil 36
Lebenszykluskostenrechnung 212
Leistungsführerschaft, konzentrierte 219

Leistungsführerschaft, umfassende 218
Leistungsstörungen 155
Lernen 39
Lieferklauseln 246
Lieferungsbedingungen 154
Lieferungsverzug 155
Lizitation 86

M
Mahnverfahren (außergerichtlich) 157
mangelhafte Ware 158
Marktbearbeitungskonditionen 233
Marktdatenauswertung 20
Markterwartungen 77
Marktformen 172, 175
Marktsegmentierung 76
Marktstörungen 130
Marktveranstaltungen 83
Mediumpreissetzung 11
Meinungsführer 42
Mengen-/Belieferungskonditionen 233
Mengenrabatt 222
Monopol 172, 175
Motivation 33

N
Nachfrageeffekte 49
Naturalrabatt 224
Nichtleistungskonditionen 234
Non-Profit-Organisationen 105
Nutzenmessung 20

O
Oligopol 172, 176

P
Pay what you want 19

Penetration Pricing 14
Pfandrecht 260
Polypol 172, 175
Potenzialkonzept 138
Pränumerandogeschäft 244
Preis-Leistungs-Verhältnis 28
Preisanker 40
Preisbaukasten 95
Preisbildung, dynamische 83
Preisbindung der zweiten Hand 182
Preisbündelung 98
Preiscontrolling 187
Preisdifferenzierung 1. Grades 71
Preisdifferenzierung 2. Grades 71
Preisdifferenzierung 3. Grades 72
Preisdiskriminierung 39
Preiselastizität der Nachfrage 54
Preisermittlungsvorschriften 107
Preisexperiment 20
Preisführerschaft 57
Preisfunktionen 163
Preisgebotsmodelle 140
Preisgeneralisierung 39
Preisgleitklausel 139
Preisinteresse 33
Preiskarten 18
Preisklassentest 18
Preisniveau 6
Preisniveau-Koeffizient 11
Preisobergrenze 200
Preisoptik 37
Preispolitischer Ausgleich 118
Preisreglementierung 181
Preisruhephänomen 60
Preisschätzung 18
Preissicherung 131
Preistheorie 162
Preisuntergrenze 190
Preisvergleichsanbieter 46
Preisverhandlungen 141
Preiswahrnehmung 38

Preiszuschläge 236
Premium Pricing 7
Prognoseverfahren 79
Provisionen 228
Prozesskostenrechnung 208

R
Rabattierung 222
Rabattierungsverlauf 224
Rabattkumulierung 225
Rabattspreizung 225
Rabattstaffel 224
Reagiererkonzept 138
Rechnungsgeschäft 239
Rechtsgrenzen 66
Redistribution 228
Refinanzierung 258
Risikoempfinden 35

S
Sicherungen in der Person 258
Sicherungen in der Sache 260
Sicherungsübereignung 260
Skimming Pricing 12
Snob-Effekt 50
Soziale Schicht 41
Subkulturen 40
Submission 86
Sukzessivgeschäft 244

T
Tragfähigkeitsprinzip 118
Transferpreise 129
Treuesystem-Anbieter 45

U
Unverbindliche Preisempfehlung 183
Upgrading-Methode 18

V

Valutageschäft 245
van Westendorp-Methode 17
Veblen-Effekt 50
Verrechnungspreise 127
Versteigerung 83
Vertragsstrafen 228
Vickrey-Auktion 19
Virtueller Marktplatz 149

W

Wahrnehmung 37
Wahrnehmungseffekte 38
Wechselkursänderung 228
Wertanalyse 207
Wertgestaltung 207

Y

Yield Management 101

Z

Zahlungs-/Lieferungsbedingungen 154
Zahlungsbedingungen 154
Zahlungskonditionen 232
Zahlungsverfahren, abgeleitete 240
Zahlungsverfahren, mobilfunkbasierte 242
Zahlungsverfahren, originäre 239
Zahlungsverfahren, wertkartenbasierte 241
Zahlungsverzug 157
Zeitrabatt 222
Zielkostenrechnung, Additionsmethode 204
Zielkostenrechnung, Gegenstrommethode 206
Zielkostenrechnung, Subtraktionsmethode 204
Zug-um-Zug-Prinzip 242
Zugaben 227
Zuschlagskalkulation 190

Über den Autor

Werner Pepels studierte nach kaufmännischer Berufsausbildung Wirtschaft und Wirtschaftswissenschaften mit den Abschlüssen Diplom-Betriebswirt und Diplom-Kaufmann. Anschließend war er zwölf Jahre als Key Account Manager in internationalen Marketingberatungsunternehmen tätig, davon drei Jahre als Geschäftsführender Gesellschafter (Partner) in einer der seinerzeit größten deutschen Werbeberatungen. 1989 wurde er zum Professor für Betriebswirtschaftslehre berufen und ist seither im Studienschwerpunkt Marketing und Management tätig. Er hat zahlreiche Beiträge zu diesen Themen in Monografie-, Sammelwerk-, Lexikon-, e-Book- und Aufsatzform veröffentlicht und zählt mit einer Auflage von ca. 175.000 Exemplaren zu den meistverkauften Fachautoren dieses Bereichs im deutschsprachigen Raum.

Werner Pepels

„Preiswert" statt „billig" – Wertsicherung durch fundiertes Preis-Leistungs-Management

Dieser Band zeigt in systematisch-analytisch aufbereiteter Form, wie man in Preis-Leistungs-Verhältnissen denkt. Er bietet Ansatzpunkte sowohl zur Gestaltung der Preishöhe als auch zur Steigerung des Leistungsgegenwerts. Dadurch wird die Sicherung des Unternehmenswerts durch fundiertes Preis-Leistungs-Management realisierbar – denn kein Instrument ist so unmittelbar gewinnwirksam wie der Preis.

Die Darstellungen werden durch viele praktische Beispiele veranschaulicht, hinzu kommen zahlreiche Abbildungen und prägnante Musterrechnungen. Die Überlegungen sind im Einzelnen sehr gut nachvollziehbar und im eigenen Betrieb zweckmäßig umsetzbar. Wenn so nur ein paar der zahlreichen Anregungen genutzt werden, ist eine signifikante Besserung des betriebswirtschaftlichen Ergebnisses möglich.

2013, 312 S., 51 s/w Abb., kart. 32,– €, 978-3-8305-3254-5

Werner Pepels

Operatives Marketing

Alles, was Sie über Marketing wissen sollten

Dieses Buch konzentriert sich auf die vier „P's" des Marketing-Mix:
- Produkt und Programm („Product"), die Angebotspolitik im Marketing
- Preis und Konditionen („Price"), die Entgeltpolitik im Marketing
- Distribution und Verkauf („Place"), die Vertriebspolitik im Marketing
- Kommunikation und Identität („Promotion"), die Informationspolitik im Marketing

Der vorliegende Band richtet sich einerseits an Leserinnen und Leser, die fundierte Unterstützung in ihrer täglichen Marketingarbeit erfahren wollen und andererseits an Studierende in anspruchsvollen Fort- und Weiterbildungsmaßnahmen sowie in Grundlagenvorlesungen zum Marketing und Vertrieb. Alle dargebotenen Inhalte sind systematisch strukturiert und zugleich anwendungsbezogen aufgebaut. Dazu werden zahlreiche didaktische Hilfen geboten, so dass der Wissenstransfer abgesichert wird.

2015, 494 S., kart., 49,– €, 978-3-8305-3410-5

BWV • BERLINER WISSENSCHAFTS-VERLAG

Markgrafenstraße 12–14 • 10969 Berlin • Tel. 030 / 841770-0 • Fax 030 / 841770-21
E-Mail: bwv@bwv-verlag.de • Internet: http://www.bwv-verlag.de